高等学校交通运输专业系列教材

铁路行车组织

（第 2 版）

闫海峰　　王利华　　唐巧梅　编

西南交通大学出版社

·成　都·

图书在版编目（CIP）数据

铁路行车组织 / 闫海峰，王利华，唐巧梅编. —2
版. —成都：西南交通大学出版社，2021.5（2025.10 重印）
ISBN 978-7-5643-7863-9

Ⅰ. ①铁… Ⅱ. ①闫… ②王… ③唐… Ⅲ. ①铁路行
车 – 行车组织 – 教材 Ⅳ. ①U292

中国版本图书馆 CIP 数据核字（2020）第 239759 号

Tielu Xingche Zuzhi

铁路行车组织

（第 2 版）

闫海峰　王利华　唐巧梅 / 编

责任编辑／周　杨
封面设计／何东琳设计工作室

西南交通大学出版社出版发行

（四川省成都市金牛区二环路北一段 111 号西南交通大学创新大厦 21 楼　610031）
营销部电话：028-87600564　　028-87600533
网址：http://www.xnjdcbs.com
印刷：四川森林印务有限责任公司

成品尺寸　185 mm×260 mm
印张　25.75　字数　676 千
版次　2014 年 3 月第 1 版　　2021 年 5 月第 2 版　　印次　2025 年 10 月第 6 次

书号　ISBN 978-7-5643-7863-9
定价　68.00 元

第 2 版前言

为了适应我国铁路运输的快速发展对高级技术应用型人才的需要，按照高等教育应用型人才培养规划教材编写要求，根据我国铁路运输发展和改革的实践，在借鉴国内外既有铁路行车组织教材基本内容的基础上，结合近几年的理论研究和教学改革实践成果，充分考虑人才培养的特点组织编写了本书。

本书理论与实际相结合，不仅涵盖了铁路行车组织的基本理论和方法，而且尽量与生产实践保持一致，并通过大量的例题、习题、导学等内容，提高了教材的实用性和自学适应性。主要内容包括：绪论、车站工作组织、货物列车编组计划、列车运行图和铁路通过能力、铁路运输生产计划和铁路运输调度工作等六部分。

本书具有较强的适用性，既适用于本科交通运输专业教学，也可用于专科层次的教学，同时能够满足成人教育和网络教育的教学需要。书中包含有丰富的例题，以及章前导读、章后小结、综合习题、思考题和自测题等内容，为广大读者和使用者提供了良好的自学条件。

本书具有以下特点：

1. 强化了基本概念和基本理论的教学；
2. 突出了与铁路运输生产实践的联系；
3. 扩展了教材的适用性；
4. 提高了教材的可读性。

本书由闫海峰、王利华、唐巧梅等人编写，并由闫海峰统稿。

在本书的编写过程中，作为顾问的王慈光教授对本书的编写提出了宝贵的指导意见，编者参考引用了国内外专家学者的一些专著、教材和研究成果，在此表示衷心的感谢。

由于本书涵盖内容较多，加之编写时间较紧和编者业务水平有限，在全书内容的组织和文献材料的取舍方面，难免存在不当和疏漏之处，热诚欢迎国内外同行和专家及各位读者批评指正。

编　者

2019 年 12 月

目　录

第二篇　货物列车编组计划

第三篇　列车运行图和铁路通过能力

第四篇　铁路运输生产计划

第五篇　铁路运输调度工作

绪　论

交通运输在社会生活中占有极为重要的地位，是国民经济活动和社会发展必不可少的重要组成部分，对保障国民经济持续健康发展、提高人民生活水平、促进国土开发和国防建设具有极其重要的作用。国民经济要求运输业运量大、速度高、成本低、质量好、安全可靠，并能保证运输的经常性。

在铁路、公路、民航、水运及管道五种现代化运输方式中，铁路运输占据着十分重要的地位，它是构成综合运输系统的重要组成部分。铁路运输与其他运输方式相比较，具有以下特点：

（1）在现代技术条件下，受地理条件的限制较小，几乎可以在任何地区修建；

（2）能担负大量的客货运输任务；

（3）运输成本较低，投资效果较好；

（4）有较高的送达速度；

（5）受气候条件的影响小，能保证运输的准确性与经常性。

铁路运输生产过程是在全国纵横交错的铁路网上进行的，目前，在我国的铁路网上配备了大量的技术设备，设有运输、机车、车辆、工务、电务等业务部门。铁路运输的作业环节多而复杂，要求各单位和各工种间密切配合、协同动作，为此，在运输组织工作中必须贯彻高度集中、统一指挥的原则。铁路运输的主要任务在于适应社会主义市场经济的发展，开发有竞争力的客货运输产品，合理地组织运输生产过程，采取各种有力措施保证安全、迅速、经济、准确、便利地运送旅客和货物，以满足国家建设和人民生活的需要。

本书大部分内容是针对货物运输编写的。铁路运输生产过程的主要内容，就货物运输而言，是利用线路、机车、车辆等技术设备，将原料或产品装入车辆，以相同去向的车辆组成列车，以列车方式从一个生产地点运送到另一个生产地点或消费地点。在运送过程中，必须进行装车站的发送作业、途中运送以及卸车站的终到作业。为了加速货物运送和更合理地运用铁路技术设备，在运送途中有时要进行列车的改编作业。为了保证装车需要，卸后空车也要及时回送到装车站。

铁路货物运输生产过程可简要地用图 0.1 表示。

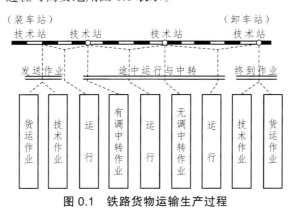

图 0.1　铁路货物运输生产过程

由于铁路运输生产具有上述特点及要求，必须有科学的生产管理办法，才能做到安全、正点、高效、服务良好地完成规定的运输任务。

我国铁路采用的科学生产管理办法，就货物运输而言，其主要内容有：

1. 运输计划

运输计划具体规定了国家赋予铁路的运输任务，通常分为长远、年度和月度运输计划。它是编制相应时期铁路其他工作计划的依据。

在一定时期内，需由某一发站运往某一到站的货运量，即有一定流向和流程的货物吨数称为货流。货物装车以后，就转化为车流。有了运输计划，就可以确定货流及车流的数量和方向，它是组织铁路货物运输工作的基础。

2. 货物列车编组计划

货物在发站装车以后，如何将这些车流编成各种列车输送到目的地，需要一个经济合理的组织方法。货物列车编组计划就是规定如何将车流组织成为各种专门的列车，从发生地向目的地运送的制度，是全路的车流组织计划。通过列车编组计划，可以合理地组织车流输送，加速货物送达，充分利用铁路通过能力，以及合理地分配全路各技术站的解编工作任务。

3. 列车运行图

由于在铁路线上运行的列车很多，在多数情况下同一铁路线仍然采用旅客列车和货物列车混合运行，而且各种客货列车的速度和要求也不尽相同。为了使列车的运行能彼此配合，确保行车安全，以及合理利用铁路通过能力，铁路必须编制列车运行图，规定各次列车按一定的时刻在区间内运行以及在车站到发或通过。所以，列车运行图实质上就是列车运行时刻表的图解。

列车运行图是铁路行车组织的基础，凡与列车运行有关的各个部门都必须正确地组织本部门的工作，以保证列车按运行图运行。列车运行图又是铁路向运输市场用户提供的运输产品和服务的目录清单，从列车种类的多元化、送达速度的不断提高和时间安排的方便选择等方面体现了铁路运输质量和服务水平的不断提高。

4. 技术计划

为了完成月度货物运输计划，需要有一定的机车车辆作为保证。技术计划规定了机车车辆运用的数量指标和质量指标，是机车车辆的保证计划。

5. 运输方案

铁路运输生产需要路内外各有关部门紧密配合。运输方案就是按照月度货物运输计划、技术计划所确定的任务和列车编组计划、列车运行图、车站技术作业过程等技术文件的规定，对一月或一旬的货运工作、列车工作和机车工作等进行综合部署，使运输部门和其他有关部门密切协调配合，共同完成运输任务。

6. 日常工作计划和运输调整

由于在实际工作中受到各种因素的影响，一天中各个阶段的情况往往不同，因此，应针对当时形成的具体情况，通过编制日常工作计划，规定一日（24 h）、一班（12 h）内的具体运输工作任务，采取相应的运输调整措施，以保证完成月度货物运输计划和技术计划。

7. 车站行车工作细则

车站是完成铁路运输任务的基层生产单位。为了加强车站的作业组织和技术管理工作，每个车站都要制订《车站行车工作细则》，它主要规定车站技术设备的合理使用与管理，接发列车和调车工作组织，作业计划的编制和执行制度，车站技术作业过程，车站通过能力和改编能力等，用以指导车站日常工作。

上述组织铁路运输生产的管理办法是一个彼此紧密联系的统一体系。通过有计划地组织铁路运输生产，并不断提高管理水平，就能使铁路运输更好地为发展国民经济服务。

本书主要包括以下几篇内容：

（1）车站工作组织；

（2）货物列车编组计划；

（3）列车运行图和铁路通过能力；

（4）铁路运输生产计划；

（5）铁路运输调度工作。

从上述主要内容来看，本书是在对铁路运输施行一整套运营管理方法的基础上建立并发展起来的。它既是运营实践的理论总结，又对运营实践起重要的指导作用。

在现阶段，运用系统的思想和现代数学方法来解决铁路运输中的实际问题得到了较大的进展，例如，列车运行图、列车编组计划、运输生产计划和车站作业计划的优化编制，铁路线路通过能力分阶段加强措施的最优选择，以及在其他相关问题的应用或研究上，都取得了新的成果。

近几年来，伴随着我国铁路的不断发展，客运快速化和公交化，货运物流化、重载化和集装化的目标在逐步实现。可以预见，铁路运输组织这门学科必将随着铁路现代化实践和理论的进展而日益丰富和发展。同时，随着铁路运输走向市场，也必将引起对原有的运输组织管理方法及计划指标体系等各个方面一系列的改革。加强科技开发、理论创新和人才培养是实现铁路现代化的关键。从事铁路运输的人员，不仅要努力学习和掌握先进的科学技术，而且要努力学习和掌握先进的现代化管理方法，为铁路事业和国民经济的发展做出积极贡献。

第一篇

车站工作组织

第一章　车站的任务和作业

【本章导读】

　　本章首先讲述了车站的概念及分类：车站是设有配线的分界点，车站从业务性质上可分为营业性车站和非营业性车站，营业性车站又可分为客运站、货运站和客货运站。车站从技术性质上可分为中间站、区段站和编组站。然后讲述了车站行车工作细则的内容，以及车站组织管理系统的结构。

【学习目标】

　　（1）了解车站的任务；

　　（2）掌握车站的分类；

　　（3）理解《车站行车工作细则》的作用和内容；

　　（4）了解车站的组织管理系统。

【重点及难点】

　　（1）车站的分类；

　　（2）车站的生产活动；

　　（3）车站的组织管理系统。

第一节　车站的生产活动

一、车站与区间

　　为了完成客货运输任务、组织列车安全运行和保证必要的运输能力，铁路线路都以分界点划分成区间或闭塞分区。

分界点是指车站、线路所及自动闭塞区段的通过信号机。线路所和自动闭塞区段的通过信号机是无配线的分界点，其作用在于保证行车安全和必要的通过能力；车站是设有配线的分界点，它除了具有上述作用外，还办理客运作业、货运作业和行车技术作业。

　　区间是两个分界点之间的一段线路。区间与站内的划分，是行车组织工作的一项重要内容，是划定责任范围的依据。进入不同地段的列车必须取得相应的凭证或准许。

1. 站间区间——车站与车站间

　　在单线上，以进站信号机柱的中心线为车站与区间的分界线。单线铁路站间区间如图 1.1 所示。在双线或多线区间的各线上，分别以该线的进站信号机柱或站界标的中心线为车站与区间的分界线。双线铁路站间区间如图 1.2 所示。

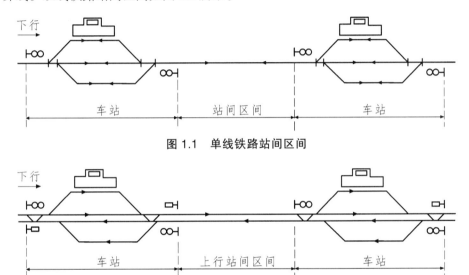

图 1.1　单线铁路站间区间

图 1.2　双线铁路站间区间

2. 所间区间——两线路所间或线路所与车站间

　　以该线上的通过信号机柱的中心线为所间区间的分界线。设有进站信号机的线路所，所间区间的分界方法与站间区间相同。双线铁路所间区间如图 1.3 所示。

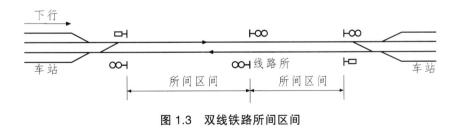

图 1.3　双线铁路所间区间

3. 闭塞分区——自动闭塞区间同方向相邻的两架色灯信号机间

　　以该线上通过信号机柱的中心线为闭塞分区的分界线。双线铁路自动闭塞分区如图 1.4 所示。

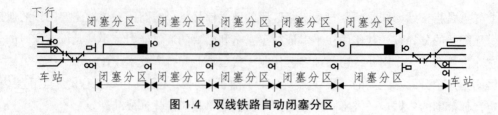

图1.4 双线铁路自动闭塞分区

二、车站的生产活动

车站办理的作业主要包括客运作业、货运作业和行车技术作业。

客运作业包括办理客票的发售，旅客的乘降，旅客的文化和生活服务，行李和包裹的承运、装卸、中转、保管和交付等。

货运作业包括办理货物的承运、装车、卸车、保管和交付，零担货物的中转，货运票据的编制和处理等。

行车技术作业包括办理列车的接发作业、到达技术作业和出发技术作业，列车的解体和编组作业，车辆的摘挂和取送作业等。车站行车技术作业的具体内容随车站类型的不同而不同。此外，车站还办理列车的交会和越行（待避）。

三、车站的作用

车站是铁路线上的分界点，将铁路线路划分为若干个区段和区间是保证行车安全和必要的区间通过能力的需要；车站是铁路运输的基层生产单位，拥有铁路线路、站场、通信、信号等技术设备和行车、客运、货运等方面的工作人员；车站是铁路与人民群众及国民经济各部门的重要联系环节，并参与整个运输生产过程的工作。因此，车站工作组织水平在很大程度上影响着铁路运输工作的数量和质量指标。据统计，在我国铁路货车周转时间中，车辆在站停留时间约占67%（未包含列车运行过程中在中间站的停留时间）。显然，改善车站作业组织是提高运输工作水平的重要环节。

四、车站的分类

（一）按业务性质分

车站按其主要用途和设备的不同，从业务性质上可分为营业性车站和非营业性车站，营业性车站又可分为货运站、客运站和客货运站。

货运站是专门办理货物运输的车站，一般设在大城市、工矿地区和港口等有大量货物装卸的地点。货运站的主要工作是办理货物列车的始发、终到作业以及与货运有关的业务。

客运站是专门办理旅客运输的车站，通常设在政治、经济、文化中心城市和旅游胜地等有大量旅客到发的地点。客运站的主要工作是办理旅客列车的始发、终到作业以及为旅客服务的有关业务。

客货运站是兼办旅客运输和货物运输业务的车站，铁路网上绝大多数车站都属于客货运站。

（二）从技术性质分

车站从技术作业性质上可分为编组站、区段站和中间站。

编组站通常设在有大量车流集中或消失的地点，或几条铁路线的交叉点，它的主要工作是改编车流，即大量解体和编组各种货物列车。

区段站设在机车牵引区段的分界处，它的主要工作是办理货物列车的中转作业，进行机车的更换或机车乘务组的换班，以及解体、编组区段列车和摘挂列车。

中间站是为沿线城乡人民及工农业生产服务，提高铁路区段通过能力，保证行车安全而设的车站。中间站一般设在技术站之间区段内或支线上，它主要办理列车的接发、会让和越行、摘挂列车的调车作业以及客货运业务，有些中间站还办理市郊列车的折返和列车的始发、终到作业。

由于区段站和编组站拥有较多的技术设备，并主要办理货物列车和车辆的技术作业，故又统称为技术站。铁路线以技术站划分区段。

此外，根据客货运量和技术作业量的大小，并考虑车站在政治、经济及铁路网上的地位，车站还划分成特等站和一、二、三、四、五等站。车站等级是车站设置相应机构和配备定员的依据。

规模较大的车站，根据线路的配置及用途划分成数个车场。按照站内各个车场相互位置配列的不同，车站可分为横列式、纵列式和混合式等类型。

五、铁路枢纽

在几种运输方式干线相互衔接的地区，为共同办理客货运输业务而设置的各种运输设施（车站、港口、干支线路、场库等）的总体称为运输枢纽。运输枢纽是庞大而复杂的系统，是国家交通运输网的重要组成部分。在有大量客货流发生、消失和中转作业的大城市、大工业区、河海港口等地区都可能形成运输枢纽。在大型运输枢纽中，通常又以铁路枢纽为其主要组成部分。

铁路枢纽是路网上具有客流、货流、车流相互交流的三个以上铁路方向的交汇处或铁路与港口、工矿企业专用铁道的衔接地点，由若干专用车站（编组站、客运站、货运站）和连接这些车站的联络线、迂回线、进出站线路及其他分界点等技术设备所构成的综合体。铁路枢纽的主要作用是使纵横交错的铁路线相互沟通，形成四通八达的铁路网，并在枢纽内集中配置众多线路、车站、机务段、车辆段、供电段、跨线疏解设施及通信信号设备；其中心任务是合理使用各种技术设备，顺利完成大量客流、货流和车流的集散与中转工作，高效率地办理各种列车的到发和通过、车辆的改编和输送、客车车底的整备，以及对旅客的优质服务与对货物的承运、交付、换装等作业。枢纽在铁路运输工作中居于十分重要的地位，它所完成的作业量在整个铁路运输工作中占有很大的比重，因此，正确组织铁路枢纽工作对保证铁路的畅通和整个运输工作的均衡性、节奏性，以及加速货车周转、降低运输成本都具有非常重要的作用。

第二节　车站的组织管理

一、车站行车工作细则

《车站行车工作细则》（以下简称《站细》）是我国铁路车站贯彻执行铁道部[①]《铁路技术管理规程》（以下简称《技规》）和铁路局[②]《行车组织规则》（以下简称《行规》），加强车站技术管理，保证安全地进行行车组织工作的重要技术文件；是车站编制、执行日常作业计划，组织接发列车、调车和各项技术作业以及有关技术设备使用的基本法规；是组织查定各项技术作业过程、时间标准，计算通过能力和改编能力，进行日常运输生产分析、总结，以及铁路局下达年、月度技术指标任务的主要依据。为了更好地组织各项技术作业，合理地使用劳动力，有效地运用技术设备，建立正常的生产秩序，使各个部门参加作业的人员协调运作，在保证安全生产的基础上质量良好地完成客货运输任务，参与车站作业的车务、机务、车辆、工务、电务、供电、水电等部门的所有人员都必须严格执行《站细》的有关规定。

《站细》的主要内容有：

（1）车站概况和技术设备；

（2）日常作业计划及生产管理制度；

（3）接发列车工作；

（4）调车工作；

（5）客货运工作；

（6）军事运输工作；

（7）车站行车量及车场分工；

（8）列车与车辆技术作业过程及其时间标准；

（9）车站通过能力和改编能力。

《站细》应根据《技规》、列车编组计划、列车运行图、《铁路运输调度工作规则》、与车站作业有关的各项标准和铁路局《行规》、工务、电务、供电检修作业时间标准，以及上级有关规章命令并结合车站的具体情况进行编制。

《站细》由车站组织编制，其他相关部门要会同做好该项工作并及时提供有关资料。车站技术改造完成后，有关接收单位要及时向车站提供完整的技术资料。《站细》编制完后，应逐级上报。特、一等站由铁路局审批；属车务段管辖的由车务段审核，路局批准。

当车站技术设备、作业组织方法、列车编组计划、列车运行图等有较大变动时，应及时修订《站细》并按规定程序报批。

二、车站的组织管理系统

铁路车站实行站长负责制。车站组织机构和定员根据车站的等级和工作量确定。独立的特、一等站的组织系统一般如图1.5所示。

[①] 2013年3月，根据第十二届全国人民代表大会第一次会议审议的《国务院关于提请审议国务院机构改革和智能转变方案》的议案，铁道部实行铁路政企分开，将铁道部拟订铁路发展规划和政策的行政职责划入交通运输部；组建国家铁路局，由交通运输部管理，承担铁道部的其他行政职责；组建中国铁路总公司，承担铁道部的企业职责；不再保留铁道部。2018年12月，中国铁路总公司更名为中国国家铁路集团有限公司。

[②] 2017年11月，铁路局更名为中国铁路××局集团有限公司。

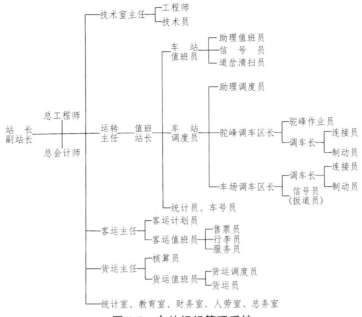

图 1.5 车站组织管理系统

由图 1.5 可见，特等站、一等站的运输生产由三个部门负责：运转部门由运转主任领导，货运部门由货运主任领导，客运部门由客运主任领导。总工程师负责全站的技术工作，总会计师负责全站的财会工作。

车站日常运输生产实行单一指挥制。值班站长是车站一个班工作的组织者和领导者，他在铁路局调度指挥中心值班主任的指挥下，负责组织全班职工完成规定的生产任务。车站调度员是车站调车工作的领导人，他在值班主任的领导下，负责组织和指挥车站的调车活动，以实现本班的生产计划。车站的接发列车工作由车站值班员统一指挥。车站的货运工作由货运值班员指挥，客运工作由客运值班员指挥，并组织有关人员完成。

建立和健全各种工作的岗位责任制是保证车站良好生产秩序的主要措施。每个工作人员都应有明确的分工，每项工作、每个生产环节、每项设备都应有专人负责，并在日常生产中各尽其责而又相互配合，共同保证运输生产安全顺利地进行。

本章小结

分界点将铁路线路划分为区间或闭塞分区，车站是设有配线的分界点。车站从业务性质上可分为营业性车站和非营业性车站，营业性车站又可分为客运站、货运站和客货运站；从技术性质上可分为中间站、区段站和编组站。《站细》是我国铁路车站贯彻执行《技规》和《行规》，加强车站技术管理，保证安全地进行行车组织工作的重要技术文件；是车站编制、执行日常作业计划，组织接发列车、调车和各项技术作业以及有关技术设备使用的基本法规。

本章主要知识点回顾：

一、车站的相关概念

区间：车站与车站或车站与线路所间的一段线路。

闭塞分区：以通过色灯信号机为分界点的一段线路。

分界点：车站、线路所及自动闭塞区段的通过信号机。

车站：设有配线的分界点，办理行车作业和客货运作业。

二、车站的作用

（1）完成客货运输任务；

（2）组织列车安全运行；

（3）保证必要的通过能力。

三、车站的分类

（1）按业务性质分为：客运站、货运站和客货运站。

（2）按技术性质分为：中间站、区段站和编组站，编组站和区段站统称为技术站。

四、《车站行车工作细则》的作用

它是我国铁路车站贯彻执行铁道部《技规》和铁路局《行规》，加强车站技术管理，保证安全地进行行车组织工作的重要技术文件；是车站编制、执行日常作业计划，组织接发列车、调车和各项技术作业以及有关技术设备使用的基本法规；是组织查定各项技术作业过程、时间标准，计算通过能力和改编能力，进行日常运输生产分析、总结，以及铁路局下达年、月度技术指标任务的主要依据。

五、《车站行车工作细则》的内容

（1）车站概况和技术设备；

（2）日常作业计划及生产管理制度；

（3）接发列车工作；

（4）调车工作；

（5）客货运工作；

（6）军事运输工作；

（7）车站行车量及车场分工；

（8）列车与车辆技术作业过程及其时间标准；

（9）车站通过能力和改编能力。

六、车站的组织管理系统

铁路车站实行站长负责制。车站日常运输生产实行单一指挥制。值班主任是车站一个班工作的组织者和领导者，负责组织全班职工完成规定的生产任务。车站调度员是车站调车工作的领导人，负责组织和指挥车站的调车活动以实现班计划。车站接发列车工作，由车站值班员统一指挥。车站的货运工作由货运值班员指挥，客运工作由客运值班员指挥。

思 考 题

1. 车站如何分类？各类车站的特征是什么？

2. 车站在铁路运输生产中的作用是什么？

3. 车站运输生产如何实现单一指挥？

4.《站细》主要包括哪些内容？

第二章 车站技术作业过程

【本章导读】

车站对各种车流要分别办理不同的技术作业，车站对各种列车和车辆办理技术作业的程序及其时间标准称为车站技术作业过程。本章首先对技术站办理的列车和车辆进行分类，技术站办理的列车可分为到达解体列车、自编始发列车、无改编中转列车、部分改编中转列车，技术站办理的车辆分为有调中转车、无调中转车、货物作业车。本章重点讲解各类列车和车辆的技术作业过程，最后讲述车站信息票据的传输过程。

【学习目标】

（1）了解中间站的技术作业过程；

（2）掌握技术站的技术作业过程；

（3）了解车流信息及货运票据传输过程。

【重点及难点】

（1）技术站办理列车和车辆的分类；

（2）技术站的技术作业过程。

第一节 中间站的技术作业过程

中间站是铁路上数量最多的车站，铁路线上运行的大量列车要在中间站通过、交会或避让；同时，中间站还承担着所在地区的旅客乘降和货物发送、到达任务。因此，中间站办理的作业主要是接发列车作业和摘挂列车的调车作业，少数中间站也办理始发直达列车和终到列车的技术作业。

为完成各项客货运及行车技术作业，中间站一般设有如下技术设备：

（1）供接发列车、进行调车作业和装卸货物用的配线（到发线、牵出线、装卸线等）；

（2）供服务旅客用的旅客站舍及站台等；

（3）供货物作业用的货场及仓库等；

（4）信号、联锁、闭塞设备及通信设备。

中间站设备规模虽然较小，但是数量很多，遍布全国铁路沿线中、小城镇和农村，在发展地方工农业生产、沟通城乡物资交流中起着很重要的作用。中间站的服务质量直接影响到铁路客货源及运输效益，其行车组织工作的质量直接关系到全路列车运行安全和正点率。因此，正确地组织中间站的工作，对加速机车车辆周转、扩大铁路市场份额、提高运输效益具有重要意义。

在中间站办理的各种技术作业中，接发列车作业将在第三章中阐述，始发和终到列车的技术作业可参照技术站的作业过程办理，以下仅阐述摘挂列车进行车辆摘挂的技术作业方法。

摘挂列车是指在技术站编组、在邻接区段内的中间站进行摘挂车辆作业的列车，它将到达中间站的车辆（到卸重车和配装空车）摘下，又将在中间站已完成货物装卸作业且符合摘挂列车挂运要求的车辆挂走。

中间站的设备各有不同，人员配备及分工也不尽相同。各站应根据本站的具体情况，编制摘挂列车技术作业过程，作为对摘挂列车进行技术作业的依据。

未设调车人员的中间站，由车站助理值班员担当调车作业时，摘挂列车技术作业过程一般见表2.1。有列检作业的中间站，还须增加一项列检作业。

表2.1　摘挂列车技术作业过程

顺序	作业项目	作业时间/min							
		列车到达前	列车到达后						
			0	5	10	15	20	25	30
1	车站值班员编制摘挂列车调车作业计划	▬▬▬							
2	站务员（货运员）准备待挂车辆及单据	▬▬							
3	助理值班员出动接车		▬						
4	传达调车作业计划		▪						
5	调车作业			▬▬▬▬▬					
6	车站值班员与司机交接票据和车辆							▬	
7	准备发车及发车								▬
作 业 总 时 分			▬▬▬▬▬▬▬▬▬▬▬						

为缩短摘挂列车在中间站的停留时间，应于列车到达前做好调车作业计划与各项准备工作；列车到达后，应加强作业人员之间的配合，以最短的时间完成各项技术作业。

1. 列车到达前的准备工作

（1）车站值班员应及时向列车调度员了解摘挂列车在本站的甩挂计划和作业时间要求，向摘挂列车的司机了解摘车数及其在列车中的编挂位置，并商定作业计划。

（2）车站站务员（或货运员）事先检查好待挂车辆，准备好货运单据。

（3）车站值班员根据上述资料和待挂车情况编妥调车作业计划，并向助理值班员等有关人员传达清楚。

（4）助理值班员提前出动至接车线，用手信号指示列车停在便于进行调车的适当位置。

2. 列车到达后的作业

列车到达停妥，车站助理值班员向司机传达调车作业计划后开始作业。司机与车站交接车辆及货运单据，修改列车编组顺序表，检查所挂车辆装载状态、编挂位置是否符合规定，亲自或通过车站值班员向前方作业站进行摘车确报，然后进行简略制动试验，准备发车及发车。

第二节　技术站的技术作业过程

一、技术站办理的列车和车辆的分类

技术站办理的技术作业取决于列车和车辆的种类。技术站办理的列车车辆种类是根据对其进行的作业内容划分的。技术站办理的列车种类有：

（1）到达解体列车：在该技术站进行解体的列车。

（2）自编始发列车：由该技术站编成的列车。

由于习惯于将解体作业和编组作业合称为改编作业，所以，上述两种列车属于改编列车的范畴：到达的改编列车和出发的改编列车。

（3）无改编中转列车：在该技术站不进行改编作业，而只在到发场进行到发技术作业后继续运行的列车。

（4）部分改编中转列车：在该技术站需要变更列车重量和换挂车组的列车。

后面两种列车均属于中转列车，表示它们并未到达列车终点站，亦即在技术站进行有关的技术作业后将继续运行。

如图 2.1 所示，对于 C 站来说，A 站至 D 站的列车属于无改编中转列车，B 站至 E 站的列车属于部分改编中转列车，A 站至 C 站的列车属于到达解体列车，C 站至 E 站和 C 站至 D 站的列车均属于自编始发列车。

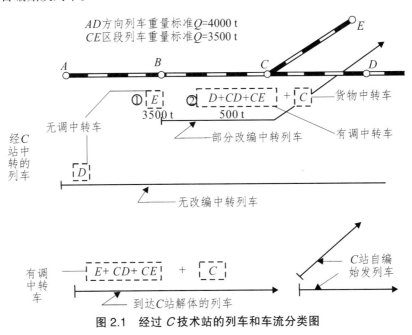

图 2.1　经过 C 技术站的列车和车流分类图

技术站办理的车辆种类有：

（1）中转车：指在该技术站不进行货物作业（装车或卸车）的车辆。根据是否对其进行编组作业，又可分为：

① 无调中转车：随无改编中转列车或部分改编中转列车到达，在该站进行到发技术作业后，又随原列车继续运行的货车。

② 有调中转车：随到达解体列车或部分改编中转列车到达，在该技术站经过一系列改编作业后，再随自编始发列车或另一列部分改编中转列车继续运行的货车。

（2）货物作业车（或称本站作业车）：随到达解体列车或部分改编中转列车到达、需在车站进行货物作业（卸车或装车）的货车。货物作业车按其在车站完成装卸作业次数的不同，可以分为一次货物作业车（只卸不装或只装不卸）和双重货物作业车（卸后又装）。

总的来说，技术站办理的车辆分为无调中转车、有调中转车和货物作业车三种，图 2.1 中也列举了 C 站办理的三种货车。

在车站办理的列车和车辆总数中，上述各种列车和车辆所占的比重决定着车站的作业性质。编组站主要办理改编列车和有调中转车作业，区段站主要办理无改编中转列车和无调中转车作业，而铁路网上绝大多数车站都办理货运业务，都要办理一定数量的本站作业车的作业。

二、车辆和列车的技术作业过程

（一）技术站车辆的技术作业

1. 无调中转车的技术作业过程

无调中转车随中转列车到达车站，并随原列车出发，因此，它的技术作业过程也就是中转列车的技术作业过程。无调中转车技术作业通常在到发场或出发场（或直通场）办理。

2. 有调中转车的技术作业过程

有调中转车的一般作业过程如图 2.2 所示。

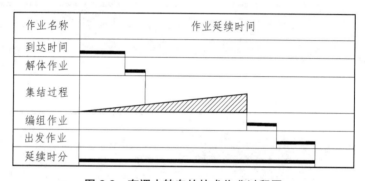

作业名称	作业延续时间
到达时间	
解体作业	
集结过程	
编组作业	
出发作业	
延续时分	

图 2.2　有调中转车的技术作业过程图

到达作业是指在到达场或到发场对到达解体列车所进行的技术作业。

解体作业是指在驼峰或牵出线上将到达解体列车或车组按车辆的到达地点（有调中转车按列车编组计划，到达卸车的重车按货物作业地点，不良车按检修地点）分解到调车场各固定线路内的调车作业。

集结过程是指被分解到调车线上的货车按列车到达站聚集成列的过程。

编组作业是指在牵出线上将集结的货车按列车编组计划和《技规》的要求选编成车列或车组所进行的调车作业。

出发作业是指在出发场或到发场对自编始发列车所进行的技术作业。

车站的车场配置不同，有调中转车的技术作业及其在站内的走行径路也不尽相同。在到发场与调车场横列的车站上，有调中转车有大量的折返走行（见图 2.3），在到、发车场与调车场纵列的车站上，除反驼峰方向的车流和折角车流外，有调中转车在站内可以顺向走行，从而保证有调中转车各项作业的流水性和最短的走行径路（见图 2.4 和图 2.5）。

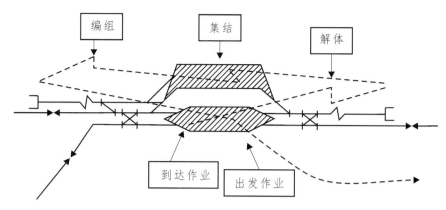

图 2.3　横列式车站有调中转车走行径路图

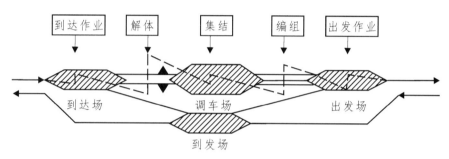

图 2.4　单向纵列式车站有调中转车走行径路图

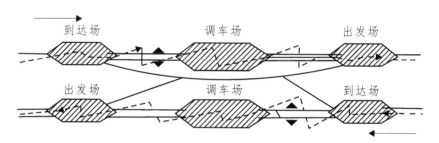

图 2.5　双向纵列式车站有调中转车走行径路图

双向纵列式车站折角车流在站内的走行径路如图 2.6 所示。由此可见，在有两个改编系统的双向驼峰编组站上，其折角车流要在站内形成场间交换车，解体后需要转场重复改编。这些需要转场的有调中转车，除了需要完成上述作业外，还要额外增加转场前集结、转场和转场后解体等三项作业。

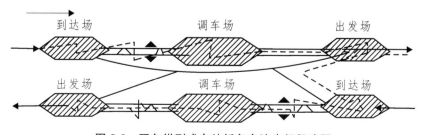

图 2.6　双向纵列式车站折角车流走行径路图

3. 货物作业车的技术作业过程

货物作业车按其在车站完成装卸作业次数的不同，可以分为一次货物作业车（只卸不装或只装不卸）和双重货物作业车（卸后又装）。

货物作业车随到达解体或部分改编中转列车到达车站后，除要办理与有调中转车相同的技术作业外，还要完成待送及送车、装卸、取车等作业。货物作业车的技术作业过程如图 2.7 和图 2.8 所示。双重货物作业车在站内的走行径路如图 2.9 所示。

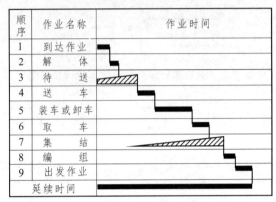

顺序	作业名称	作业时间
1	到达作业	
2	解 体	
3	待 送	
4	送 车	
5	装车或卸车	
6	取 车	
7	集 结	
8	编 组	
9	出发作业	
	延续时间	

图 2.7 一次货物作业车技术作业过程图

顺序	作业名称	作业时间
1	到达作业	
2	解 体	
3	待 送	
4	送 车	
5	卸 车	
6	调 移	
7	装 车	
8	取 车	
9	集 结	
10	编 组	
11	出发作业	
	延续时间	

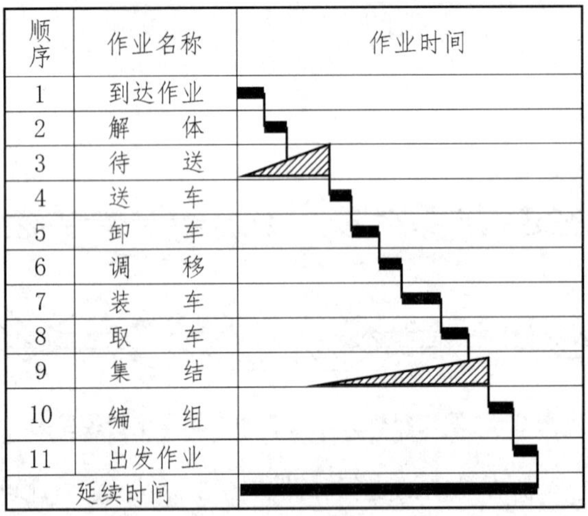

图 2.8 双重货物作业车技术作业过程图

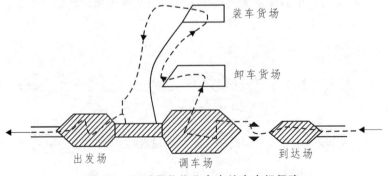

图 2.9 双重货物作业车在站内走行径路

车站在完成列车和车辆的技术作业过程时，必须保证生产安全，最大限度地使各项作业保持流水性、不间断性和节奏性，缩短车辆在站停留时间。为此，车站应根据自己设备的特点，按照《技规》《行规》、列车编组计划和列车运行图的规定，合理运用各种技术设备，总结和推广先进工作方法，组织预先作业、平行作业和紧密作业，并在《站细》中加以规定。

（二）技术站列车技术作业

列车到达技术站或列车编组完了后，须在技术站的到达场、出发场或到发场上对列车办理一系列的技术作业。虽然各种列车所需办理的作业内容和要求不完全相同，但下列一些技术作业都是必须办理的。

1. 列车技术作业的内容

（1）车辆的技术检查和修理。

由于列车质量大、速度高，在运行中冲击力大，车辆的走行、连接部分可能发生损坏，零件可能磨耗过多或丢失，车辆的制动部分可能动作失灵，所以经过一段长距离运行后，需要进行技术检查和修理。这项作业由列检所的检车员负责。

在列车进站时，检车人员应提前到规定线路接车，检查列车走行状况。列车停妥试风后，摘去机车并在车列两端插上安全防护信号，然后分段同时检查车辆走行部分、车钩及制动装置。对于可以在规定时间内进行不摘车修理的故障，即在到发线修理。对于必须摘车修理的车辆，应插上扣修票，注明故障内容及送修地点，并填发扣修车通知单，通知有关人员及时甩车。

（2）车辆的货运检查及整理。

车辆经过一段长距离运行后，货物装载状态可能发生变化，需要进行装载整理。这项作业由货运检查员负责。

在列车到达前，货运检查员应在列车尾部停车地点接车，在列车进站走行中观察货物装载状况。列车停妥后，货运检查员从车列两侧检查无盖货车上的货物装载和棚车情况，棚车的铅封、车门、车窗、车体等有无异常状态，罐车有无渗漏，超限货物的状态是否符合挂运电报和记录内容等，发现问题立即消除，如不能继续运行，应报告有关人员甩车处理。

（3）车号员核对现车。

车号员将列车编组顺序表中的内容与车列中的机车、车辆实际状况进行逐项对照，修改和补充列车编组顺序表中的记载，使之与实际状况相符的工作，称为核对现车。

（4）车列及票据交接。

为避免车辆错挂，列车编组顺序表（列车的基本单据，主要记载列车中车辆的编组顺序、到站及装载情况，并以此作为交接车辆的依据）内有记载，必须与车列及货运票据相符。因此，到达司机和车站，车站和出发司机间必须办理票据交接，并按票据核对现车。

（5）摘挂机车或机车乘务组换班。

由于机车是分段牵引列车，所在列车到达技术站后一般要更换机车，如采用循环运转制，在基本段不更换机车时，则机车乘务组需换班。此外，不同种类的列车还需办理其他一些必要的技术作业。

（6）摘解和安装列尾装置。

终到列车到达车站简略试风后，车站列尾作业人员应及时摘下列尾装置主机，送列尾装置检修室检测、修理和进行蓄电池充电。经检修状态良好的列尾装置主机送出发场（到发场）备用。出发列车的列尾装置主机由车站列尾作业员负责安装。列尾主机与制动软管的连接，有列检作业的列车由列检人员负责，无列检作业的列车由车务人员负责。

（7）准备发车及发车。

出发场车号员与司机对表并将列车的编组和重量及途中运行注意事项通知司机。在车站助理值班员确认符合发车条件后向司机显示发车信号发车。

2. 各种列车的技术作业程序

根据各种列车的不同要求，车站应在查定各项作业时间标准的基础上，分别编制各种列车的技术作业过程，以协调各部门、各工种人员的工作，缩短列车技术作业总时间。

在编制列车技术作业过程时，凡可以提前办理的作业或辅助工作都要预先办理，凡可以平行进行的作业都应平行进行，并应采用先进技术工具、先进操作方法和合理的劳动组织。

（1）到达解体列车技术作业过程。

到达解体列车技术作业过程如图2.10所示。为压缩非生产等待时间，列车到达之前应提前做好准备工作，如车号员收取列车编组顺序表确报，调车区长编制解体调车作业计划，车站值班员指定接车线路，并通知有关人员做好接车准备工作。列车到达后，除了应完成车辆的技术检查和修理、货运检查和整理、摘下机车和核对现车等作业外，调车人员必须按调车通知单进行车解体准备工作（排风、摘管），并应在试风之后与技术检查平行进行。一般情况下，车辆的技术检查和修理是到达作业中占用时间最长的作业，是关键环节。为了压缩车辆停留时间，提高检修水平，必须注意改善检车人员的劳动组织，采用红外线测轴等先进技术设备。

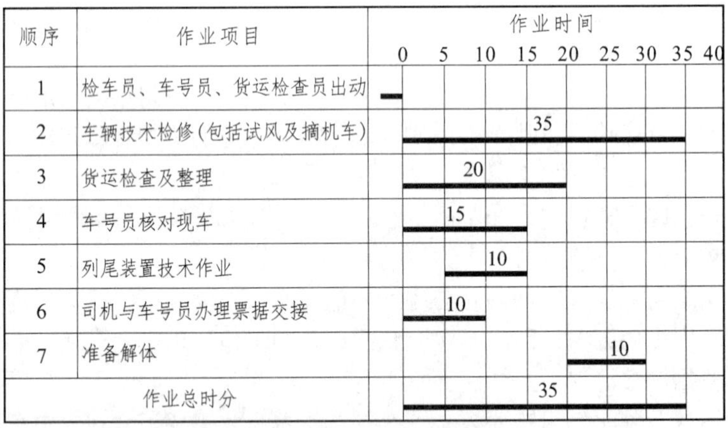

顺序	作业项目	作业时间								
		0	5	10	15	20	25	30	35	40
1	检车员、车号员、货运检查员出动									
2	车辆技术检修（包括试风及摘机车）					35				
3	货运检查及整理			20						
4	车号员核对现车			15						
5	列尾装置技术作业				10					
6	司机与车号员办理票据交接			10						
7	准备解体							10		
作业总时分							35			

图 2.10 到达解体列车技术作业过程图（单位：min）

（2）自编始发列车技术作业过程。

自编始发列车技术作业过程如图2.11所示。为了减少列车在出发场的停留时间，在列车作业之前也应做好一系列准备工作，如车站值班员应提前与机务段联系，督促机车按时出段，车号员预先填制列车编组顺序表等。出发作业是车辆在站作业的最后一道工序，对于保证列车运行安全有着重要意义，应认真仔细办理此作业。

（3）无改编中转列车技术作业过程。

无改编中转列车技术作业过程如图2.12所示。无改编中转作业实际上是将到达作业与出发作业结合起来进行，但因不改变列车编组内容，故又具有如下特点：

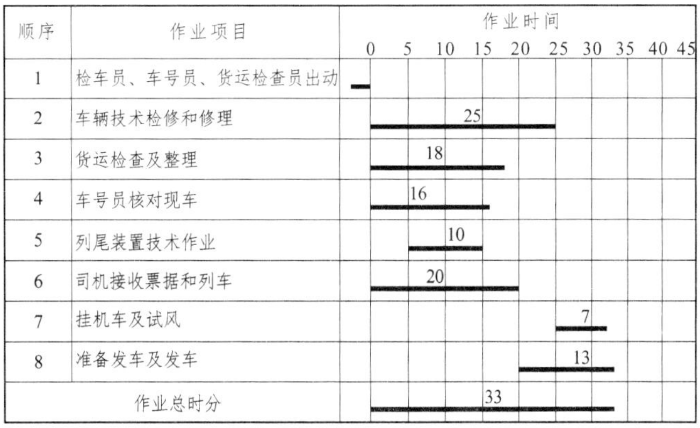

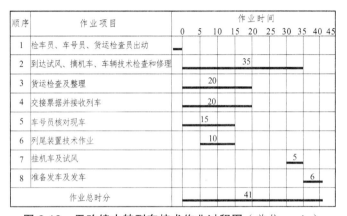

图 2.11　自编始发列车技术作业过程图（单位：min）

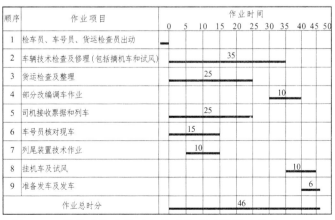

图 2.12　无改编中转列车技术作业过程图（单位：min）

① 免除了准备解体、编制列车编组顺序表等有关作业；

② 车列票据可由到达司机与出发司机直接在现场办理交接；

③ 机车采用循环运转制时，在基本段不更换机车，只在车站线路上进行机车整备作业。

（4）部分改编中转列车技术作业过程。

部分改编中转列车技术作业过程如图 2.13 所示。部分改编中转列车除需办理与无改编中转列车相同的各项作业外，按下列不同情况还需进行一定的调车作业：

顺序	作业项目	作业时间
1	检车员、车号员、货运检查员出动	
2	车辆技术检查及修理（包括摘机车和试风）	35
3	货运检查及整理	25
4	部分改编调车作业	10
5	司机接收票据和列车	25
6	车号员核对现车	15
7	列尾装置技术作业	10
8	挂机车及试风	10
9	准备发车及发车	6
	作业总时分	46

图 2.13　部分改编中转列车技术作业过程图（单位：min）

检查员、列尾装置作业员等。

非调度集中区段的车站，各项接发列车工作都要在车站值班员的统一指挥下进行。

在采用调度集中设备的区段，列车调度员可在调度指挥中心的控制台上监视管辖区段内的列车运行，操纵车站的道岔和信号机。因此，这些车站的接发列车工作可由列车调度员直接指挥和办理。在设有行车指挥自动化设备的条件下，区段内的列车运行和车站上的列车接发，则通过电气集中设备、调度集中设备和计算机进路程序控制系统等硬件和软件设施，在列车调度员的监视下实行自动控制和指挥。

发生自然灾害、行车事故、设备故障或线路施工等特殊情况时，车站值班员和接发列车的有关人员应按《技规》的有关规定办理接发列车作业。

《技规》规定："接发列车时，车站值班员应亲自办理闭塞、布置进路、开闭信号、交接凭证、接送列车、指示发车或发车。由于设备或业务量关系，除布置进路外，其他各项工作可指派助理值班员、信号员或扳道员办理。"

我国铁路采用自动闭塞和半自动闭塞作为基本行车闭塞法。当基本闭塞设备不能使用时，根据列车调度员命令采用电话闭塞法作为代用闭塞法。原则上不使用隔时续行办法，如必须使用时，由铁路局规定。

二、接发列车的作业要求和基本规定

车站值班员和其他接发列车的工作人员应保证车站能安全和不间断地接发列车，按图行车，为此，必须熟悉有关行车设备的性能和使用方法；掌握列车运行图和列车运行的实际情况；正确执行接发列车作业标准和有关规定；加强与列车调度员及其他有关人员的联系、配合，有计划、有预见地进行工作。

接发列车是关系到行车安全的大事，有关人员必须严格按照《技规》《接发列车作业标准》《行规》和车站《站细》的有关规定办理各项作业。

1. 作业要求

接发列车时，办理闭塞、布置进路（包括听取进路准备妥当的报告）、开闭信号、交接凭证、接送列车、指示发车及发车等各项工作均应由车站值班员亲自办理。由于设备或业务量关系，除布置进路（包括听取进路准备妥当的报告）外，其他各项工作可指派助理值班员、信号员或扳道员办理。

车站值班员在办理闭塞时，应确认区间空闲。接车前，车站值班员必须亲自或通过有关人员确认接车线路空闲、进路道岔位置正确、影响进路的调车作业已经停止，方可开放进站信号，准备接车。发车前，车站值班员必须检查确认进路道岔位置正确、影响进路的调车作业已经停止，方可开放出站信号机。

司机必须确认占用区间行车凭证及发车信号或发车表示器显示正确后，方可起动列车。因曲线等关系司机难以确认运转车长发车信号时，经铁路局指定车站，可由发车人员直接向司机显示发车信号。

单机、动车、重型轨道车及无运转车长值乘的列车，均由发车人员直接向司机显示发车信号。

车站值班员下达准备接发列车进路命令时，必须简洁明了、正确及时，讲清车次和占用线路（一端有两个及其以上的列车运行方向或双线反方向行车时，应讲清方向），并要受令人复诵，核对无误。

车站接发列车作业应按规定程序办理，并使用规定用语。

接发列车时，接发车人员应携带列车无线调度电话，持手信号旗（灯），站在规定地点接送列车，注意列车运行和货物装载状态，与运转车长互对信号。发现旅客列车尾部标志灯光熄灭时，通知运转长进行整理。在自动闭塞区段通知不到时，应使列车停车整理。发现货物装载状态有异状时，应及时处理；发现货物列车列尾装置丢失时，应报告列车调度员，使列车在前方站停车。

列车到达、发出或通过后，车站值班员（助理值班员）应立即向邻站及列车调度员报点，并计入《行车日志》内。遇有超长列车、超限列车、单机挂车和列尾装置灯光熄灭等情况时，应通知邻站。

车站值班员在指挥接发列车工作时，应认真执行《技规》关于禁止办理相对方向同时接车和同方向同时发接列车的规定。

下列情况禁止办理相对方向同时接车和同方向同时发接列车：

（1）进站信号机外制动距离内，进站方向为超过6‰的下坡道，而接车线末端无隔开设备。

（2）在接、发客运列车的同时，接入原规定为通过的列车而接车线末端无隔开设备。单机、动车及重载轨道车不受上述第二条的限制。

车站应将不能办理相对方向同时接车及同方向同时发、接列车的情况纳入《站细》。相对方向不能同时接车时，应先接后面有续行列车的列车、停车后起动困难的列车或不适于在站外停车的列车。

遇两列车不能同时接发时，原则上先接后发。

2. 接发列车使用线路的基本规定

接发列车应在正线或到发线上办理，并遵守下列原则：

（1）客运列车、挂有超限货物车辆的列车应接入固定线路。

（2）快速旅客列车应在正线通过，其他通过列车原则上也应在正线通过。

（3）原规定为通过的旅客列车由正线变更为到发线接车及快速旅客列车遇特殊情况必须变更基本进路时，须经列车调度员准许，并警告司机；如来不及警告，应使列车在站外停车后，开放信号机，再接入站内。

（4）快速列车通过时，作业人员须提前停止在列车的通过线路上和相邻线路通过列车一侧的作业。

3. 到发线停留车辆的基本规定

车站值班员应保证有不间断接车的空闲线路。正线上不得停留车辆。到发线上停留车辆时，须经车站值班员准许，在中间站上须取得列车调度员的准许方可占用，对该线路的两端道岔应扳向不能进入的位置并加锁（装有轨道电路者除外）。

在站内无空闲线路的特殊情况下，只准许接入人为排除故障、事故救援、疏解车辆等所需要的列车，救援人员向司机通知事由后，以调车手信号旗（灯）将列车领入站内。

4. 列车在站内线路上停留位置的规定

列车进站后，应停于接车线警冲标内方。在设有出站（进路）信号机的线路，列车头部不得越过出站（进路）信号机。

如列车尾部停在警冲标外方，车站接车人员及运转车长应使用列车无线调度电话等通知司机或显示向前的手信号（昼间为拢起的手信号旗，夜间为白色灯光上下摇动），使列车向前移动。

当超长列车尾部停在警冲标外方，接入相对方向列车时，在进站信号机外制动距离内进站方向为超过 6‰的下坡道，而接车线末端无隔开设备，相对方向需要进行调车作业时，必须派人以停车手信号对列车进行防护。

三、接发列车工作的内容

为了保证列车运行的安全，列车接入车站和由车站出发都必须按照一定的程序办理接发列车的必要作业。

在接发列车时按顺序办理以下作业：

（1）办理区间闭塞；

（2）准备接车或发车进路；

（3）开放和关闭进站信号或出站信号；

（4）交接行车凭证；

（5）迎送列车及指示发车。

在正常情况下，列车运行采用区间（或闭塞分区）间隔行车的方法，即同一时间和同一区间（或闭塞分区）内的一条正线上只准许有一列列车运行，以防止同向列车追尾或对向列车正面冲突。为实现铁路行车上这一要求的技术设备称为闭塞设备。因此，当列车进入区间前，两站间办理闭塞手续是车站接发列车工作的首要作业程序。

列车到达、出发或通过所需占用的一段站内线路称为列车进路。列车进路可以分为接车进路、发车进路和通过进路。接车进路是自进站信号机至接车线末端车站信号机（或警冲标）的一段线路。发车进路是自列车前端至相对方向进站信号机（或站界标）的一段线路。通过进路是两端进站信号机或站界标间的一段线路。为保证列车运行的安全，列车到达或出发之前，车站值班员应正确发布准备列车进路的命令，及时停止影响列车进路的调车工作。

只有在闭塞手续办理完毕，列车进路确已准备妥当以后，才能开放进站或出站信号，在列车进入或开出车站之后，应及时关闭信号。

在采用自动闭塞或半自动闭塞的区段，列车占用区间的许可是出站信号机的信号显示，因而在接发列车时不必交接行车凭证。在其他闭塞区段，列车必须取得规定的行车凭证才能向区间发车。

列车进出车站时，接发列车工作人员应在规定地点接送列车，注视列车运行情况和货物装载状态，发现有危及人身、货物或行车安全的情况时，应采取有效措施妥善处理。

车站发车人员只有在确认列车取得占用区间许可，发车进路准备妥当，影响进路的调车工作已经停止，列车技术作业已经办理完毕以后，方可按规定时刻显示发车指示信号，准许列车由车站出发。

列车到达或出发之后，车站值班员应及时将到、发时刻通知邻站和向列车调度员报告，并登记《行车日志》。

第二节　正常情况下的接发列车作业程序

接发列车作业，从办理闭塞（预告）、准备进路、开放信号、交接凭证，直至列车由车站发出或通过，任何一个环节的疏漏都可能埋下事故隐患，任何一项作业差错都可能危及列车安全。因此，所有参与接发列车的人员，办理每趟列车时都必须高度重视，严格执行接发列车作业标准规定的程序和用语。

一、办理区间闭塞

办理列车闭塞（预告）是接发列车的首要作业环节，是列车取得区间占用权的重要环节，也是较易发生列车事故的关键环节。

（1）办理闭塞必须确认区间（分区）空闲。

正常情况下按基本闭塞法行车，可以保证在同一时间内、同一个区间（或闭塞分区）只有一列列车运行。但是，由于设备缺陷、个别人员办理程序的疏忽，仍有可能向占用区间发出列车，所以，车站值班员在办理闭塞时，必须确认区间空闲。

（2）确认区间空闲的主要内容和办法。

确认区间空闲的主要内容是：前次列车是否整列到达；补机是否返回；出站（跟踪）调车是否完毕；有无轻型车辆占用和区间封锁；区间内设有道岔时，发出进入正线的列车，区间道岔是否开通正线并锁闭；查看控制台闭塞表示灯的显示或闭塞表示牌的揭挂，以及《行车日志》的填记等。

① 自动闭塞。通过控制台的监督器（列车离去表示灯）或出站信号机的复示器以及各种表示牌，确认第一及第二闭塞分区空闲情况。四显示自动闭塞区段还应确认第三闭塞分区空闲情况。

② 半自动闭塞。除根据闭塞机上闭塞表示灯的显示外，还应根据《行车日志》、各种表示牌以及助理值班员、扳道员检查到达列车情况的报告，确认区间空闲。

③ 电话闭塞。根据《行车日志》前次列车到达时间、到达电话记录号码、各种表示牌显示内容和助理值班员及扳道员检查到达列车情况的报告，确认区间空闲。

各种表示牌是辅助办理人员记忆的一种措施，应悬挂在醒目的地方。

（3）办理闭塞（预告）时，车次必须准确清晰。

（4）办理闭塞（预告）时，用语必须准确完整。

二、准备接车或发车进路

正确、及时准备好列车进路是接发列车工作中的关键。车站值班员必须亲自布置进路，并听取进路准备妥当的报告。

1. 进路的布置

（1）布置内容：车站值班员应清楚布置车次和占用线路（接入股道或由某道出发）。如车站一端有两个及其以上列车运行方向或双线反方向行车时，必须讲清方向。

（2）要求：

① 按《站细》规定时间，简明清楚、正确及时地布置进路。

② 布置进路应按铁道部《接发列车作业标准》规定程序和规定用语办理，不得简化。布置进路的命令不准与其他作业的命令、通知一起下达。

③ 受令人复诵，当两人及其以上同时接受准备进路的命令时，应指定一人复诵。车站值班员要认真听取复诵，核对无误后方可发布命令"执行"。接车进路的命令应向两端扳道员及有关扳道员同时发布。

④ 车站值班员接到邻站特快旅客列车预告后，按《站细》规定，及时通知有关人员提前到岗接车，站内平过道应提前派人到岗监护。

2. 进路的准备

信号员（扳道员）应严格按照车站值班员布置的接发列车命令，正确、及时地准备进路。在操纵信号、道岔时，要"手指、眼看、口呼"，做到"一看、二按（扳）、三确认、四呼唤（显示）"，严禁他人操纵。

"一看"：在操作前看所按按钮、所扳道岔的位置，看接车线是否空闲，看机车车辆是否越过警冲标，看机车车辆是否越过联动道岔。

"二按（扳）"：操作信号按钮、道岔到所需位置。

"三确认"：确认道岔开通位置是否正确，闭止块是否落槽，尖轨与基本轨是否密贴，进路有关道岔位置是否正确。准备接发车进路时，还要确认影响进路的调车作业是否停止、信号开闭状态是否正确。

"四呼唤（显示）"：确认操纵无误后，呼唤"××信号开放好了"或"×道准备好了"，并向车站值班员汇报进路准备妥当，或向要道人员显示股道号码信号和进路准备妥当手信号。

3. 进路的确认

（1）确认接车线路空闲。确认接车线路无封锁施工，无机车、车辆、动车、重型轨道车，无轻型车辆、小车及其他能造成脱轨的障碍物，防止"有车线接车"造成行车事故。确认的方法是：在控制台上通过股道占用光带或表示确认，需注意接车线路附近有无侵入限界的设备等障碍物；未设轨道电路或轨道电路发生故障时，必须由接发列车人员现场确认接车线路是否空闲；查看股道占线板。

车站新铺钢轨、更换再用轨或较少使用的线路，由于轨面生锈，轨道电路分路不良，车辆在设有轨道电路的轨面上走行时不能压红轨道电路，停留车辆在控制台上不能正确显示"股道有车占用"，这时，向该股道接车的进站信号仍可开放，容易造成行车事故。对轨道电路分路不良的线路，必须制定保证接发列车安全的作业办法并纳入《站细》，车站值班员必须准确掌握，加强"接车线空闲"的检查。

（2）确认进路有关道岔位置正确。扳道员准备完进路后，要确认进路上的有关道岔和防护道岔的开通位置是否正确。车站值班员通过控制台的光带显示确认道岔位置。当联锁失效或无联锁线路发车时，必须执行"再度确认"制度。

"二人现场确认"由扳道员及引导人员进行。当扳道员准备进路时，要确认接车线空闲和进路道岔开通位置正确，影响进路的调车作业已停止后，引导人员亦应按此顺序确认。扳道人员及引导人员均应向车站值班员汇报。

在接发列车作业中，列车进路的确认极为重要，这直接关系到列车运行安全，不可疏忽。集中联锁的车站，必须通过控制台股道表示灯（光带）等设备的显示来确认接发车进路；电锁器联锁设备的车站，有关扳道人员必须确认尖轨密贴、闭止块落槽、道岔标志牌（灯）的显示及列车进路正确无误后，方可向车站值班员报告。联锁设备停用时，对列车进路的现场检查更需严密细致、准确无误，并采取相应安全措施，加人加岗，确保列车运行安全。

（3）确认影响进路的调车作业已经停止。在开放进站或出站信号机前，必须停止影响列车进路的调车作业，保证信号机的及时开放和接发列车作业的安全。没有及时停止影响进路的调车作业就盲目开放信号，有可能造成列车冲突事故。

影响接发列车进路的调车作业包括：占用或穿过接发车进路的调车作业；相邻两线线间距不足 5 m 时，接发超限列车的同时在邻线上调车作业；相邻两线线间距不足 5 m 时，接发非超限列车的同时在邻线上调动装载超限货物车辆的调车作业；接发客运列车时，能进入接发列车进路、末端无隔开设备的线路上的调车作业。

不及时停止影响接发列车进路的调车作业，有可能造成列车在站外停车或出发晚点，甚至可能使列车与正在调车的机车车辆发生冲突事故。

停止影响列车进路的调车作业时间，按照准备进路、开放信号机和列车通过进站距离的时间（或发车起动时间）确定，在《站细》内规定。车站接发列车时，上述各种影响列车进路的调车作业，必须按《站细》规定的时间及时停止，严禁"抢钩"作业，保证列车运行安全正点。

三、开放和关闭进站信号或出站信号

信号开放后，进路上有关的道岔和敌对信号都将锁闭。过早开放信号就会过早占用咽喉，影响与该进路有关的调车作业或其他作业；信号开放过晚会造成进站列车运缓、站外停车，甚至冒进信号，发出列车晚点；信号关闭过早，进路道岔提前解锁，易造成道岔途中转换，敌对信号可能开放；信号关闭过晚影响接发其他列车和调车作业或站内行车设备检修。

因此，车站值班员应亲自或指派信号员、扳道员严格按《站细》规定的时机开放或关闭信号。

1. 开放进站和预告信号机的条件和时机

（1）开放条件：① 接车线路空闲；② 接车进路上道岔（包括防护道岔）位置正确；③ 影响接车进路的调车作业已停止；④ 敌对信号在关闭状态。

（2）开放时机：进站信号的开放时机应确保列车不会提前制动减速或站外停车。

2. 开放出站信号机的条件和时机

（1）开放条件：进路道岔位置正确，影响进路的调车作业已停止。

（2）开放时机：出站信号机的开放时机应根据发车作业过程实际查定。列车出发前，为保证列车正点出发应提前开放出站信号机。提前开放出站信号机的时间，应能保证完成包括确认出站信号机的显示、显示及确认发车指示信号、显示及确认发车信号等作业所需的时间。必要时，还应包括交付行车凭证的走行时间。通过查定与分析确定出合理时间并纳入《站细》。

进站停车后再起动运行的列车，停站时间无论长短，都必须等列车进站停妥后，才能开放出站信号机。

通过列车应先开放出站信号机再开放进站信号机，以保证列车按正常的速度通过车站。

3. 信号机的关闭时机

信号机关闭后，有关道岔即解锁（装有道岔区段轨道电路的区段除外）。信号关闭过早，可能造成进路道岔错误转换或敌对信号开放，危及列车运行安全；信号关闭过晚，会耽误其他作业，影响运输效率。由于设备不同，信号机的关闭时机有以下几种情况：

（1）集中联锁车站的通过、进站、出站、进路信号机，当第一轮对越过信号机后即自动关闭。列车出清道岔区段轨道电路后，该轨道电路区段的道岔自动解锁。

（2）非集中联锁车站的进站信号机及线路所通过信号机，当列车进入接车线轨道电路后即自动关闭。

（3）非集中联锁车站，由手柄操纵的信号机，进站信号机在确认列车尾部进入接车线警冲标内方，出站信号机在列车尾部越过最外方道岔并确认全部进入出站方向轨道电路区段后，恢复手柄关闭信号。

四、交接行车凭证

这里说的行车凭证，是指出站（线路所通过、发车进路）信号机显示的进行信号以外可持有的"证件"，如绿色许可证、路票、红色许可证、钥匙路签、出站（跟踪）调车通知书、列车进入封锁区间的"调度命令"等。

五、迎送列车及指示发车

（一）迎送列车

列车出入车站必须由接发车有关人员接送、监视列车运行和货物装载状态，及时处理危及行车和人身安全的问题。

1. 立岗接送列车

（1）接发车人员应携带列车无线调度电话，且持手信号旗（灯）站在《站细》所规定的地点接送列车。

（2）注意列车运行和货物装载状态，发现车辆燃轴、抱闸、制动梁脱落、篷布绳索脱落、货物窜动或倾斜、倒塌等危及行车安全时，要立即采取停车措施，并报告列车调度员。

（3）与运转车长互对信号。

在迎送列车时应注意以下情况：

① 列车进站停车时，应停在接车线警冲标内方。在设有出站信号机的线路上，列车头部不得越过出站信号机。

当列车尾部停在警冲标外方时，接车人员应使用列车无线调度电话等通知司机。

② 发现列车运行或货物装载不正常时，要立即采取停车措施，停车后整理。

③ 发现客运列车尾部标志灯光熄灭时，通知运转车长整理。在自动闭塞区段，通知不到时，应使列车停车处理。

④ 发现货物列车列尾装置丢失时，应报告列车调度员，使司机在前方站停车处理。

2. 列车接近车站、进站和出站的报告

列车接近车站，信号员应及时向车站值班员报告，通知有关人员立岗接车。在接、送列

车时，还应向车站值班员报告列车进出站的情况，以确认列车整列出发或到达。扳道员向车站值班员报告"×号，×（次）到达"，是指列车整列到达并停于接车线警冲标内方。

3. 列车到发时刻的记录与报告

车站值班员应将列车的到达、出发和通过时刻记入《行车日志》。为使列车调度员随时掌握管辖区段内的列车运行情况，车站值班员应及时向列车调度员报点。

列车出发或通过后应向接车站报点。遇有超长列车、超限列车、单机挂车和列尾装置灯光熄灭等与接车作业有关的特殊情况，也应同时通知接车站，以便做好接车准备。此外，列车到达或通过后，还应立即向发车站报点，及时办理区间开通手续。

4. 列车到达、出发和通过时刻的确定

（1）到达时刻，以列车进入车站停于指定到达线警冲标内方时刻为准。列车超过实际到达线有效长时，以第一次停车时刻为准。列车在区间内分部运行时，则以全部车辆到达车站时刻为准。

（2）出发时刻，以列车机车向前进方向起动，列车在站界内（场界内）不再停车为准。列车全部发出站界后因故退回发车站再次发车时，以第一次出发时刻为准。在分界站向邻局出发时，以最后出发时刻为准。

（3）通过时刻，以列车机车通过车站值班员室的时刻为准。

（二）指示发车

车站做好发车准备并具备发车条件后，车站值班员或助理值班员应向运转车长显示发车指示信号或向司机显示发车信号。

1. 显示发车指示信号的条件

确认发车进路已准备妥当，凭证已交付，出站信号机已开放，旅客上下、行包、邮件、列检作业完毕并已撤除防护信号，助理值班员向运转车长显示发车指示信号指示发车。

2. 显示发车信号的条件

列车完全具备发车条件，出站信号机已开放，列车尾部车辆已缓解，风表压力达到规定标准，并确认发车指示信号后，方可向司机显示发车信号或开放发车表示器。

3. 中转运转车长的发车信号

当司机确认运转车长的发车信号有困难时（如曲线地段、降雾、暴风雪天气或超长列车），为缩短发车作业时间，可由发车人员依式中转运转车长的发车信号，而司机凭发车人员中转的发车信号开车。

4. 直接发车

单机、重型轨道车、动车等无运转车长值乘的列车，具备发车条件后，发车人员可直接向司机显示发车信号。通信记录装置作用良好的车站，可使用列车无线调度电话通知发车。

5. 使用发车表示器发车

装设发车表示器的车站，司机凭点亮的发车表示器直接发车。

第三节　特殊情况下接发列车作业程序

在运输生产中，有时会遇到自然灾害、行车事故、设备故障或线路施工等非正常的作业条件。接发列车人员必须熟练掌握特殊情况下所应采取的措施，才能临危不乱，不失时机地正确处理突发事件，保证作业安全和运输生产的顺利进行。特殊情况下采用的接发列车方法有电话闭塞法、单线书面联络法、双线时间间隔法、引导接车法等，本节主要讲电话闭塞法和引导接车法。

一、电话闭塞法

（一）电话闭塞的特点

电话闭塞是当基本闭塞设备故障不能使用，或闭塞设备不能满足运行列车要求时（如在未设双向闭塞设备的双线区段反方向运行，半自动闭塞区段发出由区间返回的列车等），由两车站（线路所）的车站值班员利用站间行车电话，以电话记录的方式办理闭塞的方法，是代用闭塞法。

电话闭塞不论在单线或双线，均按站间区间办理。由于电话闭塞无机械、电气设备的控制，都靠制度加以约束，出站信号机不能开放，必须严格办理闭塞手续。出站信号机不能开放除需填写行车凭证外，接发列车进路在一般情况下也失去了联锁，除人工确认发车进路正确外，还要按规定加锁，给车站的行车工作在安全和效率方面带来了巨大影响。为保证同一区间、同一线路在同一时间内不误用两种闭塞法，在停用基本闭塞法改用电话闭塞或恢复基本闭塞时，均须根据列车调度员的调度命令办理。在列车调度员的电话不通，得不到调度命令的情况下，应由该区间两端站的车站值班员确认区间空闲后，以电话记录办理。

确认区间空闲是改变行车闭塞法的最基本的前提，无论列车调度员还是区间两端站车站值班员，在办理停用基本闭塞改用电话闭塞或恢复基本闭塞时，都要确认区间空闲，以避免一个区间放入两列列车。

（二）采用电话闭塞的情况

1. 基本闭塞设备发生故障时

自动闭塞设备发生故障或停电，包括区间内两架及其以上通过信号机故障或灯光熄灭。在这种情况下，列车虽然可按自动闭塞通过色灯信号机关闭的特定行车办法运行，但列车在区间内一停再停和减速运行，势必严重影响运输效率和安全。因此遇有此种情况，也视为基本闭塞设备故障。

半自动闭塞故障，包括轨道电路故障、出站信号机故障或灭灯、闭塞表示灯错误显示以及双方表示灯显示不一致等情况。

2. 发出挂有由区间返回的后部补机的列车或自动闭塞区间发出由区间返回的列车时

发出挂有由区间返回的后部补机的列车时，由区间返回的后部补机无返回的凭证；同时基本闭塞设备无法保证后部补机由区间返回发车站前，不能向该区间发出列车。自动闭塞区间发出由区间返回的列车时，基本闭塞设备无法保证发车站在列车未返回到车站之前不能向该区间发出列车。

3. 无双向闭塞设备的双线区间反方向发车或改按单线行车

当双线区间正线无反向闭塞设备时，反方向行车只能改按电话闭塞。当双线区间的一条线路因施工或其他原因封锁，另一条线路改按单线行车时，虽正线正方向闭塞设备能使用，但由于该线路正方向与反方向运行的列车采用不同的闭塞方法，办理上容易产生错误，从而发生事故。因此该线路应改按单线行车，上下行列车均须改用电话闭塞。采用反方向行车办法时，须有反方向行车调度命令。

4. 半自动闭塞的特殊情况

（1）发出需由区间返回的列车。发出需由区间返回的列车只能压上发车站的轨道电路，不能压上接车站的轨道电路，列车返回车站后闭塞机不能正常复原，因此须改用电话闭塞法。

（2）由未设出站信号机的线路上发车。此时该列车无法取得半自动闭塞的凭证。

（3）超长列车头部越过出站信号机并压上出站方面轨道电路。此时出站信号机不能开放。

5. 自动闭塞和半自动闭塞区间的特殊情况

自动闭塞、半自动闭塞区间在夜间或遇降雾、暴风雨雪为消除线路故障或执行特殊任务开行轻型车辆时，正常情况下，在设有轨道电路的线路或道岔上运行的轻型车辆要求装有绝缘车轴，以不影响闭塞和接发车。当轻型车辆按列车办理在上述闭塞设备的区间运行时，由于装有绝缘车轴轨道电路不起作用，从而不能保证轻型车辆运行的安全，为此需改用电话闭塞。

（三）电话记录

电话记录是采用电话闭塞法行车时，区间两端站办理行车闭塞事项的记录。车站在发出电话记录的同时还要编以电话记录号码，以明确办理的事项和责任。电话记录应登记在《行车日志》内，以防遗漏。

电话记录号码自每日 0:00 起至 24:00 止按日循环编号，编号方法采用顺序编号或用密码式编号，由铁路局自行规定，但在同一区间、同一方向一日内不得重复使用同一号码。

下列行车事项应发出电话记录：

（1）承认闭塞；

（2）列车到达，补机返回；

（3）取消闭塞；

（4）单线或双线反方向越出站界调车。

（四）占用区间的行车凭证

1. 行车凭证

使用电话闭塞法时，列车占用区间的行车凭证不论单线或双线均为路票，格式见图3.1。

一般情况下路票填写每次一张，填写电话记录号码、车次，并加盖车站站名印后送交司机。当发出挂有由区间返回的后部补机的列车时，应填写两张，均加盖站印，一张交本务机车司机，

图3.1 路票

注：1. 路票为预先印好区间（即站名）和编号的硬卡片（规格 75 mm×88 mm）；
2. 加盖"副"字戳记者，为路票副页。

一张加盖"副"字戳记后发给后部补机司机，作为由区间返回车站的凭证。双线反方向行车使用路票时，应在路票上加盖"反方向行车"章；两线、多线区间使用路票时，应在路票上加盖"××线行车"章。

2. 路票上填写的电话记录号码

单线及双线反方向发车时，为避免两端站同时发出列车，必须查明区间空闲并取得接车站的承认，所以以填写在路票上的电话记录号码为接车站承认闭塞的电话记录号码。双线正方向发车时，填写在路票上的电话记录号码为邻站发出的前次列车到达的电话记录。但改用电话闭塞发出第一趟列车时，为接车站承认闭塞的电话记录号码。因前次列车到达邻站无电话记录，接车站须发出承认闭塞的电话记录号码。以后的列车按前次列车到达的电话记录号码填记。

3. 填写路票的注意事项

正确填写路票是办理电话闭塞的重要环节。路票应由车站值班员亲自填写，由助理值班员进行核对。当车站值班员业务繁忙，或车站值班员室距助理值班员室较远时，根据《站细》的规定可由指定的助理值班员填写。填写后的路票应根据《行车日志》的记录进行认真检查，确认无误并加盖站名印后方可送交司机。由助理值班员填写的路票，必须通过电话与车站值班员进行核对。由于路票上占用区间项是事先印制好的，并按方向投入不同的路票盒内，所以要特别注意防止填写时取错路票。

路票不得在未得到电话记录前预先填写，也不能在进路准备妥当之前填写。路票已交给列车司机，因特殊原因停止发车时，应及时收回路票。填写路票内容应齐全，字迹应清楚，文字不得涂改。当填写错误时，应在路票上画"×"注销，重新填写。收到的路票也要画"×"注销。

（五）电话闭塞的办理手续

1. 单线区间电话闭塞简要程序（见表 3.1）

表 3.1　单线区间电话闭塞简要程序

程序	车站	
	发车站	接车站
办理闭塞	1. 确认区间空闲后，请求闭塞："××次闭塞"	
		2. 确认区间空闲及接车线可以接车，答："×号，×时×分，同意××次闭塞。"同时记入《行车日志》
	3. 复诵并记入《行车日志》	
发车与接车	4. 填写路票并进行自检及互检	5. 复诵并准备
	6. 将路票交给司机，指示发车。通知接车站："××次×时×分开"并向列车调度员报点	
区间开通		7. 列车到达收回路票画×注销，向发车站办理区间开通手续"×号，××次×时×分到"并记入《行车日志》，向列车调度员报点
	8. 复诵电话记录，并记入《行车日志》	

2. 双线区间电话闭塞简要程序（见表 3.2）

表 3.2　双线区间电话闭塞简要程序

程序	车站	
	发车站	接车站
预计发车	1. 预计开车："××次预告"	
		2. 复诵："××次预告"并准备进路
	3. 根据前次发出列车到达接车站的电话记录号码填写路票，并进行自检及互检	
发车与接车	4. 将路票交司机，指示发车	
	5. 通知接车站："××次×点×分开"，并报告列车调度员	
		6. 复诵："××次×点×分开"，准备进路，开放信号
区间开通		7. 列车到达收回路票，画×注销，通知发车站："×号，××次×时×分到"并记入行车日志，向列车调度员报点
	8. 复诵："×号××次×时×分到"并记入《行车日志》	

注：改电话闭塞后发出首趟列车要请求闭塞。

二、引导接车

引导接车是指凡进站或接车进路信号机故障、不能使用或在双线区段由反方向开来列车而无进站信号机时，以引导信号或引导手信号接车的办法。

1. 需要引导接车的情况

（1）进站或接车进路信号机发生故障或因联锁失效不能开放使用时。

（2）向进站或接车进路信号机联锁范围以外的线路（非到发线）接车时。

（3）双线区段的车站接入反方向开来的列车而无进站信号机（包括区间返回的列车、补机、退回的列车）时。

2. 引导接车方法

（1）使用引导信号接车。当接车进路准备妥当后，破封并在《行车设备检查登记簿》内登记，按压引导按钮，开放引导信号（一个红色和一个月白色灯光），列车头部越过引导信号后，引导信号自动（或人工）关闭。

（2）人工引导接车。当进站、接车进路信号机未装设引导信号或不能构成引导信号、停电以及双线区段接入反方向列车而未设出站信号机时，应派引导员接车。为便于司机确认信号，引导员应站在"引导员接车地点标"（未设者，应站在进站、接车进路信号机或站界标外方适当地点）正确显示引导手信号，当列车头部越过引导手信号后即可收回。列车推进运行时，须待列车机车越过引导手信号后方可收回。

3. 引导接车的要求

引导接车时，联锁失效、信号显示不能具体指示列车运行条件，显示距离也有限，因此还应注意以下事项：

（1）引导接车前，应确认接车进路空闲、有关道岔开通位置正确和敌对信号未开放。

（2）进路准备妥当后，进路上的对向道岔和防护道岔按《站细》规定加锁，以防错误扳动。

（3）司机确认引导信号或引导手信号显示正确后，应鸣笛一长声，主要是通知运转车长，以免运转车长误认冒进信号而使用紧急制动阀，同时也是通知车站接车有关人员列车进站了。

（4）列车在进站信号机外不停车，在确认引导信号后即可直接进站。由于引导接车时进路无联锁，为保证列车的运行安全，列车应以不超过 20 km/h 的速度进站或通过接车进路，并做好随时停车的准备。

（5）使用"施工特定行车"办法时，可采用特定引导手信号接车，准许列车司机凭特定引导手信号的显示以不超过 60 km/h 的速度进站。特定引导手信号显示方式：昼间为展开绿色信号旗高举头上左右摇动，夜间为绿色灯光高举头上左右摇动。

4. 道岔加锁

在无联锁的线路上接发列车时，车站值班员除严格按接发列车手续办理外，并应将进路上有关对向道岔及邻线上的防护道岔加锁。进路上的分动外锁闭道岔无论对向或顺向，均应对密贴尖轨、斥离尖轨和可动心轨加锁。具体加锁办法由铁路局规定。

本章小结

接发列车工作，非调度集中区段的车站在车站值班统一指挥下进行，调度集中区段由列车调度员直接指挥和办理。正常情况下接发列车工作的主要内容包括：办理区间闭塞；准备接车或发车进路；开放和关闭进站信号或出站信号；接、交行车凭证（不使用自动闭塞或半自动闭塞时）；迎送列车及指示发车。当基本闭塞设备故障不能使用，或闭塞设备不能满足运行列车要求时，应采用电话闭塞法。凡进站或接车进路信号机故障、不能使用或在双线区段由反方向开来列车而无进站信号机时，需采用引导接车的办法。

本章主要知识点回顾：

一、接发列车相关的基本概念

（1）闭塞设备：保证列车按区间（或闭塞分区）间隔行车，在同一时间和同一区间内的一条正线上只准许有一列列车运行，以防止同向列车追尾或对向列车正向冲突。实现这一要求的技术设备称为闭塞设备。

（2）列车进路：列车到达、出发或通过所需占用的一段站内线路。

二、接发列车工作的统一指挥者

（1）非调度集中区段的车站，车站接发列车工作由车站值班员统一指挥。

（2）调度集中区段，由列车调度员集中办理。

三、接发列车时需办理的作业

（1）办理区间闭塞。

（2）准备接车或发车进路。

（3）开放和关闭进站信号或出站信号。

（4）交接行车凭证（不使用自动闭塞和半自动闭塞时）。

（5）迎送列车及指示发车。

四、电话闭塞法

（1）电话闭塞法的特点。

（2）采用电话闭塞法的情况。

（3）占用区间的行车凭证。

（4）电话闭塞法的办理手续。

五、引导接车

（1）需要引导接车的情况。

（2）引导接车的方法。

（3）引导接车的要求。

思 考 题

1. 正常情况下接发列车需要进行的主要作业有哪些？各项作业的安全关键是什么？

2. 简述采用电话闭塞法接发列车工作的主要程序。

3. 在什么情况下需要引导接车？怎样引导接车？

第四章 调车工作

【本章导读】

本章首先讲述调车作业的基本概念，然后讲述调车工作的基本因素及作业时间标准，随后介绍牵出线和驼峰调车作业方法。本章的最后一节讲述调车作业计划的编制，为本章的重点。

【学习目标】

（1）理解调车工作的分类及领导、指挥组织方法；

（2）了解调车工作的基本要求；

（3）掌握驼峰解体的作业程序；

（4）掌握驼峰作业方案及其适用条件；

（5）掌握按站顺编组摘挂列车时调车作业计划的编制方法。

【重点及难点】

（1）牵出线调车作业方法；

（2）驼峰调车作业方法；

（3）调车作业计划的编制。

第一节 调车的概念

一、调车的含义

铁路运输过程中的机车车辆的运行调移可分为两大类：凡是跨站点的运行为"列车运行工作"，属于路网层面的行车组织工作，其最小移动实体是"列车"，其中包括组织运行的单机、轨道车等非常规列车，对之赋予列车车次号，利用"列车运行图"组织运行；凡在车站范围内或超出该范围但未进入另一站的调移为"调车工作"，属于站点层面的行车组织工作，其最小移动实体可以是"车列"，也可以是细化后的"车组""车辆"等，通常以机车为动力，当然也包括单机调移，它们因不跨站点运行而无须冠以车次号，利用"调车作业通知单"组织调车工作。调车工作也可简称为"调车"。

简言之，除列车在车站到达、出发、通过以及在区间运行外，凡机车车辆所进行的一切有目的的移动统称为调车。

列车运行工作与调车工作既相互区别又相互服务、互为前提，其配合性是顺利完成运输任务的重要前提。由于列车运行事关路网全局性运行秩序，调车工作属于站点局部性生产安排，故调车工作应服从于列车运行工作，列车运行工作在形成决策时应考虑有关站点完成调车工作的可行性。

调车工作包括编制调车作业计划的决策过程和执行调车作业计划的作业过程。其中调车决策受车站整体性工作计划（车站班计划，尤其是当前阶段计划）的指导和约束，属于面对调车班组的作业性决策，是本章侧重论述的内容。

影响调车决策的因素很多，除了待解编车列的组号构成和车组分布之外，还要考虑用线条件（如用线数、线路容车数等）、调车作业端、允许作业时间、相关作业环节的衔接配合以及合理选编目标的确定等，而且这些影响因素都是可变的。

二、调车的作用

调车工作是车站工作组织中一项重要而又复杂的工作内容，在技术站尤其是在编组站，它更是主要的生产活动，处于中心环节地位。车站能否按时接发列车，能否快捷合理地完成装卸、取送、选编等作业，能否有效利用设备能力并最终完成生产计划指标，在很大程度上都取决于调车的决策水平和作业质量。安全高效地完成调车工作，对于保证运输安全、加速车辆周转、降低运输成本、增加运输能力、满足运输需求都起着十分重要的作用。

三、调车的分类

调车工作可分为以下几种：

（1）解体调车——将待解车列按重车的去向（到站）及空车车种分解到指定的线路上。

（2）编组调车——按《技规》和列车编组计划的要求，将相应的车组（车辆）选编成车列。

（3）摘挂调车——对列车摘减车组（减轴）、加挂车组（补轴）、换挂车组或摘挂车组。

（4）取送调车——为货物装卸及车辆检修，向相应作业地点送车或取车。

（5）其他调车——如车列或车组转场、重车检斤、整理车场存车及在站线上放行机车等。

需要说明的是，以上是对调车工作的传统分类。由于调车工作的复杂性，对其分类还有其他不同的方式。传统的分类方法有利于区别不同调车机车（调机）的分工、体现各调车区的主要功能。例如，通常指定驼峰调机负责解体调车，峰尾调机负责编组调车，还有的调机可负责或兼顾取送调车等；对于摘挂调车通常指定邻近调机兼顾进行，在中间站一般由本务机完成；而其他调车通常是调机（或本务机）为实现其主要功能而发生的附带性调移行为，一般不指定调机专门进行。

调机之间既有分工也有配合，即使某台调机只纯粹完成自身分担的任务，也并不意味着它只限于完成相应调车类别所规定的上述作业内容，即各类调车在实际工作中并不能截然分开。

四、对调车工作的要求

（一）基本要求

（1）遵照列车运行计划的安排，与本站列车到发环节紧密配合，及时解体、编组列车，保证本站始发列车正点、满轴、不违编出发，保持到发线路的畅通，避免干扰路网运行秩序，消除危及行车安全的隐患。

（2）依据车站班计划和阶段计划的安排，及时完成选编、取送作业，向货物装卸和车辆检修等相关作业环节提供良好的调车服务，为这些相关作业环节保持生产的便捷性、均衡性和安全性创造有利条件。

（3）优化调车作业计划，有效利用调车设备，提高调车效率，力争以最少的时间和最低的成本完成调车任务。

（4）确保调车作业自身的安全，为此，应加强对调车人员的教育培训工作和督察管理工作。

为了实现上述要求，调车工作必须遵守《技规》《站细》及其他有关规定，建立健全各项必要的工作制度。

（二）统一领导，单一指挥

调车工作必须实行统一领导和单一指挥，这对协同步调、保证安全和提高效率有重要作用。全站的调车工作由车站调度员（未设站调时由车站值班员）统一领导。大站内各车场或调车区的调车工作，根据站调布置的任务由该场（区）的调车区长领导。每个调车组在调车长的统一指挥下完成调车作业，即调车计划的接受和传达、作业方法的确定、人员的分工安排以及对调机的行动指挥等均由调车长统一负责。在中间站利用本务机调车时，可由车站值班员、助理值班员或运转车长担任领导指挥工作。

编组站调车工作的领导、指挥组织系统如图4.1所示。

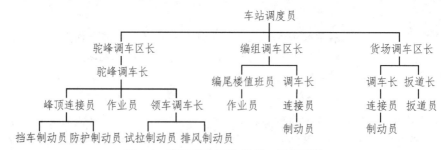

图4.1　车站调车工作领导、指挥系统

为便于掌握作业规律，保持良好的作业秩序，调车一般应固定区域作业。

调车工作应按规定的技术作业过程和作业计划进行，车站班计划规定了本班时间范围内的全部调车工作任务。在此基础上，站调再根据生产实际和作业进度调整制订阶段计划，并分阶段布置调车任务。按阶段计划的要求，调车区长或计划助理调度员制订调车作业计划（调车作业通知单）。当车站规模不大时，站调也可直接制订调车作业计划，这有利于更全面地考虑各单项调车工作的合理性，并增加了调整决策的机动灵活性。调车作业通知单下达给调车组实施，它是调车长组织指挥和全组人员协同行动的依据。

（三）调车工作"九固定"

为使参加调车作业的人员在作业中相互协调、紧密配合，以及熟悉调车技术设备及工具的性能，便于及时操作和使用，调车工作要实行"九固定"，即固定作业区域、线路使用、调车机车、人员、班次、交接班时间、交接班地点、工具数量及其存放地点。

1. 固定作业区域

在调车作业繁忙、配线较多的车站，配有两台或两台以上调车机车时，应根据车站作业特点、设备情况以及调车作业性质，划分每台调车机的固定作业区域，以避免各调车机车作业相互干扰，并有利于作业人员熟悉本区作业性质和设备状况，掌握作业区调车工作的规律，避免在作业中发生冲撞等事故。

2. 固定线路使用

结合车站线路配置及车流情况，要固定车站调车场每一条线路的用途，以有效地使用线路，减少重复作业，缩短调车行程，提高调车效率。技术站的调车线应按车站调车工作任务要求、编组计划去向、车流性质、车流量大小等，结合线路配置及有效长等确定。

3. 固定调车机车

为便于调车工作，要求调车机车起、停快，前后瞭望条件好，能顺利通过半径较小的曲线。因而，调车用的机车要车身短、轴距小，前后均有头灯、防滑踏板、扶手把等。担当调车作业的机车应固定使用，以便了解机车性能，掌握调车技术。作为固定替换用的调车机车及小运转机车亦应符合调车机车的条件。

4. 固定人员

调车作业是由多工种配合进行的，包括调车组人员、调车机车的乘务人员和扳道人员等。由于单位不同、工种不同，他们只有长期固定在一起工作，才能相互了解、密切配合、协调作业。

5. 固定班次

调车机车的乘务人员和其他调车作业人员分别归机务部门和车站管理。为避免因单位不同导致班次编排不同，要固定班次，真正做到所有参与调车作业的人员长期固定在一起工作。

6. 固定交接班时间

固定交接班时间，可以避免交接班人员相互等待，有利于缩短非生产时间，提高作业效率。

7. 固定交接班地点

交接班时调车机车停放地点及有关人员交接地点固定后，不仅有利于建立良好的作业秩序，而且还可以防止因交接不清影响作业安全。

8. 固定工具数量

配备足够数量和质量良好的调车工具和备品，是做好调车工作的物质保证。固定工具数量可随时发现工具数量不足，及时得到补充。

9. 固定工具存放地点

调车工具如铁鞋、鞋叉、信号旗（灯）、无线调车灯显设备等要固定地点存放，这样不仅有利于及时取用，而且便于清查和保管。

中间站一般没有固定调车机车，由本务机担负调车作业，完全按上述要求进行不具备条件。但中间站也应按上述要求，尽量做到人员和工具的固定，以协调作业、提高效率、保证安全。

第二节　调车的基本因素及作业时间标准

为科学组织调车工作、合理评价调车决策水平及客观体现作业人员的劳动贡献等，需要采用调车作业量和调车作业时间标准等衡量指标。由于调车工作的复杂性，在解编等量列车或车辆的条件下，不同的车流构成、设备条件以及调车决策等都会造成调车作业量和调车作业时间的较大差别。引入"调车钩"和"调车程"的概念有利于对调车作业量、调车作业时间等进行相对精确的计算，也便于描述调车作业过程。

一、调车钩

调车作业计划是以调车钩为基本单位对作业做出安排的，故又称为"钩计划"。若仅就钩计划的作业描述而言，调车钩是指机车连挂或摘解一组车辆的作业。于是钩计划只使用两类调车钩即可简明表达作业程序：一是连挂钩，又称"挂车钩"，表示机带车列中车辆数将增加；二是溜放钩，又称"摘车钩"，表示机带车列中车辆数将减少。由于钩计划中调车钩的种类少，便于统计，目前主要用这两种调车钩来计算调车作业量。实际上钩计划在简明表达调车作业的同时也省略了一些中间接续过程或作业过程差别，因而没有充分体现全部作业内容，据此计算的调车作业量也是粗略的。

如表 4.1 的调车计划中，+ 代表挂车，− 代表摘车，左边数字为股道号码，右边数字是车数。这批计划共有 8 个调车钩，其中，2 个挂车钩，6 个摘车钩。可见调车钩是组成调车作业计划的基本单位。

表 4.1　调车作业计划

5 + 20
8 − 6
9 − 5
11 − 3
9 − 4
12 − 2
9 + 15
5 − 15

二、调车程

一个调车钩可分解为一个或几个调车程。调车程是指机车或机带车列（车辆）发生的一次有目的的调移，通常不改变运行方向。

一个调车程一定是不变更方向的一次移动，而一个调车钩可能会变更方向，也可能不变更方向，视作业方法不同而不同。如表 4.1 中，第一个调车钩（5 + 20）包括两个调车程，即调车机车自牵出线去 5 道挂车的空调车程，和由 5 道向牵出线运行的牵出调车程。后面的摘车钩如果采用推送法，也包括两个调车程，若采用溜放法，则包括一个调车程。

调车程的目的性在于体现相应调车钩必须完成的逐个步骤，指定步骤没有完成则调车程设定的目的就没有达到，其中即使出现中停、倒行等运行状况的变化也不能视为新调车程发生。虽然调车程通常是不改变方向的调移，但不改变方向的调移却未必只属于一个调车程，例如，在车场纵列条件下有些调车作业就会出现这种情况。因此，调车程的实质在于体现调车作业的分步目的性，而不是其他。

调车程含有"距离"概念，有长短之分。在调移目的既定的条件下，调移车辆的多少显然也影响调车程的长度。借助调车程可进一步表明调车作业量的大小，即调车作业量不仅与钩数有关，而且应考虑调车程的长短。

调车程还体现机车车辆在调移中的运行状态。在正常情况下这是一个从起动加速开始到减速停轮告终的过程，其间按是否有定速、惰行等运行状态以及停轮是在制动条件下还是在惰行条件下实现的等，可区分为不同的调车程类型，如图 4.2 所示，有加速-制动型（a）、加速-惰行型（b）、加速-惰行-制动型（c）、加速-定速-制动型（d）、加速-定速-惰行型（e）以及加速-定速-惰行-制动型（f）等。这些调车程类型依调车作业的性质和调车程长短对应出现，其类型划分可为更精确地估算调移时分、确定调车进度等提供帮助。

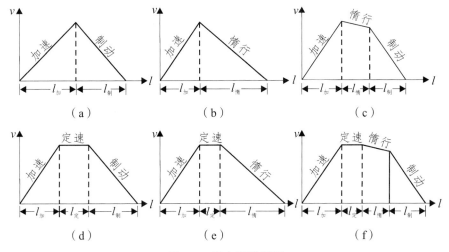

图 4.2 调车程类型图

调车程的时间有长有短，影响调车程时间的因素主要有调车机车类型、调车程长度、调动车数和重量、调车速度、调车设备条件、气候、调车人员技术水平等。

三、调车作业时间标准

（一）调车作业时间分类

按照调车机车工时性质的不同，调车时间还可分为以下三类。

（1）生产时间：完成各项调车作业的纯生产时间，如解体、编组、摘挂、取送、转场、整理等各项作业的调车时间。

（2）辅助生产时间：为完成调车作业进行必要的准备工作所消耗的时间，如调车机车整备、调车组交接班和吃饭时间等。

（3）非生产时间：由于各种原因妨碍调车作业所产生的调车机车停轮等待的时间，如等信号、等列检、等装卸等各种等待时间。

（二）确定调车作业时间标准的方法

各类调车作业时间标准是确定货车技术作业过程、计算车站改编能力以及进行作业决策的重要参数。

调车作业时间标准有两种：一种是单项作业时间标准，简称"钩分"，是指完成一个调车钩所需要的平均分钟数，按调车钩种类分别确定；另一种是综合作业时间标准，是指完成某一项调车工作所需要的平均分钟数，按调车工作的类型分别确定，例如解体或编组一个车列的时间标准，每进行一次取送作业的时间标准等。

确定调车作业时间标准的方法有计算法和写实法两种。

计算法是根据调车程时间的影响因素，利用回归分析法求出各种调车程时间的经验公式，代入已知数据即可计算出调车程时间。此法在实际应用中有些理论问题尚需解决，目前较少采用。

目前，我国铁路仍主要采用"写实法"查定调车作业时间标准，此项查定工作简称为"查标"，分为工作日写实法和单项作业写实法两种。它可以是对车站调车工作的全面动态、全部工时的跟踪记录，也可以按需要只对一项或几项调车作业单独写实。把调车程作为写实的基本单位，要保持时间和作业动态的连续性。在取得写实资料后，还要分析归类、汇总计算，最后求出各种调车钩或各项作业的平均时间，将之作为相应的时分标准。

第三节　牵出线调车作业方法

牵出线是利用机车动力进行调车作业的一种调车设备。牵出线设在平道或不大于 2.5‰的坡道上，通常为尽头式线路，其贯通端与不同车场或不同线路相连，是转场、转线作业的必经路线。在牵出线上也进行分解作业，此时主要利用机车动力使车组（车辆）积累一定动能后脱钩溜行，而不是主要依靠势能，这是其与驼峰的根本区别。牵出线的解体效率显然较低，但连挂作业较便捷。常用的牵出线调车方法有推送调车法和溜放调车法两种。

一、推送调车法

推送调车法是用机车将车辆调移至适当地点，停稳后再摘车的调车方式，其作业过程如图4.3所示，利用该方式调车便于控制运行速度和作业安全。但车辆实现调移要发生推送和折返两个过程，因此消耗的作业时间长，效率较低。当不许可溜放作业时应采用推送调车方式，例如调移客车和禁溜车辆向货场、专用线取送车，在特定线路上车列转线及车组连挂等，一般均采用本方式。

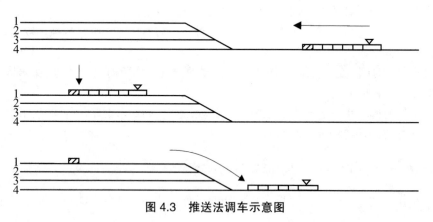

图 4.3　推送法调车示意图

二、溜放调车法

利用机车通常以推送车列的方式行进，在达到一定速度后使计划摘解的车组（车辆）脱离车列自行溜出的调车方式称为溜放调车法。为此，在车列行进时应伺机摘钩，然后机车制动，以形成摘解车组与机带车列的速度差，即发生两者的脱离及车组溜出。为使溜出车组能溜至预定位置或实现安全连挂，由制动员对其施行手闸制动或铁鞋制动，其作业过程如图4.4所示。

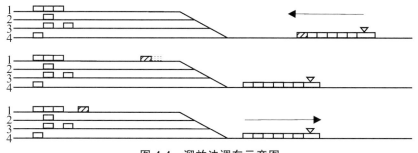

图 4.4　溜放法调车示意图

正确把握车组的溜出速度是保证调车安全、提高调车效率的重要前提。若溜出速度过低，则车组不能溜至预定位置；若速度过高，不仅使机车的往返牵推过程延长，而且也难以对溜出车组实现制动操作，产生安全隐患。车组溜出速度的大小主要取决于溜行距离、溜行阻力及车辆自身的溜行性能。因此，调车人员要熟悉有关的线路及车辆情况，应具有准确测距、测速的技能。

与推送调车方式相比，溜放调车方式的分解行程短，使用的调车程数少，可显著提高调车效率，在条件允许时均应采用溜放调车法。

当机车推动车列加减速各一次，若同时溜出几个车组时，为多组溜放方式。此时，同批溜出的各车组需借助自身的不同走行性能和利用手闸调速而形成溜放间隔，才能分别溜入预定的线路。多组溜放时机车速度的变化情况如图 4.5 所示。显然，用多组溜放方式分解车列，其调车程比一般溜放方式要少得多，调车效率更高，但需要有更好的调车技术。

当机车加速和减速一次将车组溜出后，无论同批溜出的是单组还是多组，机车可拖动未分解车列反向回拉，以便进行后续溜放；若线路等作业条件允许，也可以不回拉，在原行进方向继续

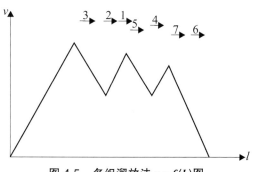

图 4.5　多组溜放法 $v = f(l)$ 图

调整速度实现后续批次的溜放，这就是"连续溜放方式"。所以，对于溜放调车，按一批溜放后是否回拉、每批溜放是单组还是多组以及在连续溜放过程中机车调速是否利用惯性惰行等，可以将这些状态组合成诸如单组溜放、连续（单组）溜放、多组溜放、连续多组溜放、惰力（连续）单组溜放和惰力（连续）多组溜放等多种细分的溜放调车方式。

还需要说明的是，当有峰顶、调尾分工时，牵出线主要完成连挂作业。在连续连挂的过程中，由于机带车列（车组）阻挡司机视线，故需调车人员向司机依次显示"十、五、三车"距离信号，便于司机按当前运行距离调整速度，最终实现安全连挂。此时，机带车列（车组）越长，调移越不方便，调车效率越低。为此，只要不影响车列编成的合理性，能够"带小挂大"（即带动小车列连挂大车列）时不要"带大挂小"，这也是牵出线调车的一个重要方法和决策原则。

第四节　驼峰调车作业方法

一、驼峰简介

"驼峰"这一设备名称直接译义是"土岗"，我国铁路将之形象地称为"驼峰"。这是以利

用峰上车辆的势能为主，也借助于推峰产生的车辆动能而分解车列的一种调车设备。驼峰由推送部分、溜放部分和峰顶平台三个部位组成，其平纵断面如图4.6所示。

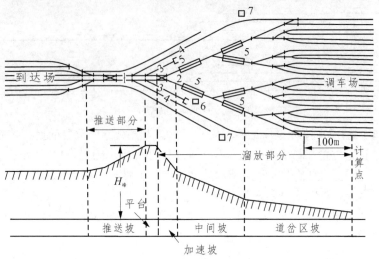

图 4.6　驼峰平纵断面图

1—推送线；2—溜放线；3—禁溜线；4—迂回线；5—减速器；6、7—驼峰信号楼

待解车列由推送坡上峰，并在此处形成车钩的压缩状态，便于提钩。被分解的车辆从溜放坡道下峰，溜行的前后车组间应形成必要间隔，才能适应各分路道岔的转岔过程。而且溜行车组既应有较快的溜行速度以求高效，也应在特定地段符合过岔、打靶等速度限制以保证安全，故对峰高及各坡段要有精细设计，对各类调速装置应有恰当安设。设置峰顶平台可缓和两侧反向坡的连接，防止过峰时车钩折损。

驼峰按其线路配置和技术设备的不同，可分为简易驼峰、非机械化驼峰、机械化驼峰、半自动化驼峰和自动化驼峰，它们依次体现出驼峰技术装备状况的发展完善和解体能力的逐步提升，可按解编量大小分别采用。驼峰的设备有信号和道岔操纵设备以及调速制动工具。

简易驼峰一般是在原有牵出线的基础上修建的，它具有设备简单、投资少、修建快、调车效率和安全性都比牵出线要好等优点，简易驼峰峰高较低，约为 1.5～2 m，并只设一股推送线和一股溜放线；调车场头部平面为复式梯线形或对称线束形布置；设置的单开道岔采用电气集中或人工就地操纵；峰下咽喉区不设制动位，调车场内使用铁鞋制动车辆。我国铁路区段站上设置的驼峰大多数是这一类。

非机械化和机械化驼峰是目前我国铁路编组站驼峰的主要类型。一般设有两条推送线和两条溜放线，调车场头部采用对称道岔和对称线束形布置，道岔控制采用驼峰自动集中或电气集中。非机械化驼峰和机械化驼峰的主要区别在于前者的峰下咽喉区未设置车辆减速器的制动位，只在调车场使用铁鞋制动车辆。非机械化驼峰一般设在调车线路较少、改编作业量不大的中小型编组站上。

自动化驼峰是装设有电子计算机和一系列自动控制设备，能自动排列车组的溜放进路，控制驼峰机车的推送速度，操纵车辆减速器的调速设备，实现车辆溜放过程自动化的驼峰。20 世纪 50 年代以来，工业发达的铁路的主要编组站的驼峰开始逐步向自动化方向发展，至 80 年代初期，世界各国建成的自动化驼峰已近百处。我国于 20 世纪 60 年代开始自动化驼峰研究试验，70 年代以来在测定车辆溜放阻力，研究现代化驼峰平、纵断面设计理论和应用电子计算机等方面已取得进展，一些主要编组站的机械化驼峰正逐步向自动化驼峰过渡。

二、驼峰调车特点及解体作业程序

（一）与牵出线调车相比驼峰调车具有的特点

（1）调车的动力。在牵出线上溜放调车主要靠机车的推动力；而在驼峰上溜放调车主要靠车辆本身所受的重力，辅以机车的推力。

（2）提钩的地点。在牵出线上溜放调车，机车推动车列逐钩移向调车场，提钩地点不固定；而在驼峰上溜放调车，提钩地点基本上限制在推送坡至峰顶的一段距离内。

（3）溜放速度的控制。在牵出线上溜放调车，调车长控制速度的幅度较大，车辆走行性能对其溜行速度的影响不很显著；而在驼峰上溜放调车，调车长只能在接近峰顶的较小范围内调节推送速度，控制溜放速度的幅度很小，车辆溜行主要靠本身所受的重力，因此，车辆走行性能对其溜行速度的影响比较显著。

（4）车组间隔的调节。在牵出线上溜放调车，前后车组的间隔主要由调车长掌握推送速度和提钩时机来形成，并靠制动员以手闸调节；而在驼峰上溜放调车，车组的间隔主要由车组在峰上脱钩的时间间隔来形成。在机械化和自动化驼峰溜放调车，可以利用车辆减速器加以调节。

在机械化或自动化驼峰编组站，为了使溜放车组进入调车线后能停留在预定的地点，或以一定的限速与停留车组安全连挂，在调车场通常采用以下三种制式的调速工具：

（1）点式控制，即在调车场各股道的固定地点设置减速器。这种方式适宜于在允许连挂速度较高的条件下采用。

（2）连续式控制，即在调车场各股道上连续布置减速顶、加减速顶、绳索牵引小车或直线电机加减速小车等调速工具，随时随地控制溜放车组，使之按各调速工具所规定的速度溜行，直至与停留车连挂。这种方式适宜于在允许连挂速度较低的条件下采用。

（3）点连式控制，即在调车场各股道的前半部分设置减速器，后半部分设连续式调速工具，以达到车组安全连挂的要求。我国主要编组站多数采用这种制式。

（二）驼峰解体作业程序

根据技术站到达场与调车场相互位置的不同，驼峰机车解体车列的过程也不相同。

到达场与调车场纵向排列时，驼峰机车的基本作业过程如图 4.7 所示，即 ① 调机去到达场入口端连挂车列（即挂车），② 将车列推上峰顶（即推峰），③ 经由峰顶分解车列（即溜放）。

到达场与调车场横向排列时，驼峰机车的基本作业过程为：① 机车去到达场挂车，② 将车列牵往推送线，③ 推峰，④ 溜放。

驼峰机车在分解几个车列后，可能还需下峰整理线路上的存车，消除溜放车组间的天窗（整场）（如图 4.7 中的④），以及处理禁溜车和交换车等。

某些车辆由于其走行部侵入车辆减速器的限界，或因车载货物的性质及装载状态，

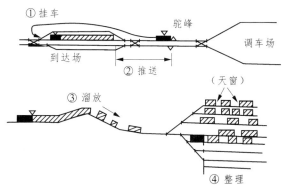

图 4.7 驼峰解体车列的作业过程图

通过驼峰时可能危及作业和货物安全，这些车辆禁止过峰，称为"禁峰车"。有的车辆虽允许过峰，但由于其所载货物的性质或所进入线路停有限速连挂的车组等原因，禁止溜放，只允许机车推送下峰，称为"禁溜车"。《技规》《铁路危险货物运输管理规则》（以下简称《危规》）以及《站细》等对上述车辆及其调移方法有明确规定，必须遵照执行。

三、驼峰作业方案

按驼峰设备条件和作业机车的台数不同，驼峰调车作业组织可采取不同的作业方案。

1. 单推单溜

单推单溜是在只配备一台驼峰机车且改编工作量不大时采用的驼峰作业方案，其作业情况如图 4.8 所示。相对于其他作业方案，本方案驼峰作业周期（指两次整场作业之间的时间间隔 $T_{循环}$ 长，解体一个车列占用驼峰的平均时间（ $t_{占}$ ）亦长。虽然机车很少发生作业等待的情况而运用效率较高，但驼峰设备有较多空闲，利用率低，驼峰改编能力较小。

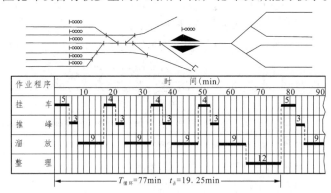

图 4.8　单推单溜驼峰作业方案图

2. 双推单溜

双推单溜是在具有两条推送线、一条溜放线、配备两台及以上机车工作且改编作业量较大时采用的一种驼峰作业方案，其作业情况如图 4.9 所示。该方案的显著特点是：当一台机车在峰顶分解车列时，另一机车可与之平行地完成除推峰之外的其他作业程序而形成在峰顶前的"预推"状态，可很快实现另一车列解体作业的接续，使驼峰设备的利用率和改编能力显著提高。

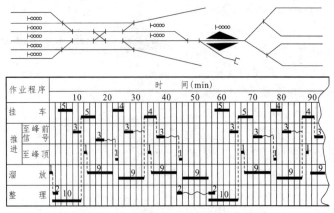

图 4.9　双推单溜驼峰作业方案图

3. 双推双溜

双推双溜是在具有两条推送线、两条溜放线、配备两台及以上机车工作时采用的一种作业方案，如图4.10所示。该方案的特点是：将调车场连同到达场纵向划分为两个独立的作业区，各自配备1~2台峰上机车工作，两区的推峰分解作业可同时平行进行，从而可大大提高推峰解体能力，缩短分解一个车列占用推峰的平均时间。但是，由于不能同时进行交叉性溜放，出现邻区车流时只能在本区入线暂存，导致两区之间"交换车流"的出现，这在车站衔接方向多且各方向车流交互严重时尤其突出，需额外消耗一部分驼峰能力来处理交换车流。研究表明，当车站此类重复改编车数（包括交换车和由此而增加的重复分解车数）超过20%时，采用双推双溜一般不利。为减少交换车的重复改编作业量，当调车线宽余时，也可在本区内对交换的主要车流分类入线，但这将造成同一车流分线集结，延长集结过程；或增加峰尾编组的作业干扰，使相对薄弱的尾部能力进一步降低。

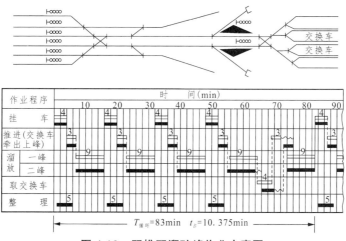

图4.10 双推双溜驼峰作业方案图

能采用双推双溜作业方案的车站，在驼峰设备条件许可时也可实行双推双溜与双推单溜相结合的作业方案。当解体车列出现邻区车流时，可暂时停止邻区推峰机车的溜放作业，或利用邻区推峰机车分解车列的时间空当，经峰下交叉渡线向邻区分解车辆。这需要事先加强计划联系，周密安排两区之间的作业配合。若到达场入口处有完善的疏解设备，接车线路能够充分调配，还可按到达列车的车流构成机动调整其接入区域，以减少交换车的发生。

第五节 调车作业计划

一、概 述

调车作业计划是面向调车班组规定其作业程序的具体行动计划，应在车站阶段计划的框架约束下编制。其计划编制过程就是对调车作业效果的推断思考过程，即钩计划是调车决策意图的体现。对于出发车流，其解编结果要符合编组计划的规定及《技规》中提出的技术安全要求；对于地方车流（含检修车辆），其解编结果要符合相关作业环节的车组排列要求。

调车作业计划由调车领导人（站调、助调或调车区长）编制，编制依据为车站阶段计划、列车确报及现车资料。调车作业计划编制的主要原则有：

（1）执行规章保安全——遵守列车编组计划、列车运行图和《技规》的有关规定。

（2）在安全的基础上提高效率——节省调车钩数，缩短调车行程，减轻调动重量，压缩作业时间。

调车作业计划以"调车作业通知单"的形式编出，见表4.2。在其上部给出通知单的编号、执行计划的调车，拟解编的车次（只对到发列车填）、列车所在股道（只对解体列车填）以及作业的规定开始终了时分等；在其下部给出股道解入辆数的合计值、计划编制人（区长或站调）以及编制时间等。

表 4.2　调车作业通知单

调车作业通知单					
第（S004）号					
（2）号调机　编/解（41028）次　（　　）道列车					
开始：10:10　　　　　　　终了：10:40					
序	股道	甩挂	车号	备	注
1	BZ04	＋24	3411132	禁代客	H1667
2	2	－11	5505254		定兰 H854
3	4	－13	4623913	禁代客	H813
4	17	＋4	4527551	Δ2	兰东 Z322
5	2	＋17	4600545		定兰 H1373
6	CF03	－21	4603674	Δ2	H1695
股道	2	3	4		
车数	11	13	21		
区长	××	编制时间：06-04-06.09:25			

对调车钩的安排是作业计划的实质内容，以每钩一行的方式进行描述。其中"序"栏给出作业排序，以便执行和统计钩数；在"股道"栏给出本钩作业的相关线路编号；在"甩挂"栏用"＋"或"－"分别表示挂车作业或摘车作业，此后的数字表示挂取或摘送的辆数；在"车号"栏注明所摘挂车组端部车辆的车号，它是本钩车终止而应摘钩开口的标志，当钩车内辆数较多时这是必要的，以免对摘钩位置判断失误；在"备注"栏有较多的标注内容，例如钩车中的特殊车辆（如禁溜车、隔离车、关门车、客车等）、车组去向（如表中的"定兰"、"兰东"等）、车组的空重状态（如表中的 K、Z、H 等）、车组重量（以 t 为单位）以及其他作业事项等。

需要指出的是，不同车站的钩计划形式可能存在某些差异。例如，有的还注明了调车作业端，在备注栏使用了一些自行规定的符号等，但其对调车钩的表达形式都是相同的。

二、解体调车作业计划

对到达改编列车、完成装卸作业的地方车流以及修竣车等需进行解体作业，要编制相应的解体钩计划，其特点是以溜放钩数为主。解体作业通常在车场头部进行，当车场横列布置尤其是无驼峰设施时，可根据待解车列的构成及其他作业条件选取合理的作业端，或安排两端协同进行。

（一）一般情况解体调车

在纵列式车站实行整列推峰，向固定线路分解车辆。在横列式车站采用以下三种方式：

（1）整列牵出解体，向固定线路分解车辆。

（2）分部牵出解体——注意开口位置，减少钩数和重量。

（3）两端合作解体——注意作业均衡，尽量利用"坐编"。所谓"坐编"，是将符合编组要求的大车组留在到发线上直接编组。

（二）活用线路情况解体调车

活用线路情况主要有解体照顾编组、解体照顾送车、临时借用线路三种情况。

（1）解体照顾编组——在解体过程中直接完成一部分编组作业。

（2）解体照顾送车——在解体过程中为送车挑选车组，或利用空车交本站货物作业车。

（3）临时借用线路——当某去向集结车流超过该固定线路最大容车数时可借用线路，作业完了恢复固定使用。

为减轻调动重量，可采用分部解体的方法对待解车列选定开口位置。开口位置选择合理还可减少钩数、提高调车效率。例如，在到发线运用不紧张且待解车列中有大车组能较快续出发时，可将该车组留在原到发线上而不参与解体调车，这就是所谓的按"坐编"开口，留在到发线上的大车组称为"坐编"车辆。显然，"坐编"方式的调车效率高，能使车流尽快接续。

【例 4.1】 设 D 站衔接方向如图 4.11 所示。D 站线路固定使用办法为：1~5 道为到发线，6~15 道为调车线，其中 6 道集结 A 站车流，7 道集结 B 站及 A—B 间车流，8 道集结 C 站及 B—C 间车流，9 道集结 C—D 间车流，14 道集结本站作业车，其他股道使用办法略。若 35002 次到达解体列车停于 3 道，其编组内容见表 4.3，则可有表 4.4 所列的解体作业计划。

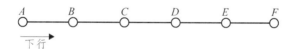

图 4.11　D 站衔接方向图

表 4.3　35002 次列车编组内容

车组位置	车组到站
1~8	A
9~12	C
13~15	A—B
16	D
17~18	B—C
19~24	B
25~28	D
29	A
30~31	B
32~35	C—D
36~37	C
38~40	B—C

表 4.4 35002 次解体作业计划（调机自尾部挂车）

股道	摘或挂	车数
3	+	40
6	−	8
8	−	4
7	−	3
14	−	1
8	−	2
7	−	6
14	−	4
6	−	1
7	−	2
9	−	4
8	−	5

三、编组调车作业计划

当车辆按去向和类别在固定线路上集结时，可将相关各车组连挂成列并转场完成编组作业，对此所编制的钩计划为编组调车作业计划。编组调车以连挂钩为主，故通常在车场尾部进行。

实际上编组调车远比上述过程复杂，这主要是因为车流构成及数量有较大的波动性，线路活用或车流混线集结是必然发生的现象。尤其是对诸如摘挂列车之类的多组车列进行编组，出现关门车和有隔离要求的车辆而有编挂限制，以及对地方车流和不良车辆按其后续作业地点选编时，都有复杂的决策及作业过程。这也体现出解体和编组调车因承担"选编车流"这一共同任务而有内在的一致性。但按传统习惯，仍然把在峰尾进行的这些作业视为编组调车。

由于车辆通常按列车编组计划的去向在调车场的固定线路上进行集结，所以一般列车的编组调车作业只是进行车组的连挂（在一条调车线上连挂车组或将 2~3 条线上的车辆连接成车列）和转线（将车列从调车场转到出发场）。当车辆的编挂位置不符合《技规》等关于编组列车的要求时，才需进行分解调车作业。

直达、直通、区段列车的编组作业计划主要有连挂车组、车列转线、按《技规》要求"倒隔离"。摘挂列车的编组作业计划主要有以下两种情况：

（1）按站顺编组——列车中车组排列顺序按区段内中间站的顺序由近及远的顺序排列。

【例 4.2】 M—N 区段示意图如图 4.12 所示。

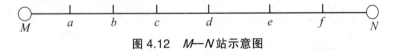

图 4.12 M—N 站示意图

如果 M 站编组摘挂列车发往 N 站，则车组排列顺序应为：机车次位为 a 站车组，接着是 b 站，c 站，d 站，e 站，最后是 f 站车组，如图 4.13 所示。

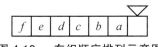

图 4.13　车组顺序排列示意图

（2）按到站成组编组——车组顺序与中间站顺序可以不一致，但同一到站的车辆必须紧密排在一起，不得分开。如上例中，车列编成后车组排列顺序可以是 *dfcabe* 机车，但若是 *fcdbcaea* 机车则是不允许的，因为 *c* 站车辆和 *a* 站车辆被分开了。

四、按站顺编组摘挂列车时调车作业计划的编制方法

为了叙述方便，先用阿拉伯数字代表车组到站，车组编成后，车组排列顺序为自然排列，即自左至右为 1　2　3　…。如例 4.2 中，*f* 站车组对应为 1 号，*e* 站车组对应为 2 号，……，*a* 站对应为 6 号。编制调车作业计划的目的就是把杂乱无章的待编车列变成自然排列，下标表示车组所包含的车数，如 1_2 表示 1 号车组有 2 辆车。如果没有特殊说明，假定调机的作业位置一律在右边。

编制摘挂列车的调车计划可用调车表来进行。表格实际上就是调车场的示意图，调车机车在右端作业，横格称为"列"，表示每条线路；竖格称为"行"，表示车组在待编车列中相互位置；"行"与"列"的交点表示每个车组分解到那条线路。这样，通过在调车表上进行"下落""调整""合并"等步骤，就可把顺序杂乱的待编车列变成接连顺序的车列，从而实现摘挂列车的编组要求，具体编制过程如下所述。

1. 下　落

在编组摘挂列车时，为了调转顺序，需要把待编车列中的反顺序车组分解到不同线路上，这样的调车过程反映在调车表上即所谓的车组下落。车组下落的方法是：从左端起先找表格上部所填记的待编车列中的第一个"1"号车组，将其下落到第一列，然后向右找出全部 1 号车组，若无 1 号车组，则继续向右找出 2 号车组，并下落到第一列。如果 1 号车组的左方有 2 号车组，则在 1 号车组右方下落全部 2 号车组后，第一列下落工作即告完毕，否则，在第一列还可下落 3 号车组，如此类推。

第一列下落完毕后，再从左至右找第一列最后部车组的同号车组，无同号车组时找其大一号的车组，下落到第二列，并按第一列下落的规则填写完第二列，如此类推，直至全部车组下落完毕为止。

2. 调　整

有些车组在下落时不一定只有一个位置，而是可在两列之间移动的。这种可在两列中调整位置的车组称为可调车组。至于如何确定可调车组的有利位置，则应与"合并"方式的选择结合起来考虑。

3. 合　并

待编车列下落的每一列如果单独占用一条线路，则只需从最大列号开始，依次连挂各列便可编成符合顺序要求的车列，但这时将消耗下落列数相等的推送钩数。研究发现，待编车列下落的各列中一部分列需各自占用一条线路，而另一部分列则可组成一个或几个暂合列合并使用线路，从而可减少编组列车的推送钩数。

【例 4.3】 编制编组摘挂列车调车作业计划，调机在右端作业，要求按站顺编组。M 站与相邻技术站 N 站间中间站设置如图 4.14 所示。

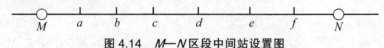

图 4.14　M—N 区段中间站设置图

需要编组 M 站出发去 N 站的摘挂列车，待编车列为：

$$b_2a_1c_1f_2e_1b_1f_2a_2c_1e_1d_2a_1$$

编成后车组排列顺序：$fedcba$，车组代号为：123456
待编车列编号为：$5_26_14_11_22_51_16_24_12_13_26_1$

采用表格调车法进行编制调车作业计划。在调车表中，最上一行填写待编车列编号，下面各行作车组下落用，称为"下落列"。下落的方法是将待编车列自左至右由小到大顺序下落于表中。

若待编车列 $5_26_14_11_22_51_16_24_12_13_26_1$ 停于 10 道，可利用 11，12，13 道作业，车列编成后转往到发场 3 道。调车表见表 4.5（注：为简化，省去了下标；股道的确定方法后面介绍）。

表 4.5　原始调车表

股道	下落列	5	6	4	1	2	5	1	6	4	2	3	6
	一				1			1			2		
	二					2						3	
	三			4						4			
	四	5					5		6				6
	五		6										

可放在两相邻下落列中任何一列的车组称为可调车组。如表 4.5 中第一列中的 2 号车组，若把它放在第二列也是可以的，不会打乱下落次序，故 2 号车组即为可调车组。如果将 2 号车组放在第二列，则它与 3 号车组连在一起，形成"邻组"，分解时可以一钩溜出去，可节省一个溜放钩，这是可调车组的主要作用。如果 2 号调到第二列，第一列中的 1 号也可调到第二列，也有一个临组，又可节省一个溜放钩，可见灵活处理可调车组是有利的。调整的结果见表 4.6（注：第四列的两个 6 号车组也是可调车组）。

表 4.6　调整后的调车表

股道	下落列	5	6	4	1	2	5	1	6	4	2	3	6
	一							1					
	二				1	2					2	3	
	三			4						4			
	四	5					5		6				6
	五		6										

将两个或多个下落列合并在一起所形成的列称为暂合列。暂合的目的主要有两个：

（1）减少挂车钩（或曰推送钩），缩短总的调车作业时间。暂合之后，下落列减少，所用的挂车钩相应地减少，但需要对暂合列重复分解，可能使溜放钩增加。由于一个挂车钩花的时间相当于 3～5 个溜放钩，所以总的调车作业时间还是压缩了。

（2）减少所需的线路数。一个下落列对应一条调车线路，下落列减少了，所需的线路数自然就少了。如上例中，若不暂合，需要 5 条线，两列暂合，则只需要 4 条线。

根据"对口理论"，构成暂合列时应注意下列原则：

（1）第一列一般不与其他列合并；

（2）相邻的列一般不要合并；

（3）尽量使暂合列形成"邻组"；

（4）尽量利用"机前集结"，即符合顺序要求的车组紧靠调机，分解时可以不溜去，以节省溜放钩。

以表 4.6 为例，可以二、四列暂合，也可二、五列暂合，还可三、五列暂合。由观察知，二、四暂合可形成两个邻组，且 236 恰好位于机前，可由机车带着，减少溜放钩。二、四暂合之后的调车表见表 4.7。为便于比较，将原来第四列用括号括上或用圆圈圈上。

表 4.7　二、四列暂合的调车表

股道	下落列	5_2	6_1	4_1	1_1	2_1	5_1	1_2	6_2	4_1	2_1	3_2	6_1
11	一							1_2					
10	二、四	(5_2)			1_2	2_1	(5_1)		(6_2)		2_1	3_2	(6_1)
12	三			4_1						4_1			
13	五		6_1										

表 4.7 中有 4 个下落列，需要 4 条股道。考虑牵出时留一车组坐底，可节省一溜放钩，故令二、四暂合为待编车列停留的股道，其余可随便安排。股道的分配结果见表 4.7。

根据表 4.7，做出调车作业计划如下：

此计划共用 5 个挂车钩，10 个溜放钩，1 个转线钩。如果二、五列暂合，或三、五列暂合，做出的计划将是不一样的，见表 4.8。

由此可得，编制调车作业计划的步骤为：

（1）画调车表，车组下落。

（2）利用可调车组调整调车表。

（3）选择有利的暂合列方案。

（4）确定股道分配方案。

（5）编写调车作业计划。

【例 4.4】　编制 M 站编组摘挂列车调车作业计划，调机在右端作业，要求按站顺编组，编成后车列顺序为 123……，待编车列的排列顺序为：

表 4.8　调车作业计划

10 + 15	12 – 2
13 – 1	11 – 3
12 – 1	12 – 3
10 – 4	11 – 3
11 – 2	13 + 1
10 – 3	12 + 7
12 – 1	11 + 8
10 + 8	DF3 – 17

$$e \quad d \quad g \quad a \quad f \quad b \quad g \quad f \quad c \quad e \quad a$$

M 站与相邻技术站 N 站间中间站设置如图 4.14 所示。

解：根据按站顺编组摘挂列车的要求，列车编成后各中间站车组的排列顺序及编号为：

$$g \quad f \quad e \quad d \quad c \quad b \quad a$$
$$1 \quad 2 \quad 3 \quad 4 \quad 5 \quad 6 \quad 7$$

故待编车列中各车组的编号为：

$$e \quad d \quad g \quad a \quad f \quad b \quad g \quad f \quad c \quad e \quad a$$
$$3 \quad 4 \quad 1 \quad 7 \quad 2 \quad 6 \quad 1 \quad 2 \quad 5 \quad 3 \quad 7$$

第一步，画调车表，进行车组下落，见表 4.9。

表 4.9　调车表

列 \ 股道 （第一批 / 第二批）	3	4	1	7	2	6	1	2	5	3	7
一　10			$\dot{1}$				1	$\dot{2}$			
二　11					2					3	
三　12	3	4							5		
四　13						6					$\dot{7}$
五　14				7							

第二步，调整。

因为车组 $\dot{2}$ 既可落在第一列，也可落在第二列，若车组 $\dot{2}$ 落在第二列，则车组 $\dot{1}$ 也可落在第一列或第二列，因此车组 2 为可调车组。显然，$\dot{7}$ 也是可调车组。至于如何确定可调车组的有利位置，则应与"合并"方式的选择结合起来考虑。

第三步，组合暂合列。

表 4.9 共下落五列，若不合并使用线路，则分解时需用五条线路，因此整个编组过程须用 13 钩，19 个调车程，其中推送钩 6 钩，溜放钩 7 钩（未计向到发线转线的调车钩），其调车作业计划见表 4.10。

如在下落的基础上将第二、四、五列暂时合并为一列（见表 4.11），则可少用两条线路，减少两个推送钩。虽然向暂合列挂车需多用一个推送钩，但仍可节省一个推送钩。至于溜放钩，由于需重复分解暂合列可能会有所增加（本例并不增加），但因每个推送钩所需的时间约为溜放钩的 3~5 倍，所以如果合并方式选择得当（如各列车组合并后不交错或很少交错，合并时能利用待编车列的邻组或利用机后集结车组等），则合并使用线路将是有利的。

表 4.10　调车作业计划

12 + 9
10 - 1
14 - 1
11 - 1
13 - 1
10 - 2
12 - 1
11 - 1
14 + 1
13 + 1
12 + 3
11 + 2
10 + 3
DF5 - 11

表 4.11　调车表

列 ＼ 股道 ＼ 第二批 / 第一批	3	4	1	7	2	6	1	2	5	3	7
一　10			1				1	2			
二　11				7	2	6				3	7
三　12	3	4							5		
四						⑥					⑦
五					⑦						

注：带○者表示车组已合并他列，下同。

本例合并使用线路时（见表 4.11）的调车作业计划见表 4.12，该计划共用 12 钩，17 个调车程，其中需用推送钩 5 钩，溜放钩 7 钩，比未合并使用线路时减少一个推送钩。

【例 4.5】　编组摘挂列车调车作业计划，调机在右端作业，编成后车列顺序为 1234……，待编车列 $4_3 7_3 2_4 7_2 6_5 3_3 1_2 4_3 5_4 7_2 6_4 5_3 2_4$。待编车列停在调车场 11 道，需采用分批解体。

解：首先确定开口位置。开口位置的确定应按"当尾组在左，首组在右时，开口位置应选在首、尾组之间，反之，则应选在首、尾组的两边"的开口原则，以减少下落列数。本例首组为 1，尾组为 7，因此可在车组 3 与 1 之间开口。这样，调车表的填写与下落后的情况见表 4.13。

表 4.12　调车作业计划

12 + 9
10 − 1
11 − 3
10 − 2
12 − 1
11 + 2
10 − 1
12 − 1
10 − 1
11 + 1
12 + 4
10 + 5
DF5 − 11

表 4.13　调车表

列 ＼ 股道 ＼ 第二批 / 第一批	1_2	4_3	5_4	(7_2)	6_4	5_3	2_4	4_3	7_3	2_4	7_2	6_5	3_3	7_2
一	1						2				2		3	
二		$\dot{4}$						4						
三			5			5						6		
四					6				7		7			7
五				⑦										

表 4.14　调车表

第一批（1_2 至 2_4）、第二批（4_3 至 6_4）

列	股道	1_2	4_3	5_4	(7_2)	(6_4)	5_3	2_4	4_3	7_3	2_4	7_2	6_5	3_3	7_2	6_4
一	10	1						2			2			3		
二	11		④						4	7		7			7	
三	13		4	5			5						6			6
四						⑥				⑦		⑦			⑦	
五					⑦											

由表 4.13 可见，第五列只有第一批分解的一个车组 7，如在分解时把其溜放到第二批分解的车组之后（见点线右端），则下落列数可少一列，并且本例并不增加溜放钩数。在下落四列的情况下，应采取第二列和第四列合并的方式（见表 4.14）。为了减少暂合列中各列车组的交错次数，在合并的同时，将可调车组 4 从第二列调整到第三列，从而又能利用一处待编车列的邻组，再将第一批分解的车组 6 也溜到第二批分解的车列之后。这样，虽然增加了解体暂合列的溜放钩，但因采取调整和合并的步骤，利用了邻组，又节省了溜放钩。从而使用三条线编组比使用五条线编组节省了两个推送钩和一个溜放钩。

按表 4.14 编制的调车作业计划见表 4.15，该计划共用 17 钩（未含转线钩），22 个调车程，其中推送钩 5 钩，溜放钩 12 钩。

【例 4.6】 待编车列 $4_2 5_1 6_1 3_1 5_2 1_3 2_1 4_3 3_2 6_1 5_3 2_1 1_4 7_2$ 停于调车场 7 道，要求按站顺编组，车列编成后的顺序为 123…，调机在右端作业，采用一批分解，允许使用 7、8、9、10 四条道作业，编成后转往出发场 3 道。试用调车表编制调车作业计划。

解：第一步，画调车表，进行车组下落（见表 4.16）。

表 4.15　调车作业计划

11 + 22
10 − 2
13 − 7
11 − 6
13 − 3
10 − 4
11 + 20
10 − 4
11 − 2
13 − 5
10 − 3
11 − 2
13 − 4
11 + 10
10 − 3
13 + 19
10 + 16
DF3 − 42

表 4.16　调车表

股道	下落列	4_2	5_2	6_1	3_1	5_2	1_3	2_1	4_3	3_2	6_1	5_1	3_2	1_1	4_2	7_2
	一						1_3							1_1		
	二							2_1		3_2			3_2			
	三				3_1				4_3						4_2	
	四	4_2	5_2			5_2						5_1				
	五			6_1							6_1					7_2

第二步，调整（见表 4.17）。

表 4.17　调车表

股道	下落列	4₂	5₂	6₁	3₁	5₂	1₃	2₁	4₃	3₂	6₁	5₁	3₂	1₁	4₂	7₂
	一						(1₃)							1₁		
	二						1₃	2₁		3₂			3₂			
	三				3₁				4₃						4₂	
	四	4₂	5₂			5₂						5₁				
	五			6₁							6₁					7₂

第三步，组合暂合列（见表 4.18）。

表 4.18　调车表

股道	下落列	4₂	5₂	6₁	3₁	5₂	1₃	2₁	4₃	3₂	6₁	5₁	3₂	1₁	4₂	7₂
	一													1₁		
	二			6₁			1₃	2₁		3₂	6₁		3₂			7₂
	三				3₁				4₃						4₂	
	四	4₂	5₂			5₂						5₁				
	五			(6₁)							(6₁)					(7₂)

第四步，分配股道（见表 4.19）。

表 4.19　调车表

股道	下落列	4₂	5₂	6₁	3₁	5₂	1₃	2₁	4₃	3₂	6₁	5₁	3₂	1₁	4₂	7₂
8	一													1₁		
9	二、五			6₁			1₃	2₁		3₂	6₁		3₂			7₂
10	三				3₁				4₃						4₂	
7	四	4₂	5₂			5₂						5₁				
	(五)			(6₁)							(6₁)					(7₂)

第五步，编写调车作业计划（见表 4.20）。

表 4.20　调车作业计划

7 + 22	9 + 10	7 + 9
9 − 1	7 − 1	10 + 6
10 − 1	8 − 6	8 + 9
7 − 2	7 − 1	F3 − 26
9 − 4	8 − 2	
10 − 3		
9 − 3		
7 − 1		
9 − 2		
8 − 1		
10 − 2		

本章小结

本章主要讲述了车站的调车工作，首先讲述了调车作业的基本概念、意义、分类和基本要求，然后讲述了调车工作的基本因素及作业时间标准，随后介绍了牵出线和驼峰调车作业方法，最后讲述了调车作业计划的编制方法，重点讲述了摘挂列车编组调车作业计划的编制方法。

本章主要知识点回顾：

一、调车作业

（1）调车：凡机车车辆在站内或相邻区间所进行的一切有目的的移动。

（2）调车工作的分类：解体调车、编组调车、摘挂调车、取送调车、其他调车。

（3）调车工作的基本要求。

二、驼峰调车

（1）驼峰是以车辆的势能为主，也借助推峰产生的车辆动能而分解车列的一种调车设备。由推送部分，溜放部分和峰顶平台组成。

（2）按线路配置和技术设备的不同，驼峰分为：简易驼峰、非机械化驼峰、机械化驼峰、半自动化驼峰、自动化驼峰。

（3）驼峰调车的作业过程：挂车、推送、溜放、整场。

（4）驼峰调车的作业方案：单推单溜、双推单溜、双推双溜。

三、牵出线调车

（1）推送调车法：使用机车将车辆由一股道调移到另一股道，在调动过程中不摘车的调车方法。

（2）溜放调车法：使用机车推送列车到达一定速度后摘钩制动，使摘解的车组借获得的动能溜放到指定地方的调车方法。

四、调车作业基本因素

（1）调车钩：机车连挂或摘解一组车辆的作业，是衡量调车工作量的基本单位。

（2）调车程：指机车或机带车列（车辆）发生的加减速一次的移动。

五、摘挂列车编组调车作业计划编制

（1）用调车表进行调车作业计划的编制。

（2）编制步骤：画调车表、下落、调整、合并、编写调车作业计划。

（3）分两批分解的原则。

思 考 题

1. 简述调车工作的基本要求。
2. 调车工作的意义是什么？调车作业按其目的可分为哪几类？
3. 驼峰作业方案有哪些？其适用条件是什么？
4. 钩分和调车程时分有什么区别和联系？
5. 何为"坐编"？其发生前提是什么？

第五章　货车集结过程

【本章导读】

本章首先讲述货车的集结过程的基本概念，然后讲述货车集结时间的计算和查定方法，以及压缩货车集结时间的具体措施。由于车站产生的各种车流是在调车场上集结的，因此本章的最后讲述调车场线路固定使用方案的原则。

【学习目标】

（1）掌握按调车场和按车流的货车集结过程的区别；

（2）掌握计算和查定货车集结时间的方法；

（3）理解压缩货车集结时间的措施；

（4）熟悉调车场固定使用方案的原则。

【重点及难点】

（1）两种货物列车集结过程的区别；

（2）货车集结时间的计算和查定方法。

第一节　货车集结过程的概念

由第一章我们知道，货车随列车到达车站后，除无调中转车随原列车在到发线进行到发技术作业后继续运行外，有调中转车和货物作业车（统称为"改编车"）都要经过一系列技术作业，然后随另一列车从车站发出。这一系列技术作业构成了车辆的技术作业过程。在技术作业过程中有一个环节通常耗时较长，就是集结过程，其实质是车辆在编组之前的等待过程，它涉及列车的重量与长度概念。

一、列车重量与长度

列车重量，又称列车总重，或机车牵引总重，是指机车牵引的车列的重量，等于车列的自重与载重之和。用牵引计算的方法可以求出各区间的列车重量，再结合实际运转试验可以确定全区段（或线路）分方向的统一列车重量标准，最后在列车运行图的技术资料中以文件的形式把它规定下来。我们把运行图规定的各区段列车重量标准称为该区段的牵引定数。依据有关规定，列车重量可围绕牵引定数上下波动不超过 80 t。

列车长度是指车列的实际长度。在日常运输组织工作中，列车长度通常用"换长"来表示。每一辆车都有自己的换长，它等于这辆车的全长——车辆两端钩舌内侧之间的距离——除以标准车长度 11 m 所得的商。可知换长是一个无量纲的换算系数。把列车中全部车辆换长加总，即得列车换长。各种车型的换长和自重在《技规》中都有明确的规定。列车长度与车站到发线有效长密切相关。根据各站到发线有效长可综合确定全区段统一的列车换长标准（也称列车"计长"），同样在运行图中规定下来。依据有关规定，列车换长允许欠长 1.3 以内。

铁路每个区段都规定有统一的牵引定数和列车换长标准。为了充分发挥机车牵引能力，列车质量应尽量达到牵引定数标准，但由于列车性质、车辆类型、货物品类、空重比例等差别，不能按规定的质量标准开行时，除某些列车外，一般则须满足规定的列车长度。这两种情况，即列车质量满足牵引定数要求或列车长度满足规定的换长要求，习惯上称为"满轴"。反之，如果列车质量低于牵引定数（含波动），同时，列车长度不足规定的列车换长（含波动），则称为"欠轴"。我国铁路除摘挂列车、小运转列车、五定班列等少数几种列车允许欠轴开行外，其他货物列车均须满轴编组开行。

二、货车集结过程概念

在技术站上编组某一到达站（又称去向）的出发车列（或车组），由于在重量或长度上有一定要求，因而使陆续进入调车场的货车有先到等待后到凑集满重或满长的过程，这一过程称为货车集结过程。货车在这种过程中消耗的时间，称为货车集结时间。

从组成某一到达站出发车列的第一组货车进入调车场之时起，至组成该车列的最后一组货车进入调车场时止，为车列的集结过程。该过程的延续时间称为车列的集结时间。在这个过程中，组成该车列所有货车消耗的车小时，即为车列的货车集结车小时。

上述货车集结过程是按货车进入调车场开始计算的，故称为按调车场的货车集结过程。此外，为编制车站作业计划推算车流及查定车站技术作业标准，货车集结过程也可按货车到达车站（有调中转车）或装卸完毕（本站货物作业车）的开始时间计算，称为按车流的货车集结过程。这两种货车集结过程的计算条件如图 5.1 所示。

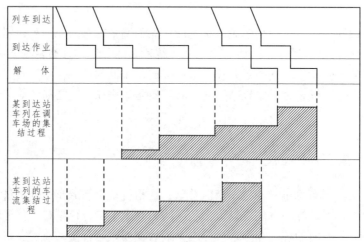

图 5.1　按调车场和按车流的货车集结过程图

按调车场和按车流的货车集结过程的区别列于表 5.1。当各次列车的待解及解体时间差别不大时，两种集结过程非常接近，否则会有些差别。相比较而言，按调车场的集结过程更加真实地反映了车流集结情况，因而在车站日常调度指挥中以此种集结过程作为推算车流的根据。

表 5.1　两种货车集结过程的区别对照

项目	按调车场的集结过程		按车流的集结过程	
	有调中转车	货物作业车	有调中转车	货物作业车
集结开始时刻	列车解体完毕之时	取回站内分解完毕之时	到达车站之时	装（卸）车完毕之时
适用情况	编制车站阶段计划时推算出发车流来源；查定车站货车集结时间标准		编制车站班计划时推算出发车流来源	

第二节　货车集结时间的计算

货车在集结过程中消耗的时间为货车集结时间。在讲货车集结时间之前首先要讲一下货车集结时间的基本术语。列车的到达站为列车的解体站，货车集结按不同的列车到达站分别进行。残存车组为某一车列集结满轴后的剩余的车数，即为下一车列集结的残存车数。如果残存车组为零则称为集结中断。最后车组为集结车列的最后一个车组。一个列车到达站一昼夜的集结车小时消耗为该到达站一昼夜全部车列的集结车小时消耗之和。货车平均集结时间是平均一辆货车的集结时间。

如果把具有一定去向的车辆的集合称为车流，把具有一定去向的同种列车的集合称为列流，那么货车集结过程是按不同的列流（也称列车到达站，或编组去向）分别进行的。与货车集结过程相关联的有两项时间指标：一个是一支列流一昼夜消耗的货车集结车小时，用 $T_\text{集}$ 表示；一个是平均每辆货车的集结时间，用 $t_\text{集}$ 表示。二者统称为货车集结时间。

一、货车集结时间的计算公式

图 5.2 是按调车场的货车集结过程示意图。从图 5.2 中可以看出，前一车列集结满轴之时便是后一车列集结过程的开始。前一车列集结满轴后的剩余车数为残存车数，记作 $m_\text{残}$；若 $m_\text{残}=0$，称为集结中断。图中符号 m 代表车列编成辆数（习惯上也称"列车编成辆数"），图中的多边形面积表示一个车列的集结车小时消耗，记作 $T_\text{列}$。容易算出，该车列的集结车小时消耗为：

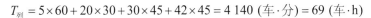

$$T_\text{列} = 5\times60 + 20\times30 + 30\times45 + 42\times45 = 4\,140\,(车\cdot分) = 69\,(车\cdot h)$$

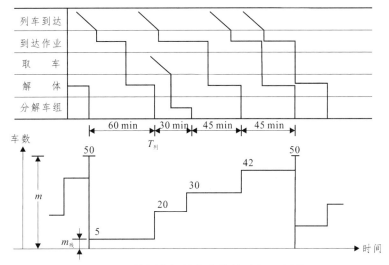

图 5.2　按调车场的货车集结过程示意图

观察图 5.2 可知，先进入调车场的车组集结等待时间长，后到车组等待时间短，集结车列的最后一个车组（简称"最后车组"）没有集结等待时间。因此，当车组到达间隔前小后大，车组前大后小时，$T_列$较大，其多边形可用一个"凸三角形"来近似代替；反之，当车组到达间隔前大后小，车组前小后大时，$T_列$较小，其多边形近似于一个"凹三角形"（见图 5.3）。这样，$T_列$的值可认为围绕着某个直角三角形的面积上下波动。若每个$T_列$都用一个直角三角形的面积来代表，三角形的底边是时间轴，高为车列编成辆数 m，那么，连续 24 h 的直角三角形面积之和为$12m$。即

$$T_集 = \sum T_列 = \frac{1}{2}\sum t_列 m = \frac{m}{2}\sum t_列 = \frac{m}{2}\cdot 24 = 12m$$

这就是不发生集结中断时 $T_集$ 的近似值。在日常运输生产中，通过有预见地组织本站作业车按出发车流需要挂线装（卸）车，或者组织开行超轴列车，可以造成集结中断，因而一般情况下，$T_集 < 12m$。

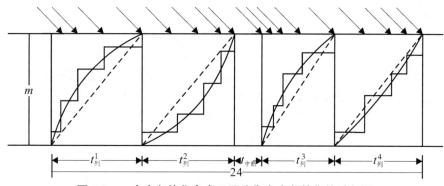

图 5.3　一个去向的货车全天不均衡有中断的集结过程图

设某支列流一昼夜的列流量为 r 列，则该支列流一昼夜的集结车小时消耗 $T_集$ 就等于这 r 列列车的 $T_列$ 之和，即 $T_集 = \sum_{i=1}^{r} T_列^i$，在图上看就是 r 个多边形面积之和。如果某站编组出发 k 支列流，那么该站一昼夜总的集结车小时消耗 $T_{集总}$ 就等于这 k 支列流一昼夜集结车小时消耗之和，即 $T_{集总} = \sum_{i=1}^{k} T_集^i$。如果该站一昼夜总的集结编组车流量为 $N_总$，则平均每辆货车的集结时间 $t_集 = T_{集总}/N_总$。因此，研究货车集结时间的关键是 $T_集$ 的定量计算。

由前面的分析可以知道，影响 $T_集$ 的因素很多，诸如车组到达间隔分布、车组大小的不均衡性、车列编成辆数的多少、集结中断的情况等，所以 $T_集$ 是一个很不容易确定的变量。

货车的集结过程根据车组到达是否均衡、车组大小是否相等以及一些其他因素的不同，可分为三类：理想货车集结过程、简单货车集结过程和一般货车集结过程。

从上面推导的 $T_集$ 可以看出，$T_集$ 与列车平均编成辆数 m 成正相关关系，而与车流量 N 无关。为了简化起见，把 $T_集$ 表示成两项因素的乘积：

$$T_集 = cm \tag{5.1}$$

其中，c 称为集结参数（或集结系数），它涵盖了除 m 以外所有影响 $T_集$ 的其他因素。

影响货车集结参数 c 值的因素主要有车组（特别是最后车组）大小的不均衡性、车组配合到达的程度、集结中断的次数和时间，一般 $c < 12$。

二、货车集结时间的查定

由于列车编成辆数 m 受限于列车牵引定数和计长，波动很小，同一支列流的 m 可近似认为是一个常数，所以查定 $T_集$ 的关键在于查定集结参数 c。为了保证查定的 c 值具有较高的代表性，查定工作应选择车流比较稳定、作业比较正常的时期进行，样本数不能太少，至少应连续采集 $3 \sim 5$ 天的原始数据。查定写实表格的格式见表 5.2。

表 5.2 E 站下行方向货车集结时间写实表

到达车次或取回车组	车辆进入调车场时刻	E—G 直通列流				E—F 区段列流				E—F 摘挂列流			
		车数	集结终了时刻	编成辆数	集结车分	车数	集结终了时刻	编成辆数	集结车分	车数	集结终了时刻	编成辆数	集结车分
残存	18:00	15			3450	8			680	10			2700
45007	18:40	7			1330	16			720	4			920
31003	19:25	13			1885	16/3	19:25	40	0/1005				
22105	21:50	6/9	21:50	41	0/1440	12			2280	11			440
取车	22:10	12			1680	4			680	8	22:30	33	160
31005	23:08	14			1148	11			1232	16			4192
⋮	⋮				⋮				⋮				⋮
合计					23270				26330				20008

数据的汇总计算按须满轴列流和可欠轴列流两大类分别进行，其步骤如下：

（1）计算各支列流的集结参数。计算公式为：

$$c = \frac{T_集}{mD} \tag{5.2}$$

其中，$T_集$ 为查定期间该支列流消耗的集结车小时，等于全部车列的集结车小时之和，即 $T_集 = \sum T_列$，因写实查定一般从某日 18:00 开始，至若干天后的 18:00 结束，故首尾两个集结多边形很可能是不完整的，应将它们合起来作为一个车列处理；m 为查定期间该支列流列车平均编成辆数，$m = N/n$，N 是车流量，n 是列数；D 为查定天数。

（2）按方向别计算列流平均集结参数。计算公式为：

$$c = \frac{\sum\limits_{i=1}^{k} T_集^i}{\sum\limits_{i=1}^{k} m_i \cdot D} \tag{5.3}$$

式中　$T_集^i$——查定期间第 i 支列流的集结车小时，$T_集^i = c_i m_i$；

　　　m_i——查定期间第 i 支列流的平均编成辆数；

　　　k——该方向编组出发的列流支数。

令 $\alpha_i = \dfrac{m_i}{\sum\limits_{i=1}^{k} m_i}$ ，称之为第 i 支列流集结参数的权重，则式（5.3）可写成如下简洁的形式：

$$c = \frac{\alpha_i c_i}{D} \tag{5.4}$$

当各支列流的编成辆数 m 相等或相差极小时，也可用下式计算：

$$c = \frac{\sum\limits_{i=1}^{k} T_{集}^{i}}{k \cdot \overline{m} \cdot D} \tag{5.5}$$

式中　$\overline{m}$——该方向列车平均编成辆数，用加权平均法求得。

（3）按方向别计算每辆货车的平均集结时间。计算公式为：

$$t_{集} = \frac{\sum\limits_{i=1}^{k} T_{集}^{i}}{N_i} \tag{5.6}$$

式中　N_i——查定期间第 i 支列流的车流量。

（4）确定全站平均集结参数 c 和全站每辆货车的平均集结时间 $t_{集}$。这时，全站的 c 值仍按式（5.3）计算，全站的 $t_{集}$ 仍按式（5.6）计算，只是式中的 k 表示全站各方向编组出发的所有列流支数之总和。

【例 5.1】 E 区段站下行方向编组始发 3 支列流：E—G 直通、E—F 区段、E—F 摘挂。某日车流集结情况从站调的技术作业图表中摘录整理，部分内容列于表 5.2。表中"车数"一栏，将最后车组车数与残存车数用分隔符"/"隔开，以便计算集结车分；"车列集结终了时刻"一栏，对须满轴出发的直达、直通、区段列车，以凑足实际的列车编成辆数的时刻为准，对摘挂、小运转等允许欠轴的列车，以开始编组时刻为准。

对上行方向以同样的方法写实，然后将两个方向的资料汇总，算得当日按方向别的和全站的货车集结时间，见表 5.3。

表 5.3　E 站货车集结时间汇总计算

方向	列流名称	N	n	m	集结车分	c	$t_{集}$
下行	E—G 直通	250	6	41.7	25270	10.1	1.68
	E—F 区段	332	8	41.5	26106	10.5	1.31
	计	582	14		51376	10.3	1.47
	E—F 摘挂	112	4	28.0	20008	11.9	2.98
上行	E—A 直通	124	3	41.3	24320	9.8	3.27
	E—B 区段	328	8	41.0	27553	11.2	1.40
	计	452	11		53873	10.9	1.99
	E—B 摘挂	106	4	26.5	19334	12.2	3.04
全站		1252	33		144591	10.95	1.92

【例 5.2】 某技术站下行方向编开 E、F、G 三个到达站的列车，查定三昼夜，结果见表 5.4，据此计算货车集结参数 c 和平均一个列车到达站一昼夜的集结车小时消耗 $T_集$。

表 5.4 某站下行方向货车集结时间

列车到达站	货车集结车分	集结列数	每列编成辆数
E	88918	18	45
F	76810	16	43
G	94209	25	46
合计	259937	59	

解： 1. 求下行方向列车平均编成辆数：

$$m = \frac{18 \times 45 + 16 \times 43 + 25 \times 46}{18 + 16 + 25} = \frac{2\,648}{59} = 44.9 \approx 45 \,(辆)$$

2. 求下行方向货车集结参数：

$$c = \frac{\sum_{i=1}^{k} N t_集^i}{60 \cdot kmd} = \frac{259\,937}{60 \times 3 \times 45 \times 3} = 10.7 \,(h)$$

3. 求下行方向的 $T_集$：

$$T_集 = c\overline{m} = 10.7 \times 45 = 482 \,(车 \cdot h)$$

三、压缩货车集结时间的措施

在货车的技术作业过程中，集结是不可避免且耗时较长的一个环节。就有调中转车来说，集结时间往往占全部中转停留时间的 1/3 ~ 1/2，因此，压缩货车集结时间对于加速车辆周转具有重要的意义。为此，可采取下面的措施：

（1）组织列车按出发车流需要配合到达车站。在编制日班计划时，计划调度人员根据各站的车流集结情况有预见地安排好车流接续，特别是较大车组在途中技术站的紧凑衔接，可减小集结多边形的面积；在当班过程中，车站应及时向上反映情况，列车调度员精心指挥，必要时组织列车赶点运行，组织邻近站（或枢纽内）小运转列车及时开行，以保证车流在编组之前集结完毕，按运行图正点满轴发车。

（2）组织本站货物作业车有计划地"挂线装卸"。这里的"线"指列车运行线。所谓挂线装卸，就是预先指定一批作业车装车（或卸车）完了后编入某次出发列车。由于事先定好出发车次，可以按出发时刻逐项作业反推，得出该批车辆取回站内分解完毕的最佳时刻，这样可以扩大最后车组，节省集结车小时。在中转车流不足有可能影响列车正点出发时，及时从货场（或专用线）取回符合去向要求的本站作业车，可使车列集结过程得以提前结束，有时还可形成集结中断。这一措施是非常有效的，也是现场经常采用的。

（3）组织超轴列车和单机挂车，造成集结中断。这项措施可以减少车流积压，缩短货车平均集结时间，但必须遵守《技规》有关规定，并经列车调度员批准。列车超重时还需司机同意才行。

第三节　调车场线路固定使用方案

车站产生的各种车流是在调车场上集结的。由于编组不同到达站列车和向不同作业地点送车的需要，调车场线路必须固定其用途，以便在不同的线路上分别集结不同种类和不同去向的车辆，使解编作业有秩序地结合进行。

规定调车场线路固定使用方法通常分两步进行：一是按照各种用途分配使用线路数；二是在既定的线路分配方案的基础上，为每一条线路确定其具体用途。

在线路分配方案确定之后，调车场每一股道的使用方案应按下列原则确定：

（1）适应车流强度的需要。对车流量大的组号应拨给较长的线路，并尽可能在中间线束中选用，以减少整理次数和转线时间。

（2）平衡牵出线的作业负担。在驼峰编组站有几条牵出线时，把车流强度大的去向分散固定在连接于不同牵出线的调车线上，以期均衡牵出线的负担，减少待编时间。

（3）减少调车作业干扰。当驼峰编组站调车场与出发场平行配列时，车流强度大的去向宜固定于靠近出发场的调车线上；交换车宜固定于靠近邻区的调车线上；同一去向分组列车的各个车组宜固定在同一线束的相邻线上；到达的本站作业车宜固定在靠近货物作业地点的线路上等，以期缩短转线调车行程，减少调车作业的交叉。

（4）照顾车辆溜行性能。对空车和难行车比重较大的去向，尽可能固定在经过曲线和道岔较少的易行线上，以加速分解作业，保证调车安全。

（5）便于车辆检修和其他作业。对站修车应拨给线间距较宽、靠近车辆段或站修所的边线，对装载危险品货物及超限货物的车辆应拨给有利保证安全的线路。

在具体情况下，每个车站在制订固定线路方案时不可能都能符合上述所有原则，应制订几个固定线路方案，以便综合评选。

根据我国铁路多年的实践经验，调车场备有几股机动线，并按照"定而不死，活而不乱"的原则，采取"固定与活用相结合"的方法使用调车线，对提高调车效率是极为有效的。因此，调车线固定使用方案只是组织调车工作的基本方案，在日常工作中，调车工作领导人可以有计划地根据车辆集结情况活用其他线路，以保证调车场的正常作业秩序。

本章小结

车站的有调中转车和货物作业车先到等待后到凑集满轴的过程称为货车的集结过程。货车集结过程有调车场的和车流的集结过程两种。一个直达列车到达站一昼夜产生的货车集结时间一般可以描述为集结参数和列车编成辆数的乘积形式。集结时间占货车中转时间的比例较大，压缩货车集结时间对于加速车辆周转具有重要的意义。车站产生的各种车流是在调车场上集结的，调车场线路需要固定其用途。

本章主要知识点回顾：

一、列车重量与长度

（1）列车重量：又称列车总重或机车牵引总重，是指机车牵引的车列的重量，等于车列的自重与载重之和。

（2）列车长度：车列的实际长度，通常用"换长"表示。

（3）货车集结过程：车站的有调中转车和货物作业车先到等待后到凑集满轴的过程。

（4）货车集结时间：货车在集结过程中消耗的时间。

二、货车集结过程的类型

（1）按调车场的货车集结过程。

（2）按车流的货车集结过程。

（3）两者的区别与特点。

三、货车集结时间的计算

（1）计算公式：$T_集 = cm$。

（2）集结参数。

（3）集结时间的查定。

四、压缩货车集结时间的措施

（1）组织列车按出发车流需要配合到达车站；

（2）组织本站货物作业车有计划地"挂线装卸"；

（3）组织超轴列车和单机挂车，造成集结中断。

五、调车场线路固定使用方案

（1）适应车流强度的需要；

（2）平衡牵出线的作业负担；

（3）减少调车作业干扰；

（4）照顾车辆溜行性能；

（5）便于车辆检修和其他作业。

思 考 题

1. 何谓满轴、欠轴？对此有何规定？

2. 何谓货车集结过程和货车集结时间？货车集结过程分哪两种？它们有何区别？

3. $T_集$ 代表什么意义？如何确定 $T_集$？

4. 压缩货车集结时间可采取哪些措施？

5. 影响货车集结时间的因素是什么？

第六章　取送车工作组织

【本章导读】

本章首先讲述取送车的基本概念、取送车工作的意义原则以及取送车问题的分类。然后讲述合理取送次数的确定，最后讲述合理取送顺序问题，取送车顺序问题可分为非直达车流合理取送车顺序问题和直达列车多点装卸时的合理取送车顺序问题。合理取送车顺序问题为本章的重点。

【学习目标】

（1）理解取送车作业的组成因素、原则和意义；

（2）了解取送车问题的分类；

（2）熟悉计算合理取送次数的方法；

（3）掌握非直达车流合理取送车顺序的确定方法；

（4）掌握直达列车多点装卸时的合理取送车顺序确定方法。

【重点及难点】

（1）合理取送车次数的确定；

（2）最佳取送顺序的确定。

第一节　取送车工作的概念

第一章对车站办理的货车按技术作业性质的不同做了分类：一类是中转车，另一类是本站货物作业车。本站货物作业车简称"货物作业车"或"作业车"。货物作业车按其所进行的装卸作业次数不同又有一次和双重之分。无论是一次作业车还是双重作业车，它们的技术作业过程较之中转车都要复杂一些，即增加了一些作业环节。其中，有两项重要的技术作业，就是送车和取车，它们统称为取送车。

所谓送车，是将待卸重车由车站调车场（或到发线）送往货场、专用线等卸车地点卸车，或将空车由调车场（或到发线）送往货场、专用线等装车地点装车；取车是指将装完重车（卸后空车）由装车地点（卸车地点）取回站内调车场集结（或直接取至到发线）。调移是指将卸后空车由卸车地点调往装车地点装车。

一、取送车作业组成因素

按照实际作业内容的不同，取送车作业可细分为六种情况：单一送车、单一取车、送取结合、送兼调移、取兼调移、送调取结合。

1. 单一送车

单一送车简称"单送"，指机车挂着一批货车送往货场（或专用线），对好货位之后单机返回。无论是送待卸重车还是待装空车，单送由下列单项因素组成：挑选车组、去程走行、对货位、回程走行。其中，挑选车组是指按装卸作业地点区分车组，按入线先后排列顺序。为减少重复作业，这项工作应尽可能在解体过程中完成或部分完成，这就是所谓的"解体照顾送车"。

2. 单一取车

单一取车简称"单取"，指单机去货场（或专用线），将装卸完毕的车辆取回车站。单取由下列单项因素组成：去程走行、收集车辆、回程走行、分解车组。在可能的条件下，收集车辆时应考虑出发列车的编组要求，将相同去向的车辆顺序连挂在一起，这就是所谓的"取车照顾编组"。

3. 送取结合

送取结合也叫"连送带取"，指在送车的同时取回车辆。它包括的单项因素有：挑选车组、去程走行、对货位、收集车辆、回程走行、分解车组。

4. 送兼调移

送兼调移指在送车的同时完成调移车辆的作业，然后单机返回。它包括的单项因素是：挑选车组、去程走行、对货位、调移车辆、回程走行。

5. 取兼调移

取兼调移指单机去货场（或专用线）完成调移作业，然后取车返回。它包括的单项因素是：去程走行、调移、收集车辆、回程走行、分解车组。

6. 送调取结合

送调取结合指将送车、调移、取车结合起来一次完成。它包括的单项因素有：挑选车组、去程走行、对货位、调移、收集车辆、回程走行、分解车组。

上面六种作业方式究竟采取哪一种，没有固定的法则，要根据列车到发计划、车流分布状况、取送距离远近、作业时间标准及当前作业进度，按照下述四个原则，有预见地统筹考虑，做出合理的安排。

二、取送车工作的意义及原则

由于铁路运输生产活动的特殊性，货车必须编入列车才能输送，而装卸车作业一般在货场或专用线进行，与列车的到、发、解、编作业不在同一地点，因而在解体与装（卸）车、装（卸）车与集结编组之间必须有取送车作业。即使在较小的中间站，无所谓列车解体和编组，但到发线不能用来装卸车，到站的货车要由本务机车从列车摘下送至货物线装（卸），装（卸）完毕后还要由本务机车从货物线取出挂入列车，这一摘挂车辆作业究其实质就是取送车作业，只不过走行距离较短而已。所以，取送车工作是铁路货物运输生产过程中不可缺少的一个环节，缺少了这一环节，货物的位移将无法最终完成。

我国铁路编组站，尤其是大、中型路网性编组站，以办理中转车流为主，极少办理货物作业。但对于地区性编组站、区段站、较大的中间站，以及专门的货运站，货运业务却是相当繁忙甚至是主要的工作。考核这些车站的工作业绩有一项重要的质量指标，即一次货物作业平均停留时间，简称"停时"。组成停时的因素很多，取送车作业所消耗的时间也包含在内，而停时又是货车周转时间的重要组成部分（约占 1/3）。因此，合理安排取送车作业，对于缩短停时、加速车辆周转、提高运输效率和经济效益有着直接的意义。

车站是联系路内外的纽带，车站工作的优劣不仅关系到铁路本身的利益和竞争力，而且影响到路外企业单位的生产经营。取送车工作与装卸车作业紧密联系，从而间接地与生产单位有关联。及时取送车为货物的及时装卸和车辆的及时挂运创造了条件，有利于加速货物送达，节省流动资金，促进经济建设。相反，取送效率低下，延误装卸，耽误列车，甚至发生事故，将会给经济建设造成不应有的损失。

综上所述，取送车工作是货运站、货物作业较多的技术站以及较大的中间站的一项重要工作，它的效率高低直接关系到车辆周转和货物送达的快慢，影响到铁路的竞争力和企业的生产经营。取送车作业也是加强路厂、路矿、路港协作的纽带。因此，应当科学合理地安排取送调车作业，优化作业组织，不断提高作业效率。

一般说来，取送车工作应当遵循下列原则：

1. 急用先送、急用先取原则

如装载鲜活易腐货物的车辆应优先送入货物线（简称"入线"），出发列车急需的车流应优先取回，计划挂线的车辆应根据列车到发计划统筹考虑，妥善安排送车、装卸和取车作业。

2. 及时取送原则

对于没有紧急特殊要求的车辆，也要做到及时取送，尽量减少待送、待取等非生产停留时间，使列车到发与解编、解编与取送、取送与装卸紧密衔接起来，避免不应有的脱节现象。

3. 协调配合原则

掌握路外企业的生产规律，加强路矿（厂、港）协调，使取送作业与厂矿企业的生产进度相配合，实现流线结合，避免车货脱节。加强路内各部门、各工种之间的联劳协作，做到解体照顾送车、送车照顾装卸、装卸照顾取车、取车照顾编组。

4. 经济合理原则

车站的装卸作业地点往往是比较分散的，而待送（待取）车辆是陆续产生的。除整列装卸和整列取送这种极特殊的情况外，由于调机能力的限制，不可能为每一组车专门取送一次，也不可能所有车组同时入线（或取出），故势必产生某些车组的等待时间。这时，应从整体出发，考虑总车小时的节省、机车小时的节省以及机车能耗的节省，合理确定取送次数和取送顺序。在安排作业内容时，应尽可能将几种作业结合起来进行，如送车与取车结合，送车、调移、取车结合，顺路捎车等，以节省机车往返走行时间。

三、取送车问题的分类

为了提高取送车作业效率，我国铁路运输领域的专家学者在 20 世纪 50 年代即开始研究取送车问题，至今已取得了一些成果。取送车问题本质上属于系统优化的范畴。由于各个车站的设备条件、作业组织方法、车流性质等差别很大，难以建立一种通用的模型，只能根据实际可能出现的情况划分若干种类，有针对性地进行分析研究。下面是对取送车问题所做的一些分类。

（1）按装卸作业地点（以下简称"专用线"）的不同布置形式分为放射形和树枝形两大类。所谓放射形是指专用线如同射线一样，以车站为中心向四周散开（见图6.1）；树枝形指专用线布局如同一棵树，走行线像树干，专用线分布在其一侧或两侧，像树枝一样（见图6.2）。

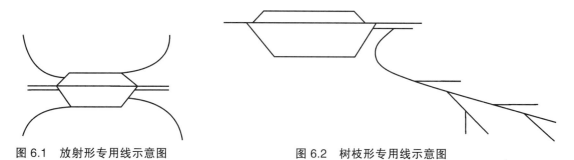

图6.1　放射形专用线示意图　　　　　　图6.2　树枝形专用线示意图

专用线的布置形式不同，直接影响到取送车作业组织方法。放射形专用线和树枝形专用线在作业上的主要区别见表6.1。

表6.1　两种类型专用线在作业组织方法上的主要区别

专用线布置形式	放　射　形	树　枝　形
区别 1	向一专用线送（取）完一批车组后必须返回车站，然后才能再去另一线送（取）车	在一批取送车作业中间不必返回车站
区别 2	各线车辆入线时刻不同，取回站内时刻也不同	各线车辆入线时刻不同，但取回站内时刻是相同的

至于既有放射形特征又有树枝形特征的所谓"混合型"布置形式，可在整体上视作放射形，局部看作树枝形，取送车组织方法是两者的综合，没有本质的变化，因而不单独作为一类。

（2）按车流到发的不同方式分为车流整列到发、车流分散到发、车流整列到达分散出发、车流分散到达整列出发等。

车流整列到发——当装车站以自装车流编组始发直达列车，或卸车站编组空车直达列车时，常有此种方式。前者空车整列到达，重车整列出发，后者相反。

车流分散到发——比较普遍，有货物作业的车站大多如此。

车流整列到达分散出发——常见于铁路枢纽内的货运站，到达列车由枢纽编组站整列发来，作业完毕后的车辆用小运转列车分散挂走。

车流分散到达整列出发——在装车区，邻近的若干装车站（或支线）的车流汇聚到基地站，编组成基地直达列车（或技术直达列车）时，通常采取这种模式。

（3）按研究的目的不同分为确定合理取送时机、确定合理取送次数、确定合理取送顺序。取送时机要解决的是车辆何时入线、何时取出的问题，同时包括具体的作业方式（单送、单取、连送带取等）、取送地点和辆数。这实际上是车站阶段计划的一项内容，应运用系统工程的思想和方法周密部署，统筹安排。取送次数回答调机一昼夜往返取送几次合适的问题，带有轮廓计划的性质。取送顺序问题则相对比较微观，指一次取送车作业中调机往各线取送的先后次序，属于排序问题。

除上面列举的分类外，还可按机车台数多少、作业的专用线是否确定、取送车数是否确定等条件分成不同的情况。

具体到某个车站，往往是上述几种分类组合起来，形成一个特定的问题。本章的后两节将分别讨论确定合理取送次数和合理取送顺序这两个特定的问题。

第二节　合理取送次数的确定

取送车次数问题主要发生在与工厂、企业、港口、矿山相衔接的车站上。为了简化起见，将车站和厂矿企业分别看作 1 个点，机车往返运行于这 2 个点之间，至于"点"内的线路布局不做考虑。问题表述为：当车流陆续到达车站，集中入线并集中取出的情况下，调机一昼夜取送几次是合理的？所谓合理，指的是与取送次数有关的总费用最少。

如同货车在编组前有一个集结过程一样，本站作业车在送车前也有一个集结待送过程。二者的区别主要在于，送车没有满轴的要求。图 6.3 是货车集结待送过程示意图。图中，$m_i(i=1,2,3)$ 表示第 i 批入线的车辆数，$T_{\text{集送}}^i(i=1,2,3)$ 表示第 i 批入线车辆集结待送车小时，等于对应多边形的面积。

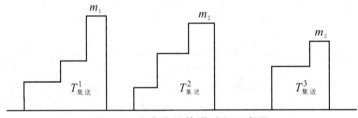

图 6.3　货车集结待送过程示意图

设一昼夜货物作业车车流量为 $N_{\text{作业}}$，集结待送车小时为 $T_{\text{集送}}$，集结待送参数为 $c_{\text{作业}}$，取送作业次数为 x，平均一次送车数为 $m_{\text{作业}}$，则有：

$$T_{\text{集送}} = \sum_i T_{\text{集送}}^i = c_{\text{作业}} m_{\text{作业}}$$

而

$$m_{\text{作业}} = \frac{\sum_i m_i}{x} = \frac{N_{\text{作业}}}{x} \Rightarrow N_{\text{作业}} = m_{\text{作业}} x$$

又设平均每辆作业车的待送时间为 $t_{\text{待送}}$，则

$$t_{\text{待送}} = \frac{T_{\text{集送}}}{N_{\text{作业}}} = \frac{c_{\text{作业}} m_{\text{作业}}}{m_{\text{作业}} x}$$

于是

$$t_{\text{待送}} = \frac{c_{\text{作业}}}{x} \tag{6.1}$$

如果货车已经装卸作业完毕，调机还未到达作业地点，将会产生车辆待取时间。设平均每辆作业车的待取时间为 $t_{\text{待取}}$，一批装卸作业所需时间为 $T_{\text{作业}}$，那么有：

$$t_{待取} = \frac{24}{x} - T_{作业} \qquad (6.2)$$

从式（6.1）和（6.2）可以知道，车辆待送、待取时间消耗随着取送次数的增加而减少。但是，机车小时的消耗却是随取送次数的增加而增加的。所以，增加取送次数有利有弊，故 x 必存在一个合理值。

考虑与取送次数有关的各项运营费用。以 E_1，E_2，E_3 分别记一昼夜车辆集结待送车小时费用、集结待取车小时费用和机车小时费用，则

$$E_1 = N_{作业} t_{待送} e_{车时} = N_{作业} \frac{c_{作业}}{x} e_{车时}$$

$$E_2 = N_{作业} t_{待取} e_{车时} = N_{作业} \left(\frac{24}{x} - T_{作业} \right) e_{车时}$$

$$E_3 = x t_{取送} e_{机时}$$

这里，$e_{车时}$，$e_{机时}$ 分别表示单位车小时和机车小时的成本，$t_{取送}$ 是一次取送作业往返所需时间。与取送次数有关的总费用记作 $E_{总}$，则 $E_{总} = E_1 + E_2 + E_3$，即

$$E_{总} = N_{作业} e_{车时} \left(\frac{c_{作业} + 24}{x} - T_{作业} \right) + x t_{取送} e_{机时} \qquad (6.3)$$

为使 $E_{总}$ 取极小值，对式（6.3）求导，并令其等于 0，得合理取送次数为

$$x = \sqrt{\frac{N_{作业} e_{车时}(c_{作业} + 24)}{t_{取送} e_{机时}}} \qquad (6.4)$$

应当说明的是，式（6.4）是在平均的意义上推导出来的，同时假定一批装卸作业时间为定值，与取送次数无关。此外，模型尚未考虑调机能力、线路长度、工作时间等因素，所以计算结果还需用下列约束条件加以检验：（1）一次入线的车辆总重不应超过调机的牵引（或推送）能力；（2）一次入线的车辆长度不应超过装卸线的有效长；（3）调机一昼夜总的取送时间不应大于规定的工作时间。如果约束条件不满足，应作适当的调整。由于存在上述不足，此模型是比较粗略的，可用作编制班计划时轮廓性安排取送车作业的参考。

【例 6.1】 由编组站到达港区的非直达车流日均 420 车，站港间相距 6 km，调车车列平均运行速度为 30 km/h，取送车的准备与结束作业每次需 1.2 h，取 $e_{车时} = 0.2$ 元，$e_{机时} = 10$ 元，$C_{作业} = 12$，问一天取送多少次为好？

$$t_{取送} = 1.2 + \frac{2 \times 6}{30} = 1.6 \ (h)$$

将已知资料带入计算公式，得：

$$x = \sqrt{\frac{(24 + 12) \times 420 \times 0.2}{1.6 \times 10}} = 13.7 \approx 14 \ (次)$$

第三节 合理取送顺序

正确安排车站向各货物作业地点取送车的顺序和时机，使车辆的装卸取送计划与列车到发解编作业计划密切配合起来，可以有效地缩减待取、待装、待卸、集结、待发等非生产停留时间，从而保证货物作业车有最小的停站时间。本站货物作业车的技术作业组织取决于货场、专用线的分布，货场的性质，装卸机械和劳力的配备，取送调机机车台数及其分工办法，本站货物作业车的数量及到发组织方式等一系列的因素。取送车顺序和实际应结合当时当地具体情况，综合考虑各方面的要求，根据轻重缓急分别处理。

一、确定取送顺序的基本原则

（1）对于规定了取送车次数的货物作业地点应按固定时刻表取送。

（2）鲜活、易腐、急运物资应优先取送。

（3）对班计划中指定了挂运车次的重点车组，应联系列车到发时刻，考虑到、解、编、发、取、送、装卸等作业环节所需时间，妥善安排，及时取送。

（4）当几个货物作业地点由同一台调车机车服务时，应根据车流性质确定合理的取送车顺序，以压缩货车在站停留时间。

二、非直达车流合理取送车顺序

非直达车流的作业特点是车流成批或零星到达，装卸地点分散，货物作业完了后，除个别大组车有时指定车次挂运外，多随最近车次挂出，即带有很大的随机性。具有为数众多的货场、专用线的大型货运站、工业站和技术站，都有大量非直达车流的作业。在车流随机到发的前提下，减少车辆的待取待送时间是压缩其停留总时间的主要措施。在货物作业量较大的车站，通常划分有若干个作业区，每一作业区由固定的调车机车担当车辆取送工作。当同一调车机车服务的作业区内，同一时间有几个装卸地点的车辆等待取送时，由于机车每次只能去一个地点服务，这就产生了车辆排队等待服务的现象。

考虑压缩待送车小时的非直达车流合理送车顺序问题可以表述为：已知专用线呈放射形布置，采用一台调机取送，各地点的取送车数和各地点取送时间（包括挑车组、对货位、往返走行）均已确定，为了使总的待送车小时最少，求合理取送顺序。

例如，一批到达的车辆中，有去甲地点的待卸车 $m_{甲} = 10$ 辆，去乙地点的待卸车 $m_{乙} = 6$ 辆，取送作业所需时间分别为 $t_{取送}^{甲} = 30\ \text{min}$，$t_{取送}^{乙} = 24\ \text{min}$，此时只有两个取送车顺序方案可供比选：第一个方案为先送甲地点的 10 辆车，则去乙地点的 6 辆车将产生 $m_{乙}t_{取送}^{甲} = 6 \times 30 = 180$ 待送车分消耗；第二个方案为先送乙地点的 6 辆车，则去甲地点的 10 辆车将产生 $m_{甲}t_{取送}^{乙} = 10 \times 24 = 240$ 待送车分消耗。因为

$$m_{乙}t_{取送}^{甲} < m_{甲}t_{取送}^{乙} \quad \text{或} \quad \frac{t_{取送}^{甲}}{m_{甲}} < \frac{t_{取送}^{乙}}{m_{乙}} \tag{6.5}$$

所以先送甲地点的 10 车有利，即优先取送每车平均消耗机车时分最小地点的车辆最为合理。

不等式（6.5）两边的比值为每车消耗机车分钟。因为先送的每车消耗机车分钟越小的话，送去其他地点的货车等待时间越小；如果先送的每车消耗机车分钟越大，送往其他地点的货车等待时间也就越长。由此得到结论：先送每车消耗机车分钟较小的地点是有利的。事实上，这一结论可推广至多个装卸地点。这时，只需计算各条专用线的每车消耗机车分钟数，将结果由小到大排序即为合理取送车顺序。

当小运转列车按固定时刻表运行，而车辆可随任意车次挂走时，则车辆的取送顺序应根据列车技术作业时间、各地点取送车及货物作业所需时间、作业车数以及可能挂运的车次等因素，按保证本站货物作业车总停留时间最少的原则进行具体安排。

【例 6.2】 某货运站待送重车 40 辆，各专用线卸车数及取送时间标准见表 6.2，试确定合理的送车顺序，使总的待送车小时最少。

表 6.2 取送时间标准

专用线	车数	取送时间标准/min
A	10	24
B	15	30
C	9	20
D	6	15

解：计算各专用线每车消耗机车分钟数：

A 专用线 $\quad t_{机}^{A} = \dfrac{24}{10} = 2.4$（min）

B 专用线 $\quad t_{机}^{B} = \dfrac{30}{15} = 2.0$（min）

C 专用线 $\quad t_{机}^{C} = \dfrac{20}{9} = 2.2$（min）

D 专用线 $\quad t_{机}^{D} = \dfrac{15}{6} = 2.5$（min）

将每车消耗机车分钟数由小到大排序：2.0—2.2—2.4—2.5，对应的专用线顺序即为合理的送车顺序：$B—C—A—D$。

三、直达列车多点装卸时的合理取送车顺序

当直达列车整列到达、在几个货物作业地点进行装卸作业后整列出发，各地点的货物作业时间 $t_{货}^{p}$ 和车辆取送时间 $t_{取送}^{p}$ 互不相同，且 $t_{货}^{p} > t_{取送}^{p}$ 并由一台机车服务时，不同的取送车顺序将有不同的直达列车作业停留时间 $T_{作业}^{直达}$。最合理的取送车顺序应保证 $T_{作业}^{直达}$ 具有最小值。

如车辆取送过程中为各地点提供的货物作业时间都能满足需要，显然，直达列车的作业停留时间有最小值，即

$$T_{作业}^{直达} = 2\sum_{p=1}^{n} t_{取送}^{p} \quad (\text{min})$$

式中　n——货物作业地点数；

　　$p = 1, 2, \cdots, n$。

　　否则，将产生调车机车等待货物作业完了的取送中断时间 $t_{中断}$。此时，直达列车作业停留时间将增至

$$T_{作业}^{直达} = 2\sum_{p=1}^{n} t_{取送}^{p} + t_{中断} \quad (\min)$$

式中　$t_{中断}$——该取送顺序下，各货物作业地点所要求的中断时间中的最大值，即 $t_{中断} = \max t_{中断}^{p}$，

　　$p = 1, 2, \cdots, n$。

　　不难推知，保证 $t_{中断}$ 最小的取送车顺序即为最合理的取送车顺序。因此，问题可归结为要在所有可能的取送车顺序方案中寻找 $t_{中断}$ 为最小值的方案。

　　根据排列组合原理可知，当货物作业地点数为 n 时，数学上可能的取送车顺序方案共有 $(n!)^2$ 个。例如，当 $n = 4$ 时，方案数为 $(4!)^2 = 576$ 个；当 $n = 5$ 时，方案数将多达 14400 个。这样，采用枚举法进行计算显然是不适宜的，必须根据组合最优化原理研究简便的计算方法。

　　如前所述，各地点的货物装卸作业主要是和送车及取车过程平行地完成的。送车工作结束后，应按保证调车机车作业中断时间最小的原则确定取车顺序。因此，在各地点货物作业时间标准既定的条件下，取车顺序将完全取决于送车顺序，而送车顺序又主要取决于各地点所需提供的货物作业时间的长短。那么，首先送货物作业时间标准最长地点的车辆，在任何情况下都将是最有利的，因为它能保证最大限度的平行作业。于是，只需计算 $(n-1)!$ 个送车顺序方案，就相当于计算比较了 $(n!)^2$ 个方案。同时，还可以根据取送车计算表设计一个更为简单的取送车方案计算表，从而使整个计算工作得到进一步简化。

　　方案计算表（见表 6.4）由左右两部分构成。左半部为送车部分，共分三行：第一行为所计算方案的送车顺序，自左而右顺序填写着所送地点的编号；第二行填记送车过程终了如立即取车时为各个地点所能提供的货物作业时间 $\sum_{s=i}^{n} t_{取送}^{s}$（$i$ 对应于该地点的送车顺序号）；第三行填记尚需为该地点提供的货物作业时间 $\Delta P = t_{货}^{p} - \sum_{s=1}^{n} t_{取送}^{s}$。右半部为取车部分，也分三行：第一行为取车顺序，按左半部第三行中 ΔP 值由小到大的顺序依次填写各货物作业地点的编号，它体现着货物作业先结束者先取的原则；第二行填记取车过程中为各地点提供的货物作业时间 $\sum_{s=1}^{j-1} t_{取送}^{s}$（$j$ 对应于该地点的取车顺序号）；第三行填记不足时间 $\Delta P' = \Delta P - \sum_{s=1}^{j-1} t_{取送}^{s}$，这一行的最大数字即为该方案的调车机车作业中断时间 $t_{中断} = \max \Delta P'$。于是，该方案该方向的直达列车作业停留时间即为：

$$T_{作业}^{直达} = 2\sum_{p=1}^{n} t_{取送}^{p} + \max \Delta P'$$

　　显然，在各取送车顺序方案中，其 $\max \Delta P'$ 值最小的方案，$t_{中断} = \min\{\max \Delta P'\}$，即为最合理取送顺序方案。

【例 6.3】 已知计算资料见表 6.3，其中各货物作业地点的编号是按货物作业时间标准由小到大的顺序排定的。在 D 地点（4 号）优先送车的前提下，共需计算 $(n-1)! = 3! = 6$ 个方案，所填写的 6 个方案计算见表 6.4。

表 6.3　计算资料表

作业地点	编　号	车　数	取送时间/min	货物作业时间/min
C	1	6	20	60
B	2	9	30	90
A	3	15	40	120
D	4	20	10	130

表 6.4　取送车方案计算表

方案编号	送车顺序				取车顺序			
①	4 100 30	3 90 30	2 50 40	1 20 40	4 0 △30	3 10 20	2 50 —	1 80 —
②	4 100 30	3 90 30	1 50 10	2 30 60	1 0 △10	4 20 10	3 30 —	2 70 —
③	4 100 30	2 90 0	3 60 60	1 20 40	2 0 △0	4 30 0	1 40 0	3 60 0
④	4 100 30	2 90 0	1 60 0	3 40 80	2 0 0	1 30 —	4 50 —	3 60 △20
⑤	4 100 30	1 90 —	3 70 50	2 30 60	1 0 —	4 20 10	3 30 △20	2 70 —
⑥	4 100 30	1 90 —	2 70 20	3 40 80	1 0 —	2 20 0	4 50 —	3 60 △20

由表 6.4 可见，方案③的调车作业中断时间 $t_{中断} = 0$，因而是最合理方案，方案的特征为 4—2—3—1，2—4—1—3。直达列车作业停留时间为：

$$T_{作业}^{直达} = 2\sum_{p=1}^{n} t_{取送}^{p} = 200 \ （min）$$

事实上，填完第③方案后，已得到最小的 $t_{中断} = 0$ 的最合理方案，整个计算工作即可结束。

应当指出，除 4—3—2—1，1—2—3—4 方案外，其他方案都有一些与之等值的方案，上面所列出加以计算的方案乃是各该等值方案组中的具有代表性的方案。

本章小结

本章主要讲述了取送车工作组织，首先讲述了取送车的基本概念和取送车工作的意义。取送调车一般应遵守急用先送、急用先取、及时取送、协调配合、经济合理等原则。取送车作业通常可以分为单一送车、单一取车、送取结合、送兼调移、取兼调移、送调取结合六种形式。按研究目的不同，取送车问题可以划分为确定合理取送时机、确定合理取送次数、确定合理取送顺序三个特定问题。本章详细讲述了合理取送次数确定以及合理取送顺序确定的问题。

本章主要知识点回顾：

一、取送车工作的基本概念

（1）送车——将待卸重车由车站调车场（或到发线）送往货场、专用线等卸车地点卸车，或将空车由调车场（或到发线）送往货场、专用线等装车地点装车。

（2）取车——将装完重车（卸后空车）由装车地点（卸车地点）取回站内调车场集结（或直接取至到发线）。

（3）取送车工作的原则：急用先送、急用先取、及时取送、协调配合、经济合理。

（4）取送车作业种类：单一送车、单一取车、送取结合、送兼调移、取兼调移、送调取结合。

二、取送车问题的分类

（1）按研究目的分：确定合理取送时机，确定合理取送次数，确定合理取送顺序。

（2）按专用线布置形式分：放射形（也称"扇形"）专用线，树枝形专用线。

三、计算方法

（1）合理取送车次数的确定；

（2）非直达车流合理取送车顺序的确定；

（3）直达列车多点装卸时的合理取送车顺序的确定。

思 考 题

1. 何谓送车、取车？取送车工作有何意义？
2. 取送车工作应当遵循哪些原则？
3. 简述取送车作业方式及组成因素。
4. 简述取送车问题的分类。
5. 简述确定最佳取送次数的基本思路。
6. 简述确定非直达车流合理取送车顺序的方法。
7. 简述确定直达列车多点装卸时合理取送车顺序的方法。

第七章 车站各子系统工作的协调条件及技术设备的运用

【本章导读】

本章首先介绍车站作业系统；然后讲述车站各子系统工作的基本协调条件，包括到解系统、编组系统和出发系统的基本协调条件；最后讲述技术设备的运用方法及原理。

【学习目标】

（1）掌握到解系统、编组系统、出发系统的基本协调条件；
（2）理解调车系统间的作业分工及协调的原则和调机分工的方法。

【重点及难点】

（1）车站各个子系统相互协调的条件和原理；
（2）车站技术设备的运用方法及原理。

第一节 车站各子系统工作的协调条件

一、车站作业系统

从车辆在技术站的技术作业过程可以看出，技术站特别是编组站，实际上是一个复杂的由串联的多个子系统组成的服务系统，这些子系统包括到达作业系统、解体系统、编组系统、出发作业系统和发车系统。各个子系统都具有排队系统的三个基本组成部分：输入流、服务机构和所遵循的排队规则。编组站排队系统如图 7.1 所示。

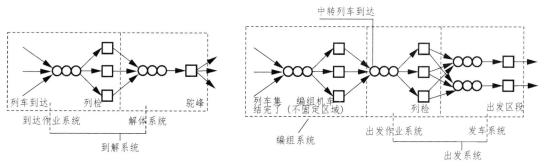

图 7.1 编组站排队系统图

编组站的到达作业系统的输入流为各方向接入到达场解体的列车，服务机构为办理到达作业的各种作业人员。由于到达作业时间取决于列检组办理车列技术检查的时间，因此，到达作业系统的服务机构可以用列检组来表示（出发作业系统亦同）。根据列检组数量，到达作业系统可能是单通道（单服务员）或多通道（多服务员）系统。

根据车列在解体系统的服务机构——驼峰上顺序溜放或是平行溜放，解体系统可能是排成一队的单通道系统或是排成两队的单通道系统，而该系统的输入流则为技术检查完毕的车列（到达作业系统的输出流）。

编组系统的输入流为在调车场集结成列的车列，其服务机构为担任编组的调车机车。按照调车机车分工的方法，编组系统可能是几个平行分布的单通道系统（调车机车固定区域作业时），或是不能完全自由出入的多通道系统（调车机车不固定区域作业时）。

编组完了转入出发场的车列（编组系统的输出流）以及到达的中转列车（直通场与出发场设在一处时）组成了出发作业系统的输入流，列检组是这个系统的服务机构。按照列检组的数量，出发作业系统可能是单通道系统，也可能是多通道系统。

根据连接出发场的区段数（或方向数），发车系统可能是排成一队或是排成几队的单通道系统，它们的输入流是各自区段（方向）技术检查完了的车列。从发车系统所处的位置来看，它是车站车流改编过程的最后一环，起着联系车站和区段的作用，因此，它的工作状况不但取决于站内作业过程的节奏性，同时也取决于车站所连接区段的工作条件。

二、各子系统工作的基本协调条件

车站工作的质量以及车站通过能力和改编能力，在很大程度上与车站各项技术作业之间的协调以及车站工作与区间列车运行之间的配合有着密切的关系。

协调指的是车站各子系统一昼夜的能力与其所承担的任务相适应，且留有一定的后备。

有调中转车在技术站上要完成到达、解体、集结、编组、出发等一系列作业过程。在完成各项作业过程中，固然要采取合理的工作组织和先进的工作方法，以缩短各项作业时间，但是如果这些作业不能紧密地衔接而产生作业间的非生产时间，则不仅在单项作业中采用先进方法而获得的效益将全部化为乌有，而且也耗费车站通过能力和改编能力，甚至会引起车站堵塞。

编组站所属各子系统（到解系统、编组系统、出发系统）的一昼夜能力与其承担的任务相适应，并留有一定的后备，是保证车站工作协调的基本条件。但是由于列车和车流到发不均衡，在列车和车流密集到发期间，车站各项设备的能力与其承担的任务在短时间内可能是不协调的，仍然会产生排队等待作业的现象。为了减少或避免这种现象的发生，一种办法是车站各子系统的能力都按最繁忙时期的任务来确定，显然，这种办法使各项设备的能力大大加强，而在多数时期内，设备将闲置不能发挥作用；另一种办法是确定设备合理的后备能力，并在繁忙时期采取可行的技术组织措施（如小列合并解体、调整整备时间等），以减少车列排队等待作业的停留时间。无疑，后一种办法是合理的。

到解系统是二级串联系统。根据排队论原理，到解系统的基本协调条件为：

$$n_{到解} < n_{能检} \tag{7.1}$$

$$n_{到解} < n_{能解} \tag{7.2}$$

或

$$\frac{n_{到解}}{24c}t_{检} < 1 \tag{7.3}$$

$$\frac{n_{到解}}{24}t_{峰} < 1 \tag{7.4}$$

式中　$n_{到解}$——一昼夜到达解体的列车数；

　　　$n_{能解}$——一昼夜驼峰解体能力；

　　　$n_{能检}$——一昼夜列检作业能力；

　　　$t_{检}$——每列车技术检查的平均时间，h；

　　　c——列检组数；

　　　$t_{峰}$——解体一列车平均占用驼峰的时间，包括整理车场、机车整备、驼峰技术设备的检
　　　　　　修、乘务员和调车组换班，以及驼峰办理固定作业等所摊到的时间，h。

　　但是，由于列车到达的不均衡性以及技术作业时间的波动，在满足基本协调的条件下，列车在系统中仍然可能发生排队等待技术作业的现象。为了缩短车列的等待作业时间，减少车列在系统中的停留费用，必须相应增加列检人数或组数，提高驼峰能力，从而需相应增加投资费用和工资支出。列检组能力和驼峰能力除了各自影响车列等待技术检查时间和等待解体时间外，它们也共同影响着到达场线路需要数。因此，到解系统最有利的协调条件应是综合考虑不同列检能力和驼峰能力，车列在到解系统停留费用、列检组工资支出、驼峰机车及固定设备投资的换算费用和到达场线路投资的换算支出，并且从中选出换算费用最少的方案。

　　编组系统基本协调条件应是一昼夜编组系统能力必须大于由车站集结的自编列车数，即

$$n_{集} < n_{能编} \tag{7.5}$$

或

$$\frac{n_{集}}{24s}t_{编} < 1 \tag{7.6}$$

式中　$n_{集}$——一昼夜由车站集结的自编列车数；

　　　$n_{能编}$——一昼夜车站的编组能力；

　　　$t_{编}$——编组一列车平均占用调车机车的时间，包括机车整备、乘务员和调车组换班以及
　　　　　　牵出线办理固定作业分摊的时间，h；

　　　s——编组调车机车数。

　　同到解系统一样，为了减少待编停留时间，增加车站作业的机动灵活性，编组能力必须留有一定的储备。储备能力的大小可以根据不同机车台数下车列在编组系统的停留费用、机车投资与换算维修费用、调车场线路投资换算费用等总和最小的原则确定。

　　出发系统也是二级串联系统，其输入流为经由出发场出发的列车，包括自编始发列车和中转列车。该系统工作的基本协调条件为：

$$n_{发} < n_{能检}^{发} \tag{7.7}$$

$$n_{发} < n_{能发} \tag{7.8}$$

或
$$\frac{n_发}{24c}t_{检发} < 1 \qquad\qquad (7.9)$$

$$\frac{n_发}{24}I_发 < 1 \qquad\qquad (7.10)$$

式中　$n_发$——一昼夜该系统出发的列车数；

$n_{能检}^发$——一昼夜该系统的列检能力；

$t_{检发}$——每列出发技术检查时间，h；

$n_{能发}$——该系统每日能向各区段发出的列车数；

$I_发$——出发列车的平均间隔，h；

c——该系统列检组数。

不满足这个协调条件，就将破坏出发场工作的稳定，出发场线路将被待发列车所充塞，从而引起编组系统乃至到解系统工作的停顿。因此，除了各区段通过能力及列检能力应有一定的后备外，适当增加出发场线路数，对保证整个车站工作的稳定具有重要作用。确定出发系统合理能力后备的方法与到解系统相同。

车站出发系统、编组系统和到解系统在工作上是相互联系、相互作用的，例如，出发系统和编组系统的能力直接影响着出发场线路需要量和车列在出发系统的停留时间，峰尾编组机车与驼峰机车的不同分工，又会影响着车列在调车场的待编时间、调车场线路需要量、车列在到达场停留时间、到达场线路需要量。因此，为了保证整个车站各系统工作的协调，必须研究车站所有系统各个参数之间的关系，并从整体最优的原则来确定各系统的能力、设备数量和作业组织方法。

【例 7.1】　某站一昼夜到达解体列车 $n_{到解} = 80$ 列，平均每列技检时间 $t_检 = 30$ min，每班有 2 个列检组，平均解体 1 列车占用驼峰时间 $t_峰 = 20$ min，问到解系统是否协调？

解：　　　$n_{到检} = \dfrac{24 \times 2}{0.5} = 96$（列）

因　　　　　$n_{到解} = 80 < n_{能检} = 96$

$$n_{能解} = \frac{24 \times 60}{20} = 72 \text{（列）}$$

因　　　　　$n_{能解} = 80 > n_{能解} = 72$

故解体系统不协调，但缺口不大，可增加一台替补调机，当驼峰机车整备、交接班时，替补机车作业，不中断驼峰解体，这样可缩短 $t_峰$。

【例 7.2】　某站一昼夜集结 80 列自编列车，平均编组 1 列车需要 25 min，只有 1 台机车编组作业，问编组系统是否协调？

解：　　　$n_{到编} = \dfrac{24 \times 1 \times 60}{25} \approx 57$（列）$< n_集 = 80$（列）

可见编组系统不协调，若增加一台编组机车，则

$n_{到编} = \dfrac{24 \times 2 \times 60}{25} \approx 115$（列），显得有些浪费。

因此可结合车站的实际情况，让它承担一些别的作业，如取送、协助解体等，日常由站调灵活安排。

【例 7.3】 某编组站到达场一昼夜到达解体列车 80 列，配有列检组 2 个，平均每列车技术检查时间为 30 min，每列解体占用驼峰时间为 18 min；一昼夜集结自编出发列车 78 列，有编组机车 2 台，平均每列编组占用机车时间为 35 min；出发场一昼夜出发列车 92 列（含自编出发列车和无改编中转列车），配 2 个列检组，平均每列出发列车技术检查时间为 30 min，出发列车平均间隔为 12 min。问该站到解系统、编组系统是否满足基本协调条件？

解：（1）到解系统：

一昼夜到达解体列车 $n_{到解} = 80$ （列）

一昼夜列检作业能力 $n_{能检} = \dfrac{24c}{t_{检}} = \dfrac{24 \times 2 \times 60}{30} = 96$ （列）

一昼夜驼峰解体能力 $n_{能解} = \dfrac{24}{t_{解}} = \dfrac{24 \times 60}{18} = 80$ （列）

可见到解系统是基本协调的，但解体能力已经饱和，必要时可利用尾部调机分担少量解体任务。

（2）编组系统：

一昼夜集结自编出发列车 $n_{集} = 78$ （列）

一昼夜编组能力 $n_{能编} = \dfrac{24s}{t_{编}} = \dfrac{24 \times 2 \times 60}{35} = 82.3$ （列）

可见编组系统满足协调条件，但能力剩余也不多。

（3）出发系统：

一昼夜出发列车 $n_{发} = 92$ （列）

一昼夜列检作业能力 $n_{能检}^{发} = \dfrac{24}{t_{检发}} = \dfrac{24 \times 2 \times 60}{30} = 96$ （列）

一昼夜能向各区段发出的列车数

$$n_{能发} = \dfrac{24}{I_{发}} = \dfrac{24 \times 60}{12} = 120$$ （列）

可见出发系统是基本协调的。

第二节 车站技术设备的运用

一、技术设备及其特征分析

铁路车站每天办理大量的列车和车辆的技术作业。根据车站性质和作业要求的不同，车站上设置和配备有各种技术设备，它们是车站办理技术作业、进行运输生产所必需的物质基础，其数量和质量直接影响车站运输效能。

正确规定技术设备的管理制度，合理制订技术设备的运用方案，用以指导车站日常工作，从而在保证安全的基础上最大限度地挖掘现有设备的潜力，始终是车站工作组织中一项十分重要的课题。

编组站规模庞大，设备繁多，但一般而言可有如下几个种类：

（1）为列车到发和作业设置的到、发车场；

（2）为车列解、编和车辆集结设置的驼峰、牵出线和调车场；

（3）为机车整备和车辆检修设置的机务段、车辆段和站修所；

（4）为货物装卸、倒装、零担中转、冷藏加冰设置的货场、装卸线、中转站台及加冰所；

（5）为沟通衔接区间设置的站内正线和进出站线路，以及联系站内各部分的联络线；

（6）为保证行车安全和提高行车效率装设的信号、联锁、闭塞及通信、照明设备；

（7）为改编列车和调移车辆配备的生产动力——调车机车。

编组站技术设备调查分析的重点如下：

（1）设备的数量。到、发车场及调车场和各场线路的数量；驼峰及其推送线和溜放线的数量；牵出线的数量，以及配属调车机车的台数。分析这些设备的数量与编组站的衔接方向及所担当的任务相互适应的情况。

（2）设备的位置。到、发车场对调车场、机务段及正线的相互位置，以及驼峰和牵出线的位置。分析这些设备的相互位置对编组站技术作业的流水性和不间断性的影响。

（3）设备的相互联系。到、发车场及调车场与衔接各区间的进出站线路间，各车场相互之间，到、发车场与机务段之间，以及调车场与车辆检修及货物作业地点之间有无便捷的联络通路或平面交叉、折角走行的情况。分析这些设备之间联系条件的有利性和不利性，以及相互调整使用的可能性。

（4）设备的技术条件。到发线、调车线、驼峰推送线、溜放线及牵出线的长度和断面；各车场的咽喉布置和平行进路；信联闭及通信设备的种类和设置特点，以及调车机车的类型和牵引能力。分析这些设备的技术条件与编组站的作业要求能否适应。

（5）设备的生产能力。到、发车场的咽喉道岔和线路的通过能力；驼峰和牵出线的改编能力；调车场的线路容量，以及调车机车的利用率。分析这些设备现有能力的限制因素及其与运输生产任务相互适应的情况。

二、调车系统间的作业分工及协调

编组站根据运输生产的需要一般设有数个车场，共同担负各个衔接方向的列车到发和车辆改编任务。

按照各个车场的设备条件，结合车流规律，正确规定每个车场的基本任务，力求实现车站作业的流水性，保证各车场工作的节奏性，以提高车站运输能力，加速机车车辆周转，是制订编组站技术设备运用方案必须首先解决的全局性问题。

研究编组站车场分工问题的主要依据，是对车站布置图、各车场现有技术设备及其使用办法、到发车流及其构成情况所做的分析，以及列车编组计划和列车运行图对车站工作规定的任务和要求。

如果编组站只有两个衔接方向，对有调中转车而言，上、下行方向之间很少有折角车流。因此一般不产生场间交换车的问题，车场分工也就比较简单。即使有两套调车系统，也只要按上、下行方向严格区分、固定使用，就能达到车场分工的目的。

但是，多数编组站往往有两个以上的衔接方向，各方向相互间有大量的车辆交流，特别是有大量的折角车流时车场分工问题就比较复杂，必须进行深入细致的调查研究，以期在设备能力和技术条件许可的情况下，使场间交换车流减少到最低限度，充分发挥车站的运输能力，加速车辆的改编作业。

纵列式和横列式车站情况又有所不同。

单向纵列式车站，如设有辅助车场，辅助车场一般只担任部分改编中转列车和本站货物作业车调车作业及无改编中转列车作业，主要解编调车工作集中在一个驼峰编组场办理。

双向纵列式车站，两个调车系统通常考虑车流特点，按列车的到发方向固定分工。在一定的车站布置图形和进出站线路设计条件下，车场调整使用的灵活性很小。减少场间交换车的重复改编作业，只有通过列车编组计划规定相邻编组站按调车系统编车的方法来解决。

至于单向或双向横列式车站，由于在车场布置和设计上，互换使用的可能性较大，车场分工也就具有较大的灵活性，可以根据车流性质的变化来调整车场的使用。因而，选择合理的车场分工方案往往成为突出的问题。

根据实践经验的总结，编组站调车系统间的作业分工及协调的主要原则是：

（1）列车、机车及车辆在站内的走行径路最短，并符合流水作业的要求；

（2）接发列车、机车出入段及调车作业的交叉干扰最少，有利于提高作业安全和效率；

（3）交换车辆的重复改编作业量最小，能够充分利用车站的改编能力；

（4）同一编组去向的车流尽量集中在一个调车场集结，以压缩车辆集结时间和简化车列编组工作；

（5）各车场的设备能力和技术条件与所承担的任务相互适应，并留有适当余力，保证分工方案切实可行。

以上各原则，对某一个车场分工方案而言并不一定都能实现，必须从当地当时的具体情况出发，综合运用，权衡利弊得失，既要保证方案的现实可能性，又应力求方案的科学合理性。

三、调机分工

调车机车是编组站的主要生产动力，为了解编列车和取送车辆，编组站通常配备有相当数量的调车机车。如何合理有效地使用调车机车，充分发挥每台调车机车的能力，使其更好地为运输生产服务，也是制订编组站技术设备运用方案需要解决的一项重要课题。

编组站规模庞大，线群繁多，按照运输生产需要应该划分成若干个调车区，每一调车区有固定的调车机车和调车组。规定每一调车区及调车机车担负的作业种类和工作任务，以及相互之间联系配合的制度和办法，以利于建立正常的作业秩序，保证作业安全，提高作业效率。

在编组站上，除根据取送车辆和列车甩挂的作业需要，按照取送地点和到发车场划分调车区域、固定调车机车以外，根据解体和编组作业的需要，还应对调车场两端的驼峰、牵出线以及调车场内的线路划分区域规定调车机车的分工办法。

在驼峰调车场内，通常是一端设置驼峰，另一端铺设牵出线。驼峰分解车列的效率虽高，但驼峰机车却不利于下峰进行车辆连挂作业。反之，牵出线平面调车分解车列的效率虽然较低，但连挂车辆却比较迅速方便。因此，一般总是把分解钩数多、连挂钩数少的解体工作分配给驼峰一端，而将分解钩数少、连挂钩数多的编组工作分配给牵出线一端。在明确规定驼峰以解体为主、牵出线以编组为主的基础上，灵活运用，相互协作，可以提高解编作业效率。

在非驼峰调车场内，两端牵出线分工一般可有如下三种方式。

1. 一端解体，一端编组

这种方式两端调车机车有明确分工，一端专门负责解体或以解体为主；另一端专门负责编组或以编组为主。它的主要优点是易于建立良好的作业秩序，作业计划和组织工作比较简单。在具体规定两端牵出线的工作时，一般应把符合重车流到达方向和技术条件较好的一端分配解体工作，另一端则分配编组工作，以充分利用每条牵出线的有利条件，满足运输生产的需要。

2. 一端为主，一端为辅

这种分工方式解体和编组的调车工作基本上分配给一端担任，称为主体调车机车；另一端则主要负责取送及其他调车工作，只在解编作业紧张阶段部分地协助主体调车机车进行解编工作。在解编作业量不大或一端牵出线条件较差的情况下，采用这种方式。

3. 两端作业，解编并举

这是横列式非驼峰调车场内常用的一种行之有效的分工方式。它规定两端调车机车共同担负解编作业，由调车工作领导人根据各个阶段的解编任务，到发列车的编组内容和两端调车机车的作业进度，在制定阶段作业计划时灵活掌握运用，正确分配各端调车机车的工作任务。按照不同情况，同一列车可以安排两端机车合作解编，也可以指定由任何一端的机车单独作业。这种分工方式可以保证调车作业的计划组织有较大的灵活性和主动性，能够与多数横列式编组站的设备条件和车流特征相适应，并具有以下的明显优点：

（1）可以充分利用调车机车的动力，减少调车机车在调车场与到发场之间的单机走行；

（2）可以减少调车行程和重量，提高解编调车的效率，缩短调车工作时间；

（3）可以迅速腾空到发线，增加车站通过能力；

（4）可以缩短车列的解编过程，为车流紧密接续创造条件，有助于压缩货车停留时间，增加车站作业的机动性；

（5）可以充分采用"坐编"方法，化有调中转为无调中转，减轻车站总的调车工作量。

根据调车场两端调车机车作业的需要，调车场内的线路应横向划分调车区，规定使用范围和管理制度。任何一端有必要或有可能越区调车时，事先都要取得对方同意，以保证作业安全，提高作业效率。

当调车场的任何一端具有一条以上的牵出线或驼峰溜放线，配属一台以上的调车机车，共同担负调车场一端的解编工作时，为使各台调车机车平行作业，互不干扰，调车场内的线路需要纵向划区，使每台调车机车分别占用一条牵出线或驼峰溜放线，在一个调车区内担负一定的工作任务。

在分配任务时，要考虑每台调车机车担负作业量的均衡性和节奏性，以充分发挥每条牵出线、驼峰溜放线及每台调车机车的设备效能，并保持车站作业的协调。同时，在可能的条件下，在划区分工的基础上还应机动灵活地采取"平行作业和交叉作业"相结合的作业方式，以尽量减少同一调车场内不同调车区之间交换车辆的重复作业。

调车场同端调车机车的作业分工也可有两种不同方式。

1. 固定作业区域

将每台调车机车固定在一条牵出线或驼峰溜放线上，专门担负一定方向的列车解体或编组工作。这种方式有利于建立良好的作业秩序，作业计划组织比较简单。但当各方向解编任务不够均衡或车流波动较大时，难免会产生忙闲不均、作业不够协调、调车机车能力不能充分利用的缺陷。

2. 不固定作业区域

不固定每台调车机车占用的牵出线或驼峰溜放线，相应地也就不固定担负一定方向的解编任务。由调车场一端的调车工作领导人根据作业计划的要求，考虑各台调车机车的作业进度，灵活掌握、机动分配每台机车的作业区域和所担当的任务。这种方式只要运用得当，就能够克服前一种方式的缺陷，更好地发挥调车机车的生产效能。但是，它也给调车作业增添了复杂性，要求调车工作领导人具备较高的计划组织水平和调车组人员具有比较全面熟练的生产技能。

调车场纵向划区，一般是按照每条牵出线或驼峰溜放线直接接通的线束群，来纵向划分调车场各端的调车区域。在调车场一端的每个调车区域内，同时只准许一台调车机车工作，以保证作业安全和最大限度的平行作业。在有必要交叉作业时，也必须按越区办理。

在正确规定编组站调车区域划分和调车机车分工固定使用的基础上，还必须从整体观念出发，注意加强相互协作。在必要或有利时，也可以不受固定分工的限制，由调车工作领导人灵活掌握，有计划地调整调车区的使用，组织调车机车的相互代替和相互补充、平行作业和交叉作业，以充分发挥每台调车机车的效用。

调车场内线路使用专门化问题在第五章已有所讲述，这里就不再重复。

本章小结

本章主要讲述了车站各子系统工作的协调条件，首先介绍了车站作业系统，然后讲述了车站各子系统工作的基本协调条件，最后讲述了技术设备的运用。

本章主要知识点回顾：

一、车站各子系统工作的基本协调条件

（1）到解系统基本协调条件：$n_{到解} < n_{能检}$，$n_{到解} < n_{能解}$

（2）编组系统基本协调条件：$n_{集} < n_{能编}$

（3）出发系统基本协调条件：$n_{发} < n_{能检}^{发}$，$n_{发} < n_{能发}$

二、调机分工

（1）在非驼峰调车场，两端牵出线分工方式有：一端解体、一端编组；一端为主、一端为辅；两端作业、解编并举。

（2）调车场同端调车机车的作业分工方式有：固定作业区域、不固定作业区域。

思 考 题

1. 分析编组站各子系统相互协调的条件和原理。

2. 编组站作业系统有何特点？它是由哪些子系统组成的？该排队系统及其各子系统的输入流、服务机构可能遵循哪些分布规律？

3. 编组站各项设备和工作组织若要获得最优匹配，应考虑哪些方面的因素？

4. 车站各子系统工作协调有何意义？

5. 调车场两端调车机车有哪些分工方案？各适用于何种车站？

第八章 车站作业计划和统计分析

【本章导读】

本章首先讲述车站作业计划中的班计划和阶段计划的内容；然后讲述由于实际情况的变化不能按照原来拟订的计划实现时，车站调度人员应及时采取必要的调度调整措施；然后讲述车站的统计分析，主要有装卸车统计、现在车统计、货车停留时间统计和货物列车出发正点率统计等四项。本章最后简要介绍编组站作业自动化的内容。

【学习目标】

（1）掌握班计划和阶段计划的编制方法；

（2）理解当不能按照原来拟订的计划实现时，车站调度人员应采取哪些必要的调度调整措施；

（3）掌握装卸车统计、现在车统计、货车停留时间统计和货物列车出发正点率统计的方法；

（4）了解车站工作分析的主要内容；

（5）了解编组站综合自动化系统的主要内容和功能。

【重点及难点】

（1）班计划和阶段计划的编制；

（2）车站工作统计与分析。

第一节 车站作业计划及调度指挥

为了使车站各工种协调而有节奏地进行日常运输生产，充分发挥技术设备的效能，技术站和货运站均设有调度机构，通过制订车站作业计划来组织指挥车站日常生产活动。

车站作业计划包括班计划、阶段计划和调车作业计划。班计划是车站最基本的计划，它体现路局调度指挥中心对车站规定的任务和要求，由站长或主管运输的副站长按照调度指挥中心的要求编制；阶段计划是一个班各阶段工作的具体安排，是完成班计划的保证，由车站调度员根据该阶段工作开始前的具体情况编制；调车作业计划是列车解体、编组和车辆取送作业的具体行动计划，由调车区长或助理调度员编制。

一、班计划

1. 班计划的内容

班计划的时间范围为一个班，即 12 h。车站班计划一般包括以下内容：

（1）列车到达计划，各方向到达列车的车次、到达时分及编组内容；

（2）列车出发计划，各方向出发列车的车次、出发时分、编组内容及车流来源等；

（3）装车、卸车和排空计划，本班应完成的装车数、卸车数、按方向和分车种的排空车数，以及取送调车的轮廓安排等；

（4）客车底取送计划；

（5）班工作指标，中转车平均停留时间（中时）、一次货物作业平均停留时间（停时）和货物列车出发正点率等；

（6）重点任务和上级指示。

2. 班计划的编制

班计划的编制分收集资料、了解情况和计划编制两个阶段进行，在编制班计划前，需收集如下资料：

（1）预计18点（或6点）现在车。

车站调度员在15点（或3点）时，根据当时车站的现在车数，并考虑从15点（或3点）至18点（或6点）间列车到发和编解、车辆装卸和取送等情况，推算出车站18点（或6点）的现在车数，并按重车去向、空车车种和停留地点分别统计。

（2）货运要车计划。

货运调度员收集各发货单位次日请求装车计划和其中由路局批准的承认装车计划等资料。

（3）机车供应情况。

车站值班员收集各次出发列车的机车来源资料。

（4）预计18点（或6点）结存中转车总数和本站货物作业车总数。

（5）到达列车编组顺序表确报。

除上述资料以外，计划编制人员还应掌握有关本班的实际作业情况。例如，车站现在车数量的多少，车流特点，调车机车运用情况，列车编解作业进度，货物作业车装卸情况，货源情况，货场货位情况等，以期编制出既具有指导意义又切合实际的计划。

在编制计划阶段，路局调度指挥中心应在17点（或5点）前后向车站下达列车到发、装车数、卸车数及各方向排空（车种车数）等任务，作为车站编制班计划的依据。

班计划的具体编制方法如下：

（1）列车到达计划。

列车到达计划是调度指挥中心作为任务下达的，车站不另编列车到达计划。将到达本站的列车车次、时分、编组内容（去向别重车数、车种别空车数、到达本站重车数），直接填记在班计划表有关栏内。

（2）列车出发计划。

列车出发计划中的出发列车车次和时分是调度指挥中心作为任务下达的，车站编制列车出发计划主要是确定每一出发列车的具体编组内容和车流来源。

每一出发列车的编组内容按列车编组计划确定，当列车可编入多于一个到站的车流时，应根据具体的车流条件选定。

出发列车的车流来源为：已在调车场集结的车辆，在货场、专用线和站修线待取的车辆，在到达场待解的车辆，在计划期内陆续到达的车辆和陆续装卸完毕的车辆。

各种车辆都要经过一定的技术作业才能编成列车由车站出发。因此，各种车辆从其参加集结（按车流集结）时起，至由车站发出止，需要一个间隔时间，这一间隔时间称为车辆接续时间。在编制班计划的列车出发计划时，一般均应按车辆接续时间选择出发列车的车流来源，即每一列出发列车的车流来源都必须满足车辆接续时间的要求。在具备组织快速作业的条件下，也可将接续时间不足的车辆作为出发列车的车流来源，但必须有相应的措施加以保证。

编制列车出发计划的过程，在很大程度上就是推算车流的过程。在确定出发列车的编组内容时，如果其中包含一个以上的车流去向，则应优先将编挂机会较少的某去向车流编入列车。同时，应对前后出发列车编挂的车流给予综合考虑。

（3）卸车、装车和排空车计划。

车站在编制卸车、装车和排空车计划时，必须确保完成路局调度指挥中心下达的卸车、装车和排空车任务。

卸车计划根据待卸车和本班内到达作业车车数及时间的资料，并考虑调车机车取送能力、卸车机具和劳力，以及卸车场地等情况确定，对到达的大宗货物车辆应做重点安排。

排空车计划一般按照调度指挥中心下达的命令确定，并按指定排空车次、车种、车数进行安排。

装车计划根据完成排空车计划后所余空车情况，按照"保证重点、照顾一般"的原则，并结合车辆集结过程的需要，确定各装车地点的装车货物品类、到站、车种、车数、配空来源、装完时间和挂运车次。

在制订卸车和装车计划的同时，对货物作业车和检修车的取送调车计划应做出轮廓安排。

（4）货车停留时间指标计划。

货车停留时间指标包含无调中转车停留时间、有调中转车停留时间、中转车平均停留时间（简称中时）和货物作业车一次货物作业平均停留时间（简称停时）。

在制定《站细》时，无调中转车停留时间标准应根据运行图确定，有调中转车停留时间标准应分别按到、解、集、编、发各项作业过程的查定标准以及各种等待时间的计算（或查定）标准确定，并按下式确定中转车平均停留时间：

$$t_{中} = \frac{N_{无}t_{无} + N_{有}t_{有}}{N_{无} + N_{有}} \tag{8.1}$$

式中　$t_{无}$、$t_{有}$——无调中转车和有调中转车的停留时间标准；

　　　$N_{无}$、$N_{有}$——无调中转车和有调中转车数。

货物作业车一次货物作业平均停留时间标准根据一次货物作业车停留时间（除包括有调中转时间外，还包括取送车时间，装车或卸车时间，以及待取、待送时间）和双重货物作业车停留时间（除包括一次货物作业车停留时间外，还包括货车调移时间和装卸车作业时间等）按下式计算确定，即

$$t_{货} = \frac{N_{一次}t_{一次} + N_{双}t_{双}}{N_{一次} + 2N_{双}} \tag{8.2}$$

式中　　$t_{一次}$、$t_{双}$——一次和双重货物作业车的停留时间；

　　　　$N_{一次}$、$N_{双}$——一次和双重货物作业车数。

在编制班计划时，通常根据列车到发计划及装卸车计划确定该班应完成的中、停时指标，计算公式为：

$$t_{中} = \frac{2 \times \sum Nt_{中}}{N_{到}^{中} + N_{发}^{中}} \tag{8.3}$$

及　　　　　　$$t_{货} = \frac{\sum Nt_{货}}{U_{装} + U_{卸}} \tag{8.4}$$

式中　　$\sum Nt_{中}$——本班中转车总停留车小时；

　　　　$N_{到}^{中}$、$N_{发}^{中}$——本班到达和出发的中转车总数；

　　　　$\sum Nt_{货}$——本班货物作业车总停留车小时；

　　　　$U_{装}$、$U_{卸}$——本班计划装车数和卸车数。

本班车辆总停留车小时可近似地采用各小时结存车数和的数值。

（5）重点任务和上级指示。

编制班计划时，应将上级有关命令、指示和必须完成的重点事项，完成班计划的关键问题和重点要求，安全生产和作业组织上应注意的事项（如施工封锁、天气变化、设备维修、挂运阔大货物、更换调车机车等）记于记事栏，以引起当班职工重视。

【例 8.1】　说明列车出发计划的编制方法和指标推算方法（见表 8.1）。

1. 计划编制资料

（1）衔接方向。O 站衔接三个方向，a 方向相邻的区段站为 a，编组站为 A；b 方向相邻的区段站为 b，编组站为 B 和 D（在 b 站分岔）；f 方向相邻的区段站为 f，编组站为 E 和 F（在 f 站分岔）。

（2）编组计划。O 站部分出发列车的编组计划如下：

O 至 A 编组技术直达列车，车次为 10002～10018，编组内容为：① A 及以远；② 空车。

O 至 a 编组区段列车，车次为 31002～31006，编组内容为 a 及以远。

O 至 B 编组直达列车，车次为 12001～12007，编组内容为 B 及以远。

O 至 D 编组直通列车，车次为 21001～21007，编组内容为：① D 及以远；② 空车。

O 至 E 编组直通列车，车次为 23001～23013，编组内容为：① E 及以远基本组（至少 30 辆）；② F 及以远。

O 至 F 编组直通列车，车次为 23001～23019，编组内容为 F 及以远。

O 至 a 编组摘挂列车，编组内容为：① O—a 间站顺；② a 及其以远。

O 至 b 编组摘挂列车，编组内容为：① O—b 间站顺；② b 及其以远。

O 至 f 编组摘挂列车，编组内容为：① O—f 间站顺；② f 及其以远。

6:00—18:00

表 8.1　车站班计划表

到达列车 车次	时间	编组内容	出发列车 车次	时间	编组内容	车流来源	项目 时间	中转车 到达	中转车 出发	中转车 结存	作业车 到达	作业车 出发	作业车 结存
										273			60
10005	18:25	B/8 D/2 b/4 O—b/7 E/7 F/8 O/4	10002	18:35	A/40	站存/40	18:00—19:00 6:00—7:00	74	76	271	5	4	61
10007	20:16	B/13 D/11 E/5 f/5 f/2 O/2	10004	21:00	A/40	站存/30 23008/10	19:00—20:00 7:00—8:00	38	40	269	4	4	61
31003	21:48	B/6 D/7 O—b/2 F/15 f/3 O—F/2 O/2	31002	22:30	a/40	站存/25 23008/8 作业车/2 21008/5	20:00—21:00 8:00—9:00	68	79	258	2	1	62
41051	23:04	B/9 D/11 b/4 O—b/5 f/3 N/2	40002	0:20	a/15 O—a/20	站存/4 21008/17 41062/7 22006/1 作业车/6	21:00—22:00 9:00—10:00	75	37	296	2	3	61
10001	0:07	B/6 D/7 b/7 O—b/2 E/9 f/4 O—f/3	10006	1:15	A/30 P/4 G/6	41062/12 22006/8 23010/14 作业车/6	22:00—23:00 10:00—11:00	35	75	256	4	5	60
10003	1:55	B/6 D/10 E/2 F/12 C/5 O/4	41052	3:32	a/26 O—a/11 P/3	41062/3 22006/10 23010/11 21002/8 40016/8	23:00—0:00 11:00—12:00	74	40	290			60
40001	3:04	D/9 b/5 E/5 f/2 O—f/8 O/6	10008	5:31	A/40	23010/1 21002/11 23012/14 40016/8 22002/6	0:00—1:00 12:00—13:00	38	66	262		9	51
30005	5:16	D/9 b/7 E/7 F/4 f/5 O—f/6	21001	18:19	D/40	站存/40	1:00—2:00 13:00—14:00	99	74	287	11	6	56
21008	19:32	a/15 O—a/7 E/8 F/4 f/4	22001	20:08	B/40	站存/40	2:00—3:00 14:00—15:00		65	222		14	42
22006	21:18	A/8 a/10 O—a/1 E/2 F/14 O—f/5	21003	22:05	D/36 N/4	站存/16 10005/2 23008/8 作业车/3 10007/11	3:00—4:00 15:00—16:00	65	40	247	8		50
21002	23:42	A/11 a/8 O—a/3 E/8 F/6 O—f/4	41081	23:56	b/17 O—b/19 C/4	站存/19 10005/11 23008/7 41062/1 31003/2	4:00—5:00 16:00—17:00	73	40	280	6		56

到达列车 车次	时间	编组内容	出发列车 车次	时间	编组内容	车流来源	项目 时间	项目	指标		中转车 到达	出发	结存	作业车 到达	出发	结存	记事
									计划	实际			273			60	
40016	1:28	A/8 O—a/5 F/10 P/3 O/5	22003	1:44	B/40	1005/8 23008/5 10007/13 41062/5 31003/6 23010/3	5:00—6:00 17:00—18:00				75	69	286	4	6	54	
22002	3:40	A/16 O—a/2 F/10 O—f/1 O/2	21005	2:58	D/37 N/3	31003/7 作业车/8 32010/5 41051/13 10001/7	计				714	701	3224	42	48	674	
21004	4:56	A/7 O—a/7 F/12 f/2 O/5	40015	5:09	b/13 O—b/17 C/5	41062/4 41051/9 10001/7 23012/4 作业车/6 10003/5	指标	项目	计划	实际							记事
23008	18:40	A/10 a/8 B/5 D/4 b/7 N/4 O/1	23001	19:20	F/40	站存/40		装车	28								1. 22002次接续10008次和10007次接续21003次时间不足，加强组织作业。 2. 23005次车流不足，用本站货物作业车补轴，及时取车。
41062	20:50	A/8 a/8 O—a/2 B/5 a/5 P/4	23003	21:45	E/31 F/9	站存/18 10005/15 作业车/2 21008/5		卸车	40								
23010	22:39	A/15 a/8 O—a/3 B/4 D/5 O/4	23005	0:26	F/40	21008/3 10007/5 22006/14 31003/15 作业车/8		停时	9.9								
23012	1:02	A/14 a/8 B/5 D/4 b/3 O—b/4 O/2	41061	2:25	f/17 O—f/22	站存/7 21008/4 10007/2 22006/5 31003/5 41051/3 21002/4 10001/3 作业车/6		中时	4.6								
23002	4:08	A/9 a/9 B/9 b/2 O—b/6 O/1	23007	4:32	E/30 F/10	21008/4 10007/5 22006/2 10001/9 40016/4 10003/2		正点	100								
40052	5:50	A/3 a/9 O—a/4 D/12 b/2 O—b/7 O/4															

列车编成车数均为 40 辆。

（3）现车。预计 18 点站内现车为（分子——中转车，分母——本站作业车）

	A	a	$O-a$	B	D	b	$O-b$	E	F	f	$O-f$	O	C（空）	计
10002	38/2													
21001					38/2									
调车场	30	25	4	39/1	16	5	10	17/1	40	5	2	0/12	4	
计	68/2	25	4	39/1	54/2	5	10	17/1	40	5	2	0/12	4	273/18

货场、专用线：待卸车 16 辆，其中车种为 N/1，G/6，P/9；待取车 a/2，D/3，E/2，P/19。计 42 辆。

可见，预计 18 点存车中，中转车有 273 辆，本站作业车有 60 辆。

（4）日装车计划。日装车计划由路局调度指挥中心确定。设 O 站日装车计划为 $O-a$/6，$O-f$/6，$O-b$/6，F/10，D/17，E/5，计 50 辆，全部需要棚车装载，本班可根据空车情况确定其装车数。

（5）排空任务。设棚车、罐车向 A 排空，平车向 D 排空，$O-a$ 区段需要空棚车 3 辆由 41052 次列车挂运，$O-b$ 区段需要空敞车 9 辆由 41081 和 40015 次列车挂运。

（6）取送时间：19:00，22:00，0:30，3:00 共四次。

2. 编制列车出发计划

10002 次、21001 次上班已编好，22001 次和 23001 次均可利用上班结存现车作为车流来源。

10004 次编组 A 去向车流。A 去向车流 18 点存车为 70 辆，编组 10002 次后还余 30 辆。23008 次到达 A 去向 10 辆。23008 次到达距 10004 次出发时间超过 2 h（O 站接续时间标准）。因此，10004 次的车流来源为站存 30 辆，23008 次到达 10 辆。

21003 次编组 D 去向车流。D 去向 18 点存车 56 辆，编组 21001 次还余 16 辆。按 21003 次出发时分，10005 次和 23008 次满足接续时间要求，而该两列共有到达 D 去向 6 辆和空平车 4 辆。此外，站内有作业车 3 辆，但仍不足。这时必须利用 10007 次到达 D 去向的 11 辆才能保证 21003 次满轴，但接续时间差 11 min。这一情况可将 10007 次到达的车流作为 21003 次的车流来源，列为重点事项。

f 方向 23003 次编组后还余 F 去向车流 8 辆，加上 22006 次和 31003 次到达 29 辆，编组 23005 次仍缺 3 辆。查明本班装车计划中有 F 去向车流，因此，23005 次应加 3 辆作业车。

编组计划规定 O 站编组到达 E 站的直通列车至少编挂 E 去向车流 30 辆。因此在编制到达 E 站直通出发计划时，必须兼顾前后出发列车的车流需要。例如，为了保证 23007 次有 E 去向车流 30 辆，23003 次只能编组 E 去向车流 31 辆。

本班取车：19:00 取回 a/2，D/3，E/2；22:00 取回 $O-a$/6，F/3，N（空）/1，G（空）/6；0:30 取回 D/7，$O-f$（整零车）；3:00 取回 $O-b$/6（整零车）。

3. 指标推算

首先将上班结存的中转车 273 辆和作业车 60 辆填入结存栏。

18 点至 19 点到达两列：10005 次和 23008 次，共到达中转车 74 辆，作业车 5 辆；出发两列：10002 次和 21001 次，共发出中转车 76 辆，作业车 4 辆；因此，19 点结存中转车 271 辆，作业车 61 辆，填入 18 至 19 时的栏内。依次类推，填写各小时栏内到发车数，并推算结存车数。

最后进行加总，计算出本班中转车共到达 714 辆，共发出 701 辆，总停留 3224 车·h；本班作业车共到达 42 辆，共发出 48 辆，总停留 674 车·h；本班计划装车 28 车，卸车 40 车。因此，本班计划中时为 4.6 h，计划停时为 9.9 h。

二、阶段计划

阶段计划是班计划分阶段的具体安排，由车站调度员编制。一般情况下，每班编制 3～4 个阶段计划，亦即每个阶段计划为 3～4 h 的工作安排。

1. 阶段计划的内容和编制依据

（1）阶段计划的内容。

① 到达列车的车次、到达时分、占用股道、编组内容和解体起讫时间。

② 出发列车的车次、出发时分、占用股道、编组内容及车流来源、编组起讫时间。

③ 各货物作业地点装卸车的取送时间、取送辆数及挂运车次。

④ 检修车、加冰车等的取送时间和车数。

⑤ 其他有关事项。

由此可见，阶段计划是班计划的进一步具体化。编制阶段计划时，应根据本站作业的特点，结合本阶段的工作重点进行全面细致的安排，按照列车编组计划的要求，把车流及时编成各种列车。按列车运行图发车是编组站工作的中心，编制阶段计划时应围绕这一中心安排调车机车和到发线的运用。

（2）编制阶段计划所依据的资料。

① 本阶段到达列车车次、时分及编组内容（确报）。

② 本阶段应编组出发列车车次、时分及机车来源。

③ 本阶段内货场和专用线能装卸完毕的车辆（重车分去向、空车分车种）情况。

④ 调车场内现车情况，待解车列的现车情况。

⑤ 调车机车在本阶段内是否需进行整备作业以及上一阶段作业结束时的情况。

⑥ 本阶段开始时到发线占用情况。

⑦ 上级布置的重点事项。

在上述资料中，列车到发车次及时分可能因路局调度指挥中心的列车运行调整等因素，而与班计划中的安排不完全相同。

2. 车站技术作业图表

车站技术作业图表是车站调度员用以编制阶段计划和进行调度指挥的工具。由于它还能将一个班的车站实际作业情况记录下来，因而它又是进行车站工作分析的原始资料。所以，车站调度员应及时正确地填记技术作业图表。

车站技术作业图表（见图 8.1）应能反映车站运用主要设备和作业的情况。由于各个车站设备条件不同，故而技术作业图表的形式也有区别，但其组成部分不外如下几项：

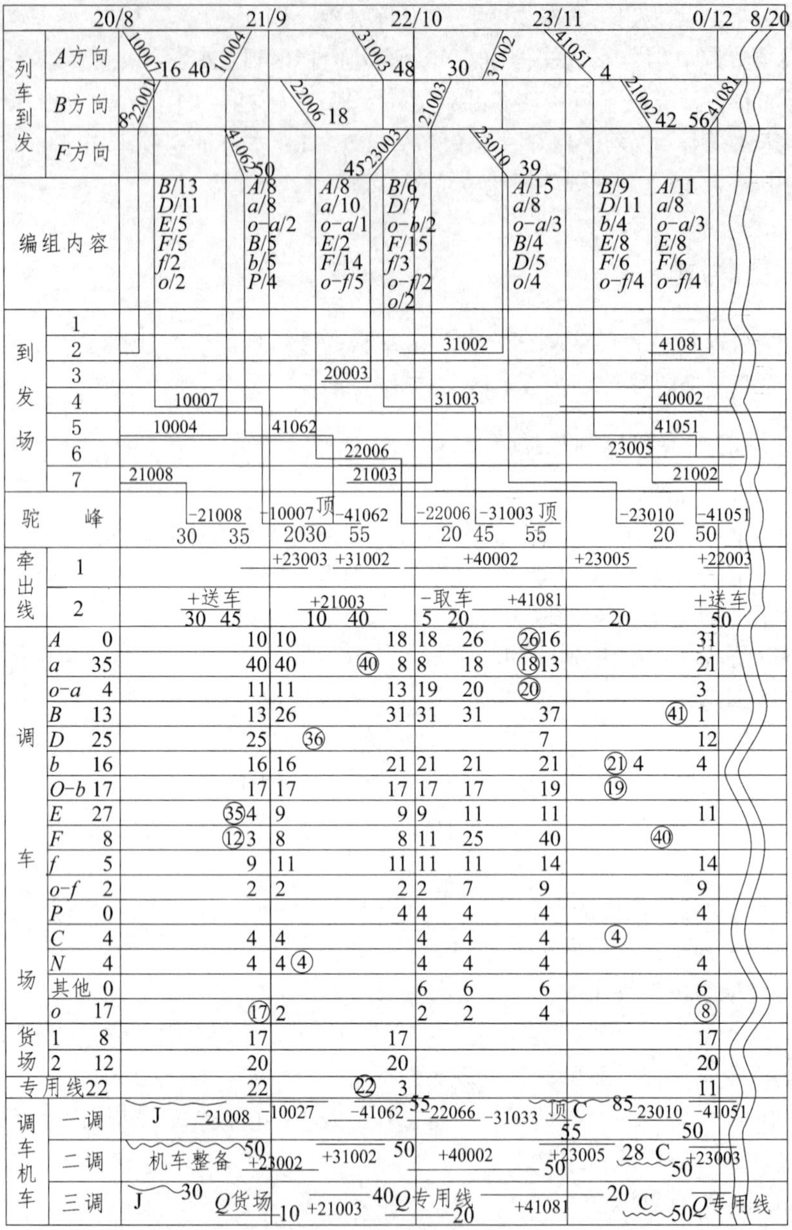

图 8.1　车站技术作业图表

注：① 调车作业计划为黑直线，实际为蓝直线；② 调车机交接班、上煤、上水、上油，计划为黑曲线，实际为蓝曲线；③ 调机非生产时间：吃饭为红曲线，其他为红直线；⑤ 调车机车作业动态代号交接班（J），上水（S），上煤（M），上油（Y），机车故障（JG），信号故障（XG），吃饭（C），整备（ZB），解体（－），编组（＋），甩挂（－＋），取车（QC），送车（SC），待命（D），等信号（DX），等检（DJ），等装卸（ZX），等解体（等）。

（1）列车到发栏，填画到达和出发列车的车次及时分；

（2）编组内容栏，填记到达列车的编组内容；

（3）到发场栏，填画列车占用到发线的顺序和起止时间；

（4）驼峰、牵出线栏，填画列车解体和列车编组的起止时间或其他调车作业占用驼峰和牵出线的时间；

（5）调车场栏，填画各个编组去向重车和各车种空车集结车数，以及到达本站货物作业车的待送车数；

（6）货场、专用线栏，填画待装卸及装卸后待取车数；

（7）调车机车栏，填画各台调车机车在一班中各项生产和非生产停留时间。

3. 阶段计划的编制

阶段计划的内容虽然有很多项，但在编制时主要是确定出发列车的车流来源、调车机车运用和到发线运用这三个互相联系的问题。

（1）确定出发列车的车流来源。

出发列车车流来源必须按照调车场车流集结过程，而不能按车流集结过程确定。不能简单地按车辆接续时间来选择出发列车所需的车流，而只能把列车开始编组前已解入调车场的车辆作为出发列车的车流来源。其出发列车车流来源，只能从在其开始编组前能解体的待解车列和能取回的待取车辆中选择。

编组站衔接的方向多，出发列车的数量大，在选择每一列出发列车的车流来源的同时，应兼顾其他出发列车的集结过程，以确保本阶段和本班所有出发列车都有车流来源保证。

对于具有组织坐编作业条件的车站，当到达列车中有适宜组织坐编的车流时，应当先选为出发列车的车流来源，不足部分用调车场集结的车流补充，以减少调动的车数。

（2）调车机车运用计划。

调车机车运用计划用于合理安排每台调车机车在本阶段必须完成的调车工作以及这些调车工作的时间，它是车站阶段计划中的关键内容。只有合理运用调车机车、正确组织编解取送，才能加速调车场的车辆集结过程，实现列车出发计划，并为完成装卸车任务和缩短货车停留时间创造条件。

调车机车运用计划就每台调车机车分别编制，但应尽可能使各台调车机车的作业在内容和时间方面相互配合。

① 驼峰机车。驼峰机车的主要任务是解体车列，但在空闲时也可安排其他作业，特别是协助牵出线进行车列编组。安排驼峰机车解体车列时，特别要注意与车列编组相配合，按照编组车列所需要的车流顺序解体车列。换言之，驼峰机车解体车列的顺序要适应牵出线机车编组车列的需要。

② 牵出线机车。牵出线机车的主要任务是及时完成列车编组工作，以确保按照列车运行图规定的时刻发出列车。当某个到达站的车列已完成集结过程，且出发场又有空闲线路时，应及时安排机车进行编组作业，以便及时腾空编组线，保证驼峰不间断工作。摘挂列车编组所需时间较长，为了避免影响其他列车的编组，可以在调车机车空闲时安排预编摘挂列车。

③ 取送调车机。取送调车机车运用计划主要是安排本阶段内取送车辆的地点和起讫时间。应根据机车能力（可能的取送时间）、待送和待取车流及其用途确定本阶段内取送的地点及次数。如果取送时间有限，而需取送的地点和车辆都较多时，应选择急需取回集结的车辆，以及送入大组车辆和卸后等用的车辆，并据此确定取车和送车的顺序和地点。一般情况下，取车时间应当在允许的时间范围内选择稍后一点的时间，以便取回更多的车辆。送车时间的选择应使车辆等送时间少，并保证不超过装卸后编入列车所容许的时间。

（3）到发线运用计划。

到发线运用计划是规定本阶段内所有到发列车占用到、发场线路的计划。编制到发线运用计划时，主要应考虑下列因素：

① 紧凑使用到发线。安排到、发列车占用到发线时，应充分利用每一条线路的能力，尽量减少空费时间，但是也应适当留有余地。为了充分挖掘到发线的潜力，增加到发线的通过能力和调整使用的机动性，必要时也可以安排长度较短且出发时刻相近的两列车合用一条出发线，以及利用客车到发线或正线接发货物列车，但以不影响客车到发和列车通过为原则。

② 减少交叉干扰。编制到发线运用计划时，应根据到发场咽喉布置情况，分析列车到发时间以及有关的编组或解体作业时间，合理地安排各次列车占用到发线，以减免列车到发与调车作业进路的交叉干扰。

三、调度指挥

车站调度人员主要通过编制阶段计划进行调度指挥。但由于实际情况的变化如车流到站和数量、列车到达时刻、机车供应情况发生变化，不能按照原来拟订的计划实现时，车站调度人员应及时采取必要的调度调整措施。

1. 当车流不足，影响到列车正点满轴发出时

由于种种原因造成某些出发列车的车源不足时，可采取如下措施保证列车正点满轴发车：

（1）组织本站装卸或检修完毕的车辆补轴，完成车列集结过程。对于编组由空车组成的列车，这一方法特别有效。

（2）组织附近车站的车流补轴。如果枢纽内其他车站有出发列车编组需要的车流，可利用小运转列车取来补轴。如果出发列车运行前方附近站有可供补轴的车流，则可组织列车早开，在该站加挂，保证正点满轴运行。

（3）组织快速作业。如果出发列车车源不足的原因是其所需车流的接续时间不足，则在一定的条件下可组织快速作业，保证列车正点满轴。例如，对已完成集结的车辆实行预编和预检，对后到车辆突击编组和检查等。在具备条件时，还可采用两端调车机车作业，或在到发线上直接转线编组列车等方法。如编组小运转列车，可以组织"提钩走"的方法，亦即到达列车中一部分车辆，提钩开小运转列车，使接续时间减少到最低程度。

2. 当出发列车运行线临时运休，造成车流积压时

由于机车或车流原因（不能满轴）将造成车流积压时，可以采取如下措施：

（1）组织列车超轴。这是加速车流排出最经济有效的方法，但要充分考虑机车牵引力、列车运行和交会方式、解体站设备和作业条件等因素。

（2）组织单机挂车。这时应注意所挂车流是否符合列车编组计划的有关规定。

（3）利用直通或区段列车附挂到中间站的车流。这是利用机车潜力和列车交会停站时间加速车流输送的一项经济有效的方法，但必须按调度指挥中心的要求加挂和编组车辆。

3. 当空车来源不足，影响到排空和装车任务的完成时

空车来源不足将影响本班排空任务和装车计划的完成，这时应组织本站作业车及时送车和及时卸车，并在可能的条件下，扩大双重作业车的比重，减少车辆调动次数和走行距离，以保证排空计划和装车计划同时实现。

为了提高调度指挥水平和编制作业计划质量，车站还应做好以下几个方面的工作：

1. 正确掌握现在车

现在车是编制车站作业计划的一项重要资料。车站调度员应随时掌握车站的现在车数及其停留地点，其中重车应分去向，空车应分车种。调车区长应掌握本调车区范围内各股道的现在车资料。

2. 加强预确报工作

及时收集到达列车预确报，可使车站调度人员及早掌握车流到达情况，以便更好地进行车站作业的计划和指挥。为此，直通列车和区段列车的电报确报应及时送达车站调度人员。摘挂列车由于在区段内甩挂车辆，编组内容发生变化，列车到达站的车号员应用电话向后方区段内指定的列车确报站了解摘挂列车由该站发出时的编组内容，向调度指挥中心了解以后的车辆甩挂情况，并将收集到的确报资料及时送交车站调度员。铁路枢纽内各站也应按时交换资料。列车到达车站后，经过核对如发现列车车报与现车不符，车号员应及时通知车站调度员更正。

3. 加强联系报告制度

调车区长应将其掌管的调车机车作业进度及时向车站调度员汇报。货运员应将其所负责区域车辆装卸作业进度及有关事项及时向货运调度员汇报，由货运调度员转告车站调度员。车站值班员应随时了解列车预计到达时刻及机车交路的变化情况等，并通知车站调度员。

4. 加强班与班之间的工作衔接

前一班车站调度员应为后一班的工作打下良好基础，创造有利条件。例如，应按计划完成规定的解体、编组、取送、装卸等作业，按照规定进行调车机车的整备作业等。

第二节　车站工作统计分析

一、车站统计

为了及时准确地反映车站工作完成的情况，提供确定任务、编制计划和改进工作的依据，对车站各项数量指标和质量指标的完成实绩应进行系统的统计和分析。没有准确的统计资料，就不能正确地了解工作计划的完成情况和执行中存在的问题，因而，也就无法提出解决问题的正确方法。

车站工作统计主要有装卸车统计、现在车统计、货车停留时间统计和货物列车出发正点率统计等四项。

（一）装卸车统计

装卸车统计反映铁路运输实际完成货运量、货车运用及货物装卸作业的情况，用以考核完成货物运输计划和改进货物运输工作的依据，同时装卸车数也是确定车站货运机构设置和货运设备配置的主要依据。

1. 装车统计

凡由铁路车站承运并填制货票以运用车运送货物的装车，均按装车数统计。

统计装车数应以实际装车作业或货车交接完了并填妥货票时的数目为准。

2. 卸车统计

凡填制货票以运用车运送到达铁路车站的卸车，均按卸车数统计。

统计卸车数应以实际卸车作业或货车交接完了时的数目为准。

车站每天将装卸车完成情况上报铁路局，铁路局汇总后再报国铁集团。国铁集团根据各铁路局间相互交换的到达局的装车统计，可推算出未来车流的变化，并在必要时采取运输调整措施。

（二）现在车统计

现在车统计主要反映车站每日 18 点时货车的现有数及货车运用和分布情况。

现在车按运用上的区别，分为运用车及非运用车两大类。

运用车是指参加铁路营业运输的铁路货车、外国货车和企业自备及企业租用车的重车（按轴公里计费的重车除外），分为重车和空车。

1. 重　车

（1）实际装有货物并具有货票的货车（包括已计算装车的游车及空沿途零担车）。

（2）卸车作业未完的货车。

（3）倒装作业未卸完的货车。

（4）利用"特殊货车及运送用具回送清单"手续装载整车回送铁路货车用具（棚车、集装箱及军用备品等）的货车。

2. 空　车

（1）实际空闲的货车。

（2）装车作业未完的货车。

（3）倒装作业未装完的货车。

非运用车是指不参加营业运输的铁路货车和企业自备及企业租用车的空车（包括按轴公里计费的重车）。非运用车应按备用车、检修车、代客货车、路用车、洗罐车、改装及试验车、企业自备及企业租用的空车和淘汰车等分别统计。

车站每日应按统一规定时间（18 点），根据现在车实际状况，分别填写现在车报表（见表8.2）和 18 点现在重车去向报表（见表 8.3），并上报路局调度指挥中心。

现在车统计不仅可以考核车站运用车保有量是否超过规定标准，而且可供铁路局推算各路局货车保有量和去向别的移交重车数、编制和检查运输工作日常计划、组织卸车和调整车流之用。

（三）货车停留时间统计

货车停留时间统计用以反映运用车在车站进行货物作业和中转作业停留时间完成的情况，提供检查、分析、改善车站技术作业组织的依据，以加速货车周转。

货车停留时间是指货车由到达车站或加入运用时起，至由车站发出或从运用车转入非运用车时止在车站的全部停留时间。货车停留时间按作业性质分为货物作业停留时间和中转停留时间。

货物作业停留时间为站线、区间、岔线、专用线内进行装卸的货车从到达车站时起至由车站发出时止的全部在站停留时间。货物作业停留时间按如下作业过程时间统计。

表 8.2 现在车报表

序号	项目
	局名或月名
1	昨日结存
	入
2	到达
3	出厂新车
4	退租车
5	企业自备车、租用车剔出
6	其他
	出
7	发出
8	报废车
9	租出车
10	企业自备车、租用车剔出
11	其他
12	现在车合计
13	合计
	运用车 重车
14	计
15	棚车
16	敞车
17	平车
18	砂石车
19	罐车
20	其中 轻油
21	其中 黏油
22	其中 润滑油
23	保温车
24	其他
	运用车 空车
25	计
26	棚车
27	敞车
28	平车
29	砂石车
30	罐车
31	其中 轻油
32	其中 黏油
33	其中 润滑油
34	保温车
35	其他
36	合计
	非运用车 备用
37	计
38	棚车
39	敞车
40	平车
41	砂石车
42	罐车
43	其中 轻油
44	其中 黏油
45	其中 润滑油
46	保温车
47	其他
48	检修车
49	代客货车
50	路用车
51	洗罐车
52	改装及试验车
53	企业自备车及租用空车
54	淘汰车
55	现在车合计
55	合同租出车数

表 8.3 18 点现在重车去向报表

局名或月日	自局管内卸车					移交外局车数（分子表示其中罐车）												合计车数
	车数	其中				局	局	局	局	局	局	局	局	局	局	局	移交车计	
		棚车	敞车	平车	罐车													
	1	2	3	4	5	6	7	8	9	10	11	12	13	14	15	16	17	18

（1）入线前停留时间，由货车到达车站时起至送到装卸地点时止的停留时间。

（2）站线（包括段管线及区间）作业停留时间，由货车送到装卸地点时起至装卸作业完了时止的停留时间。

（3）专用线作业停留时间，由货车送到专用线装卸地点时起至装卸作业完了时止的停留时间。规定以企业自备机车取送车辆时，为铁路将货车送到交接地点时起至企业将货车送到交接地点时止的时间。

（4）出线后停留时间，由装卸作业完了时起至由车站发出时止的停留时间。

中转停留时间为货车在车站进行改编及其他中转作业所停留的时间。中转停留时间按中转作业性质分为无调中转车停留时间和有调中转车停留时间两种。

车站统计一次货物作业平均停留时间和中转车平均停留时间。中转车平均停留时间为无调中转车平均停留时间和有调中转车平均停留时间的加权平均值。

各项平均停留时间的计算公式为：

（1）一次货物作业平均停留时间（$t_{货}$）按下式计算：

$$t_{货} = \frac{\sum Nt_{货}}{U_{装} + U_{卸}} \quad (\text{h}) \tag{8.5}$$

式中 $\sum Nt_{货}$ ——当日本站货物作业车的总停留车小时；

     $U_{装}$、$U_{卸}$ ——当日本站货物作业车完成的装车和卸车总次数。

（2）有调中转车平均停留时间（$t_{有}$）：

$$t_{有} = \frac{\sum Nt_{有}}{\sum N_{有}} \quad (\text{h}) \tag{8.6}$$

式中 $\sum Nt_{有}$ ——当日有调中转车的总停留车小时；

     $\sum N_{有}$ ——当日有调中转车总数。

（3）无调中转平均停留时间（$t_{无}$）：

$$t_{无} = \frac{\sum Nt_{无}}{\sum N_{无}} \quad (\text{h}) \tag{8.7}$$

式中 $\sum Nt_{无}$ ——当日无调中转车的总停留车小时；

     $\sum N_{无}$ ——当日无调中转车总数。

（4）中转车平均停留时间（$t_{中}$）：

$$t_{中} = \frac{\sum Nt_{有} + \sum Nt_{无}}{\sum N_{有} + \sum N_{无}} \quad (\text{h}) \tag{8.8}$$

目前统计各种货车停留时间的方法有号码制和非号码制两种方法。

1. 号码制统计方法

利用号码制统计货车停留时间时，按每一辆货车填写"号码制货车停留时间登记簿"，并计算其在车站的停留时间。号码制货车停留时间登记簿见表 8.4。

表 8.4　号码制货车停留时间登记簿

货车		到达		调入站线		站线作业完了		调入专用线		专用线作业完了		发　出			中转车停留时间	作业车停留时间	其中货物作业过程（时分）				非运用车			记事
车种	车号	月日	时分	月日	时分	月日	时分	月日	时分	月日	时分	车次	月日	时分			入线前停留时间	作业时间		出线后停留时间	转入月日时分	转出月日时分	停留时间	
																		专用线	站线					
1	2	3	4	5	6	7	8	9	10	11	12	13	14	15	16	17	18	19	20	21	22	23	24	25	26	27

对各种作业性质的货车分别填写号码制货车停留时间登记簿，就可统计出各种作业货车在站停留的车数或作业次数及停留车小时。

由表 8.4 可以看出，当货车发出后才能统计其在站的停留时间。因此，号码制统计方法规定：各种性质货车当日发出车辆的总停留车小时作为各种性质货车当日的总停留车小时；各种性质货车当日发出车辆的作业次数及中转车数作为各种性质车辆当日的作业次数及中转车数，然后根据公式（8.5）、（8.6）、（8.7）和（8.8）计算各种平均停留时间。

2. 非号码制统计方法

非号码制统计方法与号码制统计方法的区别在于它不按每一辆车统计停留时间，而是按一日（一班或一小时）内同一性质所有停站车辆统计总停留小时。按非号码制统计车辆停留时间时，假定一日（一班或一小时）开始时结存的车辆和本日（本班或本小时）到达或转入的车辆全都停留至本日（本班或本小时）结束，并按此统计车辆的总停留车小时，然后再将本日（本班或本小时）发出或转出车辆从发出或转出之时起至本日（本班或本小时）结束之时止未停留的总车小时扣除，即可得各种性质车辆在本日（本班或本小时）的总停留车小时。通用的计算公式为：

$$\sum Nt = N_{结存}t + \sum N_{到}t_{到} - \sum N_{发}t_{发} \tag{8.9}$$

式中　$\sum Nt$ ——各种性质停站车辆一天（一班或一小时）的总停留车小时；

t ——一天（一班或一小时）的时间，h；

$N_{结存}$ ——前一天（班或小时）结存的同一性质车数；

$N_{到}$ ——一天（班或小时）内各次列车到达车站或转入的同一性质车数；

$t_{到}$ ——各次列车由到达车站或转入之时起，至本日（班或小时）结束时止的换算小时；

$N_{发}$ ——一天（班或小时）内各次列车由车站出发或转出的车数；

$t_{发}$ ——各次列车由车站出发或转出之时起，至本日（班或小时）结束时止的换算小时。

列车到发或转入出时间的分钟数应换算成十进制的小时数。按非号码制统计货车停留时间，通常采用表 8.5 所示的逆算十进制小时换算表。

表 8.5　逆算十进制小时换算表

实际时分	1～3	4～9	10～15	16～21	22～27	28～33	34～39	40～45	46～51	52～57	58～60
换算小时	1.0	0.9	0.8	0.7	0.6	0.5	0.4	0.3	0.2	0.1	0

因此，按非号码制统计时，各种性质货车当日实际停留的总车小时作为其当日的总停留车小时。当日完成的装车数和卸车数之和为当日的货物作业次数。当日到达和出发中转车数之和的一半作为当日的中转车数，即

$$N_{中} = \frac{N_{到}^{中} + N_{发}^{中}}{2} \tag{8.10}$$

式中　$N_{到}^{中}$ ——当日到达的全部中转车数；

$N_{发}^{中}$ ——当日发出的全部中转车数。

【例 8.2】　表 8.6 是利用"非号码制货车停留时间登记簿"统计货车停留时间的实例。该表分别对货物作业车、有调中转车和无调中转车统计一班的货车停留车小时和车数。有了表 8.6 的统计资料，就可计算各项平均停留时间。

假定本班完成装车 8 辆，卸车 22 辆。

非号码制货车停留时间登记簿（以下简称登记簿）是根据《铁路货车统计规则》中的运统 -9 制定的，是为车站用以按阶段（小时）统计货物作业停留时间及中转停留时间，作为编制"货车停留时间报表"的资料。

1. 填记方法简述：

（1）凡计算出入车数的一切运用及非运用车，均需在登记簿内登记。

（2）每日 18 点或 6 点开始登记前，先将上班各项结存车数移入本班"上班结存"行各栏内。

（3）结算每一个小时（不是 12 h 或 24 h）的到达和发出的车数以及换算车小时，填入本小时的有关栏内。

（4）如果出现同一个小时内有多趟列车到达或者发出，可在记事栏内简要注明。计算时应当分别计算每一趟列车的换算车小时再求总和。如登记簿中 18:00—19:00 有两趟列车到达，分别是 18:05 到达的 10003 次列车和 18:50 到达的 12004 次列车，则第 3 栏的到达车的换算车小时是：$30 \times 0.9 + 28 \times 0.2 = 32.6$。

表8.6 非号码制货车停留时间登记簿（运统-9）

月　　日

项目 / 每小时合计	货车出入总数						其中																
							货物作业车										无调中转						
	到达		出发		结存	停留时间	入				出				结存	停留时间	到达		发出		结存	停留时间
							到达		转入		发出		转出									
	车数	换算车小时	车数	换算车小时			车数	换算车小时	车数	换算车小时	车数	换算车小时	车数	换算车小时			车数	换算车小时	车数	换算车小时		
1	2	3	4	5	6	7	8	9	10	11	12	13	14	15	16	17	18	19	20	21	22	23
上班结存					120										25						22	23
18:00—19:00	58	32.6	30	21	148	131.6	3	2			2	1.4			26	25.6					0	
19:00—20:00	30	9			148	148									26	26						
20:00—21:00	30	9	58	26.8	178	157									26	26						
21:00—22:00	30	9			150	160.2	1	0.3			4	1.1			23	25.2						
22:00—23:00	23	9.2			173	159.2	2	0.8							25	23.8						
23:00—0:00					173	173									25	25						
0:00—1:00	25	25	43	16.9	155	181.1	2	2			2	0.2			25	26.8						
1:00—2:00	30	9			185	164									25	25	30	9			30	9
2:00—3:00			60	39	125	146					2	1.6			23	23.4			30	15	0	15
3:00—4:00	30	30	30	3	125	152									23	23	30	30	30	3	0	27
4:00—5:00	29	14.5	26	5.2	128	134.3	2	1			1	0.2			24	23.8					0	0
5:00—6:00	27	8.1	28	2.8	127	133.3	2	0.6							26	24.6					0	0
本班合计	282		275			1839.7	12				11					298.2	60		60			51
本班结存					127										26						0	

105

										非运用车										
到达车数	到达换算车时	转入车数	转入换算车时	发出车数	发出换算车时	转出车数	转出换算车时	结存	停留时间	到达车数	到达换算车时	转入车数	转入换算车时	发出车数	发出换算车时	转出车数	转出换算车时	结存	停留时间	记事
24	25	26	27	28	29	30	31	32	33	34	35	36	37	38	39	40	42	42	43	44
55	30.6			28	19.6			85										10		
								112	96									10	10	
30	9					2	1	112	112									10	10	18:05 和 18:50 分别到达 30 和 28 辆车
29	8.7			54	25.7			140	120			2	1					12	11	转入和转出的运用车各 2 辆
21	8.4							115	123									12	12	
								136	123.4									12	12	
21	21			41	16.7			136	136									12	12	21:10 和 21:55 分别发出 30 和 28 辆车
								116	140.3	2	2							14	14	
				28	22.4			116	116									14	14	
								88	93.6									14	14	0:10 和 0:52 分别发出 18 和 25 辆车
								88	88									14	14	
27	13.5			25	5			90	96.5									14	14	2:12 和 2:33 分别发出 30 和 30 辆车
25	7.5			26	2.6			89	94.9					2	0.2			12	13.8	
208				202				91	1339.7	2				2				10	150.8	

2. 结算方法：

（1）以上一行的各结存车数加本行入的车数，再减去本行出的车数，等于本行的各结存车数；各个类别的作业车数的和应该等于总的结存车数。

（2）以上一行的各结存车数乘以换算小时（实际上就是 1 h）加本行入的换算车小时数，减去本行出的换算车小时数等于本行的各停留时间；各类别作业停留时间的和，应等于总的停留时间（注：停留时间并不是指时间，同样指的是换算车小时）。如 18:00—19:00 有调中转车的停留时间（33 栏）为：$85 \times 1 + 30.6 - 19.6 = 96$。

（3）分别算出 17，23，33，43 这 4 栏停留时间的总和，其结果就是各类别作业车的总停留车小时。

（4）计算本班结存车数的方法：将上班的车数加上本班总共到达的车数再减去本班总共发出的车数。如本班有调中转车的结存车数为 $85 + 208 - 202 = 91$ 辆。

最后，根据本簿的结存数据，可得各项平均停留时间：

$$t_货 = \frac{298.2}{8 + 22} = 9.9 \ （h）$$

$$t_有 = \frac{2 \times 1\,339.7}{410} = \frac{2\,679.4}{410} = 6.5 \ （h）$$

$$t_无 = \frac{2 \times 51}{60 + 60} = 0.9 \ （h）$$

$$t_中 = \frac{2 \times (1\,339.7 + 51)}{410 + 120} = \frac{2\,781.4}{530} = 5.3 \ （h）$$

号码制统计方法的优点是能够比较精确地算出每辆货车的停留时间，但方法烦琐，并且不能反映车站当日工作的实际成绩。因此，号码制统计方法只在出入车数较少的车站采用，或者用来统计本站货物作业的入线前、站线、专用线和出线后的停留时间。非号码制统计方法简便，又有一定的计算精度，并能反映车站当日工作的实际成绩，因此为出入车数较大车站所普遍采用。

【例 8.3】 从某站非号码制货车停留时间登记本上获得如下资料：

表 8.7 已知资料

	货物作业车小时	无调中转		有调中转	
		车数	车小时	车数	车小时
昨日结存	240	50	12000	126	3024
今日到达合计	825.6	370	2726.5	1536	20470
今日出发合计	645.2	410	3350.0	1608	16539

又已知货物作业次数为 48 次，求当日中、停时。

解： $\sum Nt_货 = 240 + 825.6 - 645.2 = 420.4 \ （车·h）$

$N_次 = 48 \ （次）$

$$t_货 = \frac{\sum Nt_货}{N_次} = \frac{420.4}{48} = 8.76 \ （h）$$

$$\sum Nt_无 = 1200 + 2\,726.5 - 3350.0 = 576.5 \ (车 \cdot h)$$

$$N_无 = \frac{1}{2} \times (370 + 410) = 390 \ (车)$$

$$t_无 = \frac{\sum Nt_无}{N_无} = \frac{576.5}{390} = 1.48 \ (h)$$

$$\sum Nt_有 = 3024 + 20470 - 16539 = 6955 \ (车 \cdot h)$$

$$N_有 = \frac{1}{2} \times (1536 + 1608) = 1572 \ (车)$$

$$t_有 = \frac{\sum Nt_有}{N_有} = \frac{6955}{1572} = 4.4 \ (h)$$

$$t_中 = \frac{\sum Nt_无 + \sum Nt_有}{N_无 + N_有} = \frac{576.5 + 6955}{390 + 1572} = \frac{7531.5}{1962} = 3.84 \ (h)$$

【例 8.4】 某站昨日一次货物作业车数为 120 车,双重作业 40 车,停时完成 10 h。今日总停留车小时不变,一次车、双重车分别比昨日增加 30 车和 10 车,问今日停时比昨日缩短多少小时?

解: 昨日货物作业次数 $N_次^昨 = 120 + 2 \times 40 = 200 \ (次)$

昨日货物作业车停留车小时 $Nt_货^昨 = 10 \times 200 = 2000 \ (车 \cdot h)$

今日货物作业次数 $N_次^今 = 120 + 30 + 2 \times (40 + 10) = 250 \ (次)$

今日停时 $t_货^今 = \dfrac{\sum Nt}{N} = \dfrac{2000}{250} = 8 \ (h)$

可知今日停时比昨日缩短 2 h。

【例 8.5】 某站昨日无调、有调中转车数分别为 500 车和 1500 车,无调中时和有调中时分别为 1.2 h 和 5.5 h。今日无调中时和有调中时分别比昨日缩短 0.2 h 和 0.5 h,中转车数不变,问该站平均中时今日比昨日缩短多少 h?

解: 昨日中时 $t_中^昨 = \dfrac{\sum Nt_无 + \sum Nt_有}{N_无 + N_有} = \dfrac{500 \times 1.2 + 1500 \times 5.5}{500 + 1500} = \dfrac{8500}{2000} = 4.425 \ (h)$

今日中时 $t_中^今 = \dfrac{\sum Nt_无 + \sum Nt_有}{N_无 + N_有} = \dfrac{500 \times 1.0 + 1500 \times 5.0}{500 + 1500} = \dfrac{8000}{2000} = 4.0 \ (h)$

可知今日中时比昨日缩短 0.425 h。

(四)货物列车出发正点统计

车站货物列车出发正点率($\gamma_发$)根据列车《行车日志》统计,并可按下式计算:

$$\gamma_发 = \frac{n_发^{正点}}{n_发} \times 100\% \tag{8.11}$$

式中　$n_发^{正点}$——正点出发的货物列车数;

$n_发$——出发的货物列车总数。

确定货物列车是否出发正点，对于按固定运行线运行的列车，以运行图规定的时分为依据；对于临时定点列车，以日间列车工作计划（包括后半日调整计划）规定的时分为依据。由技术站编组始发的列车，正点或早点不超过 15 min 出发，按出发正点统计；对于按运行图规定原车次（包括因变更运行方向而改变车次）、原运行线中转的列车正点、早点或晚点不超过运行图规定的停站时间出发，按出发正点统计。

货物列车出发正点率是考核车站工作质量和列车按运行图运行情况的重要指标。若列车不能正点出发，不仅会增加调度工作的困难，甚至可能会打乱整个区段的列车运行秩序。

造成列车不能正点出发的原因很多，但车站工作组织水平往往是决定出发正点率的一个主要因素。因此，不断提高车站工作组织水平，加强与有关方面的相互配合，对提高货物列出发正点率具有重要的意义。

除货物列车出发正点率外，货物列车的满轴（满重或满长）也是考核车站完成列车工作质量的一项重要指标。车站对于欠轴（欠重或欠长）出发的列车，须统计列数及欠重吨数或欠长车数（以换算长度折合）。

【例 8.6】 某站某班出发列车情况见表 8.8，计算该站当班货物列车出发正点率 $\gamma_发$。

该站当班正点率为：

$$\gamma_发 = \frac{n_发^{正点}}{n_发} \times 100\% = \frac{8}{11} \times 100\% = 72.7\%$$

表 8.8 货物列车图定时分和实际时分

车次	图定时分		实际时分	
	到达	出发	到达	出发
25004	8:15	9:10	8:20	9:12
31001		10:30		10:25
32006	11:38	13:28	11:30	13:20
40003		12:55		13:00
31003		13:45		13:45
24005	14:00	14:50	14:10	14:58
32008	14:10	15:00	14:05	15:00
40002		16:40		16:20
25006	16:50	17:35	16:40	17:30
40005		18:26		18:20
31005		19:05		19:10

表 8.9 货物列车正点表

车次	列车总类	固定出发时刻	实际出发时刻	图定站停时间/min	实际站停时间/min	是否正点
25004	中转	9:10	9:12	55	52	是
31001	始发	10:30	10:25			是
32006	中转	13:28	13:20			是

车次	列车总类	固定出发时刻	实际出发时刻	图定站停时间/min	实际站停时间/min	是否正点
40003	始发	12:55	13:00			否
31003	始发	13:45	13:45			是
24005	中转	14:50	14:58	50	48	是
32008	中转	15:00	15:00			是
40002	始发	16:40	16:20			否
25006	中转	17:35	17:30			是
40005	始发	18:26	18:20			是
31005	始发	19:05	19:10			否

二、车站工作分析

车站对工作计划的完成情况进行系统的总结和分析，其目的就在于肯定车站各方面工作的成绩，找出车站工作中的薄弱环节，总结在执行日班计划、技术作业过程、列车运行图和列车编组计划中的经验和问题，检查行车安全情况，从而据以制定改进车站工作的有效措施。根据分析，还可以确定各工种和人员的工作质量，推广先进经验，以便进一步挖掘潜力，提高车站工作水平。

车站工作分析有日常分析、定期分析和专题分析三种。

日常分析主要是指班分析和日分析。班分析在交班会上进行，由站长（副站长）或车间主任主持，分析全班工作完成的情况。日分析由车站工程技术人员负责，对全天工作进行分析，一般都是针对一定问题，如卸车、排空、调车作业等有重点地进行深入的分析。

日常分析的主要内容可有如下几个方面：

（1）安全情况分析。安全生产是完成运输生产任务的重要保证，因此每班都应对大小事故和事故苗子进行严肃分析。对于行车事故、货运事故以及人身伤亡事故，不仅要分析发生的原因，而且要研究制订防止办法或措施。

（2）列车及调车工作完成情况分析。对于列车工作，应分析列车到发的数量未按计划兑现的原因。列车出发晚点是由于车流不足或没有机车，还是由于编组不及时。要逐列分析，查明主要原因。此外，对于违反列车编组计划的列数、欠轴列数及其原因，也应进行分析。对于调车工作主要是分析每台调车机车所完成的工作量和非生产时间所占的比重。发现安全好、效率高的调车组时应总结其先进工作方法。

（3）装卸车情况分析。主要是对装卸车数、品种、去向、成组、直达等计划要求的兑现情况进行分析，同时应对日班和夜班的卸车工作是否均衡，积压车辆的原因（装卸人力、机具的组织问题或取送车不及时）等进行分析。

（4）中停时指标完成情况分析。对"中时"应着重分析待解时间延长的原因（是由于列车密集到达、调车计划下达不及时，还是由于调车组的工作缺点）。对"中时"的其他组成因素，有时也要进行逐项的分析。对"停时"应着重分析待取、待送、待调移、待装等非生产时间产生和增长的原因。

（5）运用车保有量分析。主要分析 6 点和 18 点运用车保有量增长的原因。如果运用车保有量过大，说明车站工作情况不好，严重时可能要造成车站堵塞。运用车保有量增大，或由于车流量增大，或由于组织工作不当而使货车在站停留时间延长所造成，要做具体分析。运用车保有量过小，有时会影响列车出发计划的完成，也应分析其原因，并采取积极措施扩大车流来源，以保证列车工作计划的完成。

定期分析是指月间和旬间分析，由车站工程技术人员负责，除以上日常分析的内容以外，对车站工作日常计划和调度指挥的质量、车站各部门的工作情况、车站职工的劳动积极性以及劳动纪律等也应进行检查。定期分析的结果应写出书面的总结报告。

专题分析是不定期的分析，根据解决某一重大问题的需要而确定分析内容和完成的期限，一般由临时组织的专门工作组负责。

车站分析工作中车流分析是一项重要的内容。车流分析的目的在于对车站到发车流的动态实行经常的监督，掌握车流变化的规律，以便及时调整车站技术设备的运用方案，制定相应的作业组织方法，保证运输生产的顺利进行。车流分析的主要资料是车流汇总表。车流汇总表每旬编制一次，其格式见表 8.10。

车流分析的重点内容为：

1. 车站办理车数 $(N_{办})$

$$N_{办} = N_{重空}^{接} + N_{重空}^{发} \tag{8.12}$$

式中　$N_{重空}^{接}$——接入重空车总数；

$N_{重空}^{发}$——发出重空车总数。

把车站办理车数与车站通过能力进行比较，就可判明车站作业的负荷和车站通过能力使用的饱和程度。

2. 车站有调车数 $(N_{改})$

$$N_{改} = N_{重}^{有调} + N_{空}^{有调} + U_{卸} + \Delta N_{空} \tag{8.13}$$

式中　$N_{重}^{有调}$——有调中转重车数；

$N_{空}^{有调}$——有调中转空车数；

$U_{卸}$——到达本站卸车数；

$\Delta N_{空}$——本站装车需要补充的空车数。

本站装车用的补充车数在接入空车数大于发出空车数时，可近似地取两者之差；否则，近似地取零。

有调车数占接入总车数的比重 $(\sigma_{接总}^{改})$ 为：

$$\sigma_{接总}^{改} = \frac{N_{改}}{N_{重空}^{接}} \tag{8.14}$$

车站有调车数即为车站改编车数，车站有调车数与驼峰改编能力或牵出线改编能力进行比较，能判明驼峰或牵出线改编能力的负荷程度，以便有预见地采取措施，避免车站发生堵塞。

年 月

表8.10 H编组站车流汇总表

方向	调别	摘挂	A	a₁	A₁	A₂	A₃	小计	摘挂	B	小计	摘挂	h	C	小计	计	卸车	P	C	N	BG	其他	计	合计	总计
		去向 A 方向							B 方向			C 方向					本站到达 卸车	空车						合计	总计
A方向	有调车	13.6	126.1	23.8	58.4	142.7	47.1	411.7	126.8	403.5	530.3	114.4	16.5	364.3	495.2	1025.5	61.6	0.7	12.1	5.6			18.4	80.0	1105.5
	无调车	3.8	62.7	8.8	23.8	45.0	2.4	146.5	6.9	20.5	27.4	7.7		48.6	56.3	83.7									83.7
	小计	17.4	188.8	32.6	82.2	187.7	49.5	558.2	133.7	424.0	557.7	122.1	16.5	412.9	551.5	1109.2	61.6	0.7	12.1	5.6			18.4	80.0	1189.2
B方向	有调车	17.2	134.5	7.7	30.6	171.0	138.7	499.7				19.4	10.6	55.5	85.5	497.2	44.8	68.2	8.6	14.0			90.8	135.6	632.8
	无调车	4.9	13.1		2.3	4.5	10.9	35.7				0.6	1.2	36.7	38.5	185.0									185.0
	小计	22.1	147.6	7.7	32.9	175.5	149.6	535.4				20.0	11.8	92.2	124.0	682.2	44.8	68.2	8.6	14.0			90.8	135.6	817.8
C方向	有调车	2.1	5.3	0.7	3.1	7.9	4.1	23.2	28.7	76.7	105.4					605.1	28.0	5.3	9.7	17.7			32.7	60.7	665.8
	无调车								1.1	12.8	13.9					49.6									49.6
	小计	2.1	5.3	0.7	3.1	7.9	4.1	23.2	29.8	89.5	119.3					654.7	28.0	5.3	9.7	17.7			32.7	60.7	715.4
地区方向	有调车								2.1	2.1	4.2					27.4	1.5	0.1	13.8	3.0			16.9	18.4	45.8
	无调车																								
	小计								2.1	2.1	4.2					27.4	1.5	0.1	13.8	3.0			16.9	18.4	45.8
计	有调车	32.9	265.9	32.2	92.1	321.6	189.9	934.6	157.6	482.3	639.9	133.8	27.1	419.8	580.7	2155.2	135.9	74.3	44.2	40.3			158.8	294.7	2449.9
	无调车	8.7	75.8	8.8	26.1	49.5	13.3	182.2	8.0	33.3	41.3	8.3	1.2	85.3	94.8	318.3									318.3
	小计	41.6	341.7	41.0	118.2	371.1	203.2	1116.8	165.6	515.6	681.2	142.1	28.3	505.1	675.5	2473.5	135.9	74.3	44.2	40.3			158.8	294.7	2768.2

112

H编组站衔接方向示意图

图例：◎ 编组站　○ 区段站　● 货物站　——— 单线方向　＝＝＝ 双线方向

（示意图标注：B、H、A₃、A₁、A、a₁、A₂、A₂、C、h）

本站装出重车 合计		A 方向							B 方向			C 方向				计	卸车	本站到达 空车 P C N B G 其他 计	合计	总计
		摘挂	A	a₁	A₁	A₂	A₃	小计	摘挂	B小计	小计	摘挂	h	C	小计					
合计	摘挂/计	2.4	10.7	0.4	5.7	7.9	3.2	30.3	13.6	10.2	23.8	11.9	5.3	8.2	25.4	79.5				
P	有调	44.0	352.4	41.1	123.9	379.0	206.4	1147.1	179.2	525.8	705.0	154.0	33.6	513.3	700.9	2553.0				
P	无调																			
C	有调	56.6						56.6	1.4		1.4	3.5		3.3	3.3	61.3				
C	无调																			
N	有调	1.9						1.9	99.4		99.4	2.5			2.5	103.8				
N	无调																			
B	有调	27.8						27.8	1.5		1.5	20.7			20.7	50.0				
B	无调																			
G	有调																			
G	无调																			
其他	有调	86.3						86.3	102.3		102.3	26.5			26.5	215.18				
其他	无调																			
计	有调	130.3	352.4	41.4	123.9	379.0	206.4	1233.4	281.5	525.8	807.3	180.5	33.6	513.3	727.4	2768.1				
计	无调																			
总																				2768.1
本站发出空车																				

113

3. 各方向到发车流量及其比重

这项数据可从车流汇总表上直接查得或计算求得。当某些去向有调车数有很大变化时，应及时研究调整调车线的运用方案，采取有效措施防止车流积压。

4. 本站装卸车数

本站装卸车数也可直接从车流汇总表中取得，用以与货场装卸能力相对照，以便采取措施预防货场堵塞。

车站分析工作一定要及时，不然就会失去分析的作用。分析之前一定要把情况了解透彻，采用的数据应该真实可靠，这样，分析的结论才能是确切、中肯的。在分析情况时要善于发现积极因素和先进经验，尽量避免思想上的主观性和片面性。

【例 8.7】 技术站车流特征分析。H 站车流汇总表部分数据如下表。要求：对 H 站车流进行分析，将结果填入下面空格内。（1）办理车数_____，（2）中转重车数_____，（3）中转空车数_____，（4）装车数_____，（5）卸车数_____，（6）接空车数_____，（7）排空车数_____，（8）接入重车数_____，（9）发出重车数_____，（10）无调中转车数_____，（11）改编车数_____，（12）无调比重 _____，（13）改编比重_____。

往 自		去 向			本站到达			总计
		U 方向	V 方向	计	卸车	空车	合计	
		小计	小计					
U 方向								
V 方向								
计	有调车			350	20	30	50	400
	无调车			780		50	50	830
	小计			1130	20	80	100	1230
本站装出重车				40				
合计				1170				
本站发出空车	有调			10		U H V		
	无调			50				
	小计			60				
总 计				1230				

解：（1）办理车数__2460__，（2）中转重车数__1130__，（3）中转空车数__60__，（4）装车数__40__，（5）卸车数__20__，（6）接空车数__80__（7）排空车数__60__，（8）接入重车数__1150__，（9）发出重车数__1170__，（10）无调中转车数__830__，（11）改编车数__400__，（12）无调比重__67.5%__，（13）改编比重__32.5%__。

第三节　编组站作业自动化

编组站是铁路的重要组成部分和基层生产单位，专门从事大量货物列车的解体和编组作业。铁路车辆在编组站的停留时间约占车辆周转时间的三分之一。因此，编组站的作业效率和质量直接影响到铁路运输的效率和效益。世界各国在对编组站进行设备改造、线路布局优化、管理方式不断改进的同时，大量采用了先进的计算机电子设备及现代化管理手段来实现编组站作业综合自动化。

编组站信息处理和作业管理主要经历了以下三个发展阶段：

1. 传统手工阶段

编组站运输生产过程和运营管理工作全部或主要用手工操作来完成。

2. 初步现代化阶段

编组站的运输生产过程和运营管理基本使用计算机辅助完成。初步现代化编组站应具有编组站管理信息系统和过程控制系统。

3. 现代化阶段

编组站的运输生产过程和运营管理基本使用计算机辅助完成，使编组站的行车工作、调车工作、计划编制、组织指挥及统计分析等综合地实现自动控制和实时处理，以代替人们在日常工作中的繁重体力劳动和烦琐脑力劳动。现代化编组站应具有编组站管理信息系统（YIS）、过程控制系统（PCS）、调度监督系统（CTC）、车辆跟踪系统（RCT）、车号自动识别系统（ATIS）等。

从发展趋势来看，国外实现编组站作业自动化的范围已由早期的单项自动化发展成为现代普遍采用的综合性生产管理自动化系统，这一自动化系统主要包括两大部分，即数据处理系统与过程控制系统。前者主要通过计算机终端网向车站各级人员提供决策支持和进行数据处理；后者主要实现驼峰溜放作业的自动控制。

根据国内外铁路的运营实践，实现编组站作业的综合自动化能使编组站的工作条件、作业效率、作业安全和工作质量得到极大的改善，对于综合加强编组站的运输生产能力、全面提高编组站的运营管理水平效果十分显著。如果还能通过信息传输网将其与全路电子计算中心连接起来，则更将为实现整个铁路运输管理现代化提供重要保证。因此，实现编组站作业的综合自动化是铁路运输现代化标志之一，也是我国铁路编组站的发展方向。

编组站综合自动化是将现代的电子技术、计算和控制理论等科学技术的新成果运用到编组站的运输生产过程和运营管理工作中，使编组站的列车工作、调车作业、计划指挥以及统计分析等综合地实现自动控制和实时处理，代替人们在日常工作中的繁重体力劳动和烦琐脑力劳动，有利于实现编组站运输生产的最优化，促使铁路运营管理更加科学化。

编组站综合自动化系统的主要内容和功能如图8.2所示。

整个编组站自动化系统的工作过程如下：

（1）列车到达前，由计算机网络将到达列车确报送入信息处理系统，信息处理计算机将确报翻译、画号打印成编组顺序表发送给调度指挥人员，并预先编制该列车解体作业钩计划。

（2）列车到达时，过程控制系统根据列车到达计划和控制表，自动排列列车到达进路。

（3）列车到达后，系统采集到达时刻，然后核对到达车辆是否与确报一致，并根据核对结果修改系统存储的确报信息，根据实际的到达列车信息修改预先编制的解体作业钩计划，并将钩计划送入过程控制系统。

（4）过程控制系统按钩计划控制驼峰进行解体作业（包括调车进路和溜放进路的自动控制，无线遥控推峰，溜放车组的间隔控制及车组与股道车辆的连挂控制），并将解体作业结束信息返回给信息处理系统。

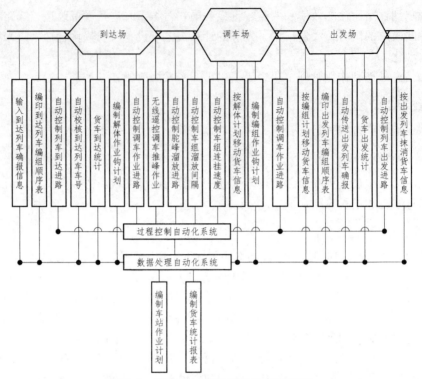

图 8.2　编组站作业综合自动化系统图

（5）信息处理系统根据控制系统返回的信息移动存储器中的货车信息实现站内货车追踪管理，根据调车场股道车辆集结情况编制编组作业钩计划，将该计划送入过程控制系统。过程控制系统按计划排列编组作业进路，完成列车编组工作并将信息返回给信息处理系统。信息处理系统按实际执行的编组作业钩计划移动存储器中的车辆信息编制出发列车编组顺序表。

（6）过程控制系统按发车计划排列发车进路，新编列车按运行图规定时刻出发。

（7）向信息处理系统输入列车出发时刻，自动向前方编组站发出确报信息。

（8）将出发列车信息从实时存储信息中移入批处理存储区。

（9）系统将根据积累的资料编制车站货车统计报表。

本章小结

车站作业计划包括班计划、阶段计划和调车作业计划。班计划编制的核心工作是根据车辆接续时间确定出发列车的车流来源。利用技术作业图表编制阶段计划时，主要是解决和处理确定出发列车的车流来源、调车机车运用和到发线运用三个互相联系的问题。车站统计包括装卸车统计、现在车统计、货车停留时间统计和货物列车出发正点统计。目前，货车停留时间主要采用非号码制的统计方法。技术站一般采用车流汇总表对车流情况进行定期分析。

本章主要知识点回顾：

一、车站作业计划

（1）车站作业计划包括班计划、阶段计划和调车作业计划。

（2）编制班计划的核心内容：确定出发列车的车流来源。

（3）车辆接续时间：各种货车从其参加集结（车流的集结过程）时起，至由车站出发时止的间隔时间。

（4）阶段计划编制时解决的关键问题：确定出发列车的车流来源、调车机车运用和到发线运用计划。

二、车站调度指挥调整措施

（1）当出发列车运行线临时运休，造成车流积压：组织列车超轴；组织单机挂车；利用直通或区段列车附挂到中间站的车流。

（2）当车流不足，影响到列车正点满轴出发时：组织本站装卸或检测完毕的车辆补轴；组织附近车站的车流补轴；组织快速作业。

（3）当空车来源不足，影响到排空和装车任务的完成时：组织本站作业车及时送车和及时卸车；扩大双重作业车比重。

三、车站工作统计

（1）统计内容：装卸车、现在车、货车停留时间、货物列车出发正点统计。

（2）统计方法：号码制、非号码制。

（3）基本概念：运用车、重车、空车、中时、停时。

四、车站工作分析

（1）类型：日常分析、定期分析、专题分析。

（2）车流分析的重点内容：车站办理车数、车站有调车数、各方向到发车流量及其比重、本站装卸车数。

思 考 题

1. 车站作业计划包括哪几种？它们之间是什么关系？由谁编制？
2. 车站班计划的作用、主要内容、编制依据及编制方法是什么？
3. 阶段计划的作用、主要内容、编制依据和编制方法是什么？
4. 编制车站阶段计划时，主要解决的问题有哪些？
5. 当车站运输工作的客观情况发生变化时，车站调度人员可采取哪些调整措施？
6. 为提高车站作业计划的编制质量，可采取哪些措施？
7. 简述车站统计工作、分析工作的意义、要求和内容。车站主要的生产指标有哪些？
8. 号码制与非号码制货车停留时间统计的原理是什么？两种方法在计算总停留车小时和停留车数（作业次数）方面有何区别？各有何优缺点？各适用于什么条件？
9. 编组站作业综合自动化主要包括哪些内容？

本篇习题

一、单项选择题

1. （　　　）统称为技术站。
   A. 区段站和中间站　　　　　　　　　B. 编组站和中间站
   C. 区段站和编组站　　　　　　　　　D. 区段站、编组站和中间站

2. 某种车站设置在机车牵引区段的分界处，它的主要工作是办理货物列车的中转作业，进行机车的更换或机车乘务组的换班，以及解体、编组区段列车，这种车站称为（　　　）。
   A. 中间站　　　　B. 区段站　　　　C. 编组站　　　　D. 越行站

3. 铁路线以（　　　）划分为区段。
   A. 客运站　　　　B. 货运站　　　　C. 中间站　　　　D. 技术站

4. 通常设置在大量车流集中或消失的地点，或几条铁路的交叉点，它的主要工作是改编车流，即大量解体和编组各种列车的车站称为（　　　）。
   A. 中间站　　　　B. 会让站　　　　C. 区段站　　　　D. 编组站

5. 一般设置在大城市、工矿地区和港口等有大量货物装卸，专门办理货物运输的车站，称为（　　　）。
   A. 货运站　　　　B. 客运站　　　　C. 客货运站　　　　D. 技术站

6. 车站出入车数之和称为车站的（　　　）。
   A. 改编车数　　　　B. 办理车数　　　　C. 有调车数　　　　D. 无调车数

7. 若某辆货车随列车到达技术站 A，在到发线进行到发技术作业后随原列车继续运行，则该辆货车对 A 站来说属于（　　　）车。
   A. 有调中转　　　　　　　　　　　　B. 无调中转
   C. 一次货物作业　　　　　　　　　　D. 双重货物作业

8. 若某列车在技术站 A 换挂车组后继续运行，则该列车对 A 站来说属于（　　　）列车。
   A. 到达解体　　　　　　　　　　　　B. 自编出发
   C. 无改编中转　　　　　　　　　　　D. 部分改编中转

9. 双重货物作业车指的是在车站（　　　）的货车。
   A. 只装不卸　　　　　　　　　　　　B. 只卸不装
   C. 装后又卸　　　　　　　　　　　　D. 卸后又装

10. 随无改编中转列车或部分改编中转列车到运，在该站进行到发技术中转作业后，即随原列车继续运行的货车，称为（　　　）。
    A. 有调中转车　　　　　　　　　　　B. 无调中转车
    C. 货物作业车　　　　　　　　　　　D. 非运用车

11. 在车流分析时，"无调比"这一指标指的是无调中转车数与（　　　）车数之比。
    A. 有调中转　　　　　　　　　　　　B. 车站货物作业
    C. 接入总　　　　　　　　　　　　　D. 发出总

12. 在技术站进行解体的列车称为该站的（　　　）。
    A. 自编出发列车　　　　　　　　　　B. 到达解体列车

C. 无改编中转列车　　　　　　　　D. 部分改编中转列车

13. 在技术站需要变更列车重量和换挂车组的列车，称为该站的（　　）。

　　A. 到达解体列车　　　　　　　　B. 自编始发列车

　　C. 无改编中转列车　　　　　　　　D. 部分改编中转列车

14. 在有调中转车的技术作业过程中，处于解体作业和编组作业之间的是（　　）。

　　A. 送车　　　　　B. 取车　　　　　C. 集结　　　　　D. 重复解体

15. 车站的接发列车工作由（　　）统一指挥。

　　A. 站长　　　　　　　　　　　　B. 运转车间主任

　　C. 车站调度员　　　　　　　　　D. 车站值班员

16. 发车进路是指从（　　）起至相对方向进站信号机（或站界标）止的一段站内线路。

　　A. 列车前端　　　　　　　　　　B. 出站信号机

　　C. 警冲标　　　　　　　　　　　D. 尖轨尖端

17. 列车在站到、发、通过所需占用的一段站内线路称为（　　）。

　　A. 进路　　　　　B. 径路　　　　　C. 列车进路　　　　　D. 调车进路

18. 在接发列车工作中，任何情况下都不得指派他人办理而必须由车站值班员亲自办理的作业是（　　）。

　　A. 办理闭塞　　　B. 布置进路　　　C. 开放信号　　　D. 交接凭证

19. 到达解体列车技术作业过程包括若干作业项目，其中占用时间最长的作业一般是（　　）。

　　A. 车辆技术检查和修理　　　　　　B. 货运检查及整理

　　C. 车号员核对现车　　　　　　　　D. 准备解体

20. 车站办理客票发售、旅客乘降、旅客的文化和生活服务、行李和包裹的承运、装卸、中转、交付称为（　　）。

　　A. 客运作业　　　　　　　　　　B. 货运作业

　　C. 行车技术作业　　　　　　　　D. 中转作业

21. 列车到达车站后，车号员按（　　）核对现车。

　　A. 列车编组顺序表　　　　　　　B. 司机报单

　　C. 货运票据清单　　　　　　　　D. 调车作业通知单

22. 车站的调车工作，由（　　）统一领导。

　　A. 站长　　　　　　　　　　　　B. 总工程师

　　C. 运转车间主任　　　　　　　　D. 车站调度员

23. 车站调车组在进行调车作业时，由（　　）统一指挥。

　　A. 车站调度员　　　　　　　　　B. 车站值班员

　　C. 司机　　　　　　　　　　　　D. 调车长

24. 除列车在站到、发、通过及在区间运行外，凡机车车辆所进行的一切有目的的移动统称为（　　）。

　　A. 接发列车　　　B. 调车　　　　　C. 位移　　　　　D. 溜放作业

25. 为列车补轴、减轴、换挂车组的调车作业称为（　　）。

　　A. 解体调车　　　　　　　　　　B. 其他调车

　　C. 摘挂调车　　　　　　　　　　D. 取送调车

26. 机车或机车连挂车辆加减速一次的移动称为（　　　）。

    A. 调车程　　　　B. 调车钩　　　　C. 调移　　　　D. 集结

27. 机车连挂或摘解一组车辆的作业称为（　　　）。

    A. 调车程　　　　B. 调车钩　　　　C. 调移　　　　D. 集结

28. 所谓欠轴是指（　　　）。

    A. 列车重量未达到牵引定数的要求

    B. 列车长度未达到列车换长标准的要求

    C. 列车重量未达到牵引定数，同时列车长度未达到列车换长标准的要求

    D. 列车重量未达到牵引定数的要求，但列车长度达到列车换长标准的要求

29. 将大车组留在到发线直接编组称为（　　　）。

    A. 活用线路　　　B. 坐编　　　　C. 横动　　　　D. 集结

30. 将货车由卸车地点调到装车地点的作业称为（　　　）。

    A. 送车　　　　B. 取车　　　　C. 调移　　　　D. 转线

31. 从组成某一到达站出发列车的第一组货车进入调车场之时起，至组成该列车的最后一组货车进入调车场之时止，是调车场的（　　　）。

    A. 货车集结过程　　　　　　　B. 车列集结过程

    C. 车列集结期间　　　　　　　D. 车列集结时间

32. 为编组出发列车，货车先到等待后到凑集满轴的过程称为（　　　）过程。

    A. 货车周转　　　　　　　　　B. 货车中转

    C. 货车集结　　　　　　　　　D. 技术作业

33. 在技术站上为编组某一到达站的出发列车（或车组），由于在重量或长度上有一定的要求，从而使进入调车场的货车有先到等待后到凑集满重或满长的过程，称为（　　　）。

    A. 货车集结过程　　　　　　　B. 车列集结过程

    C. 车列集结时间　　　　　　　D. 货车集结时间

34. 技术站编组系统基本协调条件是：一昼夜编组系统能力（　　　）车站集结的自编出发列车数。

    A. 小于　　　　B. 等于　　　　C. 大于　　　　D. 不小于

35. 出线后停留时间是指：由（　　　）时起至货车从车站发出时止的停留时间。

    A. 开始装卸作业　　　　　　　B. 装卸作业完了

    C. 开始取车　　　　　　　　　D. 取回站内

36. 入线前停留时间是指：由（　　　）时起至将货车送到装卸地点时止的停留时间。

    A. 货车到达车站　　　　　　　B. 开始解体

    C. 列车解体完毕　　　　　　　D. 开始送车

37. 编制车站班计划的核心工作是（　　　）。

    A. 确定到达列车编组内容　　　B. 确定出发列车编组内容和车流来源

    C. 确定装、卸、排计划　　　　D. 计算班工作指标

38. 编制车站阶段计划的工具是（　　　）。

    A. 车站行车日志　　　　　　　B. 车站技术作业图表

    C. 车流汇总表　　　　　　　　D. 列车编组顺序表

39. 在编制车站班计划时，每一出发列车的车流来源都必须满足（ ）的要求。

    A. 货车集结时间   B. 货车停留时间

    C. 车辆接续时间   D. 车辆等待时间

二、多项选择题

1. 车站按技术作业性质分为（ ）。

    A. 编组站   B. 区段站   C. 客运站

    D. 货运站   E. 中间站

2. 车站按业务性质分为（ ）。

    A. 编组站   B. 区段站   C. 客运站

    D. 货运站   E. 客货运站

3. 车站的生产活动包括（ ）。

    A. 客运作业   B. 货运作业   C. 车辆大修作业

    D. 行车技术作业   E. 机车检修作业

4. 车站的生产活动包括客运作业、货运作业和行车技术作业，其中行车技术作业是指（ ）。

    A. 办理列车接发作业   B. 列车的到达作业和出发作业

    C. 列车的解体和编组作业   D. 货物的装车和卸车作业

    E. 车辆的摘挂和取送作业

5. 车站的生产活动包括客运作业、货运作业和行车作业，其中货运作业是指（ ）。

    A. 货物的承运、装车、卸车、保管与交付

    B. 行李、包裹的承运、装卸、中转、保管与交付

    C. 零担货物的中转

    D. 货运票据的编制与处理

    E. 车辆的取送

6. 铁路分界点包括（ ）。

    A. 车站   B. 线路所   C. 旅客乘降所

    D. 客车整备所   E. 自动闭塞区段的通过信号机

7. 铁路运输的主要业务部门包括（ ）等部门。

    A. 运输   B. 机务   C. 车辆

    D. 工务   E. 电务

8. 下列简称中，正确的是（ ）

    A.《铁路技术管理规程》简称为《技规》

    B.《车站行车工作细则》简称为《站细》

    C. 铁路局《行车组织规则》简称为《行规》

    D. "中转车平均停留时间"简称为"中时"

    E. "一次货物作业平均停留时间"简称为"停时"

9.《站细》的内容主要有（ ）。

    A. 车站概况、技术设备及业务量

B. 接发列车工作、调车工作和客货运工作

C. 日常作业计划及生产管理制度

D. 车站技术作业过程、时间标准及能力

E. 车站编组列车的牵引定数和换长标准

10. 技术站包括（　　　）。

    A. 中间站　　　　B. 区段站　　　　C. 编组站

    D. 会让站　　　　E. 客运站

11. 按调车机车工时性质的不同，调车作业时间分为（　　　）。

    A. 生产时间　　　　　　　　　B. 辅助生产时间

    C. 等待生产时间　　　　　　　D. 运行生产时间

    E. 非生产时间

12. 发车工作中，办理列车出发后的有关事项包括（　　　）。

    A. 办理闭塞　　　　　　　　　B. 开放信号

    C. 向列车调度员报点　　　　　D. 通知接车站发车时刻

    E. 填写行车日志

13. 技术站办理的列车中，属于改编列车范畴的有（　　　）。

    A. 到达解体列车　　　　　　　B. 自编出发列车

    C. 部分改编中转列车　　　　　D. 无改编中转列车

    E. 技术直达列车

14. 技术站办理有调中转车的技术作业过程包括（　　　）。

    A. 到达作业　　　B. 解体作业　　　C. 集结过程

    D. 编组作业　　　E. 出发作业

15. 调车工作按其目的的不同，可分为（　　　）。

    A. 解体调车　　　　　　　　　B. 编组调车

    C. 摘挂调车　　　　　　　　　D. 取送调车

    E. 车列或车组转场调车

16. 对调车工作的基本要求是（　　　）。

    A. 及时解编列车　　　　　　　B. 及时放行列车

    C. 及时取送车辆　　　　　　　D. 提高调车效率

    E. 确保调车安全

17. 驼峰解体调车的作业程序一般为（　　　）。

    A. 挂车　　　　B. 推峰　　　　C. 溜放

    D. 整理　　　　E. 整备

18. 驼峰作业方案分为（　　　）。

    A. 单推单溜　　　B. 单推双溜　　　C. 双推单溜

    D. 双推双溜　　　E. 多推多溜

19. 车站作业计划包括（　　　）。

    A. 日计划　　　　　　　　　　B. 班计划

    C. 阶段计划　　　　　　　　　D. 调车作业计划

    E. 检修车计划

20. 下列作业中，（　　）不宜采用溜放调车法。

    A. 车列解体　　　　　　　　　　B. 车列转线

    C. 取送车　　　　　　　　　　　D. 调动客车

    E. 调动禁溜车

21. 下列作业中，不属于调车作业的有（　　）。

    A. 摘挂车辆　　　　　　　　　　B. 车列转线

    C. 对货位　　　　　　　　　　　D. 卸车

    E. 车辆自动溜逸

22. 下列作业中，属于部分改编调车作业的是（　　）。

    A. 补轴　　　　　B. 减轴　　　　　C. 换挂机车

    D. 换挂车组　　　E. 更换乘务组

23. 下列作业中，属于调车作业的有（　　）。

    A. 编组　　　　　B. 解体　　　　　C. 取送车

    D. 装车　　　　　E. 机车出入段

24. 站调在调度指挥工作中遇车流积压时可采取的措施有（　　）。

    A. 组织列车超轴　　　　　　　　B. 组织快速取送

    C. 组织单机挂车　　　　　　　　D. 组织快速装卸

    E. 利用直通或区段列车附挂到中间站的车流

25. 站调在调度指挥工作中遇调车场车流不足时可采取的措施有（　　）。

    A. 组织本站作业车补轴　　　　　B. 组织修竣车补轴

    C. 组织邻近站车流补轴　　　　　D. 组织快速解编作业

    E. 组织双重作业

26. 产生列车在中间站停站时间的原因有（　　）。

    A. 进行必要的技术作业　　　　　B. 旅客乘降，行包装卸

    C. 车辆摘挂，货物装卸　　　　　D. 列车交会或越行

    E. 机车乘务组吃饭

26. 编组站排队系统包括（　　）。

    A. 到解系统　　　B. 取送车系统　　　C. 集结系统

    D. 编组系统　　　E. 出发系统

27. 确定调车场线路固定使用方案的原则有（　　）。

    A. 适应车流强度的需要　　　　　B. 平衡牵出线的作业负担

    C. 减少调车作业干扰　　　　　　D. 照顾车辆溜行性能

    E. 便于车辆检修和其他作业

28. 车站阶段计划主要解决的问题是（　　）。

    A. 确定出发列车编组内容和车流来源　B. 安排调车机车运用计划

    C. 确定装车计划和空车来源　　　D. 确定卸车计划

    E. 安排到发线运用计划

29. 车站作业计划包括（　　）。

    A. 月度货运计划　　　　　　　　B. 班计划

C. 阶段计划　　　　　　　　　　　D. 调车作业计划

E. 技术计划

30. 车站作业计划包括（　　　）。

A. 日计划　　　　　　　　　　　　B. 班计划

C. 阶段计划　　　　　　　　　　　D. 调车作业计划

E. 检修车计划

31. 铁路局日计划的内容包括（　　　）。

A. 货运工作计划　　　　　　　　　B. 列车工作计划

C. 机车工作计划　　　　　　　　　D. 车辆检修工作计划

E. 日计划指标

32. 车站工作的统计主要包含（　　　）。

A. 装卸车统计　　　　　　　　　　B. 现在车统计

C. 货车停留时间统计　　　　　　　D. 货物列车出发正点统计

E. 货物列车运行正点统计

33. 下列命题中，不正确的是（　　　）。

A. 各省省会所在站都是特等站

B. 车站班计划应当由站长或主管运输的副站长编制

C. 摘挂列车和小运转列车都必须满轴开行

D. 编制班计划时，应优先将编挂机会较少的车流编入列车

E. 无调中转车一定随无改编中转列车到达车站

三、名词解释题

1. 编组站　　　　2. 技术站　　　　3. 区段站　　　　4. 铁路枢纽

5. 编组调车　　　6. 调车　　　　　7. 解体调车　　　8. 列车进路

9. 推送调车法　　10. 单推单溜　　 11. 溜放调车法　 12. 双推单溜

13. 驼峰　　　　　14. 无调中转车　 15. 有调中转车　 16. 车列集结过程

17. 货车集结过程　18. 货车集结时间　19. 取送调车

四、简答题

1.《站细》的内容主要包括哪些？

2. 简述车站发车工作正常的作业程序。

3. 接发列车中办理闭塞的目的是什么？

4. 技术站办理的货物列车和货车有哪些种类？并简述有调中转车的技术作业过程。

5. 简述技术站办理到达解体列车的技术作业过程。

6. 简述调车工作的基本要求。

7. 简述调车工作的意义，调车作业按其目的可分为哪几类？

8. 解体和编组调车的目的是什么？

9. 驼峰作业方案有哪些？其适用条件是什么？

10. 按车流集结过程与按调车场集结有何不同？

11. 简述技术站日常运输生产中，压缩货车集结车小时的主要措施。

12. 影响货车集结时间的因素是什么？

13. 简述编组站各子系统相互协调的条件和原理。

14. 确定调车场线路固定使用方案的原则有哪些？

15. 编制车站阶段计划时，主要解决的问题有哪些？

16. 车站班计划一般包括的内容有哪些？

五、综合计算题

1. 编制编组摘挂列车调车作业计划。A 站编组开往 B 站的摘挂列车，编成后车组排列顺序为 $fedcba$。作业前 9 道有车 f_2，待编车列停于 8 道，顺序为：$b_4d_1c_1a_3e_2d_1c_4f_3d_2a_1e_4b_2f_1c_1$。调机在右端，只能利用 8，9，10，11 道作业，车列编成后转往出发场 2 道。

2. 编制编组摘挂列车调车作业计划。调机在右端作业，要求按站顺编组，编成后车列顺序为 123……，待编车列 $1_34_16_15_31_24_13_12_26_27_3$ 停于调车场 10 道，采用一批分解，编成后转往出发场 5 道，允许最多使用线路 5 条（包括待编车列占用的线路在内）。

3. 编制编组摘挂列车调车作业计划。调机在右端作业，要求按站顺编组，编成后车列顺序为 1234……，待编车列 $3_14_27_36_21_32_15_31_32_53_31$ 停于调车场 10 道，采用一批分解，最多允许使用 3 条线路（含待编车列占用线路在内），编成后转往出发场 5 道。

4. 编制编组摘挂列车调车作业计划。将待编车列 $9_27_28_21_29_25_23_24_27_26_21_2$ 按站顺 123……9 编制编组调车作业计划，待编车列停车调车场 2 道，调车机在右端作业，编成后转往出发场 1 道，要求分两批分解，使用 3 条线路编组（不包括待编车列停留的线路）。

5. 编制编组摘挂列车调车作业计划。调机在右端作业，编成后车列顺序为 1234……，待编车列 $7_45_18_17_22_34_46_10 8_13_21_34_32_1$ 停于调车场 10 道，编成后转往到发线 5 道，分两次牵出调车，调车作业使用线路数量和编号不限。

6. 编组摘挂列车调车作业计划。调机在右端作业，编成后车列顺序为 1234……，待编车列停在 10 道，编成后转往到发线 5 道，分两次牵出调车，调车作业使用线路数量和编号不限。待编车列资料如下：$7_24_12_45_41_24_10 8_13_12_36_23_21_1$。

7. 编组摘挂列车调车作业计划，调机在右端作业，编成后车列顺序为 1234……，待编车列停在 10 道，编成后转往到发线 5 道，一次牵出分解，调车作业使用线路数量和编号不限。待编车列资料如下：7 3 6 5 2 6 4 1 3 5 4 7。

8. 编组摘挂列车调车作业计划，调机在右端作业，编成后车列顺序为 1234……，待编车列停在 10 道，编成后转往到发线 5 道，一次牵出分解，调车作业使用线路数量和编号不限。待编车列资料如下：6 5 9 1 4 2 4 8 1 7 3 6。

9. 编组摘挂列车调车作业计划，调机在右端作业，编成后车列顺序为 1234……，待编车列停在 10 道，编成后转往到发线 5 道，一次牵出分解，调车作业使用线路数量和编号不限。待编车列资料如下：8 3 5 2 7 1 4 3 5 7 6 4。

10. 编组摘挂列车调车作业计划，调机在右端作业，编成后车列顺序为 1234……，待编车列停在 10 道，编成后转往到发线 5 道，分两次牵出调车，调车作业使用线路数量和编号不限。待编车列资料如下：$7_22_25_41_24_25_11_31_23_62_31_1$。

11. 编组摘挂列车调车作业计划，调机在右端作业，编成后车列顺序为 1234……，待编车列停在 10 道，编成后转往到发线 5 道，分两次牵出调车，调车作业使用线路数量和编号不限。

待编车列资料如下：$8_4 3_1 9_2 6_5 4_1 7_2 6_3 2_1 1_3 5_4 1_1$。

12. 已知待编车列停于 11 道，调机在右端作业。要求：编成后车列顺序为 123……；可利用的线路为 11，12，13，14 道，编成后转往到发场 5 道。待编车列顺序如下：$4_3 3_2 6_2 1_1 3_5 2_4 1_2 2_1 3_6 2_5 1_4 3_1$，确定调车作业计划。

13. 编组摘挂列车调车作业计划，调机在右端作业，编成后车列顺序为 1234……，待编车列停在 10 道，编成后转往到发场 5 道，分两次牵出，待编车列为 $7_2 2_5 5_4 1_4 3_4 2_1 1_3 1_7 2_2 6_2 3_1 1_3$。

14. 编制编组摘挂列车调车作业计划，调机在右端作业，要求按站顺编组，编成后车列顺序为 1234……，待编车列资料如下：$4_3 7_3 2_4 7_2 6_5 3_3 1_2 4_3 5_4 7_2 6_4 5_3 2_4$，停于调车场 11 道，分两批解体，限用 5 条线路。

15. 编组摘挂列车调车作业计划，调机在右端作业，编成后车列顺序为 1234……，待编车列停在 10 道，编成后转往到发线 5 道，分两次牵出。待编车列为 $6_3 7_2 2_5 5_4 1_2 4_2 5_1 1_3 1_2 3_6 2_3 1_1$。

16. 计算中、停时指标。从某站非号码制货车停留时间登记表上获得如下资料。已知当班货物作业次数为 110 次，计算该站当班各项指标：$t_货$，$t_无$，$t_有$，$t_中$。

	货物作业		无调中转车		有调中转车	
	车数	车小时	车数	车小时	车数	车小时
上班结存	50	600	0	0	140	1680
本班到达	100	1520	220	680	1650	14830
本班发出	105	1045	220	475	1720	8650

17. 某编组站月度计划规定中时指标 $t_中$ 为 5.0 h，实际完成情况见下表。问该站中时是否完成月计划？

	中转总车数		指标（h）	
	无调	有调	$t_无$	$t_有$
上旬	2000	15000	1.0	5.8
中旬	2100	16500	1.1	6.5
下旬	2120	17800	1.2	5.5

18. 根据以下资料确定直达列车多点装卸时的最佳取送车顺序。

作业地点	编号	车数	取送时间	货物作业时间
A	1	10	30	100
B	2	15	20	130
C	3	20	10	150

19. 根据以下资料确定直达列车多点装卸时的最佳取送顺序。

作业地点	编号	车数	取送时间	货物作业时间
A	1	12	30	90
B	2	15	20	120
C	3	23	10	150

20. 根据以下资料确定最佳的取送车顺序。

作业地点	编号	车数	取送时间	货物作业时间
A	1	7	50	60
B	2	9	30	100
C	3	14	20	130
D	4	20	10	150

21. 确定列车、车流种类及在站内运行径路。

方向示意图：

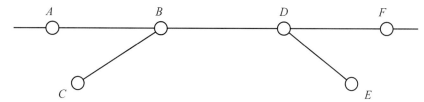

B 站示意图：

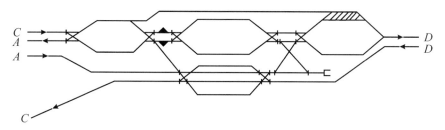

列车编组计划（摘录）

始发站	到站	编组内容	列车种类
A	F	F 及其以远	技术直达
A	B	B 及其以远	区段
A	B	（1）AB 车流　（2）B 及其以远	摘挂
B	F		直通
B	D		区段
B	D		摘挂

要求：① 填写各车场名称；

② 指出 B 站无改编中转列车、到达解体列车和自编始发列车；

③ 画出 A-D 间无调中转车，A-D 和 A-C 间有调中转车的站内运行径路；

④ 填写 B 到 F、B 到 D（区段）、B 到 D（摘挂）各去向列车的编组内容。

第二篇

货物列车编组计划

第九章　概　述

【本章导读】

　　本章首先引入车流组织的概念，重点讲述了货物列车编组计划的内容、任务、意义以及列车编组计划的编制程序和编制原则。在编制货物列车编组计划之前，需要确定车流径路，运输距离、运输时间、运输费用和能力限制是影响车流径路选择的主要因素。

【学习目标】

（1）理解车流组织及车流径路的基本概念；
（2）掌握货物列车编组计划的概念；
（3）深刻领会编组计划在铁路运输组织工作中的作用；
（4）熟悉货物列车的分类；
（5）了解货物列车编组计划的编制程序和编制原则；
（6）了解并掌握车流径路选择的主要因素。

【重点及难点】

（1）货物列车编组计划的作用和意义；
（2）货物列车的分类与含义；
（3）货物列车编组计划的内容；
（4）车流径路的分类、含义及影响因素。

第一节　货物列车编组计划的任务与意义

一、车流组织的概念

（一）车流与列流

　　铁路运输以旅客和货物为运输对象，其产品是旅客和货物的位移。大量的旅客（货物）向着某一方向流动，就形成了通常所说的客流（货流）。客流和货流形象地体现出运输业产品的位移特性，但要真正实现旅客和货物的位移，必须借助于某种"载体"，这种载体就是车辆——客车和货车，于是产生了"车流"的概念。因此，车流是铁路运送的具有一定去向的车辆的集合，车流可分为重车流和空车流。

货车具有一定的到站；空车即使没有确定的到站，也有一定的排空方向。因此，货车无论重空，只要处于运用状态，都具有一定的去向。而客车车辆只有编挂在某一旅客列车之中才具有与该列车相同的去向，在此之前本身并不存在独立的去向，因而无所谓客车车流，说到车流，都是针对货车而言的。采用"车流量"这一指标来表示车流的大小，通常是以一天接、发或通过的车辆数来计量。

列车是铁路运输生产的基本单元，因此，具有一定去向的列车的集合称为列车流，简称"列流"。列流的大小用"列流量"（或"行车量"）来衡量，以每天开行的列车数表示。车流和列流统称为运输流，合理组织运输流是行车组织这门课程的主要研究内容之一。

就货物运输而言，从货流到车流，再到列车流，最后到列车运行，这一过程实现了货物的位移，是一种层层递进的关系，在这中间需要进行大量的组织工作。可以说，把货流组织成车流，是货物运输计划主要解决的问题；把车流组织成列车流，是货物列车编组计划（简称"列车编组计划"或"编组计划"）的任务；而列车流的组织，即组流上线安排列车运行，则主要靠列车运行图来完成。上述关系如图9.1所示。

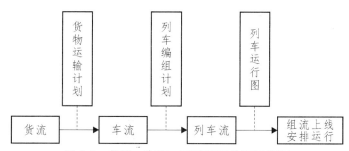

图9.1　货流、车流、列流相互关系示意图

（二）车流组织的含义及一般做法

车流组织是铁路行车组织的一项重要工作，它规定车流由发生地向目的地运送的制度，包括车流径路的选择、货物列车编组计划制订及日常车流推算与车流调整等主要内容。

把具有相同发、到站的车辆的集合叫作"一支车流"，把具有相同发、到站的同种列车的集合称为"一支列流"。按照所含列车种类的不同，由直达列车组成的列流称为直达列流，以此类推有直通列流、区段列流、摘挂列流等。一支车流包含的车辆数称为该支车流的车流量，一支列流包含的列车数称为该支列流的列流量。为统一起见，用 A_i 表示技术站，当方向上有 n 个技术站时，$i = 0,1,\cdots,n-1$，$A_i \to A_j$ 的车流记作 (i,j)，列流记作 $\langle i,j \rangle$，$A_i \to A_j$ 的车流量和列流量分别记作 N_{ij} 和 n_{ij}。

如图9.2所示，假定 p 站每天发往 q 站5车货物，这5辆货车便形成一支车流 (p,q)，其日均车流量 $N_{pq} = 5$ 辆；B 站编组直通列车开往 E 站，平均每天8列，这8列列车便构成一支列流 $\langle B,E \rangle$，其日均列流量 $n_{BE} = 8$ 列。

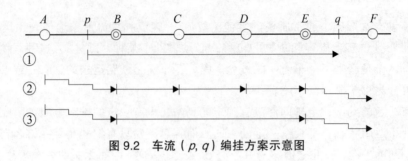

图 9.2 车流（p, q）编挂方案示意图

由于车流是以列车的形式在线路上移动的，所以车流必须转变成列流，才有可能为各种列车安排运行计划，从而实现货流的移动。这种把车流转变成列车流的工作叫作车流组织，相应地，把车流转变成列车流的方案叫作编组方案，编组方案是方向上全部车流的编挂方案，实质上是所有车流的组合方案。

对某具体线路方向而言，车流组织主要解决两大问题：

（1）路网上各线路方向究竟开行哪些列车；

（2）各支列流究竟吸收哪些车流。

把车流转变成列车流有很多方法，图 9.2 对 (p,q) 这支车流给出了 3 个编挂方案。

方案①：车流 (p,q) 编组 $p \rightarrow q$ 的始发直达列车；

方案②：车流 (p,q) 挂入 $A \rightarrow B$ 的摘挂列车，然后编入 $B \rightarrow C$，$C \rightarrow D$，$D \rightarrow E$ 的区段列车，最后编入 $E \rightarrow F$ 的摘挂列车运抵到站；

方案③：车流 (p,q) 挂入 $A \rightarrow B$ 的摘挂列车，然后编入 $B \rightarrow E$ 的直通列车，最后编入 $E \rightarrow F$ 的摘挂列车运抵到站。

还可以举出一些方案，但这 3 个方案具有一定的代表性，方案①和方案②代表两种最简单也是最极端的方案。方案①代表的是方向上每支车流都单开列流，即所有车流，不管车流量大小，一律在装（卸）车站集结，编组开往卸（装）车站的始发直达（或空车直达）列车。这种方案可使车流在沿途各技术站均不改编，大大压缩在技术站的中转停留时间，从而缩短全程旅行时间。但在始发站，如果日均车流量很小，车辆集结凑成一列车将要消耗很长的时间（几天，甚至几星期），且要求有一定的调车设备，这显然是不经济的，对于许多站来说甚至是不可能的。与此相反，方案②代表的是每支车流都到技术站集结，即所有车流不管车流量的大小和流程的远近，全部纳入摘挂列车和区段列车，逐段推进直至终到站。这种方案可使车流在始发站的集结时间消耗不大，但在沿途各技术站都要进行改编作业，将使远程车流在途时间大为延长，同时增加有关技术站的作业负担和不必要的设备投资，这种做法显然也是不可取的。而方案③在某种程度上克服了方案①和方案②的不足，同时保留了二者的优点，它可以代表一种较为合理的车流组织方法。这种方法的基本思想是：根据车流的性质、流量的大小和流程的长短，结合各站的设备条件，灵活采取不同的组织形式，以达到经济快捷地输送车流的目的。

按照这一思路，我国铁路在车流组织方面的做法大体如下：

（1）在装车量较大的车站（或地区）组织始发、阶梯、基地直达列车；

（2）在卸车量较大、产生空车较多的车站（或地区）尽量组织空车直达列车；

（3）未纳入始发直达列车和空车直达列车的重空车流向就近的技术站集中，按车流去向、流量大小和流程远近分别编入各种适当的列车，主要是技术直达列车、直通列车和区段列车，逐步输送至终到站；

（4）在中间站到发的零星车流一般采用摘挂列车或区段小运转列车输送；

（5）在枢纽地区到发的零星车流一般用枢纽小运转列车输送。

二、货物列车编组计划的内容

分散于全路各站的重空车流，经过车流组织工作有计划地纳入各种列车之中，实现了车流向列车流的转变。而车流组织就是将车流转变成列车流的工作，车流组织的结果最后以表格的形式汇编成册，作为铁路运输工作的一个十分重要的技术文件，这就是货物列车编组计划，简称列车编组计划或编组计划。

货物列车的编组内容通常采用列车到达站即列车去向来描述。一个列车到达站，对于重车来说大多是对到达某一范围内车流的一种界定，对于空车而言是指定其编组的车种。

货物列车编组计划对每一到达站货物列车的编组办法都有明确的说明。表 9.1 是成都铁路局某年列车编组计划的部分选录，从表中可以看出，列车编组计划的具体内容包括以下几方面：

（1）在哪些车站编组列车；

（2）编组到达哪些车站的列车；

（3）编组什么种类的列车；

（4）列车中编挂哪些车流；

（5）编组方式有哪些——混编或分组；按到站成组或按站顺编组；

（6）规定列车车次；

（7）附带需要说明的事项。

这些内容也是车流组织过程中所要解决的问题。所以说，货物列车编组计划是车流组织的具体体现。

表 9.1　成都铁路局××××年列车编组计划（摘录）

发　站	到　站	编　组　内　容	列车种类	定期车次	附　注
成都东	江村	江村及其以远 2200 t，58.0；六盘水南及其以远、株洲北及其以远车流补轴；4000 t，69.0	五定班列（普货）	81108/07	经路：大龙（内昆线）
广汉成都东燕岗	西安西或兰州西	兰州西（或宝鸡东）及其以远 2600 t，52.0	五定班列（普货）	81118/17	经路：广元、天水
郑州北洛阳东	重庆西	重庆西及其以远 3500 t，70.0	五定班列（普货）	80511	经路：达州（焦柳线）
防城港	弄弄坪	弄弄坪站卸	始发直达	85078	
昆明东读书铺	宝鸡东	宝鸡及其以远	始发直达	85082	
六盘水	柳州南	1. 鹧鸪江或良江卸，基本组 3500 t 2. 怀化南及其以远补轴	煤炭直达	83202	特定径路，经大龙、牙屯堡口运输
天回镇	昆明东	1. 广通及其以远； 2. 昆明东及其以远	石油直达	84013	
柳州南	六盘水南	空敞车	空车直达	10881（86073）	两用线，特定径路，经大龙、牙屯堡口运输

131

发　站	到　站	编　组　内　容	列车种类	定期车次	附　注
重庆西	襄樊北	襄樊北及其以远和空车不分组	远程直达	10402 10404	
成都东	新丰镇	新丰镇及其以远	技术直达	10372 ~10384	
成都东	宝鸡东	宝鸡及其以远	直通	21052 ~21060	
贵阳南	南宫山	1. 南宫山及其以远 2. 赶水及其以远（含重庆南、大渡口）	区段	30082 ~30086	
成都东	广元南	1. 天回镇至皂角铺间到站成组（机次） 2. 绵阳及其以远	摘挂	41002 ~41006	
成都东	江油	天回镇至三合场间到站成组	重点摘挂	41062 41064	
成都东	青白江	龙潭寺、大湾镇、青白江卸及调度指定的成绵段小站车	小运转		经北环线运输
重庆西	重庆南	1. 小南海至大渡口间一个站 2. 重庆南、重庆卸	枢纽小运转		二组顺序

三、货物列车编组计划的任务

货物列车编组计划是全路的车流组织计划，规定了车流编入列车的办法，实质上是一个编组方案。图 9.2 所示的仅仅是一支车流的编挂方案，还不能算是编组方案。编组方案是方向上全部车流的编挂方案，是所有车流的组合方案。由于路网上的发、到站很多，车流、列流数量巨大，编组方案多得不计其数，随着技术站的增加，方案数会爆炸式地增长。因此，采取何种编组方案，自然地产生了一个优化问题，即从众多的编组方案中选择最佳的或满意的编组方案。这正是车流组织所要解决的关键问题，也是难点之所在。

这里所谓的"最佳"包含两个方面的含义：一是经济有利，主要体现在加速车辆周转和货物送达上，衡量的主要指标是方向上（或路网上）总的车小时消耗最小；二是切实可行，即合理分配各站、各线的作业负荷，使改编作业量与技术站的改编能力相适应，装（卸）车作业量与装（卸）车站的货物作业能力相适应，线路的运输量与线路的通过能力相适应。因此，最佳方案指的是既经济又可行的方案。

因此，为了选出最佳的编组方案，车流组织应遵循的原则，即货物列车编组计划的主要任务是：

（1）在装车站最大限度地组织装车地直达列车，在卸车站尽量组织空车直达列车向装车地排空，以减少技术站的改编量，加速货物输送和机车车辆周转；

（2）正确规定技术站编组列车的办法，合理分配技术站的解编调车任务，充分发挥设备潜力，组织各站协调配合，为保持各站的良好作业秩序创造条件；

（3）最大限度地减少车辆在运行途中的改编作业次数，尽量将改编调车工作集中在设备先进、能力强大的编组站进行；

（4）充分利用线路通过能力，规定合理的车流径路，特别是合理利用平行线或联络线放行车流，以减轻繁忙干线的负担。

（5）合理组织相邻编组站范围内的管内车流，减少重复中转，加速车辆周转；

（6）合理组织枢纽车流，以减少站间交换车，加速车辆周转和充分利用枢纽内联络线的通过能力。

四、货物列车编组计划的意义

列车编组计划是铁路行车组织工作较长期的基础性技术文件，在铁路运输组织工作中具有十分重要的作用，主要体现在以下几方面：

（1）是全路一定时期车流组织的基础性计划，起着条理车流、规范列流的作用。列车编组计划以保证优质服务、加速车辆周转、加快货物送达为总体目标，将路网上错综复杂的车流按照运输性质及距离远近分别组织到不同种类的列车中去。

（2）是全路车站作业分工的统一战略部署。列车编组计划规定了各种列车的发站、到站、编组内容及车流编挂方式，这在很大程度上确定了各技术站、货运站的办理车数和改编车数，即各站的到、发、解、编作业任务和相应的设备运用办法，对车站工作起着决定性的作用。

（3）是货运计划与列车运行图之间的重要联系环节。它根据运输计划确定计划车流，并进一步将车流组织为列车流，并且它所规定的列车发、到站、列车数量、列车种类及定期运行的列车等是编制列车运行图的基础性资料。

（4）是铁路与国民经济其他部门联系的重要纽带，通过组织装车地直达运输，与厂矿企业在物资输送的组织方法与设备使用等方面紧密协作配合，体现了产、供、运、销各部门的共同利益。

（5）在日常运输组织工作中，通过适当变更列车编组计划，可以调整枢纽和方向的负担，缓和能力紧张状况，起到疏导车流运行、确保运输畅通的作用。

（6）是制订远期路网发展规划、确定枢纽规模和布局、进行站场改造扩建的重要依据。

综上所述，列车编组计划既是车流组织计划，又是站场设备运用计划；既是路网各车站分工的战略部署，又是调节铁路方向和站场工作负担，缓和运输紧张状况的有效手段；既是行车组织的基本技术文件，又是铁路与其他部门联合协作的具体体现。因此，正确编制和执行列车编组计划是充分发挥铁路运输能力，提高运输效率，尽可能满足运输市场需求的重要途径。

第二节　货物列车的分类

货物列车编组计划主要包括装车地直达列车编组计划和技术站列车编组计划两部分。在这两部分计划中，对所有编组列车的车站规定了编组列车的种类、到达站及编组内容。

货物列车的种类可按其编组地点和运行距离、运输性质和用途、编组方式和车组数等加以划分。

1. 按编组地点和运行距离划分

（1）始发直达列车。由一个车站所装的货车组成，通过一个及其以上编组站不进行改编作业的列车。

（2）阶梯直达列车。由同一个或相邻两个调度区段中几个车站所装的货车组成，通过一个及其以上编组站不进行改编作业的列车。

（3）基地直达列车。由装车基地所属的一个或若干个车站所装的货车组成，通过一个及其以上编组站不进行改编作业的列车。

（4）技术直达列车。在技术站编组，通过一个及其以上编组站不进行改编作业的列车。

（5）直通列车。在技术站编组，通过一个及其以上区段站不进行改编作业的列车。

（6）整列短途列车。在装车站编组，运行距离较短且不通过编组站到达某一卸车站的列车。

（7）区段列车。在技术站编组，不通过技术站且在区段内不进行摘挂车辆作业的列车。

（8）摘挂列车。在技术站编组，在邻接区段内的中间站进行车辆摘挂作业，服务于区段管内车流输送的列车。

（9）区段小运转列车。在技术站与邻接区段内的几个中间站之间开行，用于输送这几个中间站到发车流的列车。

（10）枢纽小运转列车。在枢纽内各站间开行，服务于枢纽内车流输送的列车。

从卸车地直接组织的空车列车，也可比照上述分类方法将空车列车分为直达、直通或区段列车。所举货物列车种类如图9.3所示。

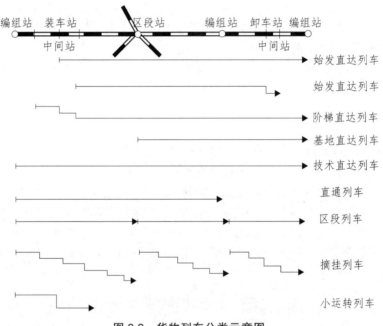

图9.3　货物列车分类示意图

2. 按运输性质和用途划分

（1）快运货物列车。通常是挂有机械保温车组或保温车，定期开行，以较高的速度运送鲜活、易腐货物及日用消费品的列车。其中，为适应市场经济发展，向社会提供优质服务，"定点、定线、定车次、定时、定价"为特征的快运货物列车又称为"五定"班列。

（2）定期运行的货物列车。有稳定车流保证，每日固定车次开行的列车。

（3）具有特定用途或特殊意义的货物列车。这类列车通常包括石油直达列车、保温列车、超限货物列车、重载货物列车、组合列车、自备车列车等。

3. 按列车内的车组数目及其编组方式划分

（1）单组列车。由同一到达站（到达同一卸车站或同一解体站）的车辆组成，列车内的车辆可以混编，也可以按某些特定要求选编成组。

（2）分组列车。由两个及其以上到达站的车辆组成，且按到达站选编成组的列车。

（3）按组顺或站顺编组的列车。列车内的车辆要求选编成组，且按组顺或站顺编挂的列车。

单组列车的编组内容在到达列车解体站前的运行途中一般不发生变化，分组列车在到达列车解体站前运行途中的有关技术站要进行车组的换挂作业。按组顺或站顺编组的列车一般为摘挂列车和小运转列车，大多要在运行途中各站进行摘挂车组作业。

此外，货物列车按列车内车辆的状态还可以分为重车列车、空车列车、空重混编（不分组）或空重合编（分组）列车。

上述货物列车的分类都是针对列车的某一特征而言的。实际上，每一列车都具有几个方面的特点，例如，它可能既是技术直达列车，又是单组、空重混编、定期运行的列车。

第三节　货物列车编组计划的编制程序和原则

一、编制资料

货物列车编组计划的编制质量在很大程度上取决于编制资料的准备工作，只有充分掌握可靠的编制资料，才能编出既能适应市场经济需要，又能体现铁路整体效益的列车编组计划。编制货物列车编组计划所需的资料主要有：

（1）车流资料——列车编组计划实行期间的货物运输计划和由此制订的计划车流。

（2）有关点、线能力的资料——各线通过能力及其利用程度，各区段长度、运行时间、货物列车牵引定数和换长标准，各技术站的设备、技术作业过程及时间标准、改编能力及其利用程度，各主要货物作业站的设备及装卸能力情况。

（3）计算所需的各项技术标准——列车平均编成辆数、货车集结参数、货车无改编通过技术站的节省时间标准等。

（4）分析与总结——主要编组站工作情况的分析，现行列车编组计划执行情况的分析与总结等。

二、编制程序

编制货物列车编组计划是一项十分复杂而又细致的工作，编制过程分为三个阶段：准备资料阶段、编制计划阶段和实行前的准备阶段。

列车编组计划的编制步骤分两步进行：第一步，是在国铁集团领导下，召开全路列车编组计划编制会议，各局共同编制跨局的列车编组计划；第二步，在制订跨局列车编组计划的基础上，各局分别编制本局管内的列车编组计划。

列车编组计划的具体编制程序是：

（1）审定编组计划实行期间的计划运量，并在此基础上确定计划重、空车流；

（2）检查各铁路方向的运输负荷，确定车流径路或制定分流办法；

（3）审定各条线路的列车重量和换长标准，研究可能发生的增减吨作业问题，制定某些方向统一重量标准的办法；

（4）审定各主要站的通过能力、装卸能力、改编能力和各项技术标准，研究提高能力、增加任务的可能性；

（5）编制快运货物列车编组计划，包括五定班列、集装箱班列及其他快运货物列车编组计划；

（6）编制装车地直达列车编组计划，包括始发直达、阶梯直达和基地直达列车编组计划；

（7）编制空车直达列车编组计划；

（8）编制技术直达列车；

（9）相邻编组站间的列车编组计划；

（10）区段管内列车编组计划；

（11）检查装车地直达列车与技术直达列车编组计划是否配合，修改不配合的装车地直达列车的到站，对不能统一重量标准的区段规定补、减轴办法，规定摘挂列车、小运转列车的开行办法；

（12）最后整理并确定列车编组计划，计算有关指标，拟订保证措施。

同时，还需要为编制列车运行图提供列车分类、对数、车流接续和固定时刻、车次要求等资料。

三、编制原则

货物列车编组计划的编制相当复杂。在整个铁路网上，编组列车地点的数量很大，车流支数较多，各支车流之间相互联系、相互渗透，只有将全路的车流组织作为一个整体来考虑才可能找到最优的方案。但是，这样会使车流组织的方案数变得非常多，且每一方案需要考虑的因素又很多，要想通过计算选出最优方案非常困难。为了解决好全路货物列车编组计划的编制问题，我国铁路常采用分块编制方法。一方面对装车地直达运输和技术站列车编组计划分别编制，另一方面又将全国铁路划分为若干个铁路方向，按各铁路方向分别编制货物列车编组计划。

编制货物列车编组计划应该遵循以下基本原则：

1. 编制始发直达列车编组计划

（1）为适应市场经济发展的需要，应尽可能在铁路运量较大的车站、枢纽或地区间开行定点、定线、定车次、定时、定价的"五定"快运货物列车；

（2）对大宗稳定的车流，有条件时应在装车地循环集结，全部组织直达列车；

（3）从产、运、销整体效益出发，结合装卸车条件，本着能高勿低、先远后近的原则尽可能多地组织各种直达列车；

（4）对有一定技术设备和中转车流接续的装车站，采取自装车流和中转车流配合组织技术直达列车的方法，越过能力紧张的编组站；

（5）以组织多站合开或者选定直达基地的办法，将零散车流汇集起来组织直达列车；

（6）凡流向稳定、能保证经常开行的始发直达列车，应固定车次、定期开行。

2. 编制空车列车编组计划

（1）空车应合理调配，按最短径路排送，并尽可能直接从卸车地组织空车直达列车；

（2）本着以空保重、重空结合的原则，尽量多组织定期空车直达列车；

（3）对于有大量卸车的专用线、车站、区段或地区均应就地组织空车专列；

（4）对需大量排往外局装车的空敞车，采取由卸车站和空车集中站将其全部组织成专列的办法，按交空分界站选定若干固定运行线均衡地排送。

3．编制技术站单组列车编组计划

（1）坚持全局观点，局部服从整体，小运转保证大运转，装车地缓和编组站，确保运输畅通；

（2）充分发挥技术站设备效能，组织好协调配合，保证车站正常工作；

（3）根据车流的集散规律，尽量组织中转车流集中在路网主要编组站上进行改编，并对某些能力不足的主要编组站指定相邻技术站进行辅助作业；

（4）对枢纽内有若干技术站的情况，通过技术经济比较选择好分散集结和分别到达列车的方案；

（5）对去往没有驼峰设备技术站解体的列车应减少分组；

（6）为适应当前各技术站调车线数量不足，较难全部按规定组号固定线路使用的情况，除因特殊需要或必须组织空车专列者外，其他空车全部与重车混编。

4．编制分组列车编组计划

（1）要考虑换挂车组站的车流稳定性，防止列车欠轴或被拆散；

（2）要考虑换挂车组站的技术设备条件，避免在不便进行成组换挂作业的车站换挂车组；

（3）挂到中间站的车组，只能是到达该站或到达有小运转机车取送的邻近站卸的车组。

第四节　车流径路的选择

车流径路是编制货物列车编组计划最主要的依据之一，也是车流推算与车流调整、路局完成运输产品清算和统计分析以及对发货人核收货物运费的依据。因此，车流径路的选择是铁路运营管理工作备受关注的问题之一。

一、车流径路的基本概念

车流运行径路是指车流由始发站被输送至终到站所经由的路线，简称车流径路。现行车流径路通常分为最短径路、特定径路和迂回径路三种。最短径路是指铁路线构成闭合的环状网络时，环上任意发到站间存在的多条径路中运输距离最短，或运输期限最短，或运输费用最经济的一条径路。通常，车流径路应选择最短径路，因为一般情况下最短径路往往是经济合理的。但如果最短径路上的某些线路或区段通过能力不能满足需要的行车量，或者由于某些特殊需要，如冷藏车的加冰、加油，阔大货物的特殊要求等，走最短径路不可行，则需指定车流经由另外的径路输送。此外，如果经由最短径路输送可能造成大量的折角车流，或造成枢纽小运转增多，运输成本增加，此时按最短径路输送车流就不一定是适宜的，也需要指定另外的径路。像这样对部分车流指定必须经由的路线称作特定径路，它是相对于最短径路而言的。除了最短径路和特定径路之外，还有一种迂回径路，是指在日常运输生产中，由于某些临时性的情况，如水害塌方、行车事故、施工封锁等引起中断行车，短期内不能按正常径路运行，需采取绕道运输的办法输送车流的径路。

最短径路作为基本部分，特定径路作为补充部分构成车流输送的正常径路。迂回径路是在日常调度指挥工作中进行车流调整时临时指定的经由线路，属非正常径路。按规定的正常径路输送车流有助于路网上运用车的合理分布及铁路线上车流的动态均衡，是建立稳定的运输秩序的必要条件。当必须采用迂回径路时，要根据迂回径路的运输能力规定一日迂回输送的车数、重车方向、空车车种及有关技术站列车编组计划的调整办法，尽量减少对运输秩序的干扰。

二、影响车流径路选择的主要因素

影响车流径路选择的主要因素有下列几项：

（1）运输距离，即车流自始发站至终到站全部里程，可根据《货物运价里程表》查表计算求得。

（2）运送时间，即将车流自始发站运送至终到站所需的时间，记作 T。计算公式为：

$$T = \sum \frac{l_{区段}}{v_{旅}} + \sum t_{无} + \sum t_{有}$$ （9.1）

式中　$l_{区段}$——车流经由的各区段长度；

　　　$v_{旅}$——各区段货物列车旅行速度；

　　　$t_{无}$，$t_{有}$——车流输送途中经由的各技术站的无调中转、有调中转停留时间。

（3）各区段的通过能力、各技术站的改编能力及能力的利用程度。区段通过能力可由计算确定，车站改编能力及能力利用率可通过写实统计查定。

（4）运输费用，即车流输送过程中所需的总费用，其中与行车量直接相关的费用 E 可按下式计算：

$$E = N(\sum e_{运行} + \sum e_{中转}) + \sum Me_{单机}$$ （9.2）

式中　N——计算车流量；

　　　$\sum e_{运行}$——每车分摊的途经区段运行总费用；

　　　$\sum e_{中转}$——每车分摊的途经技术站无调、有调中转总费用；

　　　$\sum Me_{单机}$——单机运行总费用，其中 M 为途经区段对应车流 N 需要增加的单机数，$e_{单机}$为每台单机在各区段的运行费用。

由于车流径路是在编制列车编组计划之前规定的，因此，计算运行时间及费用所需的一些数据只能根据现行编组计划、运行图和车站技术作业过程确定。

本章小结

货物列车编组计划是车流组织的核心内容和具体体现，主要包括装车地直达车编组计划和技术站列车编组计划两部分，它规定了路网上开行哪些列车流，每支列车流吸收哪些车流，确定了所有货物列车的编成站、终到站、列车种类及编组内容。最佳的货物列车编组计划是指经济有利、技术可行的方案。车流径路是编制货物列车编组计划最主要的依据之一，也是车流推算与车流调整，路局完成运输产品清算和统计分析以及对发货人核收货物运费的依据。车流径路分为最短径路、特定径路和迂回径路。影响车流径路选择的主要因素包括运输时间、运输距离、运输费用和沿途各区段、各技术站的能力及利用程度。

本章主要知识点回顾：

一、车流组织的概念

（1）车流：铁路运送的具有一定去向的车辆的集合。

（2）列流：具有一定去向的列车的集合。

（3）车流组织：把车流转变成列车流的工作叫作车流组织。

（4）编组方案：把车流转变成列车流的方案叫作编组方案。

二、货物列车编组计划的内容及意义

（1）内容：在哪些车站编组、编组到达哪些车站、编组列车的种类、车流编组去向、车流编入方式、列车车次等。

（2）意义：车流组织的核心内容和具体体现。

三、车流径路的概念及影响因素

（1）车流径路：指车流由始发站被输送至终到站所经由的路线。

（2）车流径路一般分为：最短径路、特定径路、迂回径路。

（3）影响因素：运输距离，运送时间，各区段的通过能力、各技术站的改编能力及能力的利用程度，运输费用。

思 考 题

1. 简述货物列车编组计划的内容、作用和任务。

2. 货物列车是怎样分类和定义的？

3. 简述货物列车编组计划的编制程序、所需编制资料以及编制原则。

4. 何谓车流径路？车流径路分哪几种？影响车流径路选择的因素有哪些？

5. 如何从货流、车流、列流之间的相互关系说明货物运输计划、列车编组计划和列车运行图的基本功能？

6. 何谓车流组织？车流组织应当遵循哪些原则？我国铁路车流组织的一般做法是怎样的？

第十章　装车地直达列车编组计划

【本章导读】

本章第一节介绍装车地直达列车的含义及分类，组织装车地直达列车的优越性，以及组织装车地直达列车的适用条件；第二节重点分析组织装车地直达列车的效益；第三节对装车地直达列车编组计划的编制步骤以及执行装车地直达列车编组计划的主要措施进行介绍。

【学习目标】

（1）熟悉装车地直达列车的含义及分类；

（2）掌握装车地直达列车的有利性及适用条件；

（3）了解并掌握装车地直达列车的编制步骤及执行措施。

【重点及难点】

（1）装车地直达列车的含义及分类；

（2）组织装车地直达列车的条件。

第一节　组织装车地直达列车的有利性及适用条件

在审定了列车编组计划所需的各项资料，并编制快运货物列车编组计划之后，紧接着就是编制装车地直达列车编组计划。

装车地直达列车是最经济、最有效、最合理的车流组织方式，也是铁路提高运输服务质量，扩大运输市场占有份额的主要技术组织措施之一。在装车地如何组织直达列车，组织哪些种类的直达列车，这与市场需求、车流构成、设备条件等有关，从整体上也存在与其他车流组织方式相互配合的问题，应在编制列车编组计划时统一考虑。

一、定义与分类

在装车地区，由一个或几个装车站以自装货车直接组成直达列车的车流组织方式称为装车地直达运输。在装车地组织的直达列车，也称为装车地直达列车，根据组织条件、到站、车辆编挂办法及运行条件的不同，可有多种形式。

从组织条件来看，装车地直达列车可分为：

（1）在同一车站的一个或几个装车地点，由一个或几个发货单位所装车辆组成的直达列车，通常称为始发直达列车；

（2）由同一区段内（包括衔接支线）或同一枢纽内的几个车站所装车辆组成的直达列车，称为阶梯直达列车；

（3）在基地站（一般为装车区的技术站或干支线联轨站）所组成的直达列车，称为基地直达列车。

从列车内货车的到站来看，可以分为：

（1）到达同一卸车站的一个或几个卸车地点卸车，或到达国际过轨站过轨的直达列车；

（2）到达同一区段内 2～3 个邻近车站分卸的直达列车，通常称为反阶梯直达列车；

（3）到达同一枢纽内几个车站分卸的直达列车；

（4）到达卸车基地站的直达列车；

（5）到达技术站解体的直达列车。

装车地直达列车内车辆的编挂办法可以按同一卸车站的不同卸车地点、同一卸车区段或枢纽内的不同卸车站或解体站编组计划规定的组号选编成组并按规定顺序编挂，也可以不分组混编。

按直达列车的运行条件，可以是固定车底的循环直达，或不固定车底的非循环直达；可以是变更重量的直达列车或固定重量的直达列车；可以是每日定期开行的直达列车或不定期开行的直达列车等。

装车地直达运输中还有一种日行 600～800 km 的快运货物列车，其组织形式主要有：

（1）专门运送鲜活易腐货物的快运货物列车，其中以编挂保温车为主的列车又称为保温列车；

（2）专门运送集装箱的快运货物列车，一般要求指定挂运车次，优先安排运行线间的接续，称为集装箱快运班列；

（3）运送快运货物的"五定"班列，一般要求运行线全程贯通，车次全程不变，发到时间固定，实行以车或箱为单位报价。

此外，由同一站装车、不通过编组站、到达同一站卸车、固定车底循环运用或不固定车底的整列短途列车，也是装车地直达运输的一种形式，需要单独统计。

二、组织装车地直达列车的优越性

货物运输直达化是衡量铁路运输组织水平的重要标志之一，组织装车地直达列车，特别是组织从一个装车站直达一个卸车站的直达列车，可以带来多方面的经济效益。概括起来，其有利性主要表现在以下几个方面：

（1）减轻沿途技术站的改编作业负担。这一方面可以改善车站作业条件，同时可缓和编组站能力紧张状况，有利于推迟设备改造时间，减少投资。

（2）加速车辆周转和货物送达。节省了车辆购置费，减少了在途货物资金占用，从而降低了运输成本。

（3）为稳定列车运行秩序创造有利条件。吸收到装车地直达列车中的货流，一般是大宗物资，列车可以固定运行线每日（或定期）开行。

（4）配合厂矿企业生产。组织装车地直达列车可以使货流与车流更好地结合起来，促进产、供、运、销各部门的密切协作，以取得整体的经济效益。

三、组织装车地直达列车的条件

组织装车地直达列车，并不是在任何条件下都是经济可行的，必须具备一定的条件，否则就达不到预期的效果。例如，在直达车流小，不具备整列或成组装卸条件的情况下组织装车地直达列车就可能引起车流积压，货车停留时间延长，造成车站堵塞；再如不考虑与技术站列车编组计划相配合，直达列车就有可能被提前解体而达不到预期的效果。因此，在确定装车地直达列车编组计划时，必须考虑以下条件：

（1）货源货流充足，车流去向集中；

（2）装车设备（场库、储仓、货位、线路等）和装车能力能满足整列出车的要求；

（3）调车设备具有编组直达列车的能力；

（4）卸车设备和卸车能力能满足整列或成批接卸的要求；

（5）空车供应稳定可靠，数量充足，配送及时。

上述条件中，货流、车流条件起决定性作用，大宗货物（煤炭、石油、矿石、木材、建材、粮食等）的集中运输是组织装车地直达列车的基础。当然，其他条件也不能忽视。如果装卸设备能力不足，或者空车供应不及时，即使车流较充裕，也会产生待送、待取、待装、待卸、待编等额外的车小时消耗，造成一定的损失。所以，在现有设备条件下，对自装直达车流是组织装车地直达列车，还是送到技术站编组技术直达列车，需要进行技术经济比较确定。

第二节　组织装车地直达列车的效益分析

一、衡量直达运输效果的标准

组织直达运输的可能性与合理性，不仅取决于组织直达列车的基本条件，也取决于所期望达到的某种效果。因此，有三种衡量直达运输效果的标准：第一种是最大限度地保证紧急物资（如军用物资、抢险救灾物资、急用电煤等）的优先、快速、及时输送，而放弃对其他指标的要求；第二种是尽可能减轻有关技术站的改编作业负荷，使直达列车在能力紧张的技术站无改编通过，以尽快缓解枢纽地区运输堵塞状况，这种"以装缓编"的方法主要解决某些技术站改编作业能力不足的实际困难，而不需要计算对于因组织直达运输而增加的费用；第三种是尽可能加速车辆周转，追求的目标是总的车小时节省最大。一般说来，前两种衡量标准带有临时的性质，而第三种则是编制直达运输计划时经常采用的标准。

但更为全面合理的标准应当是站在国民经济全局的立场，考察组织装车地直达运输所带来的整体经济效益，特别是长远的经济效益。例如，开行某些直达列车可以增加铁路运输在整个运输市场中的占有份额，虽然在短期内不能带来经济效益，但只要有利于铁路运输营销策略的实施，从长远来看是有利的，那么也应组织开行这类直达列车。

直达运输的经济效益是相对于非直达运输而言的，在计算效益时，只需将两种车流组织方法下节省与损失的部分进行比较，用 $E_{直达}$ 表示直达运输组织方式所产生的经济效益，它由三部分组成，计算公式为：

$$E_{直达} = E_{运营} + \Delta(\sum K_{基建} + K_{流动}) \tag{10.1}$$

式中　$E_{运营}$——与缩短货车停留时间和减少技术站改编作业量等有关的运营支出节省；

$\sum K_{基建}$——铁路及物资部门因组织直达运输所引起的机车车辆、站场、仓储设备、装卸机械等投资的节省（若增加取"－"号，减少取"＋"号）；

$K_{流动}$——物资部门因加速货物送达所获得的在途货物占用资金的节省；

$\varDelta$——标准投资效益系数，一般取 0.10 ～ 0.12。

因此，确定 $E_{直达}$ 就在于正确查定上述各项因素的具体数值，但确定这些因素的数值比较复杂，通常采取近似估算，在制订直达运输长远规划时采用。

二、组织直达列车的效益分析

分析直达列车的经济效益，若以车小时总节省为衡量标准时，需分别考察组织装车地直达列车比不组织装车地直达列车在装车站、运行途中和卸车站的节省。

（一）组织直达列车在装车站的效益

影响装车地直达列车在装车站的车小时消耗的因素很多，如空车供应方式、列车编成辆数、装车地点数及各点送装车数、装车线长度、仓库容量、取送车作业组织方法等。下面按空车供应方式的不同来进行讨论。

1. 空车整列供应

（1）在一个地点装车时，直达列车在站作业停留时间 $t_{装}^{直}$ 为：

$$t_{装}^{直} = t_{到} + t_{取送} + t_{装} + t_{发} \tag{10.2}$$

式中　$t_{到}$——空车列车到达作业时间；

　　　$t_{取送}$——将空车送往装车地点及把装完重车取回站内的时间，送车包括挑选车组、去程走行、对货位，取车包括收集车辆、回程走行、转线；

　　　$t_{装}$——装车作业所花时间；

　　　$t_{发}$——重车列车出发作业时间。

（2）在几个地点装车，由 1 台机车取送时，直达列车在站作业停留时间 $t_{装}^{直}$ 用下式计算：

$$t_{装}^{直} = t_{到} + 2\sum t_{取送} + \min t_{等} + t_{发} \tag{10.3}$$

式中　$t_{等}$——机车等待总时间。

（3）在几个地点（设有 n 个）装车，由几台机车取送时，则装车与取送作业时间之和最大的车组成为限制因素。直达列车在站作业停留时间 $t_{装}^{直}$ 计算公式为：

$$t_{装}^{直} = t_{到} + \max_{i}\{t_{取送}^{i} + t_{装}^{i} \,\big|\, i = 1, 2, \cdots, n\} + t_{发} \tag{10.4}$$

由于空车整列到，重车整列发，故直达列车在站作业停留时间也就是直达列车中的每辆货车在站停留时间。按不同情况确定 $t_{装}^{直}$ 后，即可作为空车列车到达至重车列车出发之间的时间标准，供编制列车运行图时参照使用。

2. 空车成组供应

空车成组供应是指空车随列车（摘挂列车、小运转列车等）成组到达，或本站作业重车在卸完之后成组利用，因此列车解体完毕或卸后空车取回并分解（挑选车组）完毕时即作为空车车组产生之时。由于重车列车整列出发，空车车组陆续产生，所以自空车产生至直达列车编成之间的过程类似于货车集结过程，这一过程包括各车组的送车、装车、取车及最后连挂成一列列车等作业环节。以 $t_{集}^{直}$ 作为平均每辆货车在这一过程中所消耗的时间，其值可通过统计查定。因此，空车成组供应条件下直达列车中平均每辆货车在站作业停留时间 $t_{装}^{直}$ 的计算公式为：

$$t_{装}^{直} = t_{到} + t_{解} + t_{集}^{直} + t_{发} \qquad (10.5)$$

式中 $t_{到}$、$t_{解}$——列车到达作业时间和解体时间，对于本站卸后空车则为取车时间和分解（挑选车组）时间；

         $t_{发}$——列车出发作业时间。

3. 组织直达运输在装车站的车小时节省

如果不组织装车地直达列车，则装完的重车一般挂入摘挂列车或用小运转列车送往就近技术站。这时，每辆货车平均在装车站的停留时间 $t_{装}^{非}$ 与一次货物作业车在货运站的停留时间类似，用下式计算：

$$t_{装}^{非} = t_{到} + t_{解} + t_{装} + t_{取送} + t_{集} + t_{编} + t_{发} \qquad (10.6)$$

某支列流在装车站组织直达运输较不组织直达运输所产生的车小时节省 $F_{装}$ 为：

$$F_{装} = N_{装} t_{装}^{非} - \left[\sum_{i=1}^{n} m_{直i} t_{装}^{直} + \left(N_{装} - \sum_{i=1}^{n} m_{直i} \right) t_{装}^{\prime 非} \right] \qquad (10.7)$$

式中 $N_{装}$——装车站自装车流总数；

         n——该直达列流在装车站组织的直达列车列数；

         $m_{直}$——直达列车编成辆数；

         $t_{装}^{直}$——组织直达列车条件下每车平均停留时间，按空车供应方式的不同分别用式（10.2）～（10.5）计算；

         $t_{装}^{\prime 非}$、$t_{装}^{非}$——组织与不组织直达列车条件下非直达车流每车平均停留时间，二者均可用式（10.6）计算，主要不同之处在于 $t_{集}$ 因非直达车流量有变化故不相等，可分别由统计查定。

（二）组织直达列车在运行途中的效益

装车地直达列车在运行途中无改编通过技术站，较之在技术站改编不仅可以获得车小时节省，还因为省略了解体、编组作业过程，使调车工作量得到减少。此外，如果直达列车的装车站、卸车站是中间站，组织装车地直达列车较之用摘挂列车输送车流还可获得旅行时间的节省。因此，装车地直达列车在运行途中的效益包括以下三个部分。

1. 无改编通过途中技术站所获得的车小时节省 $F_{技}^{(1)}$

$$F_{技}^{(1)} = \sum_{i=1}^{k} \sum_{j \in W} N_{直i} t_{节j} \qquad (10.8)$$

式中　$N_{直i}$——第 i 支直达列流吸收的直达车流量;

　　　$t_{节j}$——直达车流在技术站 j 无改编通过所获得的节省时间标准;

　　　k——某线路方向全部组织的直达列流支数;

　　　W——直达车流无改编通过的技术站集合（不组织装车地直达运输时也无改编通过的技术站除外）。

2. 无改编通过途中技术站所获得的调车小时节省 $F_{技}^{(2)}$

$$F_{技}^{(2)} = \sum_{i=1}^{k} \sum_{j \in W} n_{直i}(t_{解j} + t_{编j}) \tag{10.9}$$

式中　$n_{直i}$——第 i 支直达列流包含的直达列车列数;

　　　$t_{解j}$, $t_{编j}$——技术站 j 解体、编组时间标准。

3. 直达列车相对于摘挂列车输送所获得的旅行车小时节省 $F_{旅}$

$$F_{旅} = \sum_{i=1}^{k} N_{直i}(\Delta t_{旅i}^{装} + \Delta t_{旅i}^{卸}) \tag{10.10}$$

式中　$\Delta t_{旅i}^{装}$——第 i 支直达列流由装车站至最近技术站的旅行时间节省;

　　　$\Delta t_{旅i}^{卸}$——第 i 支直达列流由终端技术站至卸车站的旅行时间节省。

（三）组织直达列车在卸车站的效益

装车地直达列车在卸车站的车小时消耗主要考察在卸车完毕之前的那段时间,车辆卸车后不管是用来装车还是直接排空,其车小时消耗都与是否随直达列车到达没有太大的联系。

组织直达列车与不组织直达列车相比,在卸车站能否获得车小时节省与多种因素有关,其中影响最大的是车站接卸能力。当车站装备有比较先进的卸车设备,具有强大的卸车能力时,通常采用整列卸车的方式。在这种方式下,列车整列到达车站后不需解体,也不产生车组集结待送时间,调车工作量也有所节省,因而是有利的。如果车站不具备整列卸车的条件,需要分批送卸,此时送车有先后差别,将会产生车辆待送时间,使车小时消耗增加。当在几条专用线分别卸车,由专门的调机担当取送作业时,只要卸车能力与卸车数相适应,一般不会产生额外的车小时损失。

用 $F_{卸}$ 表示某支列流组织直达运输较不组织直达运输在卸车站所产生的车小时节省,则有:

$$F_{卸} = \sum_{i=1}^{n} (t_{卸}^{非} - t_{卸}^{直}) m_i \tag{10.11}$$

式中　$t_{卸}^{直}$, $t_{卸}^{非}$——编入直达列车和非直达列车的货车在卸车站的平均停留时间;

　　　m_i——第 i 列直达列车的编成辆数;

　　　n——该支列流所包含的直达列车数。

三、循环直达列车组织

循环直达列车是以固定车底在装卸站间循环往返运行的直达列车，其主要优点是能够保证向大宗货物装车地点供应空车的稳定性，为固定列车运行线创造有利条件。当采用专用车辆时，还能加速车辆周转、提高货车静载重和保证货物的完整。但是，这种直达列车可能会增加空车走行公里，为此，一般应在下列情况下采用：

（1）直达列车往返都有货可装，或其回程恰好是回空方向并不增加额外走行，或运距不长、空率虽有所增加，而其损失可以从加速车辆周转方面得到弥补；

（2）如大宗货物本身要求以指定车种或专用车运送，不论运距远近，只用固定车底，此时，空率虽有所增加，但其在保证货物运输安全完整、减少整备作业和提高载重力利用率等方面有较大的效益；

（3）装车和卸车地的设备条件能保证整列或半列一批作业，不增加车辆在站停留时间。据有关资料介绍，采用循环直达列车运煤可降低费用 25%～40%，一些以铁路为主要煤运方式的国家，在这方面都有专门的组织。

四、基地直达列车组织

基地直达列车也是装车地直达运输的一种有效形式。当地区内各主要装车点因设备条件限制不能整列出车时，或因支线牵引定数低于干线，直达列车在干支线衔接站需要车流补轴时，以及组织基地直达列车可以增加直达列车数量、延长直达列车运行距离，有助于解决某些主要编组站作业困难时，组织基地直达列车可以比组织始发或阶梯直达列车具有更好的效果。

直达基地站通常设在大量装车地区出口的工业编组站、铁路与企业专用线联轨站或铁路干支线衔接处的车站（技术站或货物站）。地区各装车点和企业专用线所装车组，先以摘挂或小运转列车送到基地站，经过解体并按去向或按货物品类集结，然后编组（或连接）成为发往各到达站的基地直达列车及其他列车。

直达基地的车流组织，可以采用按货物品类集结车流或按车辆到达站集结车流的办法组成直达列车。在不同的车流集结方式下，装车地点和基地站的工作组织方法亦将有所不同。

建立直达基地的合理性应通过技术经济论证来确定，为此，可将组织基地直达与始发直达的相对得失加以比较。

组织基地直达列车可以获得以下节省：

（1）缩短车辆在各装车地点的停留时间；

（2）增加直达列车数量、延长直达列车运行距离；

（3）当基地站设在变重站时，可免除直达列车的变重作业；

（4）减少各装车地点增修线路、扩建场库、加强机械化装卸设备的投资及其日常维修费用。

组织基地直达列车而产生的损失主要有：

（1）增加基地站的改编工作量，延长了车辆在基地站的停留时间。

车辆在基地站的集结车小时消耗可按下式近似计算：

$$Nt_{集} = k_{直} c_{直} m_{直} \ (车 \cdot h)$$

每车平均集结停留时间为：

$$t_{集} = k_{直}c_{直}m_{直}/\sum N_{直} \text{ (h)} \qquad (10.12)$$

式中　$k_{直}$——参加集结的货物品类或标号数，按车流去向集结时为直达去向数；

$c_{直}$——集结参数，按货物品类集结时可取 6，按车流去向集结时可取 8；

$\sum N_{直}$——参加集结的车流总数。

（2）增加基地站工作人员。

（3）增加用于基地站扩建或改建的投资及设备维修费。

为了更全面地评价建立直达基地的合理性，必要时还应考虑加速货物送达和节省机车车辆投资的效益。

第三节　装车地直达列车编组计划的编制与执行

装车地直达运输计划根据其编制目的和实行期限分为远期、近期及月度计划。远期计划具有规划性，根据地区经济发展远景规划预测货流量，选择合理的直达运输组织形式，确定直达运输应达到的比重，并拟订铁路和有关企业的设备改扩建计划。近期计划即为装车地直达列车编组计划，它与技术站列车编组计划一起编制，根据现有的货流量及技术设备状况，考虑各技术站改编工作量的合理分配，并对各装车站规定组织直达列车的基本要求。月度直达运输计划属于执行性计划，它与月度货运计划同时编制，是组织装车地直达运输的综合部署，以列车编组计划的有关规定和批准的运输生产计划车流为依据，通过合理组织货源货流编制出质量高于列车编组计划基本要求的直达列车计划，并在运输方案中做好日历装车安排。

装车地直达列车编组计划通常采取上下结合的方式进行编制。首先由国铁集团运输部根据以往的实绩和运输市场的发展，研究和规定各局应完成的直达运输任务，结合装车计划一并下发。各铁路局根据任务编制计划车流，从品类别、发到站别车流资料中查定直达车流，填写装车地直达列车计划车流表，并结合装卸站的设备条件、装卸能力，参考以往实绩与有关厂矿企业单位共同研究协商，拟订装车地直达列车计划草案报国铁集团。制订装车地直达列车计划时，要在保证达到主要目标的前提下，优先采用经济效果高、在实际工作中易于实现的组织方式，并根据货流构成及装卸站作业条件等因素，本着"先远后近、能高勿低"的精神，采取如下做法：

（1）先组织直接面向市场和有特定条件要求的直达列车，如"五定"班列、集装箱班列、鲜活快运货物列车、重载单元列车、循环直达列车等，再组织一般的装车地直达列车。

（2）先组织一个发站一个发货单位装的直达列车，再组织同一发站几个发货单位装的直达列车，最后组织几个车站联合配开的直达列车。

（3）先组织到达同一车站或同一专用线卸的直达列车，再组织到达同一区段或枢纽内几个站卸的直达列车，最后组织到达技术站解体的直达列车。

（4）在一定条件下采用建立直达基地或联合出车区的方法，把零散车流汇集起来组织多个点配开的直达列车。

（5）在一定条件下组织固定车底循环直达列车。此种列车往返运行于装、卸站之间，有利于保证稳定的空车供应，加速车辆周转和提高货车载重力利用率，但可能增加空车走行公里。因此，开行这种列车有利有弊，需要进行技术经济比较权衡确定。

在日常运输生产中，应加强组织，努力使计划变成现实，并尽可能增大直达列车比重，同时严格考核，不断提高直达运输组织水平。考核的指标有：

（1）装车地直达列车吸收的车流量占总装车数的百分比 $\gamma_{直}^{总}$，即

$$\gamma_{直}^{总} = \frac{\sum N_{直}}{U_{总}}$$ （10.13）

式中　$\sum N_{直}$——装车地直达列车吸收的车流量；

　　　$U_{总}$——总装车数。

（2）装车地直达列车吸收的车流量占直达车流量的百分比 $\gamma_{直}^{直}$，即

$$\gamma_{直}^{直} = \frac{\sum N_{直}}{U_{直}}$$ （10.14）

式中　$U_{直}$——总装车数中的直达车流量。

（3）装车地直达列车的平均运程 $L_{直}^{均}$，即

$$L_{直}^{均} = \frac{\sum n_{直}l_{直}}{\sum n_{直}}$$ （10.15）

式中　$\sum n_{直}l_{直}$——装车地直达列车总走行公里；

　　　$\sum n_{直}$——装车地直达列车列数。

（4）装车地直达列车平均无改编通过的技术站数 $K_{技}$，即

$$K_{技} = \frac{\sum n_{直}k_{技}}{\sum n_{直}}$$ （10.16）

式中　$\sum n_{直}k_{技}$——装车地直达列车无改编通过的技术站总次数。

　　货物运输直达化是当代世界铁路货物运输的发展方向，因为它无论对铁路还是对发、收货人，都能带来明显的经济效果。我国铁路编组站能力普遍紧张，加强装车地直达运输组织，实现"以装缓编"，更具有重要的现实意义。

　　为保证装车地直达列车编组计划的实现，并努力扩大直达运输的比重，根据国内外铁路的运营经验，主要可采取以下技术组织措施：

　　（1）加强货源组织，提高计划质量，最大限度地把货流、车流集中起来，为开行直达列车创造条件。通过了解大宗物资的产销规律和动向，为组织直达运输提供可靠的货源、货流保证，提倡在装卸区建立产、运、供、销联合办事机构，最大限度地将货流集中起来，根据车流量大小编开始发直达、阶梯直达或基地直达列车。一般来说，车流量能保证每日开行（至少是隔日开行）1 列直达列车的装车站（或装车区），应组织装车地直达列车，并固定运行线，以使列车在技术站有良好的接续；一支车流量在 5 车以上者，应成组装车，尽可能实现几个邻近站合开阶梯直达列车，或者送到基地站编开基地直达列车。

　　（2）在编制与审批铁路运输生产计划时优先安排直达列车的货源、货流，制定直达列车装车计划、并在月、旬运输方案中安排日历装车计划，排定直达运输货物的发送顺序。

　　（3）严格监督检查装车地直达列车的编组，不使违反编组计划的车流编入直达列车，以免

被提前解体，配备专职人员负责直达列车的计划、组织和统计分析工作，并及时解决直达运输和运输方案中出现的问题。

（4）加强装卸、仓储设备的修建与扩建，主要是矿区、冶炼企业、林区、港口和储运基地的装卸、仓储设备及工业编组站（联轨站）的建设，以适应提高列车质量和发展直达运输的需要。同时，在分散装车的汇集点或干、支线的衔接处，设立直达基地，实现集零成整，提高直达运输的比重。

（5）为了保证装车地直达列车的正常开行，需要合理组织空车流的输送。若有条件尽量使空车直达列车在沿途技术站不改编、不甩挂，迅速地将空车从卸车地送至装车地。例如，在整列卸车的车站，可将卸后空车原列折返装车站；在非整列卸车但卸车量仍较大的车站，可组织几个站配合开行反阶梯式空车直达列车；在大量卸车地区（或区段），可指定某站为空车汇集站，编开基地式空车直达列车；空车直达列车应尽量根据装车地直达列车的要求，单一车种编组，较常见的有空敞车直达列车和空罐车直达列车；对重点矿区的排空，还应固定运行线均衡运输。未纳入空车直达列车的零星空车流，应根据排空方向，在就近技术站集中，与重车流合并一起开往前方技术站。

本章小结

装车地直达列车是一种经济合理的车流组织形式，但所有装车站不可能都编开装车地直达列车，要获得其经济效益，必须具备一定的适用条件。是否组织装车地直达列车需要根据衡量直达运输效果的标准，对装车地直达列车在装车站、运行途中及卸车站的效益进行分析。应以计划车流为依据，结合装卸站的设备条件和装卸能力，本着"先远后近，能高勿低"的原则来编制装车地直达列车编组计划，并保证装车地直达列车编组计划的实现，努力扩大直达运输的比重。

本章主要知识点回顾：

一、装车地直达列车的概念及分类

（1）定义：在装车地区，由一个或几个装车站以自装货车直接组成直达列车的车流组织方式。

（2）分类：始发直达列车、阶梯直达列车、基地直达列车。

二、组织装车地直达列车的条件

主要包括货源充足、车流去向集中、装（卸）车设备及装（卸）车能力能满足整列出车或卸车的要求、调车设备具有编组直达列车的能力、空车供应稳定可靠等。

思 考 题

1. 组织装车地直达运输应具备哪些条件？为什么？

2. 装车地直达列车有哪些组织形式？各在什么情况下采用？

3. 衡量直达运输效果的标准有哪些？

4. 简述组织直达列车在装车站、运行途中及卸车站的效益。

5. 考核直达运输组织水平的指标有哪些？

6. 简述编制装车地直达列车编组计划的原则和具体步骤。

第十一章　技术站列车编组计划的编制

【本章导读】

装车地直达列车和空车直达列车编组计划编制完毕后，未被这两种列车吸收的车流，都要向就近技术站集中，到达技术站解体的装车地直达和空车直达列车中的远程车流，也要在技术站集结重新编组。技术站发出的车流，除了上面两类车流之外，还包括本站装卸完毕的重、空车流。经过车流归并，每一技术站发往前方技术站的车流都能确定下来。技术站列车编组计划的任务是对技术站发出的各支车流，按照去向分别编组成不同到站、不同种类的列车，即把技术站发出的各支车流纳入技术站编发的各支列流中去。我国铁路运行的列车，大部分是由技术站集结编组发出的，且以单组列车居多，一般在单组列车编组计划编制之后，再考虑分组列车和区段管内列车编组计划的制订。

【学习目标】

（1）掌握编制列车编组计划的主要因素；

（2）熟悉并掌握编制单组列车编组计划的基本原理；

（3）重点掌握利用表格计算法编制单组列车编组计划；

（4）了解分组列车及相邻编组站间列车编组计划的编制。

【重点及难点】

（1）编制技术站间单组直达列车编组计划的主要因素及确定；

（2）技术站车流组织的两个基本原则；

（3）利用表格计算法编制技术站间单组列车编组计划。

第一节　编制列车编组计划的主要因素

货物列车编组计划的编制涉及面很广，其中主要因素有：列车编组计划实行期间的计划车流；车流径路方案；各铁路方向重车列车、重空混编与空车列车的编成辆数；各技术站大、小运转列车的车辆集结参数；车辆无改编通过各技术站的节省时间标准；各技术站的配置及改编作业能力；主要装卸站的装卸能力。在编制货物列车编组计划前，有必要对这些要素进行认真的查定或计算，以确保货物列车编组计划的编制质量。

在传统的列车编组计划编制过程中，当车流径路确定之后，为了选择方向上经济有利的编组方案，需要计算比较各方案的车小时总消耗。编组计划问题本质上属于组合优化问题，即在众多的编组方案中选择最佳的方案。为此，需要确定三个比较重要的技术标准：一是技术站间计划车流，二是各技术站按方向别的平均一支列流一昼夜的货车集结车小时消耗，三是各技术站平均一辆货车无改编通过所得到的车小时节省。

一、技术站间计划车流的确定

（一）计划车流制订过程

计划车流是编制列车编组计划最重要的依据，应当尽量使之符合客观实际。为提高编组计划的稳定性，首先要正确选定能够反映整个编组计划实行期间车流特点的计划运量。那么怎样使这个计划运量符合未来的实际，是一个值得深入探讨的问题。为此，国铁集团根据所了解的主要大宗物资的流向和流量的规律性，结合国家对市场经济进行宏观调控的政策，运输市场预测及铁路运输占有份额分析，参考各铁路局品类别装车实绩和运输能力紧张区段增加运输能力的可能性，拟订出运输计划轮廓并下达给各铁路局；在此基础上，各铁路局深入厂矿企业进行货源调查，详细了解未来年份的生产计划和分配、销售计划，反复核实，上下结合，综合平衡，参考以往规律，最后定出切实可信的计划车流。为了使计划车流具有一定的稳定性，一般选用第三季度或第二季度的平均运量作为制定依据。

计划车流的制订过程如图 11.1 所示。

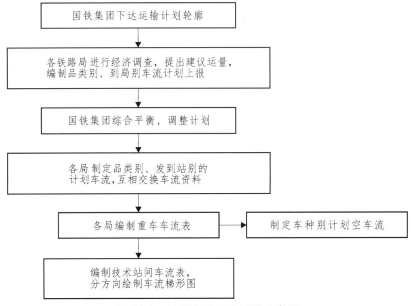

图 11.1　计划车流制定过程示意图

（二）技术站间车流表

编制装车地直达列车编组计划所需的直达车流，从品类别、发到站别的计划车流资料中查定，编制技术站间列车编组计划所需的车流，由技术站间车流表提供。跨局的技术站间车流表由相关铁路局共同编制，表中所列站名由铁道部统一规定。

技术站间车流表是根据重车车流表编制出来的，由重车车流表到技术站间车流表的过程实质上是车流归并的过程。车流归并按上、下行方向分别进行，其方法如下：

（1）技术站发出的车流包括：本站产生的车流；本站后方区段各站及衔接支线产生的车流；到达本站解体的装车地直达列车中，若有到达前方技术站及其以远的车流，应将其归并到本站发出的车流中。

（2）技术站到达的车流包括：本站到达的车流；与本站衔接的支线上各站到达的车流；本站与前方相邻技术站间所有各站（含衔接支线）到达的车流。

通过车流归并，使数量庞大且流向分散的车流转化为数量相对较少且流向较为集中的车流，有利于车流组织的顺利进行。在技术站间车流表编制完成后，即可分方向画出车流梯形图，但需注意两点：

（1）把已被装车地直达列车吸收（包括补轴）的车流从总车流中剔除；

（2）把到达技术站解体的装车地直达列车中的远程车流加到相应的技术站间车流之中，其中远程车流是指到达与列车解体站邻接的前方技术站及其以远的车流。

【例 11.1】 某线路方向主要技术站 A_4, A_3, A_2, A_1, A_0 的分布如图 11.2 所示。经过车流归并，由重车车流表编制出 A_4—A_0 技术站间车流表（下行），见表 11.1。从表中可以看出 $N_{43} = 56$，$N_{21} = 25$，$N_{20} = 83(65)$，括号中数字为被装车地直达列车吸收的车流。

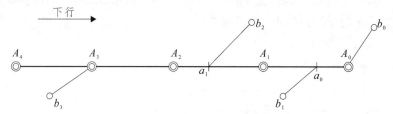

图 11.2 A_4—A_0 线路主要技术站分布图

表 11.1 A_4—A_0 下行方向技术站间车流表

发 \ 到	A_4	A_3	A_2	A_1	A_0
A_4		56	25	70	94
A_3			72	184（140）	65（31）
A_2				25	83（65）
A_1					118
A_0					

由表 11.1 可以画出 A_4—A_0 下行车流梯形图（见图 11.3）。这时需要减去表 11.1 中括号内的数字，此外，还要考虑到达技术站解体的装车地直达列车中的远程车流情况。如根据该线路方向装车地直达列车编组计划，b_3—$A_3 \rightarrow A_1$ 的始发直达列车中包含有到 A_0 和 A_0—b_0 的车流共 31 辆，这 31 辆应为 A_1—A_0 的车流，故 $N_{10} = 118 + 31 = 149$（辆）。

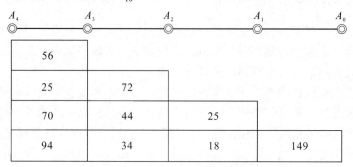

图 11.3 A_4—A_0 线路下行车流梯形图

技术站间车流表和车流梯形图是编制技术直达列车和直通列车的基础资料，未纳入技术站间车流表的车流属于局管内的短途车流也要加以整理，作为区段管内车流组织的依据。

在计划重车流制订完毕后，应按不同的车种分别编制计划空车流。各铁路局根据品类别发到站别的车流资料和分界口接交车资料，制订车种使用计划上报给铁道部。铁道部对各局提报的空车情况分析研究，综合平衡，统一确定各分界站车种别空车接交车数，下达给各局。各局根据铁道部下达的空车调整方案，编制空车车流表及空车流梯形图。由于空车往往没有具体的到站，在确定空车流向时应考虑尽量组织直达，按最短径路调配，扩大车种代用，避免空车对流等原则。空车车流表和空车流梯形图是编制空车直达列车编组计划的车流依据，由于它们在格式上与重车流的类似，因此这里就不再赘述。

二、货车集结车小时

货车集结车小时消耗是指在货车集结过程中消耗的车小时。关于集结车小时消耗的计算与查定方法已在第一篇介绍，这里不再详述，仅强调几个要点：

（1）货车集结车小时消耗按须满轴列流（指直达、直通、区段列流）和可欠轴列流（主要是摘挂、小运转列流）两大类分别计算确定。

（2）某支列流一昼夜的货车集结车小时消耗与该支列流平均列车编成辆数成正相关关系，而与该支列流吸收的车流量无关。

（3）列车编组计划中规定开行的某种列车的去向称为一个列车到达站，将车流编入某去向列车称为编开某列车到达站。编开一个列车到达站一昼夜消耗的货车集结车小时 $T_集$ 与该方向列车平均编成辆数 m 成正相关关系，计算公式为 $T_集 = cm$。根据我国铁路实际情况，货车集结参数的近似值，区段站可取 $8 \sim 10\,\mathrm{h}$，编组站为 $10 \sim 11\,\mathrm{h}$。

（4）若某方向一昼夜编组 k 支列流，则该方向一昼夜总的货车集结车小时消耗为：

$$T_{集总} = kT_集 = kcm \tag{11.1}$$

三、货车无改编通过技术站的节省时间

货车无改编通过是指货车随列车到达技术站后，只在到发线上进行到发技术作业即随原列车继续运行，该货车称为无调中转车。货车无改编通过技术站的节省时间是指货车在技术站无改编通过较之在技术站改编所节省的时间，记作 $t_节$。

如图 11.4 所示，A_i，A_k，A_j 是某线路方向上的 3 个技术站，车流 (i, j) 经过途中技术站 A_k。图中的方案①表示：车流 (i, j) 被纳入列流 $\langle i, k \rangle$ 而在 A_k 站改编，然后再纳入列流 $\langle k, j \rangle$ 到达 A_j 站。方案②表示：车流 (i, j) 被列流 $\langle i, j \rangle$ 所吸收而在 A_k 站无改编通过。那么由方案①变到方案②，在 A_k 站究竟能节省多少车小时？

设 A_k 站的有调中转车和无调中转车的停留时间标准分别为 $t_有$ 和 $t_无$，在方案

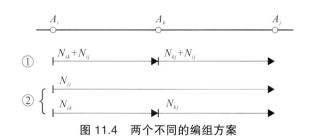

图 11.4　两个不同的编组方案

153

①中，车流 (i, j) 在 A_k 站总共停留 $N_{ij}t_有$ 车小时，在方案②中，为 $N_{ij}t_无$ 车小时，二者之差 $N_{ij}(t_有 - t_无)$ 即为车流 (i, j) 本身节省的车小时。

但 (i, j) 在 A_k 站由有改编作业变为无改编通过，将导致列流 $\langle k, j \rangle$ 所吸收的总车流量发生变化，即由 $N_{kj} + N_{ij}$ 减少为 N_{kj}。这样，A_k 站每车集结时间由 $t_集 = \dfrac{T_集}{N_{kj} + N_{ij}}$ 变为 $t'_集 = \dfrac{T_集}{N_{kj}}$。由于同一支列流的 $T_集$ 与该支列流吸收的车流量无关，故 $t_集 < t'_集$。这表明，每车集结时间延长了，由此使得车流 (k, j) 在 A_k 站的集结车小时增加，其增加值为：

$$N_{kj}\left(\frac{T_集}{N_{kj}} - \frac{T_集}{N_{kj} + N_{ij}}\right) = N_{ij}t_集$$

这是由于方案变化而导致的损失，不能忽略。因此，由方案①到方案②，在 A_k 站获得的节省为 $N_{ij}(t_有 - t_无 - t_集)$ 车小时。于是，车流 (i, j) 中的每辆货车无改编通过技术站的平均节省时间为 $(t_有 - t_无 - t_集)$ 小时。

由于上面的分析只考虑了车辆停留时间方面的节省。实际上，车辆无改编通过技术站还会使该站的改编作业车数减少，从而调车工作量减少，这方面的节省也是应当考虑的。

为使改编车数与车小时具有可比性，引入改编作业当量这个概念，它是指调机平均改编 1 辆货车（1 解 1 编计为 1 辆）所折合的车小时数，记作 $r_车$。设调机工作 1 小时的成本为 $e_{机时}$，每 1 货车停留车小时的成本为 $e_{车时}$，调机工作 1 小时所能改编的车数为 $N_调$，则由 $r_车$ 的定义：

$$r_车 = \frac{e_{机时}}{N_调 e_{车时}} \tag{11.2}$$

因此，平均每车无改编通过技术站的换算节省时间 $t_节$ 为：

$$t_节 = t_有 - t_无 - t_集 + r_车 \tag{11.3}$$

货车无改编通过技术站节省时间 $t_节$ 应根据每个技术站分别确定，其中 $t_有$ 和 $t_无$ 的数值可以根据车站技术作业过程和列车运行图来查定，$t_集$ 的数值可用统计分析法查定。

关于 $t_节$ 的取值，影响因素很多，主要取决于车站的调车技术设备、作业方法、组织水平、一昼夜总车流量及有调中转车所占比重。应该指出，各影响因素相当复杂且常常会变化，因此利用上式计算的 $t_节$ 只是一个近似值。根据有关资料，自动化和机械化驼峰编组站 $t_节$ 可近似取 2 ~ 3 h，非机械化驼峰编组站可取 3 ~ 4 h，区段站可取 4 ~ 7 h。

第二节　编制单组列车编组计划的基本原理

一、技术站车流组织的两个原则

（一）同一支车流不拆散原则

技术站发出的车流有许多支，一般不可能每一支车流都单独形成一支列流，故有两支及其以上的车流合并在一起，共同合成一支较短程的列流开往较近的技术站。当车流合并时，不应当将同一支车流的车流量分离出来，分别与不同的车流合并，纳入几支不同的列流中。这是车流组织的一个原则，即同一支车流不拆散原则。

例如，在图 11.5 中，有 4 个技术站的线路方向共有 6 支车流，其中 3 支长途车流，3 支短途车流。按照同一支车流不拆散原则，不能从 N_{30} 中分离出一部分与 N_{31} 合并，纳入列流 $\langle 3,1 \rangle$，而把另一部分与 N_{32} 合并，纳入列流 $\langle 3,2 \rangle$。

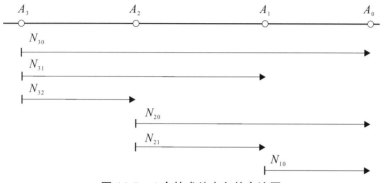

图 11.5　4 个技术站方向的车流图

（二）车流接续归并原则

在车流合并之后，流程较长的车流不得不"迁就"流程较短的车流，在某一技术站改编，然后继续前进。这时，长程车流便成为该技术站发出的车流的一部分，与该站相同到站的车流合并开行。这是车流组织的又一原则，即车流接续归并原则。

如图 11.5 中，若 N_{30} 与 N_{31} 合并，在 A_1 站改编，那它便加入 A_1 站的车流队伍中，并始终与 N_{31} 合在一起开行。

二、编组方案表示法

任何一支远程车流，如果开行直达列车到达站，须将该到达站的车流划分出来单独集结，从而要产生一个到达站列车的货车集结车小时（cm）损失，但开行直达列车在沿途各技术站无须进行改编作业，从而获得无改编通过的车小时节省（$N_{直}\sum t_{节}$），当节省不小于损失时，就可以认为该支车流具备了单独开行直达列车的基本条件，一般可用下式表示：

$$N_{直}\sum t_{节} \geqslant cm \tag{11.4}$$

式中　$N_{直}$——该到达站一昼夜的车流量；

$\sum t_{节}$——车流无改编通过沿途技术站总节省时间；

cm——该车流开行直达列车一昼夜消耗的集结车小时。

但是，按上式确定整个方向上应开行的直达列车到达站，即确定列车编组计划方案并不总是有利的，若将某些具有共同径路的直达列车合起来开行，并撤销一些直达列车到达站，可能会获得更多的车小时节省。由此可知，一支列流是由车流组合而成的（车流可以单开，也可以合开），把车流变成列车流的编组方案，实质上就是车流的组合方案。同一技术站发出的车流相

155

互组合形成该技术站的编组方案,方向上各技术站的编组方案配合起来构成方向上的编组方案。如图 11.6 所示,在 4 个技术站的方向上,图中给出了两个编组方案的列车到达站图。

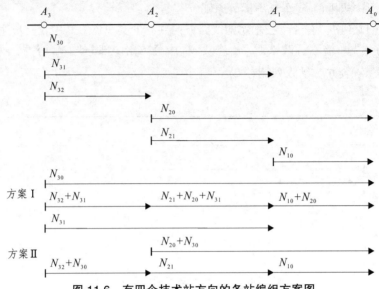

图 11.6　有四个技术站方向的各站编组方案图

技术站的编组方案用阿拉伯数字、加号"+"和逗号","所组成的式子表示。阿拉伯数字代表车流的到达站,"+"表示车流合并开行,","表示车流不合并。

例如,在图 11.6 中,对于 A_3 站的 N_{30},N_{31},N_{32} 都单开,则编组方案为"0,1,2";如果 N_{30} 与 N_{31} 合并形成列流 $\langle 3,1 \rangle$,N_{32} 单开,则编组方案为"0+1,2"。

把方向上各技术站的编组方案写在一起,中间用分号";"隔开,便可以表示方向上的编组方案。如图 11.6 所示,方案 I 表示为"2+1,0;1+0;0",方案 II 表示为"2+0,1;1,0;0"。当然也可以已知编组方案表达式,写出具体方案并画出列车到达站图。例如,A_3 站的编组方案为"2+1,0",则表示 A_3 站将 N_{30} 单独开行到 A_0 站,将 N_{31} 与 N_{32} 合并开行。应当注意的是,在画列车到达站图确定各支列流吸收的车流内容时,必须遵循车流接续归并原则。

三、单组列车编组方案数

单组列车编组计划可能的方案数取决于方向上的车流支数,从而也取决于方向上参与计算的技术站数。表 11.2 列出了有 2~9 个技术站的直线方向单组列车编组方案数。

表 11.2　直线方向单组列车编组方案数

技术站数量	2	3	4	5	6	7	8	9
技术站的编组方案数	1	2	5	15	52	203	877	4140
全部编组方案数	1	2	10	150	7800	1583400	$\approx 1.39 \times 10^9$	$\approx 5.75 \times 10^{12}$
相邻车流合并后技术站的编组方案数	1	2	4	8	16	32	64	128
相邻车流合并的编组方案数	1	2	8	64	1024	32768	2097152	268435456

从表中可以看出，随着技术站的增大，方案数目爆炸式地增长。如何解决这种"组合爆炸"问题，是车流组织面临的一大难题。而且我国幅员辽阔，铁路线长，有些方向的技术站数远远超过9个，为了减少计算的编组方案数，通常采用的方法是分阶段计算法，即根据车流集散规律把全路划分成多个地区或方向，使每个地区或方向包含少数几个主要编组站（亦称支点站）。一般情况下，支点站的选择应注意：

（1）是大量车流产生或消失的地点；

（2）具有先进的技术设备和强大的改编能力；

（3）是变更列车重量（或换长）标准的地点；

（4）是地理上的自然分界点，如国际联运的口岸站，水陆联运的交接站，其本身又往往是铁路方向的起讫点等；

（5）是位于几条铁路线交汇处的枢纽编组站。

分阶段计算法的要点是把计算工作分为两步进行：第一步，计算方向上支点站的单组列车编组计划；第二步，分别计算各相邻支点站之间的单组列车编组计划。如图 11.7 所示，A—D方向上虽有 11 个技术站，但在采取分阶段计算时，每次同时参与计算的技术站数不超过 5个，从而大大减少了计算工作量。

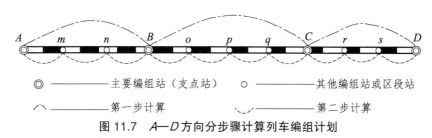

图 11.7　A—D方向分步骤计算列车编组计划

四、总体思路

在众多的编组方案中选择最优的方案，实质上是大规模的组合优化问题。关于优化目标有两种考虑，一个是以方向上总的车小时消耗最小为目标，另一个是以方向上总的车小时节省最大为目标。为简化起见，在计算方案值时，与方案变化无关的车小时消耗（或节省）均不列入计算。

关于优化算法，国内外专家学者进行了长期的研究和探索，提出了各种各样的优化方法。按其性质可以归纳为三大类：

第一类是穷举法，也可称为绝对计算法，就是对所有的编组方案逐一计算其车小时总消耗，其中总消耗最小的方案即为最优方案。

第二类是筛选法，其要点是通过一定的判别条件来删除或排除部分不利的方案，精简方案数，缩小搜索范围，而对未删除的方案进行分析比较，逐步选出经济有利的方案。属于这一类方法的有分析计算法、表格计算法、树形筛选法、寻求直达列车有利去向数法等，其中以表格计算法使用最为普遍，将在后面做详细介绍。

第三类是数学规划法，就是把车流组织问题化为一类数学规划问题来建模求解。属于这一类的有整数规划法、动态规划法、二次 0-1 规划法、网络分析法等。

第三节　单组列车编组计划的编制

一、绝对计算法

绝对计算法是最原始的方法，其算法思想简单，但计算工作量较大。

（一）目标函数

在确定支点站单组列车编组计划时，从一个支点站至相邻支点站的列车是必开的，也就是说无论什么编组方案，相邻支点站间的直达列流（也称短途列流）总是存在的，它的车小时消耗是与方案变化无关的。因此，在计算时，只对非相邻支点站间的直达列流（也称非短途列流）计算集结车小时消耗和途中改编车小时消耗。

以 $F_耗$ 表示方向上总的车小时消耗，绝对计算法的目标函数为：

$$\min F_耗 = F_集 + F_改 \tag{11.5}$$

式中　$F_集$——所有非短途列流在始发站产生的集结车小时总消耗；

$F_改$——所有直达车流在途中支点站的改编车小时总消耗。

把编开非短途列流的支点站集合记作 $\boldsymbol{Z}$，设 $i \in \boldsymbol{Z}$，i 站编发的直达列流有 k_i 支，i 站的 $T_集$ 记作 $T_集^i$，则

$$F_集 = \sum_{i \in \boldsymbol{Z}} k_i T_集^i \tag{11.6}$$

把有车流改编的支点站集合记作 $\boldsymbol{G}$，设 $j \in \boldsymbol{G}$，在 j 站改编的车流量为 $N_改^j$，j 站的 $t_节$ 记作 $t_节^j$，则

$$F_改 = \sum_{j \in \boldsymbol{G}} N_改^j t_节^j \tag{11.7}$$

因此，式（11.5）可写成：

$$\min F_耗 = \sum_{i \in \boldsymbol{Z}} k_i T_集^i + \sum_{j \in \boldsymbol{G}} N_改^j t_节^j \tag{11.8}$$

（二）计算方法

为了计算方便，绝对计算法首先设计了一种计算表格。对每一个编组方案填制一张计算表格，表格分上、下两部分。

上半部分：行对应非短途直达车流，方向上有几支直达车流就设几行；列对应沿途支点站。编组方案表达式写于右侧。若某支非短途直达车流在某站改编，则在相应的格子内填记该支车流的车流量；否则填"0"，表示无改编通过。

下半部分：第 1 行是各支点站的改编车数 $N_改^j (j \in \boldsymbol{G})$，最右端的格子内填记 $\sum_{j \in \boldsymbol{G}} N_改^j$。第 2 行是各支点站的改编车小时消耗 $N_改^j t_节^j$，最右端的格子内填写 $\sum_{j \in \boldsymbol{G}} N_改^j t_节^j$。第 3 行填 A_{n-1} 站（n 是

方向上支点站数）编发的直达列流支数 k_{n-1}，最右端的格子内填记 $k_{n-1}T_{集}^{n-1}$。以下各行类推，直至 A_2 站。最右下端的表格内填记该编组方案的方案值 $F_{耗}$。

图 11.8 画出了 4 个支点站方向的计算表格形式，对应的是图 11.6 中的编组方案 I。

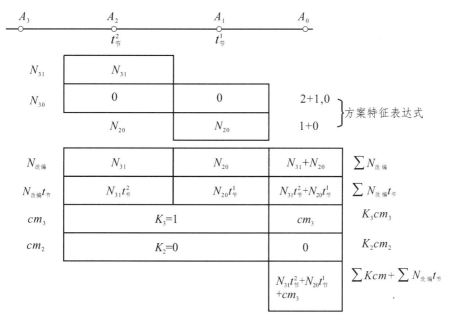

图 11.8　4 个支点站的绝对计算法计算表格形式

图 11.8 的方案特征为 $2+1$，0；$1+0$。由于 A_3 站将 N_{20} 单独开行直达列车到达站，所以 N_{30} 在 A_2 和 A_1 站都无改编通过，因而在 N_{30} 行与 A_2、A_1 两列的交叉方格内填 "0"；A_3 站将 N_{31} 和 N_{32} 合并开行列车到达站，N_{31} 要在 A_2 站改编，所以在 N_{31} 行与 A_2 列的交叉方格内填写 N_{31} 的车数；A_2 站将 N_{21} 和 N_{20} 和开到达站，即 N_{20} 将在 A_1 站改编，在 N_{20} 行与 A_1 列交叉方格内填写 N_{20} 的车数。

图 11.8 下半部分 A_2 站的改编车总数为 N_{31}，A_1 站的改编车总数为 N_{20}，各站改编车总数为 $N_{31}+N_{20}$。A_2 站消耗的改编车小时为 $N_{31}t_{节}^2$，A_1 站的消耗的改编车小时为 $N_{20}t_{节}^1$，总计为 $N_{31}t_{节}^2+N_{20}t_{节}^1$。$A_3$ 站的方案特征为 $2+1$，0，开行一个直达列车到达站，产生一个 cm_3 的集结车小时；A_2 站的方案特征为 $1+0$，不开行直达列车到达站，即不消耗集结车小时。该编组方案的全部车小时消耗为：$N_{31}t_{节}^2+N_{20}t_{节}^1+cm_3$。

对每一编组方案填写计算表，求出该方案的改编车数和车小时总消耗，便可从中选出经济合理的编组方案。填写计算表时，重点是编组方案的特征，根据这一特征，填写各支直达车流在沿途技术站的改编车数和各站开行的直达列车到达站数。

通过分析编组方案的构成可以发现，有些方案与其他方案相比是显然不利的，因而不用具体计算出方案值即可将其排除在外。产生显然不利方案的情况有两种：

（1）当远程车流与短程车流合并时，额外增加改编作业次数；

（2）当远程车流与短程车流合并时，虽改编次数不变，但在 $t_{节}$ 值较大的支点站改编。

【**例 11.2**】　已知 4 个支点站的线路方向共有 10 个编组方案，它们的方案特征及对应的直达列车到达站图如图 11.9 所示。

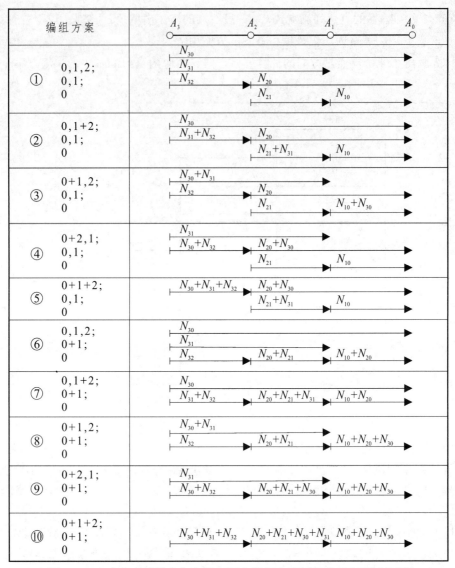

图 11.9　4 个支点站的方向上单组列车编组方案及直达列车到达站图

分析图 11.9 中的 10 个方案不难发现，方案⑨是显然不利方案，因为与方案⑧相比，N_{30} 在 A_2 站增加一次改编作业。另外，方案③与方案④比较，如果 $t_节^2 > t_节^1$，则方案④是显然不利方案，因为 $N_{30}t_节^2 > N_{30}t_节^1$，反之，方案③是显然不利方案。

对全部编组方案都计算出方案值 $F_耗$ 之后，从中选出 $F_耗$ 最小的方案作为经济上最优的方案。但我们的目的是求既经济有利又实际可行的最佳方案，因此还需把最优方案中各站的改编车数与该站的改编能力比较。如果都能满足，则最优方案也就是最佳方案，否则，只要有一个支点站的改编能力小于改编车数，都要进行调整，即找出次优方案来比较，若不行还需调整，直至所有支点站的改编能力都不小于改编车数为止。

【例 11.3】　用绝对计算法确定 $A_3—A_0$ 方向单组列车编组计划最优方案，并绘制列车到达站图，资料如图 11.10 所示（各站改编能力不受限制）。

160

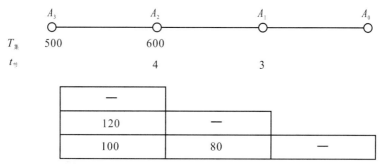

图 11.10 例 11.3 计算资料

解： 4 个支点站的线路方向共有 10 个编组方案，其方案特征及对应的直达列车到达站图如图 11.11 所示。采用绝对计算法，计算得出各方案的方案值，如图 11.11 所示。

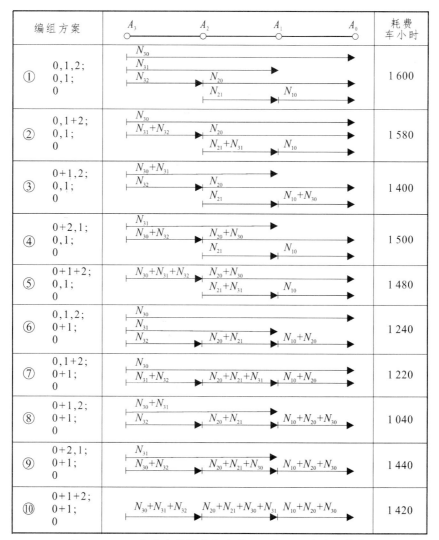

图 11.11 4 个支点站的方向上单组列车编组方案计算表

根据这 10 种方案的车小时消耗情况，选择方案 8 为最佳方案。

二、表格计算法

（一）算法原理

在车流组织中，绝对计算法是寻求车小时总消耗最小的方案，而表格计算法是寻求车小时总节省最大的方案，虽然两者所追求的目标不同，但所得的最后结果是一样的。

假定存在一个方向上每支车流在途中每个支点站都改编的编组方案（即一支直达列流也没有的方案）。这样，任何一个编组方案与它比较，只要有某支车流（设车流量为 $N_{通}$）在某支点站无改编通过，相对于这个假想的方案就有车小时节省 $N_{通}t_{节}$。把方案中有无改编通过车流的支点站集合记作 W，设 $w \in W$，在 w 站无改编通过的车流量为 $N_{通}^w$，w 站的 $t_{节}$ 为 $t_{节}^w$，则直达车流无改编通过途中支点站的车小时总节省 $F_{通}$ 为：

$$F_{通} = \sum_{w \in W} N_{通}^w t_{节}^w \tag{11.9}$$

以 $F_{节}$ 表示编组方案总的车小时节省，则

$$F_{节} = F_{通} - F_{集}$$

上式中的 $F_{集}$ 按式（11.6）计算。于是，用表格计算法选取最优方案的目标函数为：

$$\max F_{节} = \sum_{w \in W} N_{通}^w t_{节}^w - \sum_{i \in Z} k_i T_{集}^i \tag{11.10}$$

就算法思想而言，表格计算法并不对全部编组方案计算方案值，而是利用几个判别条件，把肯定有利的列流（如果存在的话）首先确定下来，把不合理的列流排除在外，对可能有利的列流按不同的车流合并方式计算车小时节省，然后加以比较再选择最优方案。这些判别条件包括绝对条件、必要条件和充分条件。

1. 绝对条件

任何一支远程车流必须开行直达列流的绝对条件是：该支车流在沿途任一支点站无改编通过的车小时省都不小于该车流编开直达列流在列车始发站的集结车小时消耗。

以 K 记直达车流 (i, j) 的途中支点站集合，则绝对条件可表示成下式：

$$N_{ij} \cdot \min\{t_{节}^k \big| k \in K\} \geqslant T_{集}^i \tag{11.11}$$

【例 11.4】 图 11.12 表示出 4 个支点站方向的 3 支直达车流量、各支点站的 $T_{集}$ 和 $t_{节}$。

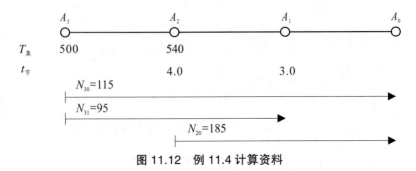

图 11.12 例 11.4 计算资料

因为，$N_{20} \cdot t_{节}^1 = 185 \times 3.0 = 555 > T_{集}^2 = 540$，所以，车流(2,0)满足了绝对条件，应当开行直达列流$\langle 2,0 \rangle$，并归入最优编组方案中。

绝对条件的道理是很明显的。若不开行直达列流$\langle 2,0 \rangle$，则N_{20}与N_{21}合并开行，固然因少一支列流而获得$T_{集}^2 = 540$车小时的节省，但N_{20}将在A_1站改编，原来可以节省的$N_{20} \cdot t_{节}^1 = 555$车小时就会损失掉，得不偿失，所以应当开行直达列流$\langle 2,0 \rangle$。

由绝对条件可以得到一个推论：若

$$N_{ij} t_{节}^k \geqslant T_{集}^i \tag{11.12}$$

则车流(i,j)不应在k站改编。此时，称车流(i,j)在支点站k满足了绝对条件。

2. 必要条件

任何一支远程车流单开的必要条件是：该支车流无改编通过沿途支点站所获得的车小时总节省不小于该车流编开直达列流在列车始发站的集结车小时消耗，即

$$N_{ij} \sum_{k \in K} t_{节}^k \geqslant T_{集}^i \tag{11.13}$$

若干支远程车流（设其中最短的车流为(i,j)，总车流量为$\sum N$）合开的必要条件是：这些车流合并之后无改编通过沿途支点站所获得的车小时总节省不小于它们合开直达列流在列车始发站的集结车小时消耗，即

$$\sum N \sum_{k \in K} t_{节}^k \geqslant T_{集}^i \tag{11.14}$$

必要条件的道理也是显然的。如果某车流编开直达列流得到的无改编车小时节省小于其集结车小时消耗，得到的净节省将是负值，说明开行直达列流肯定不利，所以不满足必要条件的车流不应当开行直达列流，只有满足必要条件者才可以考虑开行。

如图11.12所示，因为

$$N_{30}(t_{节}^2 + t_{节}^1) = 115 \times (4 + 3) = 805 > T_{集}^3 = 500$$

所以，N_{30}单开满足必要条件。

若N_{30}与N_{31}合并开行直达列流$\langle 3,1 \rangle$，也满足必要条件，因为

$$(N_{30} + N_{31})t_{节}^1 = (115 + 95) \times 3 = 630 > T_{集}^3 = 500$$

3. 充分条件

一支（或几支合并的）长程车流不与某支短程车流合并的充分条件是：长程车流在其超行区段无改编通过支点站的车小时总节省不小于该车流编开直达列流在始发站的集结车小时消耗。这里的"超行区段"，是指长程车流比短程车流多运行的那部分区段。

在图11.12中，检查N_{30}对N_{31}是否满足充分条件，因为

$$N_{30} \cdot t_{节}^1 = 115 \times 3 = 345 < T_{集}^3 = 500$$

可见不满足充分条件，即可以考虑合开。

上述必要条件和充分条件可以用来删除某些不合理的车流组合方式，起到精简方案的作

163

用，但它们都不是绝对条件，都只具有相对的意义。必要条件是车流单开（或合开）直达列流所必须具备的前提条件，不满足必要条件就不应开行，满足了必要条件则可以考虑开行，但也未必一定开行，还需经过比较确定，看哪种车流合并方式节省的车小时较多。充分条件是长程车流不与短程车流合并的条件，满足了就不应合并开行，但不满足是否就一定要合并，也需比较确定。只有绝对条件才是真正"绝对"的，满足了它就一定要开行直达列流，否则在经济上就是不利的。

（二）算法步骤

表格计算法是利用特制的计算表格来完成的，首先按照必要条件和绝对条件求得最大可能的直达方案作为初始方案，然后根据充分条件依次比较，通过各种不同的压缩直达车流运行距离的方式而得到越来越优的车流组合方案，直到不可能取得更多的车小时节省为止，即可得到最经济有利的方案。

计算表格分成上、下两部分。上半部分与绝对计算法表格的上半部分完全一样，但每个格子内填记的是各支直达车流量 $N_{通}$ 与途中支点站 $t_{节}$ 的乘积 $N_{通}t_{节}$。下半部分只有两行，第 1 行填记最优方案各支点站的改编车数，第 2 行填记各支点站的改编能力，目的是检查经济上有利的方案是否切实可行。

表格计算法的计算步骤及方法如下：

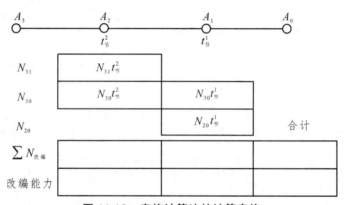

图 11.13　表格计算法的计算表格

第 1 步，根据给定数据计算所有的 $N_{通}t_{节}$ 值，并填入计算表的相应格内。

第 2 步，确定初始方案：

（1）对满足绝对条件式（11.11）的单支车流 (i,j)，在其各格内画上"△"记号，表示列流 $\langle i,j \rangle$ 确定开行；若某支车流在支点站 k 满足了绝对条件式（11.12），亦在相应格内画上"△"记号，表示该车流不在 k 站改编。

（2）对满足必要条件式（11.13）的单支车流，在其各格内画上"○"记号，表示暂定为单开。

（3）对其余车流，考虑相互合并，若满足必要条件式（11.14），在格内画"○"记号；若不满足，则考虑与已画"△"或"○"记号的车流合并，合并后也在相应格内画"○"记号，表示经合并增加了一个新的编组到达站。

164

至此，初始方案确定完毕，初始方案是直达列车到达站数最多的方案。

第 3 步，调整初始方案，逐步寻求最优方案。

调整工作可直接在计算表上进行。调整的实质是利用必要条件和充分条件，寻找更为有利的车流组合方式。调整的方法是根据车流分合原理，依次比较通过压缩长程车流直达运行距离或变更长程车流与某些短程车流组合方式，逐步寻找节省车小时最多的方案。直观地看，对长程车流可采取两种办法：

（1）压缩。压缩长程车流的到站、发站，或同时压缩发、到站，使之与短程车流合并。

（2）切割。把一支长程车流分割成两部分或更多部分，分别与两支或多支短程车流合并。

显然，调整将会引起车小时得失的变化，其变化表现在以下几个方面：

① 直达列流支数的变化。列流支数增加（减少），就有 $T_{集}$ 的损失（节省）；

② 直达列流始发站的变更。若始发站由 A_i 变为 A_j，则集结车小时消耗由 $T_{集}^i$ 变为 $T_{集}^j$；

③ 直达车流无改编通过途中支点站的变化。只要在某支点站通过，便在对应的格子内画"○"，只要在某站改编，便在对应的格子内取消"○"。由无"○"变为有"○"，表示有车小时节省；由有"○"变为无"○"，表示有车小时损失。这种变化容易在计算表上直接观察出来。

经过简单的计算，可以得出调整后车小时的变化值。只要车小时总节省在增加，也就是说只要调整过后带来的节省大于调整引起的损失，就应当进行调整。每次调整完毕后都得到一个过渡方案，再将该方案作为基础进行新的调整，如此逐步逼近最优解。

第 4 步，检查最优方案，确定最佳方案。

方案调整到最后，若找不到节省车小时更多的方案，即得到最优方案，然后将最优方案的各项指标填记在计算表下半部分有关表格内，并与各站的改编能力相核对。若有的支点站改编车数大于其改编能力，则应进行方案的改选。这时，可以退回到某过渡方案重新调整，也可在最优方案基础上对能力不足的支点站组织部分车流无改编通过以减少改编车数。选择哪种方法更有利，需要比较后才能确定。

最佳方案确定之后，用式（11.10）计算其方案值，并画出对应的直达列车到达站图。

【例 11.5】 已知四个支点站方向的资料如图 11.14 所示，不考虑改编能力，计算中的单位均为车小时，确定最优的编组方案。

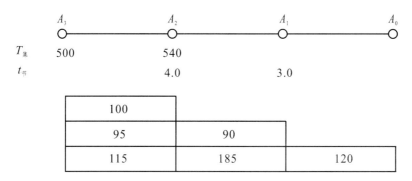

图 11.14 例 11.5 计算资料

第 1 步，计算 $N_{通}t_{节}$ 值，并填入计算表的相应格内，如图 11.15 所示。

165

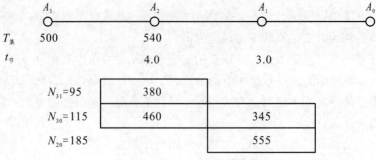

图 11.15　例 11.5 计算表格

第 2 步，确定初始方案（见图 11.16）：

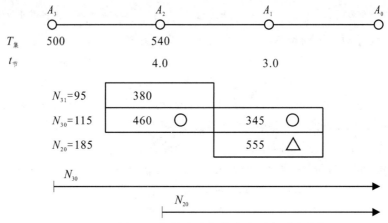

图 11.16　例 11.5 初始方案及其直达列车到达站图

（1）由于 $N_{20}t_\text{节}^1 = 555 > T_\text{集}^2 = 540$，所以 N_{20} 满足了绝对条件，必须编开直达列车到达站，因此在其对应格子内画"△"。

（2）由于 $N_{30}(t_\text{节}^2 + t_\text{节}^1) = 460 + 345 = 805 > T_\text{集}^3 = 500$，所以 N_{30} 满足了必要条件，暂定开行直达列车，并在其对应格子内画"○"。

（3）N_{31} 不满足必要条件，又无法与其他车流合并，因此，暂时确定初始方案，初始方案的方案值为：

$$F_\text{节} = \sum_{w \in W} N_\text{通}^w t_\text{节}^w - \sum_{i \in Z} k_i T_\text{集}^i$$
$$= (460 + 345 + 555) - (500 + 540)$$
$$= 320 \text{（车小时）}$$

第 3 步，调整初始方案。

（1）对长程车流 N_{30} 压缩到站，即 N_{30} 与 N_{31} 合开到 A_1 的直达列车，与初始方案相比，节省 $N_{31}t_\text{节}^2 = 380$，损失 $N_{30}t_\text{节}^1 = 345$，$T_\text{集}$ 没有变化，节省大于损失，净节省 35，可以作为一个过渡方案 I；

（2）若对 N_{30} 压缩发站，即 N_{30} 开行到 A_2 站与 N_{20} 合并，与初始方案相比，损失 $N_{30}t_\text{节}^2 = 460$，但节省了一个 $T_\text{集}^3 = 500$，节省也大于损失，净节省 40，作为过渡方案 II；

（3）由于只有4个支点站，未涉及切割，调整到此为止，两个过渡方案如图11.17所示。

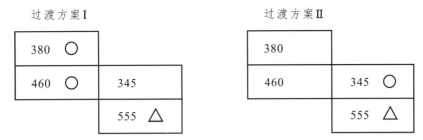

图 11.17　例 11.5 过渡方案

第 4 步，确定最优方案。

由于过渡方案Ⅱ净节省大于过渡方案Ⅰ，故当选为最优方案，最优方案的目标函数值为：

$$F_{节} = (N_{30} + N_{20})t_{节}^1 - T_{集}^2 = 345 + 555 - 540 = 360 \quad （车小时）$$

而过渡方案Ⅰ的总的车小时节省为：

$$\begin{aligned}
F_{节} &= (N_{30} + N_{31})t_{节}^2 + N_{20}t_{节}^1 - T_{集}^3 - T_{集}^2 \\
&= 380 + 460 + 555 - 500 - 540 \\
&= 355 (车小时)
\end{aligned}$$

由于无法再找出车小时节省更多的方案，故图 11.18 所示即为最优方案。

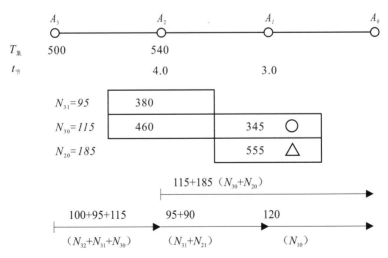

图 11.18　例 11.5 最佳方案及其直达列车到达站图

第 5 步，检查最优方案是否可行。

将各支点站改编车数和改编能力分别填入计算表格下部的第 1 行和第 2 行，此例不考虑改编能力，故省略。

【例 11.6】已知资料及计算表格如图 11.19 所示，确定最优的编组方案。

167

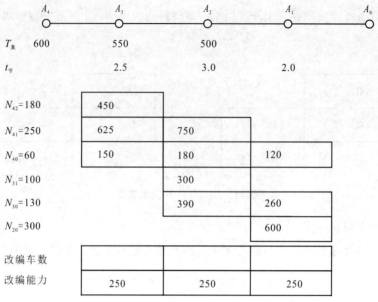

图 11.19　例 11.6 计算表格及计算资料

第 1 步，确定初始方案（见图 11.20）。

初始方案的方案值为：

$$F_{节} = \sum_{w \in W} N_{通}^w t_{节}^w - \sum_{i \in Z} k_i T_{集}^i$$

$$= (450 + 625 + 750 + 150 + 120 + 390 + 260 + 600) - (2 \times 600 + 550 + 500)$$

$$= 1095 \,(车·小时)$$

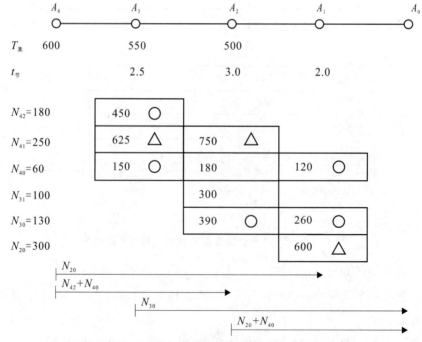

图 11.20　例 11.6 初始方案及其直达列车到达站图

第 2 步，调整初始方案。

（1）对长程车流 N_{40} 压缩到站，由与 N_{42} 和 N_{20} 合并，变为与 N_{41} 合并，得过渡方案 I，结果见图 11.21。这样调整引起的车小时变化有：

① A_4 站少编发 1 支直达列流 $\langle 4,2 \rangle$，节省 $T_{集}^4 = 600$ 车小时；

② N_{40} 在 A_2 站由改编变为无改编通过，节省 $N_{40}t_{节}^2 = 180$ 车小时；

③ N_{40} 在 A_1 站由无改编通过变为改编，损失 $N_{40}t_{节}^1 = 120$ 车小时；

④ 列流 $\langle 4,2 \rangle$ 取消，使 N_{42} 在 A_3 站改编，损失 $N_{42}t_{节}^3 = 450$ 车小时。

加总计算，得净节省为 600 + 180 – 120 – 450 = 210（车小时）。

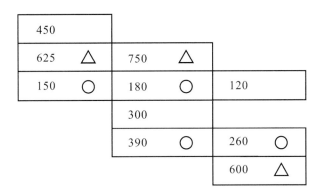

图 11.21　例 11.6 过渡方案 I

（2）在图 11.21 的基础上，对长程车流 N_{30} 压缩到站，即由单开变为与 N_{31} 合并，得过渡方案 II，结果见图 11.22。因这一调整节省 300 车小时，损失 260 车小时，净节省 40 车小时。

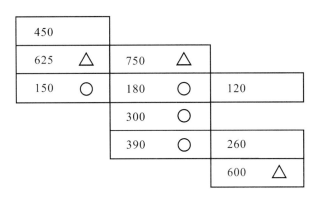

图 11.22　例 11.6 过渡方案 II

（3）在图 11.22 的基础上，对长程车流 N_{30} 由压缩到站变为压缩发站，即不与 N_{31} 合并，而与 N_{20} 合并，结果如图 11.23 所示。调整引起的变化为：取消列流 $\langle 3,1 \rangle$，节省 $T_{集}^3 = 550$ 车小时，其余从图上可直接看出，节省 260，损失 300 + 390 = 690，净节省 550 + 260 – 690 = 120（车小时）。

由于无法再找出车小时节省更多的方案，故图 11.23 所示即为最优方案。

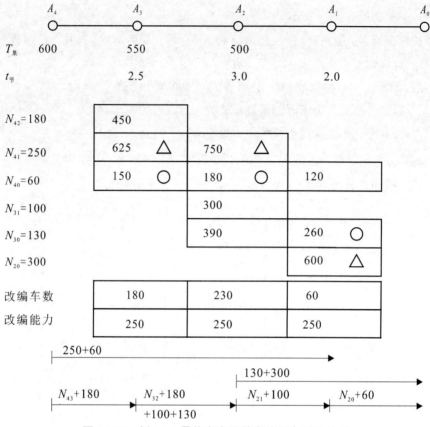

图 11.23　例 11.6 最佳方案及其直达列车到达站图

第 3 步，检查最优方案是否可行。

将各支点站改编车数和改编能力分别填入计算表格下部的第 1 行和第 2 行，发现均能适应，因此，该方案即为最优方案，方案值 $F_节 = 1465$（车小时）。

第四节　分组列车编组计划的编制

一、分组列车的特点与利弊分析

（一）分组列车的特点

分组列车是相对于单组列车而言的又一种车流组织形式，一般在编制技术站单组列车编组计划之后编制分组列车编组计划。

与单组列车相比，分组列车的组织在技术要求、设备条件及满足运输市场需求等方面均有自己的特点，表现为以下三点：

（1）分组列车中吸收的车流有一部分到达列车终到站及其以远，有一部分到达列车终到站以近；

（2）分组列车至少包含两个车组，按去向分组，到达列车终到站及其以远的车组称为基本车组，到达终到站以近的车组称为补轴车组；

（3）分组列车由技术站编组出发，途中经过一次或多次换挂后，将逐渐变为单组列车，最后到达终到站解体，其中分组列车在途中进行车组换挂的技术站称为车组换挂站。

分组列车与单组列车的区别见表11.3。

表11.3 分组列车与单组列车的区别

	车辆到站特征	车辆是否分组	是否换挂车组
单组列车	全部到达列车解体站及其以远	都可以	不换挂
分组列车	一组到达列车解体站及其以远（基本车组），其余车组到达列车解体站以近	必须分组	必须换挂

分组列车编组计划一般是在单组列车编组方案基本确定后，对某些可能组织分组列车的情况，研究把部分单组列流改变为分组列流是否更加有利。将单组列流转变为分组列流通常有以下两种方式：

（1）把两支（或几支）单组列流合并为一支分组列流，如图11.24（a）所示；

（2）把两支（或几支）单组列流连接成一支分组列流，如图11.24（b）所示。

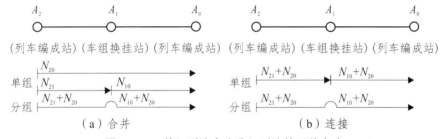

图11.24 单组列流变为分组列流的两种方式

（二）分组列车的利弊分析

开行分组列车将会带来以下几方面的效果：

（1）减少货车集结时间。如图11.24（a）所示，A_2站原来一支列流要集结m辆才满轴，现在该支列流与另一支列流合并成一支分组列流，只需集结一个车组的车数$m_{组}$即可，故它一昼夜集结车小时消耗由cm降为$cm_{组}$。

（2）加速远程车流的输送。如图11.24（b）所示，两支单组列流连接成一支分组列流，列车运行距离延长了，远程车流（2，0）作为基本车组，在途中技术站A_1进行无调中转作业，较之原来进行的有调中转作业其停留时间大为缩短。

（3）减轻沿途技术站的调车工作负担。开行分组列车使原来某些单组列车终到站变成了车组换挂站，由对整个列车进行改编作业变为对所换挂的车组进行摘挂作业，调车作业量自然减轻了。

但是，开行分组列车必须具备一定的技术设备和作业条件，主要有：

（1）分组列车的开行对列车编成站（即编组分组列车的车站）和车组换挂站提出了更高的要求。

（2）加重了列车编成站的调车作业负荷。由于单组列车可以混编而分组列车必须分组，列车编成站的调车作业量会有所增加，车流去向号数也会有所增加，这就要求编成站具备较大的改编能力和较多的调车线路。

（3）换挂站要有稳定的补轴车流，以防止列车欠轴或被提前解体。

（4）换挂站的相应到发场与调车场按横列式布置，且有方便的通路，避免在纵列式驼峰编组站进行车组换挂作业。

（5）与无改编中转列车相比，分组列车在沿途的车组换挂站停留时间较长，这就要求换挂站要及时备好加挂车组，以保证车组换挂作业在列车技术作业过程规定时间标准内完成。

（6）要有准确的预确报和良好的列车运行秩序，以保证分组列车的正常顺利开行。

分组列车按车组重量是否固定，可分为固定车组重量和不固定车组重量两大类。固定车组重量的分组列车适宜于车流量递减的方向，不固定车组重量的分组列车适宜于车流量递增的方向。分组列车编组计划方案的选择，一般根据车小时节省的多少，并考虑列车编成站和车组换挂站的改编能力，通过比较分析来确定。我国铁路通过在单组列车编组计划的基础上，检查合并两个或多个单组列车到达站为一个分组列车到达站的合理性，确定分组列车编组计划。

在车小时消耗方面，开行分组列车有得有失。因此，以分组列车代替单组列车是否有利，需要通过技术经济比较确定。

二、固定车组重量的分组列车

固定车组重量的分组列车，适于在车流递减（$N_{挂} < N_{摘}$）的方向上开行，此时，在编成站将 $N_{摘}$ 中的一部分车流（等于 $N_{挂}$）编组分组列车的补轴车组，其余部分编组到达换挂站的单组列车。固定车组重量的目的，就在于不使分组列车的基本车组在换挂站因等待补轴车组集结而产生延误，并可避免换挂站因无车流补轴而将分组列车提前解体，所以此种分组列车内的车组数一般为 2 组，如图 11.25 所示。

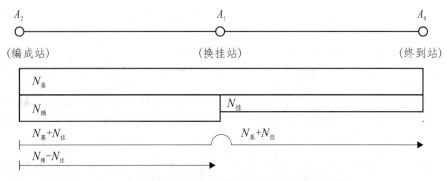

图 11.25　固定车组重量的分组列车的组织特征

$N_{基}$——一昼夜列车编成站（简称编成站）至列车终到站（简称终到站）的车流量，称为基本车流量；

$N_{摘}$——一昼夜编成站至车组换挂站（简称换挂站）的车流量，称为编成站的补轴车流量；

$N_{挂}$——一昼夜换挂站至终到站的车流量，称为换挂站的补轴车流量。

分组列车的每一车列是由基本车组和补轴车组组成的。如果不固定车组重量，只要基本车组同补轴车组之和达到列车编成辆数就可以编开分组列车，那么 $N_{摘}$ 可全部用来给分组列车补轴。此时，换挂站也必须至少具有同样多的车流量（等于 $N_{摘}$）来给分组列车补轴，以避免分组列车在换挂站进行车组换挂后出发时欠轴。但是，车流量递减的方向却不具备这一条件。为了避免分组列车欠轴运行甚至提前解体，当 $N_{挂} < N_{摘}$ 时，就应当将编成站的基本车组和补轴车

组的重量按一定比例固定下来，使得一昼夜用来给分组列车补轴的车流量只占 $N_{摘}$ 的一部分（等于 $N_{挂}$），而将剩余部分（等于 $N_{摘} - N_{挂}$）编开单组列车。考虑到日常波动，在 $N_{挂} = N_{摘}$ 的方向也应当固定车组重量。

三、不固定车组重量的分组列车

不固定车组重量的分组列车是组织形式简单、在实际工作中较普遍的一种分组列车。在车流量递增的方向，若能保证在车组换挂站每天都有足够的车流补轴，即用于补轴的最小车流量 $N_{挂}^{\min}$ 不小于在该站摘下的最大车流量 $N_{摘}^{\max}$，则可以组织不固定车组重量的分组列车。如图 11.26 所示，在 $A_2 - A_0$ 方向，$N_{挂} > N_{摘}$，换挂站的补轴车流除给分组列车加挂补轴外，剩余部分（$N_{挂} - N_{摘}$）将编开单组列车。

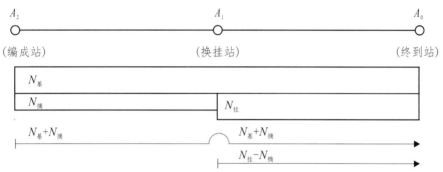

图 11.26　不固定车组重量的分组列车的组织特征

四、其他分组列车

分组列车的组织形式除了上述两种类型外，还可分为区段分组列车、直通分组列车以及变更列车重量的分组列车。

（1）不固定车组重量但固定运行线的分组列车有：

① 区段分组列车：在列车编成站出发时是多组列车，每到一个换挂站减少一组，最后区段成为单组列车，适用于各区段间有大量车流交换的方向。

② 直通分组列车：从列车编成站出发至最后一个换挂站始终是双组列车，最后区段成为单组列车，适用于到达各区段站的车流量较小，而各区段站发往前方编组站及其以远的车流量较大的方向。

（2）变更列车重量的分组列车适用于各区段列车重量标准不一致的方向。

第五节　相邻编组站间列车编组计划的编制

在装车地直达列车、空车直达列车、技术站单组和分组列车编组计划基本确定之后，应编制其他货物列车编组计划。其他货物列车编组计划均为非直达列车，包括直通列车、区段列车和区段管内列车，区段管内列车是专指为区段内中间站服务的列车，它们包括摘挂列车、沿零摘挂列车、重点摘挂列车和区段小运转列车等。这些列车都是在相邻编组站之间的范围内运行的，所以这些列车也可称为相邻编组站间运行的列车。各个相邻编组站间的列车编组计划均单独编制，其车流组织原理与跨编组站的远程单组列车基本相同，本节重点以区段管内列车编组计划的编制为例，详细阐述其编制过程。

一、相邻编组站间车流的确定

编制相邻编组站间的列车编组计划，应先确定相邻编组站间各种不同性质车流的数量即确定相邻编组站间的车流。在编制相邻编组站间车流表时，要扣除被装车地直达列车和空车直达列车吸收的车流量。此外，被技术直达列车吸收的车流量也应从车流表中扣除。

在三个运行区段的相邻编组站间车流表的格式见表 11.4，相邻编组站间车流图如图 11.27 所示，各区段还应编制区段管内车流表。

表 11.4　相邻编组站间车流表

	A	$A{-}a$	a	$a{-}b$	b	$b{-}B$	B	计
A	—	54	40	24	50	18	360	546
$A{-}a$	46	3\6	10	17	6	2	32	122
a	30	5	—	5	4	10	48	102
$a{-}b$	32	8	6	7\2	12	6	22	95
b	28	16	6	8	—	4	42	104
$b{-}B$	30	12	8	6	12	5\8	40	121
B	336	18	32	26	20	68	—	500
计	502	122	102	95	104	121	544	1590

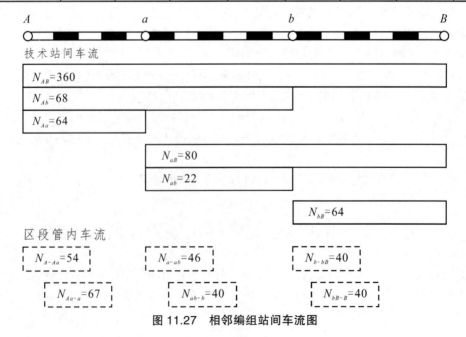

图 11.27　相邻编组站间车流图

174

二、直通、区段和区段管内列车编组计划的编制

技术站间运行的主要是直通列车和区段列车，直通列车编组计划的编制可对整个方向用表格计算法统一计算确定编组方案，若区段站改编能力小，则组织直通列车无改编通过该区段站；区段列车编组计划的编制视情况而定，可组织区段车流单独开行区段列车或将区段车流纳入摘挂列车运送，必要时两种组织形式可同时并存。

（一）直通列车

如果相邻编组站间的区段站具有较完善的解体编组设备和较大的改编能力，则可对编组站和区段站统一编制技术站间列车编组计划，即确定开行哪些直通列车到达站。这时，整个方向的技术站数量（包括两端编组站）一般不会超过 5 个，计算工作较为简单。

若相邻编组站的区段站的解体编组设备较差，如调车线数量较少、未配置驼峰、牵出线长度不足，这样的区段站便不宜担当远程车流的技术改编任务。当然，由于这种区段站的 $t_{节}$ 值较大，即使通过计算，远程车流在该站改编的方案也不会是有利的方案。

（二）区段列车

每一区段是否开行区段列车到达站，应根据区段车流量的大小及其他因素确定。当区段的通过能力比较富余，容许区段车流全部并入摘挂列车（或增加摘挂列车）时，则应对单独开行区段列车到达站和取消区段列车到达站两个方案进行比较，从中选出有利的方案。

（三）区段管内列车

区段管内列车是为输送区段管内车流而开行的列车，它主要包括摘挂列车和区段小运转列车。区段管内车流又称管内车流或摘挂车流，是指在区段内中间站到、发的车流。少数中间站日均装卸车较多，可以单独或联合组织装车地直达列车或空车直达列车，而大多数中间站到发的车流则是用区段管内列车来输送的。经济合理地组织这部分车流的输送，便是区段管内车流组织的任务。

区段管内列车的基本形式是摘挂列车。摘挂列车主要为沿线中间小站服务，它的开行对于农业生产和乡镇企业的发展具有重要意义。不过，如果摘挂列车对数过多，停站次数过多，对区段通过能力和机车运用效率都会产生不利的影响。因此，应按照实际情况，灵活采取多种形式输送管内车流。例如，当区段内少数几个中间站到、发车流量相对较大时，可组织仅在这几个中间站进行摘挂车辆作业的重点摘挂列车，以减少停站次数，提高列车旅行速度；若靠近技术站的几个中间站到、发车流量较大，可组织开行区段小运转列车，这样可以减少摘挂列车对数。

由于各区段的中间站数量、装卸作业量、列车牵引定数等技术经济条件不同，区段管内列车编组方案必须对每个区段单独形成，其内容是确定区段管内列车的行车量、列车种类及所吸收的车流。区段管内计划车流是确定区段管内列车编组方案的基础，由铁路局具体制订，重车在编制全路计划车流时查定，但还要根据深入的经济调查和日常车流规律加以调整核实，空车根据装卸货物品类、装卸差及实际车种使用来确定。

将管内计划重、空车流归纳在一张表上，就是区段管内中间站摘挂车流表。为了直观地反映管内各区间的车流变化情况，需要把摘挂车流表转化为区段管内车流密度图。然后，将每一区间的车流量换算成列车总重，与列车差别重量标准相比较，便可确定合理的摘挂列车对数、小运转列车对数及所包含的车流内容。

下面举例说明区段管内列车编组方案的编制方法。

【例 11.7】 A-B 区段（$A{\to}B$ 为下行）管内重车车流表见表 11.5。在 c 站到达的 14 辆重车中，有 3 辆罐车；本区段排空方向：罐车为 $B{\to}A$，其余空车为 $A{\to}B$；除罐车外，其余车种均可卸后来装车。

表 11.5　A-B 区段管内重车车流表

自＼往	A	a	b	c	d	e	f	B	合计
A		2	15	3	8	3	2		33
a									0
b	15						3	7	25
c	6							6	12
d	10						1	9	20
e	8								8
f	1							3	4
B			2	11	5				18
合计	40	2	17	14	13	3	6	25	120

根据管内重车车流表计算出各站的装卸差，结合排空方向和车种使用情况定出本区段管内的空车流量和流向，其结果见表 11.6。表中，"＋"表示有多余空车，"－"表示缺少空车。

表 11.6　中间站装卸差及空车供应计划

站名	a	b	c	d	e	f
卸车数	2	17	14（$G/3$）	13	3	6
装车数	0	25	12	20	8	4
差	＋2	－8	－1	－7	－5	＋2
空车来源	—	$a/2$，$A/6$	$A/1$	$A/7$	$A/5$	—
空车去向	$b/2$	—	$A/3$	—	—	$B/2$

将表 11.5 和表 11.6 综合起来，编制出 A-B 区段管内中间站摘挂车流表，见表 11.7。

表 11.7　A–B 区段管内中间站摘挂车流表

自＼往	A	a	b	c	d	e	f	B	合计
A		$\frac{2}{0}$	$\frac{15}{6}$	$\frac{3}{1}$	$\frac{8}{7}$	$\frac{3}{5}$	$\frac{2}{0}$		$\frac{33}{19}$
a			$\frac{0}{2}$						$\frac{0}{2}$
b	$\frac{15}{0}$						$\frac{3}{0}$	$\frac{7}{0}$	$\frac{25}{0}$
c	$\frac{6}{3}$							$\frac{6}{0}$	12
d	$\frac{10}{0}$						$\frac{1}{0}$	$\frac{9}{0}$	$\frac{20}{0}$
e	$\frac{8}{0}$								$\frac{8}{0}$
f	$\frac{1}{0}$							$\frac{3}{2}$	$\frac{4}{2}$
B			$\frac{2}{0}$	$\frac{11}{0}$	$\frac{5}{0}$				$\frac{18}{0}$
合计	$\frac{40}{3}$	$\frac{2}{0}$	$\frac{17}{8}$	$\frac{14}{1}$	$\frac{13}{7}$	$\frac{3}{5}$	$\frac{6}{0}$	$\frac{25}{2}$	$\frac{120}{26}$

注：表中，分子代表重车数，分母代表空车数。表的上三角部分为下行车流，下三角部分为上行车流。

由表 11.7 可画出 A–B 区段管内车流密度图（见图 11.28），各区间的重、空车流量在图上一目了然（阴影部分为重车流）。画车流密度图的关键是确定各区间的通过车流量，对此，可采用所谓"矩形法"：在表的上三角部分找到 i 站所在行 j 站所在列的交点，以此点为起点，向上、向右行走，至最右端车站和最上方车站处转折，继续行走，可得一矩形，此矩形范围内的全部重空车流即为 i-j 区间的下行通过车流。同理，在下三角部分采用"矩形法"可以得到 i-j 区间的上行通过车流。

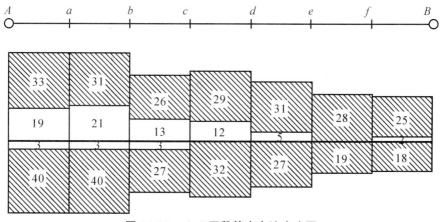

图 11.28　A–B 区段管内车流密度图

根据统计资料及对未来年份的预测，该区段重车平均总重为 65 t，空车平均自重为 20 t，于是各区间的通过总重吨数可以计算出来。把各区间的通过总重吨数与该区间的列车重量标准

177

进行比较（见表 11.8），从表中可以看出，总重吨数大于牵引重量标准的只有 A-a、a-b 两个区间。为减少摘挂列车对数，又能及时输送管内车流，确定在全区段开行 1 对摘挂列车，在 A-b 间开行 1 对区段小运转列车。

表 11.8　A-B 区段各区间总重吨数与列车差别重量标准对照表

| 区间 | A→B 方向（下行） | | | | B→A 方向（上行） | | | |
| | 车流量 | | 总重
吨数 | 列车差别
重量标准 | 车流量 | | 总重
吨数 | 列车差别
重量标准 |
	重车	空车			重车	空车		
A-a	33	19	2525	2000	40	3	2660	2000
a-b	31	21	2435	2000	40	3	2660	2000
b-c	26	13	1950	2000	27	3	1815	1950
c-d	29	12	2125	2200	32	0	2080	2200
d-e	31	5	2115	2200	27	0	1755	2100
e-f	28	0	1820	1900	19	0	1235	1900
f-B	25	2	1665	1950	18	0	1170	1900

在编制区段管内列车编组计划时，还有一个问题需要考虑，就是区段车流是否与摘挂车流合开摘挂列流的问题。一般情况下，区段车流用区段列车来输送，但有的区段车流量很小，单开区段列流不一定有利，一般还需进行必要的计算比较。

在实际工作中常采用的一种简单做法是：无论区段列流开行与否，摘挂列车中也允许编挂区段车流，当然，与摘挂车流分别选编成组。这样，可以充分利用机车能力，使摘挂列车不致欠轴过多，同时能适应车流的日常波动。

本章小结

技术站间计划车流、各技术站按方向别的平均一支列流一昼夜的货车集结车小时消耗和各技术站平均一辆货车无改编通过所得到的车小时节省是编制技术站间单组直达列车编组计划的三个重要因素。技术站车流组织必须遵守车流不拆散原理和车流合并原理。技术站间单组列车编组计划的主要编制方法有绝对计算法和表格分析计算法。表格分析计算法主要是通过对绝对条件、必要条件和充分条件的比较和判断来确定最优的编组方案。分组列车分为固定车组重量与不固定车组重量两种。在确定了技术站间直达列车编组计划之后，通过确定相邻编组站间的车流，对直通、区段和区段管内列车编组计划进行编制。

本章主要知识点回顾：

一、编制列车编组计划的主要因素

（1）技术站间计划车流：是编制列车编组计划的重要依据。

（2）货车集结车小时消耗：$T_{集总} = kT_集 = kcm$。

（3）货车无改编通过技术站的车小时节省：$t_节 = t_有 - t_无 - t_集 + r_车$。

二、技术站车流组织的两个原则

（1）同一支车流不拆散原则；

（2）车流接续归并原则。

三、利用表格计算法编制单组列车编组计划的三个判别条件

（1）绝对条件：任何一支远程车流必须开行直达列流的绝对条件是该支车流在沿途任一支点站无改编通过的车小时节省都不小于该车流编开直达列流在列车始发站的集结车小时消耗。

（2）必要条件：任何一支远程车流单开的必要条件是该支车流无改编通过沿途支点站所获得的车小时节省不小于该车流编开直达列流在列车始发站的集结车小时消耗。

（3）充分条件：一支（或几支合并的）长程车流不与某支（或几支相互衔接的）短程车流合并的充分条件是长程车流在其超行区段无改编通过支点站的车小时总节省不小于该车流编开直达列流在始发站的集结车小时消耗。

思 考 题

1. 简述技术站车流组织的两个原则。

2. 什么是单组货物列车编组计划的显然不利方案？举例说明。

3. 简述表格计算法的算法原理和三个判别条件。

4. 简述表格计算法的算法步骤。

5. 简述分组列车的特点、开行效果、组织形式及适用条件。

6. 何谓区段管内车流和区段管内列车？区段管内列车有哪几种？各有何特点？

第十二章　货物列车编组计划的确定与执行

【本章导读】

货物列车编组计划的编制是一项复杂的系统工程，由于受诸多因素的影响和制约，编制过程中难免会出现一些相互不协调的情况。因此，在分阶段按方向确定各局部的列车编组计划方案后，还需要从整体上对方案进行检查与调整，以最终确定全路的货物列车编组计划。编组计划确定之后，必须严肃认真地执行。

【学习目标】

（1）理解并掌握货物列车编组计划的检查内容；
（2）理解并掌握货物列车编组计划的调整措施；
（3）了解货物列车编组计划的执行情况。

【重点及难点】

（1）货物列车编组计划的检查内容；
（2）货物列车编组计划的调整措施。

第一节　列车编组计划的最终确定

一、确定全路货物列车编组计划的主要依据

全路货物列车编组计划由国铁集团、铁路局集团公司主管部门进行审查，并报相关领导批准，确定全路货物列车编组计划的主要依据是报请审批的列车编组计划方案及相关资料。

1. 计划车流的分析资料

计划车流的分析资料包括年度任务、季度任务，编制计划车流所依据的运量及其确定的根据。做出分品类分到局的表格，说明主要物资流通的基本情况，包括主要厂矿的生产和需求数量、主要物资的流向、水陆分工和衔接情况，主要区段的能力和运量有无削减，车流路径的选择和新线、支线分流的情况等。此外，还要提出车流可能发生的波动和变化情况，以及对此所采取的措施。

2. 装车地直达运输计划

装车地直达运输计划包括全路和各局直达运输情况，包括直达装车数占总装车数的比重，主要厂矿、主要品类组织直达列车的情况，定期直达列车开行列数，直达列车平均走行里程，平均通过编组站次数，平均编成辆数，以及总的经济效果，并且还应进行新旧运输直达计划的对比，分析其质量提高或下降的原因。

3. 主要站、线负荷的分析

主要站、线负荷的分析包括主要编组站的办理车数，改编车数，能力利用程度，固定线路的初步安排以及主要铁路线的通过量，能力利用程度，所选定方案的经济效果，指出重点枢纽有无预留后备力量，车流波动时有无辅助方案和应变措施等。

4. 新、旧列车编组计划的对比

新、旧列车编组计划的对比包括国铁集团确定的编制原则和统一战略部署的落实情况，新、旧列车编组计划的主要变化，主要干线、主要枢纽的运输效能和效率有无改善，所选方案的经济效果，预计可能发生的问题和拟采取的措施等，即对新的列车编组计划要从市场需求、运输效能、对内联合、对外服务等方面做出总的评价。

同时，还要提出保证完成列车编组计划的若干措施。此外，在报告中还应该准备以下附件：

（1）按品类别的局间装车去向表；

（2）各铁路局的重车车流表；

（3）分车种的分界站空车交接表；

（4）主要编组站车流汇总表；

（5）直达列车计划表；

（6）各编组站能力利用表。

同时，对确定的列车编组计划，还应计算下列指标：

（1）车辆无改编作业的平均走行里程；

（2）车辆小时的消耗；

（3）主要编组站交换车数及其占总办理车数的比重。

二、货物列车编组计划的检查与调整

在最终确定列车编组计划之前，要对各种列车的编组方案进行必要的检查。检查的重点内容有两点：一是装车地直达列车编组计划是否符合技术站列车编组计划；二是各技术站的作业负担是否合理。显然，对检查中发现的问题，有必要通过对列车编组计划相应内容做出调整予以解决。

（一）检 查

1. 检查装车地直达列车编组计划与技术站列车编组计划是否配合

到技术站解体的装车地直达列车所吸收的车流及其选编分组的办法应与该直达列车途中各技术站的编组计划相一致。

例如，在图 12.1 中，装车地直达列车与技术站列车编组计划不一致：

（1）吸收的车流不一致。远程车流 (a,E) 纳入始发直达列流 $\langle a,C\rangle$，而未纳入直通列流 $\langle A,E\rangle$。前者在 C 站改编后，还要在 D 站改编，后者自 A 站出发后，沿途不再改编。相比之下，开行始发直达列车反而延缓了远程车流 (a,E) 的输送。

（2）车辆的分组不一致。A 站的编组计划中，N_{AE} 单开直通列流，另一直通列流 $\langle A,C\rangle$ 中的车流分成两组，目的是减轻 C 站的改编作业负荷；但始发直达列流 $\langle a,C\rangle$ 中的 4 支车流混编，列车在 C 站解体，恰恰加重了 C 站的作业负担。

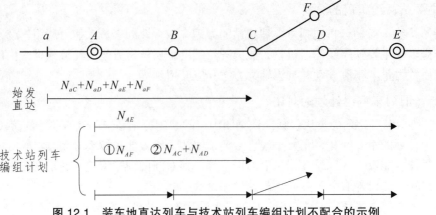

图 12.1　装车地直达列车与技术站列车编组计划不配合的示例

因此，$a \to C$ 的始发直达列车将会在 A 站被提前解体，它所吸收的车流将被并入 A 站发出的车流之中。

2. 检查各技术站的能力与其作业负荷是否适应

列车编组计划编制完毕后，应对各技术站特别是主要编组站检查以下两点：

（1）全部改编车数与该站的改编能力是否相适应；

（2）该站编开各支列流所需的股道数与该站调车场用于车辆集结和编组各支列流的调车线数是否相适应。

（二）调　整

货物列车编组计划是一个较长期的基础性质的计划，其基本部分不宜经常变更。因为列车编组计划是站间分工的整体计划，一个站或几个站的变化必然影响整个编组计划，因此调整工作必须从全局出发，统筹安排，统一解决。同时，列车编组计划的变更又影响到车站技术作业过程、列车运行图等工作，也需要进行相应的变更和调整。这就要求在特殊情况下必须变更时，要慎重考虑，并按规定的程序提出报告，经过批准后还需要有一定的准备时间才能实行。变更列车编组计划的时机和条件一般为：

（1）车流有较大的变化，影响直达列车不能按原计划开行；

（2）空车车流有较大的变化，影响空车直达和空车专列不能按原计划开行；

（3）由于灾害事故，影响到区间和车站能力不足，不能担负其原定任务；

（4）车站或枢纽地区发生工作波动或堵塞，影响到铁路运输的畅通，必须采取有效措施，组织车流通过方能疏通；

（5）由于较大和较长期的站场施工，影响车站不能担负原来规定的任务；

（6）由于紧急运输的需要，必须调整列车编组计划。

变更列车编组计划的实行期间，一般不少于 10 天，并最迟应在实行前 3 天将调整的列车编组计划下达到有关执行单位，以便于事先做好准备工作。

检查的结果如果某站不适应，那么应该采取措施以减少该站改编车数或车流去向数。根据问题的需要，调整列车编组计划，采取的办法要切实可行，要力求减少变动范围，避免影响面过大，打乱全路站场分工部署。一般可采用下列调整措施：

（1）从装车地或卸车地直接组织某些到站的重、空直达列车，或者按车场或专用线分别组织直达列车，以减少改编作业；

（2）利用邻近的车站辅助，担当负担过重技术站的一部分改编任务，例如，将负担过重技术站编组某方向摘挂列车的作业交给辅助站担当，可相应地减轻负担过重技术站的负荷；

（3）利用枢纽地区的"卫星"站辅助，从"卫星"站直接组织始发直达、空车直达或代为选分车组，将部分任务移到"卫星"站负担；

（4）发挥区段站的作用，将摘挂列车的编组任务移到区段站，以减少编组站的负担；

（5）按到站顺序或按列车编组计划去向、要求组织成组装车，以减少该站改编作业钩数；

（6）增加装车地直达列车的数量或延长某些装车地直达列车的运行距离，使之通过负担过重的技术站，减少其改编车数；

（7）如果负担过重技术站有两个调车系统，而某一方向到达该两个调车系统的车流数量均较大时，可以由后方技术站向该站的调车系统分别编组列车到达站，以减少转场交换车数，增加改编能力；

（8）如果负担过重技术站所在枢纽内还有其他技术站，且有可能形成较大数量的站间交换车时，也可类似地由枢纽后方站向枢纽内不同技术站分别编组列车到达站，以减少站间交换车数，增加改编能力；

（9）由作业困难站编组的列车，减少其到站或列车分组以减少集结时间和改编作业量；

（10）如果某一方向到达的列车内，包含有到达枢纽内某顺路车站的车流时，则可将其选编成组，在该顺路车站甩下，既减少了列车到达站的改编车数，又减少了车辆走行公里。

三、行车量

在编组方案最终确定之后，各方向开行的列车种类、列流支数以及各支列流所吸收的车流内容都随之确定，接着就要分别计算方向上每一区段上、下行的行车量（即开行的列车数），作为编制列车运行图的基础性资料。

区段行车量按不同的列流分别计算列流量并加总。列流量的大小决定于该支列流吸收的车流量和列车编成辆数。为了适应日常运输可能发生的变化，这时采用的车流量应在计划车流（指编制列车编组计划时根据平均运量确定的计划车流）的基础上，适当考虑一定的运量波动。

四、相关指标

列车编组计划最终确定之后，便可计算有关的指标，包括以下指标：

（1）车辆无改编作业的平均走行里程 $S_{无}$。

（2）各主要技术站的无调中转车数占总中转车数的比重。

（3）各技术站的办理车数、改编车数和改编能力利用率。

（4）车小时总消耗。

上列各项指标的计算都比较简单，通过这些指标可以反映列车编组计划的编制质量和车流组织水平。

五、货物列车编组计划手册

全路货物列车编组计划编制完毕后，应按照规定的格式编制货物列车编组计划手册。全路货物列车编组计划手册中只包括跨局的列车编组计划，各局的货物列车编组计划手册中包括本局所有车站编组列车（跨局和管内）的编组计划。其主要内容为：

（1）货物列车编组计划规则的摘要和执行货物列车编组计划的补充规定；

（2）局间货物列车编组计划；

（3）主要站货物列车编组计划；

（4）超计划组织高质量直达列车计划。

列车编组计划的格式见表 12.1～表 12.3。

表 12.1　局间货物列车编组计划的格式

××铁路局集团公司

编组站	到达站	编组内容	列车种类	定期车次	附注
		移交邻局列车			
		向××铁路局集团公司			
		1. 经由××分界站			
××	××	××及其以远	技术直达		
××	××	××—××间站顺	摘挂		
		……			
		……			
		自邻局接入列车			
		自××铁路局集团公司			
		1. 经由××分界站			
××	××	××及其以远	始发直达	85082	
××	××	1. ××及其以远（不包括××） 2. ××及其以远（包括××及其以远）	直通		
		……			
		……			

表 12.2　主要编组站货物列车编组计划的格式

××编组站

编组站	到达站	编组内容	列车种类	定期车次	附注
		编组			
××	××	××及其以远	技术直达		
××	××	1. ××及其以远（不包括××） 2. ××及其以远	直通		
××	××	××及其以远	区段		
……	……	……	……		

编组站	到达站	编组内容	列车种类	定期车次	附注
解体					
××	××	××及其以远	技术直达		
××	××	××及其以远	直通		
××	××	××及其以远	区段		
……	……	……	……		
有作业通过					
××	××	××站卸，基本组 2000 t，在××补满轴	始发直达	85012	
××	××	××及其以远（基本组××t），××站用××及其以远车流补轴	始发直达	85002	
……	……	……	……		

表 12.3　超计划高质量列车编组计划的格式

××编组站

编组站	到达站	编组内容	列车种类	指定车次	附　注
××	××	××卸，按货位组织	始发直达		
××	××	××及其以远	技术直达		
××	××	××卸，按货物品种组织	始发直达		
……	……	……	……		

第二节　列车编组计划的执行

货物列车编组计划是全路的车流组织计划，是全路各站编解作业合理分工和正确组织车流的制度，它规定了各站的作业任务和相互关系，一经确定就必须严肃认真地执行。任何一个站不按规定编组列车或违反列车编组计划的有关规定，必将打乱站间分工，增加改编作业量，影响运输秩序。因此，在执行前要做好充分的准备，在执行过程中要认真考核分析，切实维护列车编组计划的严肃性。

一、货物列车编组计划的贯彻执行

正确贯彻执行列车编组计划需要进行一系列的工作。

1. 拟订执行列车编组计划的有关规定

（1）执行列车编组计划规则的补充规定（执行部分）；

（2）枢纽地区的车流特定径路和车组组号内容的具体说明；

（3）变更列车质量和长度的车站补轴、减轴的办法；

（4）超重和超长列车的编组内容和组织方法；

（5）辅助站和辅助内容，以及辅助作业需要准备的劳力和动力；

（6）超编组计划高质量列车和计划外始发直达列车的编组方法等。

2. 拟订执行列车编组计划时的新、旧交替办法

（1）结合运行图，规定不同站的不同实行日期；

（2）为避免某些站在新、旧交替时工作负担过重，单独规定交替时对某些站的特定编组方法，或者提前或改晚某些站的实行日期。

3. 发布执行列车编组计划的部署并组织有关人员认真学习列车编组计划的各项规定

执行列车编组计划的部署以命令形式下达，一般包括：新列车编组计划的特点，变化的原因，重点变化的任务、性质、要求，应该注意的事项等。

要组织有关人员认真学习新的列车编组计划，了解新列车编组计划的意义、任务、作用，熟知本局、本站、本职的具体规定。

铁路局集团公司运输处是贯彻执行列车编组计划的直接组织领导部门，应具体规定加强装车组织、加强管内工作组织、加强枢纽小运转组织的若干办法和措施；监督和帮助车站做好调整车站分工、变更线路固定办法、调整劳动组织等各项工作，并组织修订车站技术作业过程。

各级列车调度人员是贯彻执行列车编组计划的直接责任者，应该做好以下几方面工作：

（1）掌握车流动态，正确组织和调整车流，注意车站的车流集结和接续；认真编制和执行日、班计划，加速列车放行，压缩集结时间，避免产生列车和车流的等待和积压；及时组织管内车辆的移动，加强干、支线车流的衔接，有计划地组织车流紧凑接续，有预见地组织指挥车站装卸车辆、编组列车。

（2）保证直达列车按规定的车次、时刻、内容开行，严格掌握运行情况，避免其中途晚点或被拆散。

（3）先外后内，严肃纪律，保证跨局空车直达列车按规定的时刻、车种定时开行，以保证邻局的装车和组织始发直达列车，同时，应按阶段均衡地组织列车运行。

（4）严格监督分组列车的编组、换挂和运行情况，及时向换挂车组的车站传达列车到达时刻、车组吨数、辆数和运行情况等，组织车站准备好换挂车组，保证不延误时间和中途拆散。

（5）详细检查列车编组内容，如发现违反编组计划，应及时纠正。

二、货物列车编组计划执行情况的统计与监督

为了考核列车编组计划执行情况，车站应对始发、到达或交接的列车，填记完成列车编组计划登记簿，对其中违反编组的列车，要注明性质、原因、承认的调度命令号码及传达命令的调度员姓名，以便分析核对。编组站、车务段等单位，应将执行列车编组计划的情况逐旬上报铁路局集团公司，铁路局集团公司汇总后，逐月报告国铁集团。

积累车流资料，掌握车流规律，对于提高列车编组计划的编制质量是十分重要的，为此，应建立车流统计报告制度。各技术站和主要区段站均应编制车流平衡表，逐月逐列登记到、发列车编挂的车流去向，并据此编制车流汇总表，向铁路局集团公司报告。各装车站、分界站应建立重车车流表，按月报铁路局。铁路局集团公司应编制局重车车流表，记录自装及接运的重车车流去向，为调整和编制列车编组计划提供重要依据。

要特别注重对违反列车编组计划的监督与处理，有下列情况之一者（除另有规定外），均属违反列车编组计划：

（1）直达列车的车流，编入直通、区段、摘挂和小运转列车；直通列车的车流编入区段、摘挂和小运转列车；区段列车的车流编入摘挂和小运转列车。

（2）直通、区段、摘挂和小运转列车的车流，编入直达列车；区段、摘挂和小运转列车的车流，编入直通列车；摘挂和小运转列车的车流，编入区段列车。

（3）未按规定选分车组或未执行指定的编挂顺序（由于执行隔离限制，确实难以兼顾时除外）。

（4）未按补轴、超轴规定编组列车。

（5）违反车流径路，将车辆编入异方向列车。

（6）未达到编组计划规定的基本组重量、长度。

（7）其他未按编组计划规定编组的列车。

对于装载超限货物的限速货车，虽属直达、直通或区段车流，可以利用摘挂列车挂运；对于有计划的成组换挂，超重附挂或为加速鲜活易腐货物及急运物资的输送，相邻区段中间站到发的车流亦可利用直达、直通、区段列车挂运，不算违反编组计划。

列车编组计划是较长时期的基础性计划，不宜经常变更。如因车流或技术设备发生重大变化必须调整时，要有计划有准备地进行，并提前向有关单位布置，以便做好各项准备工作。

本章小结

计划车流的分析资料、装车地直达运输计划、主要站及线能力负荷、新旧列车编组计划的对比资料是确定全路货物列车编组计划的主要依据。货物列车编组计划的最终确定需要对装车地直达列车编组计划与技术站列车编组计划是否配合以及各技术站的能力与其作业负荷是否适应进行检查，并进行调整。通过检查与调整后，最终确定货物列车编组计划，对行车量及相关指标进行计算。确定的编组计划，必须严肃认真地执行。

本章主要知识点回顾：

一、货物列车编组计划的依据

（1）计划车流的分析资料。

（2）装车地直达运输计划。

（3）主要站及线能力负荷的分析。

（4）新旧列车编组计划的对比资料。

二、货物列车编组计划的检查内容

（1）检查装车地直达列车编组计划与技术站列车编组计划是否配合；

（2）检查各技术站的能力与其作业负荷是否适应。

思 考 题

1. 在最终确定列车编组计划之前，要对编组方案进行哪些检查？为什么？

2. 简述货物列车编组计划手册的主要内容与编排格式。

3. 怎样计算区段行车量？

4. 为什么强调按编组计划编组列车？违反列车编组计划的情况有哪几种？有何不利后果？

5. 货物列车编组计划在执行过程中为什么有时还需进行调整？一般采取哪些调整措施？

本篇习题

一、单项选择题

1. ( ) 是车流组织的具体体现。
   A. 月度货运计划　　　　　　　　B. 列车编组计划
   C. 列车运行图　　　　　　　　　D. 技术计划

2. 将车流合理地组织成列车流，这是 ( ) 所要解决的核心问题。
   A. 货运组织　　　　　　　　　　B. 车流组织
   C. 列流组织　　　　　　　　　　D. 运输方案

3. 分组列车是指由两个或多个到达站的车辆组成，按到达站选编成组，在途中技术站要进行 ( ) 作业的列车。
   A. 机车换挂　　　　　　　　　　B. 车组换挂
   C. 列车试风　　　　　　　　　　D. 货物装卸

4. 在技术站编组，通过一个及一个以上区段站不进行改编作业的列车是 ( )。
   A. 区段列车　　　　　　　　　　B. 摘挂列车
   C. 直通列车　　　　　　　　　　D. 技术直达列车

5. 在技术站编组，至少通过一个编组站不进行改编作业的列车，称为 ( )。
   A. 始发直达列车　　　　　　　　B. 技术直达列车
   C. 直通列车　　　　　　　　　　D. 区段列车

6. 在技术站编组并到达相邻技术站，在区段内不进行摘挂作业的列车称为 ( )。
   A. 始发直达列车　　　　　　　　B. 技术直达列车
   C. 区段列车　　　　　　　　　　D. 直通列车

7. 在枢纽内各站间开行的列车称为 ( )。
   A. 区段列车　　　　　　　　　　B. 摘挂列车
   C. 区段小运转列车　　　　　　　D. 枢纽小运转列车

8. 直通列车是在技术站编组，通过一个及其以上 ( ) 不进行改编作业的列车。
   A. 编组站　　　　　　　　　　　B. 区段站
   C. 中间站　　　　　　　　　　　D. 货运站

9. 单支或多支合并的远程车流，对较短直达列车到达站的 ( )，是其在超行区段获得的无改编通过技术站的车小时节省大于或等于在始发站集结的车小时消耗。
   A. 必要条件　　　　　　　　　　B. 充分条件
   C. 充要条件　　　　　　　　　　D. 绝对条件

10. 任何单支远程车流在沿途任一技术站的无改编通过车小时节省都大于或等于该车流开行直达列车到达站的集结车小时消耗，则该单支车流满足了单独开行直达列车到达站的 ( )。
    A. 必要条件　　　　　　　　　　B. 充分条件
    C. 绝对条件　　　　　　　　　　D. 充要条件

11. 单支远程车流或多支合并的远程车流在沿途技术站无改编通过的车小时节省大于或等于该车流开行直达列车到达站在始发站的集结车小时消耗，则满足了（　　　）。

    A. 必要条件   B. 充要条件

    C. 充分条件   D. 绝对条件

12. 分组列车中，到达沿途技术站的近程车组称为（　　　）。

    A. 基本车组   B. 补轴车组

    C. 换挂车组   D. 可调车组

二、多项选择题

1. 列车编组计划的作用体现在以下几方面（　　　）。

    A. 起着条理车流的作用

    B. 是整个路网车站分工的战略部署

    C. 是货运计划和列车运行图之间的重要联系环节

    D. 是铁路与国民经济其他各部门紧密联系的重要环节

    E. 在日常运输中，通过调整车流径路，起到保证运输畅通的作用

2. 货物列车编组计划规定的内容有（　　　）。

    A. 在哪些车站编组列车

    B. 编组到达哪些车站的列车

    C. 列车种类

    D. 列车编组内容

    E. 列车编组方式

3. 区段管内货物列车的主要形式有（　　　）。

    A. 区段列车   B. 摘挂列车

    C. 区段小运转列车   D. 枢纽小运转列车

    E. 调车机车

4. 通常在编组站编组的列车有（　　　）。

    A. 始发直达列车   B. 技术直达列车

    C. 直通列车   D. 区段列车

    E. 摘挂列车

5. 编制技术站间单组列车编组计划的要素包括（　　　）。

    A. 计划车流   B. 车流径路

    C. 列车编成辆数   D. 车辆集结参数

    E. 车辆无改编通过技术站的节省时间

6. 影响车流径路的主要因素有（　　　）。

    A. 运输距离   B. 运输时间

    C. 运输费用   D. 各技术站的能力及其利用程度

    E. 各区段的能力及其利用程度

7. 装车地直达列车包括（　　　）。

  A. 技术直达列车   B. 始发直达列车

  C. 阶梯直达列车   D. 基地直达列车

  E. 空车直达列车

8. 组织装车地直达列车应具备的条件是（　　　）。

  A. 货源充足，流向集中   B. 装车能力适应

  C. 卸车能力适应   D. 空车供应有保证

  E. 与现行技术站列车编组计划相符合

9. 下列情况中，属于违反列车编组计划的是（　　　）。

  A. 将直通列车的车流编入区段列车

  B. 将摘挂列车的车流编入直达列车

  C. 违反车流径路，将车辆编入异方向列车

  D. 未按规定选分车组

  E. 将本站货物作业车与中转车混编入同一列车

10. 组织装车地直达运输的优越性体现在（　　　）。

  A. 减轻技术站的作业负担   B. 加速车辆周转及货物送达

  C. 促进产、运、销各部门的密切协作 D. 有利于稳定列车运行秩序

  E. 有利于环境保护

11. 在编制技术站间列车编组计划时，为避免组合爆炸，通常根据车流集散规律把全路划分为多个铁路地区或方向，使每个地区或方向只包含具有一定数目的主要编组站——称其为支点站。选为支点站的地点一般是（　　　）。

  A. 车流大量产生或消失的地点 B. 有强大技术设备和改编能力的编组站

  C. 变更列车重量或换长标准的地点 D. 地理上的自然分界点

  E. 位于几条铁路交叉、汇合地点的枢纽编组站

三、名词解释题

1. 技术直达列车

2. 阶梯直达列车

3. 列车编组计划

4. 车流径路

5. 装车地直达运输

四、判断分析题

1. 某一支远程车流在沿途技术站无改编通过所获得的车小时节省，大于或等于始发站的集结车小时消耗，则该支车流应单独开行直达列车到达站。

2. 如果某一支远程车流对其中一个较短的直达列车到达站，满足了充分条件，那么该支车流应单独开行直达列车到达站。

3. 每辆货车无改编通过技术站的车小时节省为 $t_节 = t_有 - t_无 + r_车$。

五、简答题

1. 简述货物列车编组计划的任务和作用。
2. 简述货物列车的类型及含义。
3. 组织装车地直达列车应具备哪些条件？
4. 影响车流径路选择的主要因素有哪些？
5. 技术站汇聚的车流包括哪些？
6. 简述货物列车编组计划的调整措施。

六、综合计算题

1. 用表格计算法确定 $A_3—A_0$ 方向单组列车编组计划最优方案，并绘制列车到达站图。资料如下（各站改编能力不受限制）：

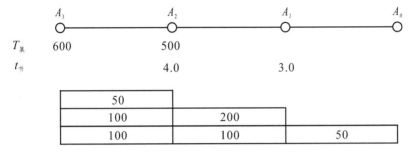

2. 用表格计算法确定 $A_4—A_0$ 方向单组列车编组计划最优方案，并绘制列车到达站图。资料如下（各站改编能力不受限制）：

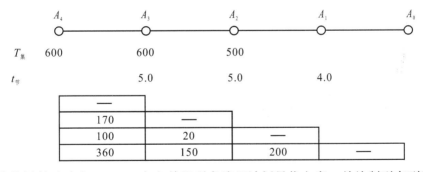

3. 用表格计算法确定 $A_4—A_0$ 方向单组列车编组计划最优方案，并绘制列车到达站图。资料如下（各站改编能力不受限制）：

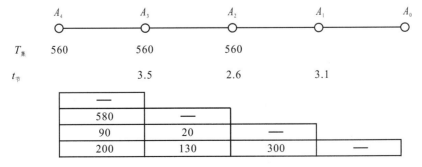

191

第三篇

列车运行图和铁路通过能力

第十三章　基本概念

【本章导读】

　　列车运行图是用以表示列车在铁路区间运行以及在车站到发或通过时刻的技术文件，是全路组织列车运行的基础。按照时间刻度，铁路现场实际使用的运行图一般分为二分格、十分格和小时格三种。列车运行图按照不同的分类方法可以分为多种类型。

【学习目标】

　　（1）了解列车运行图的意义；
　　（2）掌握列车运行图的图形表示法及分类。

【重点及难点】

　　（1）列车运行图的作用和意义；
　　（2）列车运行图的图形表示法及分类。

第一节　列车运行图的意义

　　在组织旅客和货物运输的生产过程中，列车运行是一个很复杂的环节，它要利用多种铁路技术设备，要求各个部门、各工种、各项作业之间互相协调配合，才能保证行车安全、提高运输效率。

　　列车运行图是用以表示列车在铁路区间运行以及在车站到发或通过时刻的技术文件，它规定各次列车占用区间的程序，列车在每个车站的到达和出发（或通过）时刻，列车在区间的运行时间，列车在车站的停站时间以及机车交路、列车重量和长度等，是全路组织列车运行的基础。

　　列车运行图一方面是铁路运输企业实现列车安全、正点运行和经济有效地组织铁路运输工作的列车运行生产计划，它规定了铁路线路、站场、机车、车辆等设备的运用，以及与行车各有关部门的工作，并通过列车运行图把整个铁路网的运输生产活动联系成为一个统一的整体，严格地按照一定的程序有条不紊地进行工作，保证列车按运行图运行，它是铁路运输生产的一个综合性计划。另一方面，它又是铁路运输企业向社会提供运输能力的一种有效形式。从这个意义上讲，供社会使用的铁路旅客列车时刻表及"五定"货运班列运行计划，实际上就是铁路运输服务能力目录。因此，列车运行图又是铁路组织运输生产和产品供应销售的综合计划，是铁路运输生产联结厂矿企业生产和社会生活的纽带。

铁路通过能力与列车正点运行及列车运行的流水性密切相关。列车运行生产计划即列车运行图的实现有赖于铁路区段通过能力的保证，特别是当列车运行过程发生波动，亦即发生偏离于计划的情况时，只有在有充分通过能力保证的条件下，才能确保运输生产按计划进行，列车才有可能重新恢复正点运行。

第二节　列车运行图的图形表示方法

列车运行图是运用坐标原理对列车运行时间、空间关系的图解表示，因而实际上它是对列车运行时空过程的图解。在列车运行图上，对列车运行时空过程的图解可以有两种不同的形式。其一为以横坐标表示时间，纵坐标表示距离。这时，列车运行图上的水平线表示分界点的中心线，水平线间的间距表示分界点间的距离；垂直线表示时间。其二为以横坐标表示距离，纵坐标表示时间。这时，列车运行图上的水平线表示时间；垂直线表示分界点中心线，垂直线间的间距表示分界点间的距离。目前我国铁路列车运行图采用第一种图形表示形式。

为了适应使用上的不同需要，列车运行图按时间刻度划分方法的不同，可有如下三种格式：

（1）二分格运行图（见图13.1）。它的横轴以 2 min 为单位用细竖线加以划分，10 min 和小时用较粗的竖线表示。以前，二分格图主要在编制新运行图时使用。

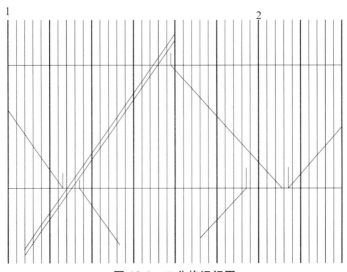

图13.1　二分格运行图

（2）十分格运行图（见图13.2）。它的横轴以 10 min 为单位用细竖线加以划分，半小时用虚线表示，小时用较粗的竖线表示。十分格图主要供列车调度员在日常调度指挥工作中编制运行调整计划和绘制实际运行图时使用，目前，也用于编制新运行图。

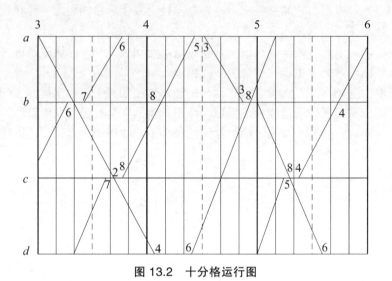

图 13.2　十分格运行图

（3）小时格运行图（见图 13.3）。它的横轴以 1 h 为单位用竖线加以划分。小时格图主要在编制旅客列车方案图和机车周转图时使用。

在运行图上，以横线表示车站中心线的位置，它可有下列两种确定方法：

（1）按区间实际里程的比率确定，即按整个区段内各车站间实际里程的比例来确定横线位置。采用这种方法时，运行图上的站间距离完全反映实际情况，能明显地表示出站间距离的大小。但由于各区间线路平面和纵断面互不一样，列车运行速度有所不同，这样列车在整个区段的运行线往往是一条斜折线，既不整齐，也不易发现列车区间运行时分上的差错，所以一般不采用这种方法。

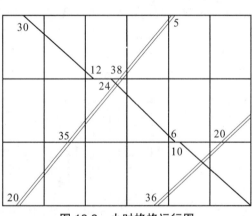

图 13.3　小时格格运行图

（2）按区间运行时分的比率确定，即按整个区段内各车站间列车运行时分的比例来确定横线位置。采用这种方法时，可以使列车在整个区段的运行线基本上是一条斜直线，既整齐美观，也易于发现列车区间运行时分上的差错，所以一般采用这一方法。如图 13.4 所示，$A—B$ 区段下行方向货物列车运行时分共计为 180 min，采用这种方法确定横线位置时，首先确定技术站 A、B 的位置，然后在代表 A 站的横线上任取一点 A，并以 A 点所对应的时间为原点，在代表 B 站的横线上向右截取相等于 180 min 的 BF 线段，得 F 点，同时按 Aa、ab、bc、cd 和 dB 区间的列车运行时分，将 BF 线段划分为五个时间段，连接 A、F 两点，得一斜直线。过五个时间段端点作垂直线，在 AF 斜直线上可得交点，过各交点作水平线，即为代表 a、b、c、d 车站的横线。

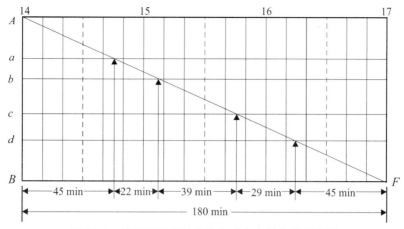

图 13.4 按区间运行时分比率确定车站位置示意图

运行图上的列车运行线（斜线）与车站中心线（横线）的交点，即为列车到、发或通过车站的时刻。根据列车运行图的格式，到发时刻有不同的表示方法。在二分格图上，以规定的标记符号表示，不需填写数字（例如："｜"表示分钟，"↑"表示 30 s）；在十分格图上，填写 10 min 以下数值；在小时格运行图上，填写 60 min 以下数值。所有表示时刻的数字，都填写在列车运行线与横线相交的钝角内。列车通过车站的时刻，一般填写在出站一端的钝角内。

在运行图上铺画有许多不同种类列车的运行线，为了便于识别起见，对各种列车采用不同的表示方法，并对每一列车冠以规定的车次，标在区段的首末两端区间相应列车运行线的上方。上行列车的车次为双数，下行列车的车次为单数。不同种类列车运行线的表示方法见表 13.1 （由于印刷原因，本书例图中旅客列车运行线用双线表示以区别于其他列车运行线）。列车车次编排可参见《列车运行图编制管理规则》。

表 13.1 列车运行线表示方法

列车种类	表示方法	备注
旅客列车包括混合列车	红单线 ——————	以车次区分
临时旅客列车	红单线加红双杠 ┤├┤├	
回送客车底	红单线加红方框 —□—□—	
行包专列	蓝单线加红圈 —○—○—	
"五定"班列	蓝单线加蓝圈 —○—○—	
快运货物、直达、重载列车	蓝单线 ——————	以车次区分
直通、区段、小运转列车	黑单线 ——————	以车次区分
冷藏列车	黑单线加红圈 —○—○—	
军用列车	红色断线 —·—·—·—	
回送军用列车	红色断线加红方框 —·□—·□—	
超限货物列车	黑单线加黑方框 —□—□—	
摘挂列车	黑单线加"+""｜" —+—｜—	
路用列车	黑单线加蓝圈 —○—○—	
单机	黑单线加黑三角 ▷—▷	
高级专列及先驱列车	红单线加红箭头 ▶—▶	
救援和除雪列车	红单线加红"×" —×—×—	
重型轨道、轻油动车	黑单线加黑双杠 ┤├┤├	

195

第三节　列车运行图的分类

按使用范围以及铁路线路的技术设备（如单线、复线）和列车运行速度、上下行方向的列车数量、列车的运行方式等条件，列车运行图可以分为多种不同类型。

1. 按使用范围分类

（1）铁路内部使用的列车运行图。它是铁路组织运输生产的依据，是实现"按图行车"的技术组织措施，是确保铁路运输产品质量的基础。在我国，通常以图形的列车运行图形式提供使用。

（2）社会使用的列车运行图。它对铁路来说是铁路运输产品的供销计划，而对社会用户来说，则是旅客安排旅行计划、货主安排货物销售计划的依据。目前在我国有旅客列车时刻表和"五定"班列时刻表两种列车运行图供社会使用。旅客列车时刻表和班列时刻表应在新运行图实行之前向社会公布。

2. 按照区间正线数分类

（1）单线运行图。在单线区段，上下行方向列车都在同一正线上运行，因此，两个方向列车必须在车站上进行交会，如图 13.5 所示。

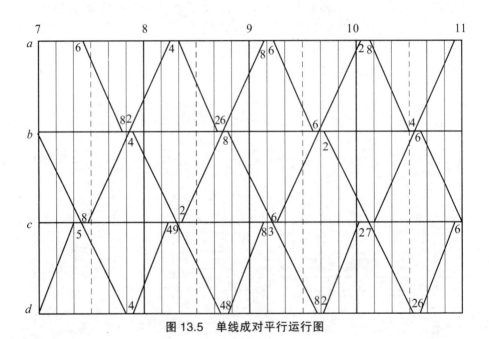

图 13.5　单线成对平行运行图

（2）双线运行图。在双线区段，上下行方向列车在各自的正线上运行，因此，上下行方向列车的运行互不干扰，可以在区间内或车站上交会。但列车的越行必须在车站上进行，如图 13.6 所示。

（3）单双线运行图。在有部分双线的区段，单线区间和双线区间各按单线运行图和双线运行图的特点铺画运行线，如图 13.7 所示。

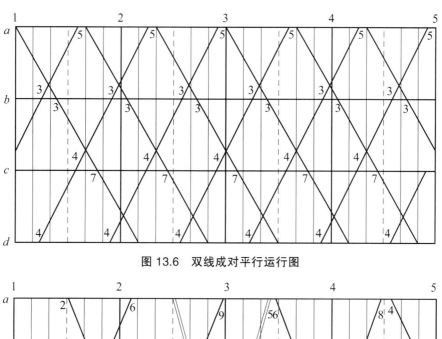

图 13.6　双线成对平行运行图

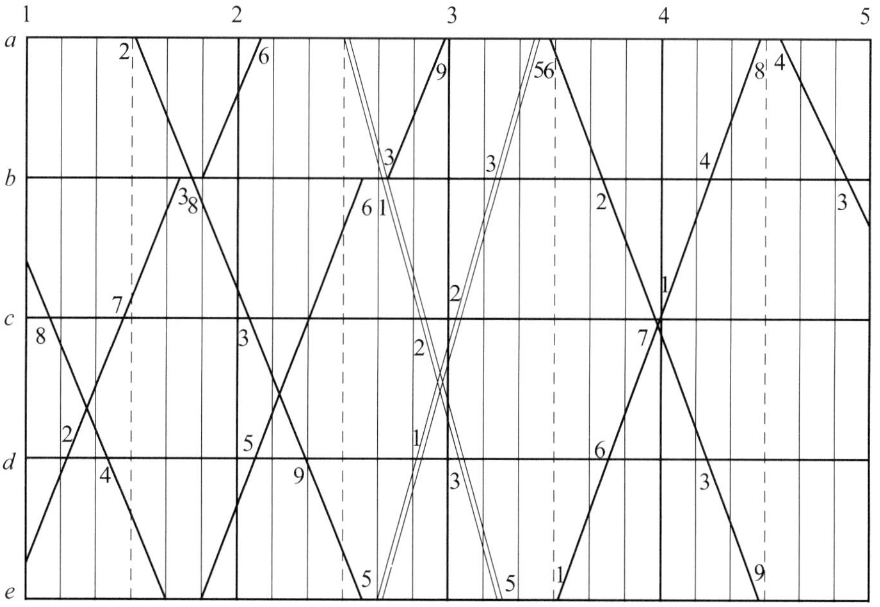

图 13.7　单双线运行图

3. 按照列车运行速度分类

（1）平行运行图。在同一区间内，同一方向列车的运行速度相同，且列车在区间两端站的到、发或通过的运行方式也相同，因而列车运行线相互平行，如图 13.4 和图 13.5 所示。

（2）非平行运行图。在运行图上铺有各种不同速度的列车，且列车在区间两端站的到、发或通过的运行方式不同，因而列车运行线不相平行，如图 13.8 所示。

4. 按照上下行方向列车数分类

（1）成对运行图。这是上下行方向列车数相等的列车运行图，如图 13.6 和图 13.7 所示。

（2）不成对运行图。这是上下行方向列车数不相等的列车运行图，如图 13.9 所示。

197

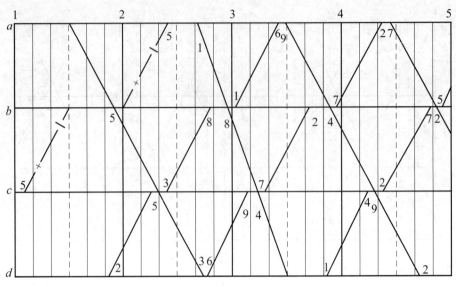

图 13.8　单线非平行运行图

5. 按照同方向列车运行方式分类

（1）连发运行图。在这种运行图上，同方向列车的运行以站间区间为间隔。单线区段采取这种运行图时，在连发的一组列车之间不能铺画对向列车，如图 13.9 所示。

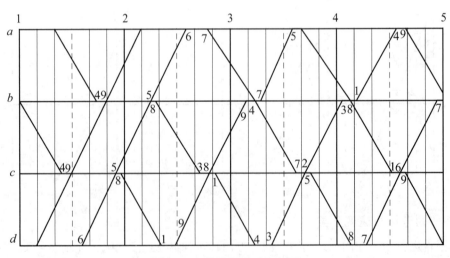

图 13.9　单线不成对运行图

（2）追踪运行图。在这种运行图上，同方向列车的运行以闭塞分区为间隔，在装有自动闭塞的单线或双线区段上采用，如图 13.10 所示。

应该指出，上述分类都是针对列车运行图的某一特点而加以区别的。实际上，每张列车运行图都具有多方面的特点，例如某一区段的列车运行图（图 13.10），它既是双线的、非平行的，又是追踪的。

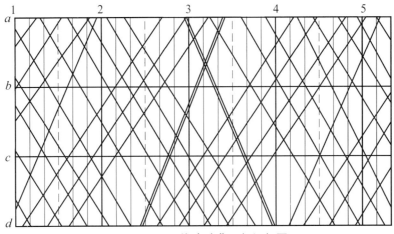

图 13.10　双线追踪非平行运行图

本章小结

列车运行图是用以表示列车在铁路区间运行及在车站到发或通过时刻的技术文件，它规定各次列车占用区间的程序，列车在每个车站的到达和出发（或通过）时刻，列车在区间的运行时间，列车在车站的停站时间以及机车交路、列车重量和长度等，是全路组织列车运行的基础。按照时间刻度，铁路现场实际使用的运行图一般分为二分格、十分格和小时格三种。按使用范围以及铁路线路的技术设备（如单线、复线）和列车运行速度、上下行方向的列车数量、列车的运行方式等条件，列车运行图可以分为多种不同类型。

本章主要知识点回顾：

一、列车运行图的定义

列车运行图是用以表示列车在铁路区间运行及在车站到发或通过时刻的技术文件，它规定各次列车占用区间的程序，列车在每个车站的到达和出发（或通过）时刻，列车在区间的运行时间，列车在车站的停站时间以及机车交路、列车重量和长度等，是全路组织列车运行的基础。

二、列车运行图的作用

（1）铁路走向市场，参与市场竞争的产品；

（2）铁路运输企业实现列车安全、正点运行和经济有效地组织铁路运输工作的列车运行生产计划；

（3）铁路运输生产的一个综合性计划；

（4）铁路运输生产联结厂矿企业和社会生活的纽带。

三、列车运行图的图形表示法

（1）二分格运行图：主要在编制新运行图时使用。

（2）十分格运行图：主要供列车调度员在日常调度指挥工作中编制列车运行调整计划和绘制实绩运行图时使用。

（3）小时格运行图：主要在编制旅客列车方案图和机车周转图时使用。

四、列车运行图的分类

（1）按使用范围分为：铁路内部使用的运行图和社会使用的运行图。

（2）按区间正线数分为：单线运行图、双线运行图和单双线运行图。

（3）按列车运行速度分为：平行运行图和非平行运行图。

（4）按上下行方向列车数目分为：成对运行图和不成对运行图。

（5）按同方向列车运行方式分为：连发运行图和追踪运行图。

思 考 题

1. 简述列车运行图的意义及其在铁路运输工作中的作用。

2. 简述列车运行图车站中心线位置的确定方法。

3. 简述列车运行图的分类。

第十四章　列车运行图要素

【本章导读】

列车运行图的要素包括：列车区间运行时分，列车在中间站停站时间，机车在基本段和折返段所在站停留时间标准，列车在技术站和客、货运站的技术作业时间标准，车站间隔时间，追踪列车间隔时间。

【学习目标】

（1）领会列车运行图的要素组成；
（2）掌握各种车站间隔时间的意义及其计算公式；
（3）理解追踪列车间隔时间的意义以及计算原理。

【重点及难点】

（1）车站间隔时间；
（2）追踪列车间隔时间。

第一节　运行图要素的内容

列车运行图虽有各种不同的类型，但它总是由一些基本要素所组成的，因此，在编制列车运行图之前，必须首先确定组成列车运行图的各项要素。

列车运行图要素包括：列车区间运行时分；列车在中间站的停站时间；机车在基本段和折返段所在站的停留时间标准；列车在技术站、客运站和货运站的技术作业过程及其主要作业时间标准；车站间隔时间；追踪列车间隔时间。

一、列车区间运行时分

列车区间运行时分是指列车在两相邻车站或线路所之间的运行时间标准，它由机务部门采用牵引计算和实际试验相结合的方法进行查定。

列车区间运行时分按车站中心线或线路所通过信号机之间的距离计算。当到发场中心线与车站中心线不一致时，按到发场中心线计算（见图 14.1）。

由于旅客列车和货物列车的运行速度各不相同，上下行方向的线路平面、纵断面条件和列车重量也不相同，所以列车区间运行时分应按各种列车和上下行方向分别查定。此外，列车区间运行时分还应根据列车在每一区间两个车站上不停车通过和停车两种情况分别查定。列车不停车通过两个相邻车站所需的区间运行时分称为纯运行时分。列车到站停车的停车附加时分和停站后出发的起动附加时分，应根据机车类型、列车重量以及进出站线路平面、纵断面条件查定。

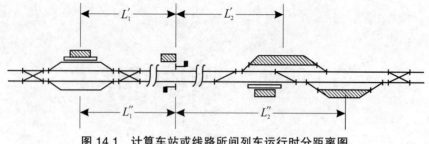

图 14.1　计算车站或线路所间列车运行时分距离图

二、列车在中间站的停站时间

列车在中间站的停站时间由下列原因产生：

（1）进行必要的技术作业，如摘挂机车，试风和列车技术检查，机车乘务组换班等；

（2）客货运作业，如旅客乘降，行李、包裹、邮件的装卸，车辆摘挂，货物的装卸等；

（3）列车在中间站的会车和越行。

摘挂机车作业在采用补机地段的起点站和终点站上进行。列车在中间站的技术检查和试风，一般在长大下坡道之前的车站上进行。当牵引区段较长，机车乘务组的连续工作时间超过规定标准时，也可能要采用中途换班的方式。

客货运作业停站时间，应根据各种列车的不同需要分别规定。对旅客列车规定旅客乘降、行李包裹和邮件的装卸所需要的停站时间；对摘挂列车规定摘挂车辆、取送车及不摘车装卸作业所需要的停站时间。

列车进行技术作业和客货运作业的时间标准，由每一车站用分析计算和实际查标相结合的方法分别确定。列车在中间站的各项作业，应尽可能平行进行。在满足实际需要的条件下，应最大限度地缩短列车停站时间，以提高列车的旅行速度。

三、机车在基本段和折返段所在站停留时间标准

机车在基本段和折返段所在站停留时间标准取决于机车的运用方式。铁路机车的基本运用方式有如下几种：

（1）肩回运转制交路图。机车担当与基本段相邻区段的列车牵引任务。除需进折返段整备外，机车每次返回基本段所在站时也需要入段作业，如图 14.2 所示。

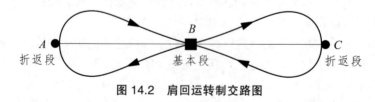

图 14.2　肩回运转制交路图

（2）半循环运转制交路。机车担当与基本段相邻两个区段的列车牵引任务，除需进折返段整备外，机车第一次返回基本段所在站时不入段，继续牵引列车向前方区段运行，到第二次返回基本段所在站时，才入段进行整备作业，如图 14.3 所示。

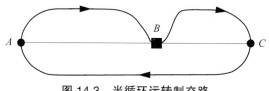

图 14.3　半循环运转制交路

（3）循环运转制交路图。机车担当与基本段相邻两个区段的列车牵引任务，除需进折返段整备及因中间技术检查需入基本段外，每次返回基本段所在站，都在车站上进行整备作业，如图 14.4 所示。

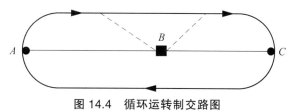

图 14.4　循环运转制交路图

（4）环形运转制交路。机车在一个区段或枢纽内担当两个及以上往返的列车牵引任务之后，才入段进行整备作业，机车不需要转向，如图 14.5 所示。这种交路适用于担当市郊列车和小运转列车的牵引任务。

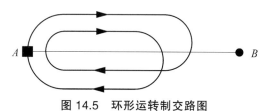

图 14.5　环形运转制交路图

机车在基本段和折返段所在站办理必要作业所需要的最小时间，称为机车在基本段和折返段所在站的停留时间标准。机车在折返段所在站应办理的作业有：在到发线上的到达作业，包括到达试风、摘机车、准备机车入段进路等；机车入段走行；在段内作业；机车出段走行；在到发线上的出发作业，包括挂机车、出发试风等。综合以上各项作业所需要的时间，便可得出机车在折返段所在站的停留时间标准。如图 14.6 所示，10001 次列车机车自到达折返段所在站之时起至牵引 10004 次列车出发时止，在该站的停留时间（包括在段内的停留时间）为：

$$t_{折} = t_{到达} + t_{入段} + t_{整备} + t_{出段} + t_{出发} \quad (\text{min})$$

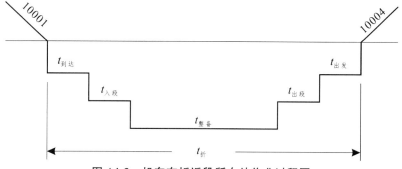

图 14.6　机车在折返段所在站作业过程图

上列各项作业时间可根据分析计算和查标相结合的方法确定。

在基本段所在站上，不采用循环运转制时，机车也需办理上述各项作业，而且整备作业要更加细致，因而整备时间也更长。

在编制运行图前，机务部门必须对每一牵引区段的机车分别查定办理各项作业的时间标准，并规定机车在基本段和折返段所在站的停留时间标准。

四、列车在技术站和客、货运站的技术作业时间标准

为了保证车站与区段工作协调，必须编制与车站技术作业过程相配合的列车运行图。因此，在编制列车运行图时，需具备技术站和客、货运站技术作业过程的主要作业时间标准，包括：

（1）在到发场内办理各种列车作业的时间标准；

（2）在驼峰或牵出线上解体和编组列车的时间标准；

（3）旅客列车车列在配属段、折返段所在站的停留时间标准；

（4）货运站办理整列或成组装卸作业时间标准。

上述标准一般可根据《站细》确定。

第二节　车站间隔时间

车站间隔时间是指在车站上办理两列车的到达、出发或通过作业所需要的最小间隔时间。在查定车站间隔时间时，应遵守有关规章的规定及车站技术作业时间标准，以保证行车安全和最有效地利用区间通过能力。

常用的车站间隔时间包括不同时到达间隔时间、会车间隔时间、同方向列车连发间隔时间、同方向列车不同时发到间隔时间和不同时到发间隔时间等几种，其值大小与车站信号、道岔操纵方法，车站邻接区间的行车闭塞方法，以及车站类型、接近车站线路的平、纵断面情况，机车类型，列车重量和长度等因素有关。在编制新列车运行图之前，每个车站都应根据具体条件，查定各种车站间隔时间。

一、不同时到达间隔时间（$\tau_{\text{不}}$）

在单线区段，来自相对方向的两列车在车站交会时，从某一方向列车到达车站时起，至相对方向列车到达或通过该站时止的最小间隔时间，称为不同时到达间隔时间，如图 14.7 所示。为了提高货物列车的旅行速度，除上下行列车在同一车站上都有作业需要停站外，原则上应使交会的两列车中的一列通过车站，因此在运行图上较常采用的是一列停车、一列通过的不同时到达间隔时间。

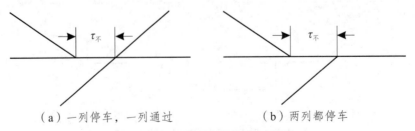

（a）一列停车，一列通过　　　　　（b）两列都停车

图 14.7　不同时到达间隔时间图

为确保行车安全，在进站信号机外制动距离内进站方向为超过《技规》规定的下坡道，而接车线末端又无隔开设备的车站，禁止办理相对方向同时接车。凡不能办理相对方向同时接车的车站，由相对方向到站停车的两列车也须保持必要的不同时到达间隔时间。

不同时到达间隔时间的大小，根据如下条件确定：

（1）只有当第一列车到达车站，并为对向列车准备好接车进路以后，才能给对向列车开放进站信号；

（2）进站信号开放时，列车头部在进站信号机外方所处的位置，应不小于一个制动距离及司机确认信号显示时间内所通过的距离之和，如图14.8所示。

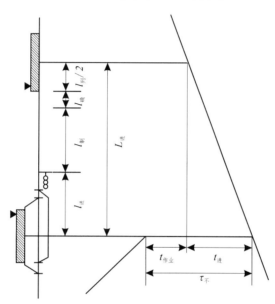

图 14.8　进站信号机开放时的列车位置与不同时到达间隔时间图

因此，不同时到达间隔时间由两个部分组成：第一部分为第一列车到达车站后，车站办理必要作业所需要的时间 $t_{作业}$；第二部分为对向列车通过进站距离 $L_{进}$ 所需要的时间 $t_{进}$。据此有：

$$\tau_{不} = t_{作业} + t_{进} = t_{作业} + 0.06\frac{L_{进}}{v_{进}}$$

$$= t_{作业} + 0.06\frac{0.5l_{列} + l_{确} + l_{制} + l_{进}}{v_{进}} \quad (\text{min}) \tag{14.1}$$

式中　$l_{列}$——列车长度，m；

　　　$l_{确}$——司机确认进站信号显示状态时间内列车运行距离，m；

　　　$l_{制}$——列车制动距离或由预告信号机至进站信号机的距离，m；

　　　$l_{进}$——进站信号机至车站中心线的距离，m；

　　　$v_{进}$——列车平均进站速度，km/h；

　　　0.06——单位换算系数。

由于车站两端的 $l_{进}$ 和 $v_{进}$ 不同，因此每一车站必须对上下行列车分别查定其不同时到达间隔时间。

车站办理必要作业所需时间，根据各站信联闭设备条件及其作业内容查定。一般 $\tau_{\mathrm{不}}$ 取 3 ~ 6 min。

二、会车间隔时间（$\tau_{\mathrm{会}}$）

在单线区段，自列车到达或通过车站时起，至由该站向同一区间发出另一对向列车时止的最小间隔时间，称为会车间隔时间，如图 14.9 所示。

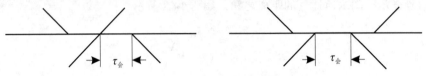

图 14.9　会车间隔时间图

会车间隔时间由车站值班员监督列车到达或通过车站后，为向同一区间发出另一对向列车所需办理必要作业的时间组成，根据各站信联闭设备条件及其作业内容查定。一般 $\tau_{\mathrm{会}}$ 取 1 ~ 3 min。

三、同方向列车连发间隔时间（$\tau_{\mathrm{连}}$）

在半自动闭塞区段，从列车到达或通过前方邻接车站时起，至由车站向该区间再发出另一同方向列车时止的最小间隔时间，称为同方向列车连发间隔时间。根据列车在前后两站停车或通过的不同情况，连发间隔时间可有如图 14.10 所示的四种形式：

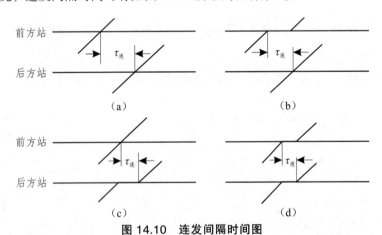

图 14.10　连发间隔时间图

（1）两列车通过前后两车站，如图 14.10（a）所示；
（2）第一列车在前方站停车，第二列车在后方站通过，如图 14.10（b）所示；
（3）第一列车在前方站通过，第二列车在后方站停车，如图 14.10（c）所示；
（4）两列车在前后两站均停车，如图 14.10（d）所示。
按照连发间隔时间组成因素的不同，可以将上述四种形式的连发间隔时间归纳为两种类型。第一种类型为图 14.10（a）、（b）两种形式。共同点是列车均在后方站通过，不同点仅在于：前者是前方站值班员监督列车通过，后者是监督列车到达。这一类型的连发间隔时间由两部分组成（见图 14.11）：

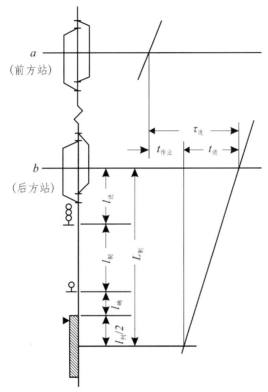

图 14.11 两列车通过前后站连发间隔时间组成图

（1）前后两站办理作业所需的时间 $t_{作业}$；

（2）第二列车通过后方站进站距离 $L_{进}$ 的时间 $t_{进}$。这种类型的连发间隔时间可按下式计算：

$$\tau_{连} = t_{作业} + t_{进} = t_{作业} + 0.06 \frac{L_{进}}{v_{进}}$$

$$= t_{作业} + 0.06 \frac{0.5 l_{列} + l_{确} + l_{制} + l_{进}}{v_{进}} \quad (\text{min}) \tag{14.2}$$

第二种类型为图 14.10（c）、（d）两种形式。共同点是列车均在后方站停车，不同点仅在于：前者是前方站值班员监督列车通过，后者是监督列车到达。这一类型的连发间隔时间由前后两站办理作业所需的时间组成。

通过对连发间隔时间组成因素的分析可以看出，第一种类型连发间隔时间的组成因素及车站办理作业的内容与不同时到达间隔时间基本相同；第二种类型连发间隔时间所包括的作业内容则与会车间隔时间基本相同。但必须注意，连发间隔时间是发生在前后两个车站上，而不同时到达和会车间隔时间是发生在同一个车站上。

$\tau_{连}$ 与 $\tau_{不}$、$\tau_{会}$ 的取值很接近，但含义不同。

（1）$\tau_{连}$ 在单线或双线区段均可能出现，而 $\tau_{不}$、$\tau_{会}$ 只可能出现在单线区段；

207

（2）$\tau_{连}$涉及相邻的两个车站，而$\tau_{不}$、$\tau_{会}$发生在同一车站；

（3）$\tau_{连}$考虑的是同向列车，而$\tau_{不}$、$\tau_{会}$是对向列车。

在铺画运行图时，应注意这些区别。

四、同方向列车不同时到发间隔时间（$\tau_{到发}$）和不同时发到间隔时间（$\tau_{发到}$）

自某方向列车到达车站时起，至由该站发出另一同方向列车时止的最小间隔时间，称为同方向列车不同时到发间隔时间。自列车由车站发出时起，至同方向列车到达车站时止的最小间隔时间，称为同方向列车不同时发到间隔时间。这两种间隔时间在运行图上的表现形式如图14.12所示。

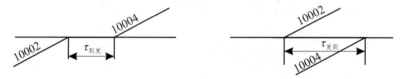

图 14.12　同方向列车不同时到发和不同时发到间隔时间图

凡禁止办理同时接发同方向列车的车站，都必须查定同方向列车不同时到发间隔时间和不同时发到间隔时间。在查定这两种间隔时间时，必须遵守以下两个条件：

（1）办理同方向列车不同时到发时，必须在列车全部到达并停在警冲标内方以后，另一个同方向列车方可从该站出发；

（2）办理同方向列车不同时发到时，必须在第一列列车全部通过发车进路中的最后出站道岔以及车站办理有关作业之后，将要进站的另一同方向列车，应位于该站进站信号机外方 $l_{制}+l_{确}$ 的位置处。

根据上述条件，同方向列车不同时到发间隔时间为由车站值班员监督列车到达后，向同一方向发出另一列车所需办理必要作业的作业时间组成。而同方向列车不同时发到间隔时间，则由如下三部分组成（见图14.13）：

（1）出发列车通过出站距离 $L_{出}$ 的时间 $t_{出}$；

（2）车站办理必要作业的时间 $t_{作业}$；

（3）到达的同方向列车通过进站距离 $L_{进}$ 的时间 $t_{进}$。

因而，可有：

$$\tau_{发到}=t_{出}+t_{作业}+t_{进}\ (\text{min})$$

由图14.13可见：

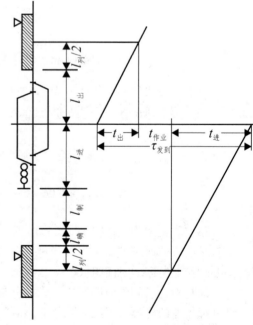

图 14.13　同方向列车不同时发到间隔时间组成图

（14.3）

$$t_{出} = 0.06 \frac{l_{出} + 0.5l_{列}}{v_{出}} \quad （\text{min}）$$

$$t_{进} = 0.06 \frac{0.5l_{列} + l_{确} + l_{制} + l_{进}}{v_{进}} \quad （\text{min}）$$

所以，同方向列车不同时发到间隔时间计算公式也可以写为：

$$\tau_{发到} = t_{作业} + 0.06 \left(\frac{l_{出} + 0.5l_{列}}{v_{出}} + \frac{0.5l_{列} + l_{确} + l_{制} + l_{进}}{v_{进}} \right) \quad （\text{min}） \qquad （14.4）$$

式中　$l_{出}$——由车站中心线至发车进路最外方道岔的距离，m；

　　　$v_{出}$——列车由车站出发时，通过出站距离的平均速度，km/h。

五、相对方向列车不同时通过间隔时间（$\tau_{通}$）

在一端连接双线区间、另一端连接单线区间的车站（或线路所）上，来自相对方向的两列车不同时通过该站（或线路所）的最小间隔时间，称为相对方向列车不同时通过间隔时间。如图 14.14 所示，相对方向列车不同时通过间隔时间也由 $t_{作业}$ 和 $t_{进}$ 两部分时间组成，一般取 4 ~ 6 min。

上述各种车站间隔时间的数值大小与列车运行速度和列车长度有关，因此，应分别对旅客列车和货物列车进行查定。

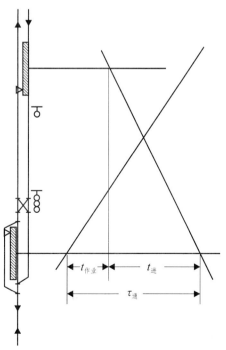

图 14.14　相对方向列车不同时通过间隔时间组成图

第三节　追踪列车间隔时间

一、追踪列车间隔时间的意义

在自动闭塞区段，一个站间区间内同方向可有两列或两列以上列车以闭塞分区间隔运行，称为追踪运行。追踪运行列车之间的最小间隔时间，称为追踪列车间隔时间 I，如图 14.15 所示。追踪列车间隔时间决定于同方向列车间隔距离、列车运行速度及信联闭设备类型。

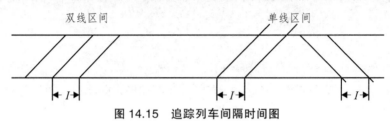

图 14.15　追踪列车间隔时间图

二、三显示自动闭塞区段追踪列车间隔时间

在使用三显示自动闭塞的区段，追踪列车之间的间隔通常情况下需相隔三个闭塞分区，如图 14.16 所示。这样，可以保证后行列车经常能看到绿灯显示，从而可以使列车保持高速运行。在这种情况下，追踪列车间隔时间 $I_{追}^{绿}$ 为：

$$I_{追}^{绿} = 0.06 \frac{l_{列} + l'_{分区} + l''_{分区} + l'''_{分区}}{v_{运}} \quad (\text{min}) \tag{14.5}$$

式中　$l_{列}$——列车长度，m；

$l'_{分区}(l''_{分区}、l'''_{分区})$——闭塞分区长度，m；

$v_{运}$——列车通过计算距离 $L_{计算}$ 的平均速度，km/h。

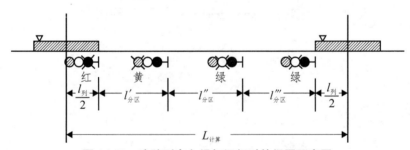

图 14.16　追踪列车向绿灯运行时的间隔距离图

但是，当列车在长大上坡道上运行时，由于运行速度较低，追踪列车间隔时间也可以按照前后列车间隔两个闭塞分区的条件（见图 14.17）来确定。这时，追踪列车间隔时间 $I_{追}^{黄}$ 为：

$$I_{追}^{黄} = 0.06 \frac{l_{列} + l'_{分区} + l''_{分区} + l_{确}}{v_{运}} = 0.06 \frac{l_{列} + l'_{分区} + l''_{分区}}{v_{运}} + t_{确} \quad (\text{min}) \tag{14.6}$$

式中　$t_{确}$——司机确认信号转换显示的时间，min；

$l_{确}$——追踪列车在 $t_{确}$ 时间内运行的距离，m。

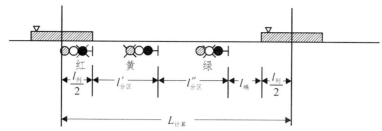

图 14.17 追踪列车向黄灯运行时的间隔距离图

根据列车在区间内追踪运行的上述条件计算出追踪列车间隔时间后，还应分别按列车到站停车、从车站出发和两列车不停车通过车站的条件进行验算。

按到站停车条件确定追踪列车间隔时间时，应确保后行的追踪列车不因站内未准备好接车进路而减低速度。为此，车站准备好进路和开放好进站信号的时刻，应不迟于第二列车头部接近站外第二通过色灯信号机的时刻（见图 14.18）。这时，追踪列车间隔时间 $I_{到}$ 应为：

$$I_{到} = 0.06 \frac{l_{进} + l'_{分区} + l''_{分区} + 0.5l_{列} + l_{作业}}{v_{进}^{平均}}$$

$$= t_{作业} + 0.06 \frac{l_{进} + l'_{分区} + l''_{分区} + 0.5l_{列}}{v_{进}^{平均}} \quad (\text{min}) \tag{14.7}$$

式中 $t_{作业}$——车站准备接车或通过进路和开放进站信号的时间，min；

$v_{进}^{平均}$——列车通过进站计算距离 $L_{进}^{计算}$ 的平均速度，km/h；

$l_{进}$——进站信号机至车站中心线的距离，m；

$l_{作业}$——追踪列车在 $t_{作业}$ 时间内运行的距离，m。

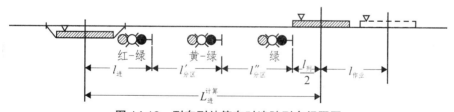

图 14.18 列车到站停车时追踪列车间隔图

按列车从车站出发条件确定追踪列车间隔时间时，应确保后行列车在出站信号机显示绿灯的条件下出发，如图 14.19 所示。只有在第一列列车腾空两个闭塞分区后，出站信号机才能显示绿灯。因此，由车站发出追踪列车间隔时间 $I_{发}$ 应为：

$$I_{发} = t_{作业} + 0.06 \frac{l_{列} + l'_{分区} + l''_{分区}}{v_{出}^{平均}} \quad (\text{min}) \tag{14.8}$$

当准许列车凭出站信号机显示黄色灯光发车时，则追踪列车间隔时间 $I_{发}$ 应为：

$$I_{发} = t_{作业} + 0.06 \frac{l_{列} + l'_{分区}}{v_{出}^{平均}} + t_{确} \quad (\text{min}) \tag{14.9}$$

式中 $v_{出}^{平均}$——列车通过出站计算距离 $L_{出}^{计算}$ 的平均速度，km/h。

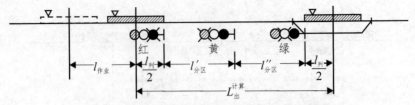

图 14.19　列车从车站出发时追踪列车间隔图

按前后两列车不停车通过车站条件确定追踪列车间隔时间时，必须在第一列列车通过出站道岔，并为后行列车开放进站信号后，后行列车应与第一列列车相隔三个闭塞分区（包括车站闭塞分区）的距离（见图 14.20）。这时，追踪列车不停车通过车站的间隔时间 $I_{通}$ 应为：

$$I_{通} = t_{作业} + 0.06 \frac{l_{分区}^{站} + l'_{分区} + l''_{分区} + l_{列} + l_{岔}}{v_{通}^{平均}} \quad （\text{min}） \tag{14.10}$$

式中　$l_{分区}^{站}$——车站闭塞分区长度，m；

$\quad\quad v_{通}^{平均}$——列车通过车站计算距离 $L_{通}^{计算}$ 的平均速度，km/h；

$\quad\quad l_{岔}$——出站信号机至最外方道岔的距离，m。

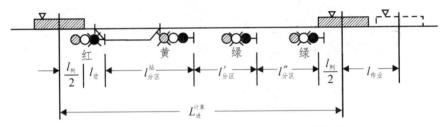

图 14.20　列车不停车通过车站时追踪列车间隔图

追踪列车间隔时间亦可用图解法确定（见图 14.21），即根据牵引计算做出的运转时分曲线 $t = f(s)$，确定各种计算距离的列车运行时分，再加上相应的办理作业时分。

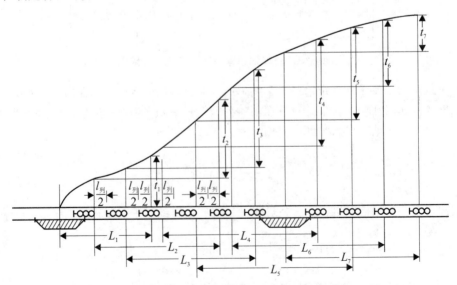

图 14.21　自动闭塞区段追踪间隔时间图解计算法原理示意图

在开行组合列车或重载列车的区段，应根据组合列车与普通货物列车前后位置的不同，分别确定 $I_{追}$、$I_{到}$、$I_{发}$ 和 $I_{通}$。

因为旅客列车和货物列车的运行速度不同，所以在确定货物列车与旅客列车之间的追踪间隔时间时，应按到站条件计算〔见图 14.22（a）〕，而确定旅客列车与货物列车的追踪间隔时间时，则应按从车站出发的条件计算〔见图 14.22（b）〕。

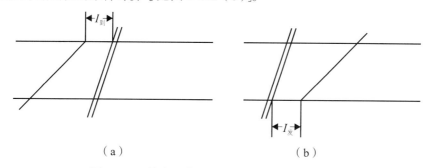

（a）   （b）

图 14.22　旅客列车和货物列车追踪间隔时间图

对各区间求出普通货物列车之间的上述几种追踪间隔时间之后，取其中最大的数值作为计算平行运行图通过能力时的追踪间隔时间。

三、四显示自动闭塞区间追踪列车间隔时间计算原理

1. 四显示自动闭塞的概念

一般称通过色灯信号机能显示诸如红（H）、黄（U）、绿黄（LU）和绿（L）四种灯光信号的自动闭塞为四显示自动闭塞。在国外，四显示自动闭塞通常在既有密度大、速度低、时间集中的市郊列车，又有直快和特快等列车运行的运输繁忙的市郊铁路上或列车速度高、制动距离长，运输繁忙的高速铁路上采用。

2. 四显示自动闭塞与三显示自动闭塞的区别

四显示自动闭塞的轨道电路根据前行列车位置，发出不同的码序，表示一定的限制速度。当装设有超速防护装置时，列车超速运行将迫使列车发生紧急制动。所以，四显示信号是具有预告功能的速差式信号。而我国铁路一直采用的三显示自动闭塞，各种信号显示没有具体速度要求，对超速没有速度监督作用，是无明显速度级差的信号。两种自动闭塞在运用功能方面的主要区别见表 14.1。

表 14.1　四显示与三显示自动闭塞运用功能比较表

项　目	四显示	三显示
地面信号显示	四显示（L、LU、U、H）	三显示（L、U、H）
机车信号系统	自动停车装置，侧线运行有机车信号指示	自动停车装置，侧线运行无机车信号指示
制动距离分区数	2 个闭塞分区	1 个闭塞分区
列车追踪间隔	4 个闭塞分区	3 个闭塞分区
列车运行方向	每线双向运行	每线单向运行
列车运行凭证	以机车信号为主	以地面信号为主
闭塞分区长度	700～900 m	1600～2600 m

3. 追踪列车间隔时间

如图 14.23 所示，在四显示自动闭塞区间，列车追踪运行至少应保证有四个闭塞分区的间隔。其中防护区用于保护区间，要求列车停车；提醒区用于提醒司机，列车将进入减速地段。据此，在四显示自动闭塞条件下，在区间内运行的追踪列车间隔时间 $I_{追}$ 可按下式计算：

$$I_{追} = 0.06\frac{4l_{分区} + l_{列}}{v_{运}} \quad (\text{min}) \tag{14.11}$$

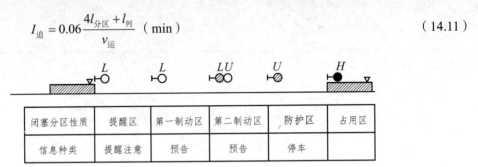

闭塞分区性质	提醒区	第一制动区	第二制动区	防护区	占用区
信息种类	提醒注意	预告	预告	停车	

图 14.23　四显示追踪列车间隔图

四、移动自动闭塞追踪列车间隔时间计算原理

移动自动闭塞是在确保行车安全前提下，以使追踪列车间的间隔达到最小为目标，以车站控制装置和机车控制装置为中心的一个闭塞控制系统。在这一系统下，区间内运行的每一列车均与前方站的中心控制装置周期性地保持高可靠度的通信联系；车站中心控制装置接到列车信息后，根据列车牵引特性曲线及区间相关参数，解算出每一追踪列车的允许最大运行速度发送给列车，而对于接近进站的列车，则根据调度命令发出该列车进站及进入股道等信号。移动自动闭塞系统在我国已取得一定的研究成果。

采用移动自动闭塞系统可以有效地压缩追踪列车间隔时间，提高区间通过能力。在移动自动闭塞区间，追踪列车间隔时间如图 14.24 所示。据此，在区间内运行的追踪列车间隔时间 $I_{追}$ 可按下式计算：

$$I_{追} = 0.06\frac{l_{信} + l_{制} + l_{安} + l_{列}}{v_{运}} = 0.06\frac{l_{制} + l_{列} + l_{安}}{v_{运}} + t_{信} \quad (\text{min}) \tag{14.12}$$

式中　$l_{制}$ ——列车制动距离，m；

　　　$l_{安}$ ——系统安全防护距离，m；

　　　$t_{信}$ ——列车动态信息传输时间，min；

　　　$l_{信}$ ——列车在 $t_{信}$ 时间内运行的距离，m；

　　　$v_{运}$ ——列车通过间隔距离 $L_{间}$ 的平均速度，km/h。

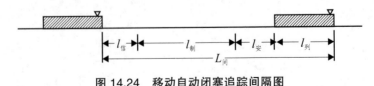

图 14.24　移动自动闭塞追踪间隔图

本章小结

列车运行图虽有各种不同的类型，但总是由一些基本要素所组成的。在编制列车运行图之前，必须首先确定组成列车运行图的各项要素。

本章主要知识点回顾：

一、列车运行图要素

包括列车区间运行时分、列车在中间站的停站时间、机车在基本段和折返段所在站停留时间标准、列车在技术站和客货运站的技术作业时间标准、车站间隔时间、追踪列车间隔时间。

二、车站间隔时间

车站间隔时间是指在车站上办理两列车的到达、出发或通过作业所需要的最小间隔时间。主要包括：不同时到达间隔时间（τ_{π}）、会车时间间隔（$\tau_{\Leftrightarrow}$）、同方向列车连发时间间隔（$\tau_{\text{连}}$）、同方向列车不同时到发间隔时间（$\tau_{\text{到发}}$）和不同时发到间隔时间（$\tau_{\text{发到}}$）、相对方向列车不同时通过间隔时间（$\tau_{\text{通}}$）。

三、追踪列车间隔时间

在自动闭塞区段，一个站间区间内同方向可有两列或两列以上列车，以闭塞分区间隔运行，称为追踪运行。追踪运行列车之间的最小间隔时间，称为追踪列车间隔时间 I。追踪列车间隔时间，取决于同方向列车间隔距离、列车运行速度及信联闭设备类型。

思 考 题

1. 列车运行图由哪些基本要素组成？

2. 列车区间运行时分是怎样确定的？

3. 列车在中间站停车的原因有哪些？

4. 何谓车站间隔时间？影响车站间隔时间的主要因素有哪些？

5. 简述 τ_{π}、$\tau_{\Leftrightarrow}$、$\tau_{\text{连}}$、$\tau_{\text{到发}}$、$\tau_{\text{发到}}$、$\tau_{\text{通}}$ 的含义及查定计算方法。哪些车站应查定这些车站间隔时间？

6. 什么是追踪列车间隔时间？分为哪几种？各如何确定？

第十五章　铁路区间通过能力及旅行速度

【本章导读】

为了实现运输生产过程，完成国家规定的运输任务，铁路必须具备一定的运输能力。通过能力取决于铁路区段各种固定设备、机车车辆类型和行车组织方法。我国铁路对非平行运行图通过能力，一般是在平图能力的基础上采用扣除系数法进行计算。通过能力计算的目的在于心中有数地安排运输生产，保证铁路运输适应国民经济不断发展和人民生活不断提高的需要。

【学习目标】

（1）掌握铁路区间通过能力的基本概念；
（2）熟悉平行运行图通过能力和非平行运行图通过能力的计算方法；
（3）掌握列车速度指标的概念以及影响列车旅行速度系数的因素。

【重点及难点】

（1）平行运行图通过能力和非平行运行图通过能力的计算；
（2）扣除系数；
（3）列车速度指标。

第一节　基本概念

为了实现运输生产过程，完成国家规定的运输任务，铁路必须具备一定的运输能力。铁路运输能力一般采用通过能力和输送能力两种概念。

在采用一定类型的机车车辆和一定的行车组织方法条件下，铁路区段的各种固定设备，在单位时间内（通常指一昼夜）所能通过普通货物列车的最多列数或对数称为通过能力。通过能力在一定程度上取决于广大铁路职工的协同动作和铁路固定设备、机车车辆的合理运用。因此，通过能力并不是一成不变的，它随着技术设备和行车组织方法的改善而提高。计算铁路通过能力的目的，就在于能够胸中有数地安排运输生产，保证铁路运输适应国民经济不断发展和人民生活不断提高的需要。

铁路区段通过能力按照下列固定设备进行计算：

（1）区间。其通过能力主要取决于区间正线数目、区间长度、线路纵断面、机车类型、信号、联锁、闭塞设备的种类。

（2）车站。其通过能力主要取决于车站到发线数，咽喉道岔的布置，驼峰和牵出线数，信号、联锁、闭塞设备的种类。

（3）机务段设备和整备设备。其能力主要取决于蒸汽机车洗修台位，内燃或电力机车的定修台位，温水洗炉设备及段内整备线。

（4）给水设备。其能力主要取决于水源、扬水管道及动力机械设备。

（5）电气化铁路的供电设备。其能力主要决定于牵引变电所和接触网。

根据以上固定设备计算出来的通过能力，可能是各不相同的。其中能力最薄弱的设备限制了整个区段的能力，该能力即为该区段的最终通过能力。在我国既有铁路线路区段，区间往往会成为能力最薄弱的环节。

在铁路实际工作中，通常又把通过能力分为三个不同的概念，即设计通过能力、现有通过能力和需要通过能力。预计新线修建以后或现有铁路技术改造以后，铁路区段固定设备所能达到的能力，称为设计通过能力；在现有固定设备、现行的行车组织方法和现有的运输组织水平的条件下，铁路区段可能达到的能力，称为现有通过能力；在一定时期内，为了适应国家建设和人民生活的需要，铁路区段所应具备的能力，称为需要通过能力。需要说明的是通过能力不是一成不变的，随着技术装备水平的提高和运输组织方法的改善，铁路通过能力也会得到加强。

输送能力是指在一定固定设备、机车车辆类型和行车组织方法条件下，按照机车车辆和乘务人员的现有数量，某铁路线路或区段在单位时间内所能输送的最多货物吨数或旅客人数。它通常以一年内所能通过的货物吨数或旅客人数计算。

综上所述，研究通过能力的目的包括：其一为做到胸中有数，以便合理组织运输生产活动；其二为当运能与运量不相适应时，有预见地采取加强措施，以满足日益增长的运输需求。

第二节 平行运行图通过能力

采用非平行运行图扣除系数计算方法计算铁路区间通过能力时，通常需要先计算平行运行图的通过能力，然后在此基础上再确定非平行运行图的通过能力。

1. 平行运行图通过能力计算的基本原理

在平行运行图上，同一区间内同方向列车的运行速度都是相同的，并且上下行列车在同一车站上都采取相同的交会方式。从这种运行图上可以看出，任何一个区间的列车运行线，总是以同样的铺画方式一组一组地反复排列的。这样一组列车占用区间的时间，称为运行图周期 $T_{周}$。图 15.1 给出了不同类型的运行图周期，不同类型的运行图周期所包含的上下行列车数可能是不同的。若一个运行图周期内所包含的列车对数或列数用 $n_{周}$ 表示，则放行一列或一对列车平均占用该区间时间应为：

$$t_{占均} = \frac{T_{周}}{n_{周}} \tag{15.1}$$

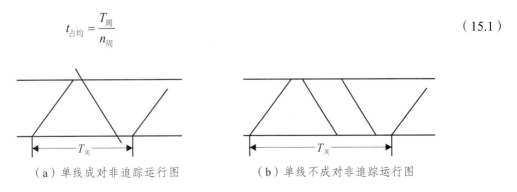

（a）单线成对非追踪运行图　　　　（b）单线不成对非追踪运行图

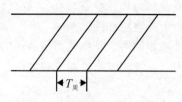

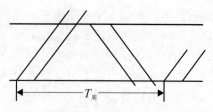

（c）双线追踪运行图周期　　　　　（d）单线成对追踪运行图周期

图 15.1　不同类型运行图周期示意图

因而，对于一定类型平行运行图区间通过能力 n，应用直接计算法可按如下公式计算：

当不考虑固定作业占用时间和有效度系数时：

$$n = \frac{1440}{t_{\text{占均}}} = \frac{1440 n_{\text{周}}}{T_{\text{周}}} \tag{15.2}$$

当考虑固定作业占用时间而不考虑有效度系数时：

$$n = \frac{(1440 - T_{\text{固}}) n_{\text{周}}}{T_{\text{周}}} \tag{15.3}$$

当同时考虑固定作业占用时间和有效度系数时：

$$n = \frac{(1440 - T_{\text{固}}) n_{\text{周}} d_{\text{有效}}}{T_{\text{周}}} \tag{15.4}$$

式中的固定作业时间（$T_{\text{固}}$）是指为进行线路养护维修、技术改造施工、电力牵引区段接触网检修等作业需预留的固定占用区间时间，以及必要的列车慢行和其他附加时分，但双线区段施工期间组织反向行车时，应扣除利用非施工方向放行列车所节省的时间；有效度系数（$d_{\text{有效}}$）是指扣除设备故障和列车运行偏离、调度调整等因素所产生的技术损失后，区间时间可供有效利用程度的系数，一般可取 0.91 ~ 0.88。

运行图周期系由列车（一列或几列）区间纯运行时分 $\sum t_{\text{运}}$、起停车附加时分 $\sum t_{\text{起停}}$ 以及车站间隔时间 $\sum \tau_{\text{站}}$ 所组成，即

$$T_{\text{周}} = \sum t_{\text{运}} + \sum t_{\text{起停}} + \sum \tau_{\text{站}} \quad (\text{min}) \tag{15.5}$$

一般情况下列车在各区间的运行时分不相同，各车站的间隔时间也可能不同，所以每一区间的 $T_{\text{周}}$ 常常是不等的。从上述公式可以看出，通过能力大小与 $T_{\text{周}}$ 成反比，$T_{\text{周}}$ 越大，通过能力越小。在整个区段里，$T_{\text{周}}$ 最大的区间也就是通过能力最小的区间，称为该区段的限制区间。限制区间的通过能力即为该区段的区间通过能力。

列车区间运行时分，对运行图周期的大小起主要作用。在运行图周期里 $\sum t_{\text{运}}$ 最大的区间，称为困难区间。大多数情况下，困难区间往往就是限制区间，但有的区间虽然本身不是困难区间，由于车站间隔时间数值较大，而成了限制区间。

如前所述，在不同类型的运行图里，$T_{\text{周}}$ 的组成及 $n_{\text{周}}$ 的数值是不同的。因此，必须对不同类型的运行图分别计算其通过能力。

2. 单线成对非追踪平行运行图通过能力计算

在单线区段，通常采用成对非追踪运行图（见图15.2）。

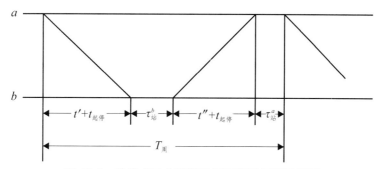

图 15.2　单线成对非追踪平行运行图周期示意图

单线成对非追踪平行运行图周期可用下式表示：

$$T_{周} = t' + t'' + \tau_{站}^{a} + \tau_{站}^{b} + \sum t_{起停} \quad （min）$$

（15.6）

式中　t'、t''——上下行列车的区间纯运行时分，min；

$\tau_{站}^{a}$、$\tau_{站}^{b}$——a、b 站的车站间隔时间，min；

$\sum t_{起停}$——列车起停附加时分之和，min。

由于一个周期内所包含的列车数为一对（即 $n_{周} = 1$），因此只要将（$n_{周} = 1$）代入（15.2）、（15.3）和（15.4）式，即可得相应区间通过能力。

为了使区段通过能力达到最大，应当使限制区间的 $T_{周}$ 数值尽量缩小。在采用一定类型的机车和一定的列车重量标准的条件下，区间运行时分 $\sum t_{运}$ 是固定不变的。因而想要缩小 $T_{周}$，只有设法缩小 $\sum t_{起停} + \sum \tau_{站}$ 的数值。通过在限制区间合理地安排列车运行线的铺画方案，是可以达到上述目的的。如图15.3所示，在运行图上某一区间的列车运行线可能的铺画方案有四种：

（1）上下行列车不停车通过车站而进入区间，如图15.3（a）所示，运行图周期为：

$$T_{周} = t' + t'' + \tau_{不}^{a} + \tau_{不}^{b} + 2t_{停} \quad （min）$$

（2）上下行列车不停车通过车站而开出区间，如图15.3（b）所示，运行图周期为：

$$T_{周} = t' + t'' + \tau_{会}^{a} + \tau_{会}^{b} + 2t_{起} \quad （min）$$

（3）下行列车不停车通过区间两端车站，如图15.3（c）所示，运行图周期为：

$$T_{周} = t' + t'' + \tau_{不}^{a} + \tau_{会}^{b} + t_{起} + t_{停} \quad （min）$$

（4）上行列车不停车通过区间两端车站，如图15.3（d）所示，运行图周期为：

$$T_{周} = t' + t'' + \tau_{会}^{a} + \tau_{不}^{b} + t_{起} + t_{停} \quad （min）$$

在选择限制区间列车运行线的合理铺画方案时，应考虑到区间两端车站的具体条件。例如，在 a 站（见图15.3）下行出站方向有较大上坡道时，如果采用下行列车在 a 站停车进入区间的方案，就有可能造成下行列车出发起动困难，这时就应选用下行列车通过 a 站而 $T_{周}$ 又是较小的方案。

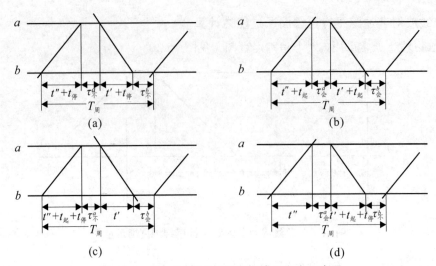

图 15.3　单一区间列车运行线铺画方案示意图

列车在中间站的技术作业会产生停留时间，这对两相邻区间的通过能力会产生不良影响，并可能使相邻区间中的一个成为区段的限制区间，因此必须研究采取消除或减少这种影响的措施。

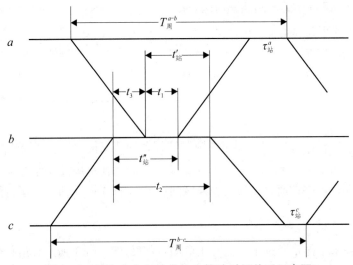

图 15.4　列车会车与技术作业停站时间关系示意图

由图 15.4 可见，当技术作业停车站的邻接区间可能成为限制区间时，应使 $T_{周}^{a-b}$ 和 $T_{周}^{b-c}$ 尽量缩小，并尽可能使 $T_{周}^{a-b} = T_{周}^{b-c}$，即

$$t'_{a-b} + t''_{a-b} + t'_{站} - t_3 + \tau^a_{站} + \sum t_{起停}$$
$$= t'_{b-c} + t''_{b-c} + t''_{站} + t_3 + \tau^c_{站} + \sum t_{起停}$$

若令

$$t'_{a-b} + t''_{a-b} + t'_{站} + \tau^a_{站} + \sum t_{起停} = T_{a-b}$$

$$t'_{b-c} + t''_{b-c} + t''_{站} + \tau^c_{站} + \sum t_{起停} = T_{b-c}$$

则
$$t_3 = \frac{1}{2}(T_{a-b} - T_{b-c}) \tag{15.7}$$

从而
$$T_周 = T_{b-c} + t_3 = T_{a-b} - t_3 \tag{15.8}$$

当 $T_{a-b} > T_{b-c}$ 时，t_3 为正值，即应先从 $b-c$ 区间接入列车。反之，当 $T_{a-b} < T_{b-c}$ 时，t_3 为负值，则应先从 $a-b$ 区间接入列车。但必须保证 $t_1 \geq \tau_会^b$，即必须保证 $t_3 \leq t_站'' - \tau_会^b$（$t_站''$ 为先接入列车的技术作业停站时间）。如果 b 站不允许相对方向同时接车，还必须保证 $t_3 \geq \tau_不^b$，即必须保证 $T_周 \geq T_{b-c} + \tau_不^b$，否则需要进行调整。

为了减少技术作业停站时间对通过能力的影响，可以根据具体情况采取如下措施：

（1）将技术需要停站设在两个列车运行时分较小区间所邻接的车站上；

（2）两列车在技术需要停站交会时，先从运行时分较小的区间接入待会列车（例如 $T_{b-c} < T_{a-b}$，则应先从 $b-c$ 区间接入列车）；

（3）规定最小的列车技术作业停站时间；

（4）将技术需要停站设在允许相对方向同时接车的车站上；

（5）当技术需要停站不允许相对方向同时接车而邻接区间的列车运行时分又大致相等时，可采取交错会车方式（见图15.5）。如 $T_{a-b} > T_{b-c}$，参照图15.4可知：

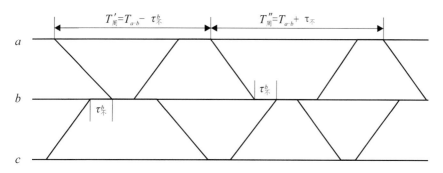

图 15.5　交错会车示意图

$$T_周' = T_{a-b} - \tau_不^b$$

$$T_周' = T_{a-b} + \tau_不^b$$

于是
$$T_周^{均} = \frac{1}{2}(T_周' + T_周'') = T_{a-b}$$

因而，采取交错会车方式的有利条件应是：

$$T_{a-b} < T_{b-c} + \tau_不^b$$

即
$$T_{a-b} - T_{b-c} < \tau_不^b$$

或
$$t_3 < \frac{1}{2}\tau_不^b$$

（6）将上下行列车的技术需要停站分别规定在两个车站上，如图15.6所示。

221

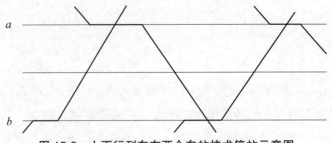

图 15.6　上下行列车在两个车站技术停站示意图

如果无法采用上述措施或虽采用某项措施而仍不能消除技术需要停站时间对通过能力的影响时，可采用移动运行图周期的办法（见图 15.7）。当一个列车的技术需要停站时间相当于半个运行图周期时，可采用半周期移位法。当一个列车的技术需要停站时间相当于一个运行图周期时，则可采用全周期移位法。采用运行图周期移位法可以提高通过能力，但旅行速度将显著降低，且要求车站具有较多配线，故一般只在特殊情况下采用。

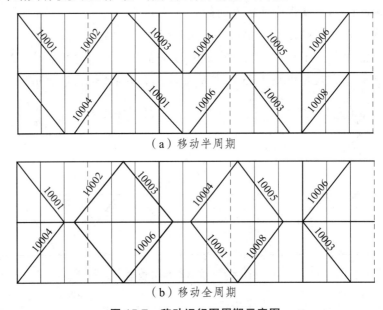

（a）移动半周期

（b）移动全周期

图 15.7　移动运行图周期示意图

例如，$A—B$ 区段为单线半自动闭塞区段，有关资料见图 15.8。选择合理会车方案时，一般先从困难区间（$\sum t_{运}$ 最大的区间）$a\text{-}b$，或从邻接技术作业停站的区间 $b\text{-}c$、$c\text{-}d$ 开始，依次进行选择，即可得方案 I 。分别计算该方案每一区间的 $T_{周}$，可以看出 $a\text{-}b$ 区间的 $T_{周}$ 最大。

对方案 I 中 $a\text{-}b$ 区间的会车方式加以分析可以看出，它并不是最优的铺画方案，而以上下行列车不停车通过车站开出区间的方式为最优方案。但是，当在 $a\text{-}b$ 区间采用最优铺画方案时，将使 $b\text{-}c$ 区间的运行图周期加大，而成为 $T_{周}$ 最大的区间。为此，可利用 $t_3 = (T_{c\text{-}d} - T_{b\text{-}c})/2 = (71 - 61)/2 = 5$ 的关系，调整 $b\text{-}f$ 和 $f\text{-}d$ 区间的铺画方案，使 $T_{周}^{b\text{-}c} = T_{周}^{c\text{-}d}$。这时 $t_3 \geqslant \tau_{不}^c$，$t_1 \geqslant \tau_{会}^c$，所以不用调整而得方案 II 。在方案 II 中，$a\text{-}b$、$b\text{-}c$ 及 $c\text{-}d$ 三个区间的 $T_{周}$ 都相等，同时再也找不出使 $T_{周}$ 进一步缩小的其他会车方案了，方案 II 就是通过能力最大的方案，$a\text{-}b$、$b\text{-}c$ 及 $c\text{-}d$ 区间为全区段的限制区间。这时，不考虑 $T_{固}$ 和 $d_{有效}$ 的区间通过能力为：

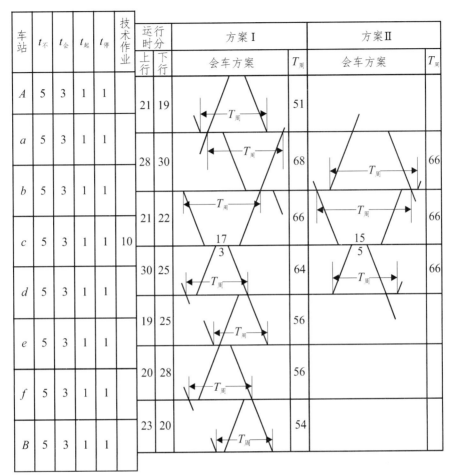

图 15.8　列车交会方案

$$n = \frac{1440}{T_{周}} = \frac{1440}{66} \approx 21.5（对）$$

通过能力数值应保留小数点后一位。平行运行图通过能力一般不进位为 0.5 或 1.0。非平行运行图通过能力以对数表示时，不足 0.5 者舍去，0.5 以上但不足 1 对者按 0.5 对计算；以列数表示时，不足 1 列者舍去。

3. 单线不成对平行运行图通过能力计算

在上下行行车量不等的单线区段，为了适应运量增长的需要，可以采用不成对运行图。由图 15.9 可见，在单线不成对运行图中，若行车量较小方向列车数为 n'，行车量较大方向列车数为 n''，则有：

$$n'T_{周} + (n'' - n')T_{列} = 1440$$

若令
$$\beta_{不} = \frac{n'}{n''}$$

则可得不考虑 $T_{固}$ 及 $d_{有效}$ 时的区间通过能力计算公式，即

223

$$n'' = \frac{1440}{T_{周}\beta_{不} + T_{列}(1-\beta_{不})} \quad (列) \tag{15.9}$$

$$n' = n''\beta_{不} \tag{15.10}$$

式中 $\quad \beta_{不}$——不成对系数。

单线不成对运行图行车量较大方向的区间通过能力比成对运行图的高，并且不成对系数越小，通过能力越大。但是，采用单线不成对运行图将明显降低旅行速度，需要增添车站配线，并且不成对系数越小，这种不良影响越显著。因此，只有在需要少量增加通过能力，并且上下行行车量不平衡的条件下，才采用这种运行组织方式。

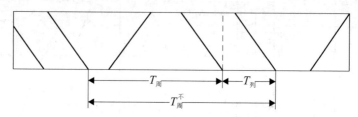

图 15.9　单线不成对运行图周期示意图

【例 15.1】　某单线区段限制区间 $T_{周} = 32 \text{ min}$，采用不成对运行图，不成对系数 $\beta_{不} = 0.75$，行车量较大方向为上行方向，上行一列列车占用区间时间 $T_{列} = 16 \text{ min}$，计算该区段平图通过能力（不考虑施工空隙时间）。

解：限制区间运行图周期如图 15.10 所示。

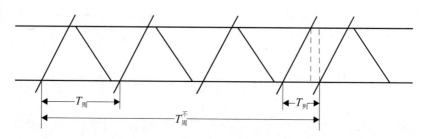

图 15.10　限制区间运行图周期示意图

平图通过能力按上、下行分别计算：

$$n'' = \frac{1440}{T_{周}\beta_{不} + T_{列}(1-\beta_{不})} = \frac{1440}{32 \times 0.75 + 16 \times (1-0.75)} = 51.4 = 51 \quad (列)$$

$$n' = n''\beta_{不} = 51 \times 0.75 = 38.25 = 38 \quad (列)$$

n''、n' 分别为上行能力、下行能力。

4. 单线追踪运行图通过能力计算

在装有自动闭塞的单线区段，为了提高通过能力，也可以采用成对部分追踪运行图。当上下行行车量不同时，还可以采用不成对部分追踪运行图。

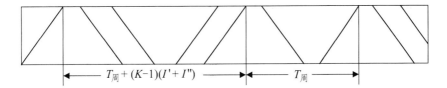

图 15.11　成对部分追踪运行图周期

由图 15.11 可见，在成对追踪运行图中，列车占用限制区间的总时间由若干个普通的运行图周期（即非追踪运行图周期 $T_{周}$）及若干个列车追踪间隔时间（$I' + I''$）所组成。

普通运行图周期数 $N_{周}$ 为：

$$N_{周} = n - n_{追}N_{追组} \tag{15.11}$$

式中　n——列车总对数；

　　　$N_{追组}$——追踪运行列车组对数；

　　　$n_{追}$——每一个追踪运行列车组中的追踪列车对数。

当不考虑 $T_{固}$ 及 $d_{有效}$ 时，一昼夜列车占用区间的总时间为：

$$(n - n_{追}N_{追组})T_{周} + n_{追}(I' + I'')N_{追组} = 1440 \tag{15.12}$$

设追踪列车数与总列车数之比为 $\gamma_{追}$（称为追踪系数），即

$$\gamma_{追} = \frac{n_{追}N_{追组}}{n} \tag{15.13}$$

因而也有：

$$N_{追组} = \frac{\gamma_{追}n}{n_{追}} \tag{15.14}$$

将式（15.14）的 $N_{追组}$ 代入式（15.12），即可得不考虑 $T_{固}$ 及 $d_{有效}$ 时的成对部分追踪运行图通过能力：

$$n = \frac{1440}{(1 - \gamma_{追})T_{周} + (I' + I'')\gamma_{追}} \quad (\text{对}) \tag{15.15}$$

在单线自动闭塞区段，如果上下行行车量不同，也可采用不成对部分追踪运行图。在这种运行图中，列车占用区间的总时间由若干个普通运行图周期及上下行若干个追踪间隔时间所组成。普通运行图周期数为：

$$N_{周} = n'' - n''_{追}N''_{追组} = n' - n'_{追}N'_{追组} \tag{15.16}$$

式中　n'', n'——行车量大的方向列车总数与反方向列车总数；

　　　$N''_{追组}$, $N'_{追组}$——行车量大的方向追踪运行列车组数和反方向追踪运行的列车组数；

　　　$n''_{追}$, $n'_{追}$——行车量大的方向和反方向每一追踪运行列车组中的追踪列车数。

当不考虑 $T_{固}$ 及 $d_{有效}$ 时，全部列车占用区间的总时间为：

$$(n'' - n''_{追} N''_{追组}) T_周 + n''_{追} N''_{追组} I'' + n'_{追} N'_{追组} I' = 1440 \quad (15.17)$$

由于

$$N''_{追组} = \frac{\gamma''_{追组} n''}{n''_{追}} \quad (15.18)$$

$$N'_{追组} = \frac{\gamma'_{追组} n'}{n'_{追}} \quad (15.19)$$

所以，当 $n'' > n'$ 及 $I'' = I' = I$ 时，不成对部分追踪运行图通过能力可由式（15.16）与（15.17）整理可得

$$n'' = \frac{1440}{(1 - \gamma''_{追}) T_周 + I \gamma''_{追} + \beta_不 \gamma''_{追} I} \quad (15.20)$$

如把式（15.18）及（15.19）代入式（15.16），则可得 n' 与 n'' 的比值，即

$$\beta_不 = \frac{1 - \gamma''_{追}}{1 - \gamma'_{追}} \quad (15.21)$$

当给定不成对系数 $\beta_不$ 及行车量大的方向的追踪系数 $\gamma''_{追}$ 时，利用上一关系式可以求得行车量小的方向的追踪系数 $\gamma'_{追}$，即

$$\gamma'_{追} = 1 - \frac{1 - \gamma''_{追}}{\beta_不} \quad (15.22)$$

5. 双线平行运行图通过能力计算

在未装设自动闭塞的双线区段，通常采用连发运行图（见图 15.12）。双线连发运行图的运行图周期 $T_周$ 为：

$$T_周 = t_运 + \tau_连 \quad (\text{min})$$

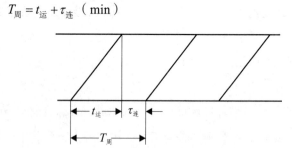

图 15.12　双线连发运行图周期

因而，当不考虑 $T_固$ 及 $d_{有效}$ 时，区间通过能力分别上下行方向可按下式计算：

$$n = \frac{1440}{t_运 + \tau_连} \quad (15.23)$$

应该指出，由于区间线路断面的关系，上下行方向的限制区间可能不是同一个区间。因而，上下行方向区间通过能力不一定相同。

在装有自动闭塞的区段通常采用追踪运行图（见图 15.13）。双线追踪运行图的运行图周期 $T_周$ 等于追踪列车间隔时间 I，因而每一方向的区间通过能力为：

$$n = \frac{1440}{I} \qquad (15.24)$$

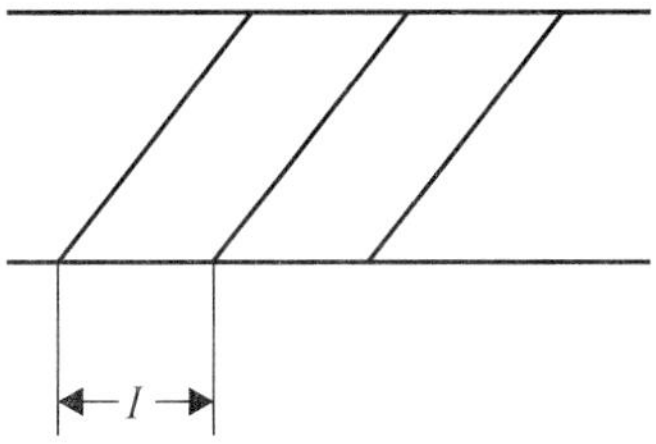

图 15.13　双线追踪运行图周期

由式（15.24）可以看出，在自动闭塞区段，当 $I = 10$ min，且不考虑 $T_周$ 及 $d_{有效}$ 时，平行运行图的通过能力每一方向可以达到 144 列；当 $I = 8$ min 时，每一方向可以达到 180 列。因此，在双线区段上装设自动闭塞并采用追踪运行图，可以显著地增加通过能力。

第三节　非平行运行图通过能力

1. 非平行运行图通过能力计算方法

采用平行运行图可以达到最大的通过能力，但这种运行图只在能力特别紧张的特殊情况下采用。通常情况下采用的是非平行运行图。

在非平行运行图上，铺画有速度较高的旅客列车和快运货物列车，也有一般货物列车，以及停站次数较多和停站时间较长的摘挂列车等。

非平行运行图的通过能力是指在旅客列车数量及其铺画位置既定的条件下，该区段一昼夜内所能通过的货物列车和旅客列车对数（或列数）。在一般情况下，铁路上开行的旅客列车和快运货物列车数远比一般货物列车数少，在运行图上只占一小部分，而运行图的大部分仍具有平行运行图的特征。因此，在计算非平行运行图的通过能力时，仍可以利用平行运行图所具有的明显的规律性，先确定平行运行图的通过能力，然后根据开行快速列车对货物列车的影响，扣除由于受这种影响而不能开行的货物列车数，以及因开行摘挂列车而减少开行的货物列车数，即可求得非平行运行图的通过能力。计算非平行运行图通过能力的方法有两种：

（1）图解法。在运行图上首先铺画旅客列车，然后在旅客列车间隔内铺画其他货物列车（包括摘挂列车）。在运行图上所能最大限度铺画的客货列车总数即为该区段的非平行运行图的通过能力。图解法比较精确，但较烦琐，故只在特殊需要时采用。

（2）分析法。根据旅客列车和摘挂列车的扣除系数，可以近似地计算非平行运行图的通过能力 $n_非$，计算公式为：

$$n_货^非 = n - \varepsilon_客 n_客 - (\varepsilon_{快货} - 1)n_{快货} - (\varepsilon_{摘挂} - 1)n_{摘挂} \qquad (15.25)$$

$$n_{非} = n_{货}^{非} + n_{客} \qquad (15.26)$$

式中　$n_{货}^{非}$——非平行运行图的货物列车通过能力（包括快运货物列车和摘挂列车在内）；

　　　$n_{客}$——在运行图上铺画的旅客列车对数或列数；

　　　$n_{快货}$——在运行图上铺画的快运货物列车的对数或列数；

　　　$n_{摘挂}$——在运行图上铺画的摘挂列车的对数或列数；

　　　$\varepsilon_{客}$——旅客列车的扣除系数；

　　　$\varepsilon_{快货}$——快运货物列车的扣除系数；

　　　$\varepsilon_{摘挂}$——摘挂列车的扣除系数。

所谓扣除系数，是指因铺画一对或一列旅客列车、快运货物列车或摘挂列车，须从平行运行图上扣除的货物列车对数或列数。由公式可以看出，分析法的精确性主要取决于扣除系数的取值是否合理。因此，当研究用分析法确定非平行运行图的通过能力时，首先必须研究确定扣除系数的原理。

计算说明：

（1）计算区间通过能力时，应计算到小数点后一位。

（2）非平行运行图通过能力以对数表示时，不足 0.5 者舍去，0.5 以上不足 1 对者按 0.5 计算；以列数表示时，不足 1 列者舍去。

（3）非平行运行图区间通过能力最后表示成货物列车数与旅客列车数之和的形式，不加总。

【例 15.2】　某单线半自动闭塞区段限制区间周期 $T_{周} = 36 \text{ min}$，开行旅客列车 8 对，摘挂列车 2 对，快运货物列车 1 对，取 $\varepsilon_{客} = 1.2$，$\varepsilon_{摘} = 1.4$，$\varepsilon_{快货} = 1.2$，计算该区段非平行运行图通过能力 $n_{非}$（不考虑天窗空隙时间）。

解： 平行运行图通过能力为：

$$n = \frac{1440}{T_{周}} = \frac{1440}{36} = 40 \text{ （对）}$$

货物列车能力为：

$$
\begin{aligned}
n_{货}^{非} &= n - (n_{客}\varepsilon_{客} + n_{摘}\varepsilon_{摘} + n_{快货}\varepsilon_{快货}) + n_{摘} + n_{快货} \\
&= 40 - (8 \times 1.2 + 2 \times 1.4 + 1 \times 1.2) + 2 + 1 \\
&= 40 - 13.6 + 3 \\
&= 29.4 = 29 \text{ （对）}
\end{aligned}
$$

非平图能力为：

$$n_{非} = n_{货}^{非} + n_{客} = 29 + 8 \text{ （对）}$$

2. 单线非自动闭塞区段旅客列车扣除系数

如图 15.14 所示，在运行图上铺画旅客列车所造成的扣除系数，由如下两部分组成：

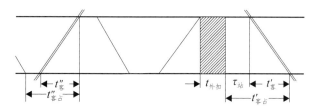

图 15.14　运行图上铺画旅客列车所形成的扣除时间图

（1）基本扣除系数（$\varepsilon_\text{基}$）。

一对旅客列车占用限制区间的时间 $t_\text{客占}$ 与一对货物列车占用限制区间的时间 $T_\text{周}$ 之比，称为基本扣除系数。$t_\text{客占}$ 由旅客列车区间运行时分 $t_\text{客}$ 和车站间隔时间 $\tau_\text{站}$ 两部分组成，即

$$t_\text{客占} = t'_\text{客占} + t''_\text{客占} = (t'_\text{客} + t''_\text{客}) + \sum \tau_\text{站} = \Delta(t' + t'') + \sum \tau_\text{站}$$

$$\varepsilon_\text{基} = \frac{t_\text{客占}}{T_\text{周}} = \frac{\Delta(t' + t'') + \sum \tau_\text{站}}{T_\text{周}} \tag{15.27}$$

式中　$t'_\text{客}$、$t''_\text{客}$——旅客列车在限制区间的上、下行运行时分，min；

　　　t'、t''——货物列车在限制区间的上、下行运行时分，min；

　　　Δ——货物列车与旅客列车速度的比值。

（2）额外扣除系数（$\varepsilon_\text{外扣}$）。

由于两相邻旅客列车之间的时间间隔不是货物列车占用限制区间时间的整倍数而产生的额外扣除时间 $t_\text{外扣}$ 与一对货物列车占用限制区间的时间 $T_\text{周}$ 之比称为额外扣除系数。$\varepsilon_\text{外扣}$ 数值的大小与运行图上旅客列车对数及其铺画位置、区间不均等程度、中间站到发线数目等因素有关。在单线区段可近似地按如下经验公式计算：

$$\varepsilon_\text{外扣} = 0.7j - 0.025N_\text{客} - 0.1 \tag{15.28}$$

公式中的 j 表示区间不均等程度，它等于货物列车平均运行图周期与限制区间运行图周期之比，即 $j = \dfrac{T_\text{周}^\text{平均}}{T_\text{周}}$。在一般情况下，额外扣除系数可取 0.2 ~ 0.5。

因此，旅客列车的扣除系数 $\varepsilon_\text{客}$ 应为：

$$\varepsilon_\text{客} = \varepsilon_\text{基} + \varepsilon_\text{外扣} \tag{15.29}$$

3. 单线自动闭塞区段旅客列车扣除系数

在装设自动闭塞的单线区段运行图中，旅客列车和货物列车运行线在限制区间内的相互配置可有两种情况：

（1）旅客列车按非追踪方式铺画，这时，一对旅客列车占用区间时间为 $t'_\text{客占} = t'_\text{客} + t''_\text{客} + 2\tau_\text{站}$。

（2）客货列车间按追踪方式铺画，这时，一对旅客列车占用区间时间为 $t''_\text{客占} = I_\text{到} + I_\text{发}$（见图 15.15）。

229

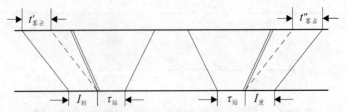

图 15.15　货物列车与旅客列车前后追踪运行示意图

若客货列车间按追踪方式铺画的比例为 σ，则非追踪铺画的比例为 $1-\sigma$。这样，一对旅客列车占用限制区间的加权平均时间将为：

$$t_{客占}^{均} = (1-\sigma)t_{客占}' + \sigma t_{客占}'' = (1-\sigma)(t_{客}'' + t_{客}' + 2\tau_{站}) + \sigma(I_{到} + I_{发}) \qquad (15.30)$$

根据单线成对部分追踪运行图通过能力计算公式（见式（15.15）），采用成对部分追踪运行图时，一对货物列车平均占用限制区间的时间为 $t_{货占} = t_{货}' + t_{货}'' + 2\tau_{站}$。因而，相应旅客列车基本扣除系数 $\varepsilon_{基}^{部追}$ 的计算公式可写为：

$$\varepsilon_{基}^{部追} = \frac{(1-\sigma)(t_{客}' + t_{客}'' + 2\tau_{站}) + \sigma(I_{到} + I_{发})}{(1-\gamma_{追})(t_{货}' + t_{货}'' + 2\tau_{站})(I' + I'')\gamma_{追}} \qquad (15.31)$$

由于单线区段采用自动闭塞时的旅客列车基本扣除系数，在很大程度上取决于 σ 的大小，而 σ 值又取决于客货列车总数与非追踪平行运行图通过能力之比 $\gamma_{图}$（称为运行图饱和程度），它随 $\gamma_{图}$ 值的增大而增大，概略计算可用下式确定：

$$\sigma = 0.72\gamma_{图} - 0.22 \qquad (15.32)$$

额外扣除系数的取值为：当区间不均等程度 $j \leqslant 0.8$ 时，取 $\varepsilon_{外扣} = 0.3$；当 $j > 0.8$ 时，取 $\varepsilon_{外扣} = 0.4$。此时，区间不均等系数等于成对非追踪运行图货物列车平均运行图周期 $T_{周}^{均}$ 与限制区间运行图周期 $T_{周}$ 之比，即 $j = T_{周}^{均} / T_{周}$。

应该指出，采用单线部分追踪非平行运行图时，旅客列车越行追踪货物列车又与单个列车交会的车站至少应有 3 股道，其中一股道停放待避列车，一股道停放对向等会列车，一股正线放行旅客列车。这样，当中间站到发线数及其分配情况与运行图结构不相匹配时，还会额外扣除一些货物列车运行线。这种额外扣除的影响因素复杂，变化范围大，最好用图解法确定。

在双线区段，旅客列车的扣除系数，尤其是额外扣除，与越行情况密切相关，分析过程也较为复杂。当列车数量较多时，情况更为复杂，也建议采用图解法确定。

另外，快运货物列车和摘挂列车的扣除系数，与旅客列车的原理基本相同，故不再赘述，具体内容可参考相关书籍。

一般来讲，扣除系数的大小与一系列因素有关，其中主要有：

（1）区间的不均等程度；

（2）旅客列车、快运货物列车、摘挂列车的运行速度、数量及其在运行图上的铺画位置；

（3）旅客列车和摘挂列车在区段内的停站次数及停站时间。

这些因素的影响只能在运行图铺好之后才能完全确定。因此，在计算通过能力时，不得不利用扣除系数的经验数值。目前，我国铁路采用的扣除系数见表 15.1、表 15.2 所列。

表 15.1　列车扣除系数

区间正线	闭塞方法	旅客列车	快运货物列车	摘挂列车	备注
单线	自动	1.0	1.0	1.3~1.5	
	半自动	1.1~1.3	1.2	1.3~1.5	摘挂列车 3 对以上取 1.3
双线	自动	见表 15.2	2.0~2.3	2.5~3.0	摘挂列车 3 对以上取 2.5，6 对以上取 2.0
	半自动	1.3~1.5	1.4	1.5~2.0	

注：其他闭塞方法可参照半自动闭塞取值。

表 15.2　三显示双线自动闭塞区段旅客列车扣除系数

$n_客$ /列	$I_追$ /min						
	6	7	8	9	10	11	12
5~10			2.3~2.4	2.15~2.3	2.05~2.2	1.95~2.1	1.9~2.0
11~20			2.3~2.35	2.15~2.2	2.05~2.1	1.95~2.0	1.8~1.9
21~30		2.4~2.45	2.2~2.25	2.05~2.1	1.95~2.0	1.85~1.9	1.7~1.8
31~40	2.5~2.55	2.3~2.35	2.1~2.15	1.95~2.0	1.85~1.9	1.75~1.8	1.6~1.7
41~50	2.4~2.45	2.2~2.35	2.0~2.05	1.85~1.9			
51~60	2.3~2.35	2.1~2.15	1.0~1.95				
61 以上	用图解法确定						

注：四显示双线自动闭塞区段，用图解并参照本表取值确定。

第四节　旅行速度

列车速度指标包括列车运行速度、列车技术速度和列车旅行速度三项。

列车运行速度 $v_运$ 是指列车在区段内运行，不包括中间站停站时间及起停附加时间在内的平均速度，它可按下式计算：

$$v_运 = \frac{\sum nL}{\sum nt_{纯运}} \quad (\text{km/h}) \tag{15.33}$$

式中　$\sum nL$ ——在一个区段内每昼夜所完成的列车公里数；

$\sum nt_{纯运}$ ——在一个区段内每昼夜所消耗的纯运行列车小时数。

列车技术速度 $v_技$ 是指列车在区段内运行，不包括中间站停站时间，但包括起停车附加时间在内的平均速度，计算公式为：

$$v_技 = \frac{\sum nL}{\sum nt_{纯运} + \sum nt_{起停}} \quad (\text{km/h}) \tag{15.34}$$

式中　$\sum nt_{起停}$ ——在一个区段内每昼夜所消耗的起停车附加时分列车小时数。

列车旅行速度 $v_旅$ 是指列车在区段内运行，包括在中间站停站时间及起停车附加时间在内的平均速度，计算公式为：

231

$$v_{旅} = \frac{\sum nL}{\sum nt_{纯运} + \sum nt_{起停} + \sum nt_{中停}} \quad （\text{km/h}）$$ （15.35）

式中　$\sum nt_{中停}$——在一个区段内每昼夜所消耗的中间站停站列车小时数。

当已知旅行速度 $v_{旅}$ 与运行速度 $v_{运}$ 的比值 $\beta_{运}$ 或者与技术速度的比值 $\beta_{技}$（比值 β 称为旅行速度系数）时，旅行速度也可以通过旅行速度系数来计算，即

$$v_{旅} = \beta_{运} v_{运} \quad （\text{km/h}）$$ （15.36）

$$v_{旅} = \beta_{技} v_{技} \quad （\text{km/h}）$$ （15.37）

旅行速度是表明列车运行图质量的一项重要指标，也是影响机车车辆周转和货物送达的一项重要因素。因此，在编制列车运行图时，应力求提高旅行速度系数，即尽可能减少列车在区段内的停站次数和停站时间。

列车旅行速度既可以通过旅行速度系数 $\beta_{运}$ 来计算，也可通过 $\beta_{技}$ 来计算。但是，因为系数 $\beta_{运}$ 不仅能反映列车在中间站总停站时间及用于起停车的时间对旅行速度的影响，还能反映与列车停站次数有关的影响，所以，用系数 $\beta_{运}$ 表示列车运行图质量更为全面。

影响列车旅行速度系数 $\beta_{运}$ 大小的因素主要有：客货列车行车量，以及随之增加的停站次数和相应的停站时间；与越行次数有关的客货列车速度比；供列车交会和越行的分界点分布密度（在其他条件相同的情况下，随着区段内分界点数目的增加，列车交会及越行的停站时间会减少）；直接用于计算列车最小停站时间的车站间隔时间。

综上所述，在单线区段，对速度系数影响最大的是会车、越行停站时间和行车量，特别是旅客列车行车量，因此，应合理选择会车、越行地点，缩短停站时间；在双线区段，货物列车与旅客列车的速度差对旅行速度有重大影响，因此，在提高旅客列车速度的同时，应注意采取措施提高货物列车速度。

本章小结

为了实现运输生产过程，完成国家规定的运输任务，铁路必须具备一定的运输能力。在采用一定类型的机车车辆和一定的行车组织方法条件下，铁路区段的各种固定设备在单位时间内（通常指一昼夜）所能通过普通货物列车的最多列数或对数称为通过能力。其中能力最薄弱的设备限制了整个区段的能力，即为该区段的最终通过能力。目前，我国既有铁路在平图能力的基础上采用扣除系数法对非平行运行图通过能力进行计算。列车速度指标一般包括运行速度、技术速度和旅行速度。

本章主要知识点回顾：

一、铁路运输能力

（1）通过能力：在一定的技术设备和行车组织方法条件下，铁路区段的各种固定设备在一昼夜内所能通过普通货物列车的最大对数或列数。

（2）输送能力：在一定的技术设备和行车组织方法条件下，按照机车车辆和乘务人员的现有数量，某铁路线路或区段一年内所能输送的最大货物吨数或旅客人数。

二、通过能力计算

采用非平行运行图扣除系数法计算铁路区间通过能力时，通常需要先计算平行运行图通过

能力，然后在此基础上再计算非平行运行图的通过能力。

（1）平行运行图特点：同向列车运行速度相同，运行线彼此平行，同一车站的交会方式相同，区段内无越行。

（2）运行图周期：在平行运行图上，各区间的列车运行线总是以同样的方式一组一组反复排列着，这样一组列车占用运行图的时间称为运行图周期。

（3）平图通过能力基本计算公式：$n = \dfrac{1440 - T_{固}}{T_{周}} n_{周}$。

（4）旅客列车基本扣除系数：一对旅客列车占用限制区间的时间与一对货物列车占用限制区间的时间之比。

（5）旅客列车额外扣除系数：由于两相邻旅客列车之间的时间间隔不是货物列车占用限制区间时间的整倍数而产生的额外扣除时间与一对货物列车占用限制区间的时间之比。其数值的大小与运行图中旅客列车对数及其铺画位置、区间不均等程度、中间站到发线数目等因素有关。

（6）非平图能力计算公式：

$$n^{非}_{货} = n - (\varepsilon_{客} n_{客} + \varepsilon_{快货} n_{快货} + \varepsilon_{摘} n_{摘}) + n_{快货} + n_{摘}$$

$$n^{非} = n^{非}_{货} + n_{客}$$

三、货物列车速度

（1）旅行速度：列车在区段内运行，包括中间站停站时间及起停车附加时分在内的平均速度。

（2）技术速度：列车在区段内运行，不包括中间站停站时间但包括起停车附加时分在内的平均速度。

（3）运行速度：列车在区段内运行，不包括中间站停站时间及起停车附加时分在内的平均速度。

（4）影响列车旅行速度系数的主要因素有：客货列车行车量、停站次数和时间、客货列车速度比、车站数量、车站间隔时间。

思 考 题

1. 何谓铁路通过能力？铁路通过能力的大小与哪些因素相关？最终通过能力如何取值？铁路通过能力、输送能力与运输能力有何区别与联系？

2. 在铁路实际工作中，铁路通过能力有哪几种不同概念？简述其含义。

3. 什么是运行图周期？列出计算平行运行图区间通过能力的一般式。

4. 何谓困难区间和限制区间？

5. 采用单线成对非追踪平行运行图时，在区间两端站有哪几种会车方案？

6. 如何计算单线成对非追踪平行运行图的区间通过能力？

7. 如何计算双线平行运行图区间通过能力？

8. 什么是非平行运行图区间通过能力？试述其计算方法及其计算原理。

9. 列车速度有哪几项指标？试述每项速度指标的意义及其计算方法。

10. 影响货物列车旅行速度系数的主要因素有哪些？

第十六章　列车运行图的编制

【本章导读】

随着铁路客货运量的日益增长和运输市场的发展变化,铁路技术设备和运输组织工作的不断改进,以及列车牵引重量和运行速度的逐步提高,每经过一定时期,就有必要重新编制一次列车运行图。本章主要对运行图编制要求、编制过程、编制方法,以及编制后的相关指标计算进行介绍。

【学习目标】

(1)熟悉编制列车运行图的要求;

(2)掌握列车运行图的编制方法;

(3)理解列车运行图的各个指标。

【重点及难点】

(1)列车运行图编制方法;

(2)列车运行图指标。

第一节　编图要求

随着铁路客货运量的日益增长和运输市场的发展变化,铁路技术设备和运输组织工作的不断改进,以及列车牵引重量和运行速度的逐步提高,每经过一定时期,就有必要重新编制一次列车运行图。

全路列车运行图的编制或调整工作按国铁集团统一规定进行。必要时,各铁路局集团公司可在运行图实行期间对管内列车进行局部调整。为了适应运量波动和线路施工的需要,除了编制基本运行图外,还可以根据具体情况编制各种分号运行图。

列车运行图的编制,在国铁集团统一领导下,由各铁路局集团公司负责做好具体工作。

国铁集团由运输、机务、车辆、工务、电务、计划等有关部门负责人组成领导小组,负责编图的组织领导工作,确定编图的原则、任务和步骤,组织有关铁路局集团公司协商拟订全路跨局旅客列车运行方案,解决局间列车交接的有关问题,审查各局集团公司提报的编图资料和各局集团公司编制的列车运行图。

各铁路局集团公司也由运输、客运、机务、车辆、工务、电务等部门的有关人员组成编图小组,按照国铁集团的统一部署,认真准备好编图资料,负责完成本局的运行图编制工作。

铁路局集团公司有关部门应按时向国铁集团有关业务部门上报下列各项编图资料:

(1)各区段各种客货列车行车量;

(2)车站间隔时间和追踪列车间隔时间,以及必要的列车运行图缓冲时间;

(3)各区段通过能力;

(4)客货列车停车站名和停站时间标准;

（5）各技术站主要技术作业时间标准；

（6）客车车列在配属段、折返段停留时间标准；

（7）客货列车区间运行时分和起停车附加时分；

（8）各区段货物列车重量标准；

（9）机车在基本段和折返段作业时间标准，机车运用方式和乘务组工作制度；

（10）各区段线路允许速度；

（11）施工计划以及慢行地段和慢行附加时分；

（12）现行列车运行图完成情况的分析。

编制列车运行图时，必须满足如下要求：

（1）保证列车运行的安全。列车运行图必须符合《铁路技术管理规程》的有关规定，严格遵守行车的作业程序和时间标准。

（2）迅速、便利地运输旅客和货物。运行图上铺画的旅客列车应最大限度地为旅客提供方便条件，客、货列车对数应考虑到运量的波动程度，保证完成国家规定的运输任务。

（3）充分利用铁路通过能力，经济合理地运用机车车辆。在铺画列车运行线时，应消除各种不必要的停留时间，提高列车的旅行速度；要合理规定列车重量标准和机车运用方法；对直通列车要注意良好的衔接，以提高机车车辆的运用效率。同时，要妥善安排工务部门的施工计划，保证线路大修施工和日常运输两不误。

（4）应将区间通过能力利用率控制在一定的允许范围内，确保列车运行图具有一定的弹性，以适应日常运输生产和列车运行秩序变化的需要。

（5）列车运行图要与列车编组计划和车站技术作业过程相协调，使列车运行线与车流很好地结合起来。

（6）保证各站、各区段间工作的协调和均衡。在运行图上铺画列车运行线时，应力求在一昼夜内各个阶段大体均衡，以充分利用车站到发线和咽喉通过能力、车站改编作业能力，以及区间通过能力。

（7）合理安排乘务人员的作息时间，保证不超过规定的一次连续工作时间标准。

列车运行图在很大程度上反映着整个铁路行车组织工作的水平。提高运行图编制质量，可以改善对旅客的服务，加速货物送达，改进机车车辆的运用，更好地利用区段通过能力，提高劳动生产率，降低运输成本。因此，在编制列车运行图时，必须及时总结和推广先进经验，不断提高列车运行图的质量。

列车运行图是全路与运输有关各单位的综合工作计划。因此，在编制运行图过程中，要从全局出发，统筹兼顾，正确处理列车运行与技术站作业的关系，列车运行与机车交路的关系、运输与施工的关系、跨局列车与管内列车的关系、旅客列车与货物列车的关系等。要使编制出来的运行图既是先进的，又是可行的。各铁路局集团公司编完运行图后，由国铁集团审查批准，并由国铁集团确定在全路统一实行新运行图的日期（一般与新列车编组计划同时实行）、印制列车时刻表，拟定新旧运行图的交替办法，各铁路局集团公司应组织各站段切实做好实行新运行图的各项准备工作。

第二节 运行图编制方法

在编制列车运行图时，一般先铺画旅客列车运行线，然后再在这个基础上铺画货物列车运行线。在铺画旅客列车运行线和货物列车运行线时，需要处理好各方面的关系，安排好整个方向上的列车运行线，以期提高运行图的编制质量。为此，列车运行图的编制通常分两步进行：第一步编制列车运行方案图，着重解决运行图的整体布局问题，它只是对每一方向画出各技术站间的列车运行线，而不详细画出经过每一车站的时刻，如图 16.1 所示；第二步根据方案图铺画详细的运行图，即详细规定出每一列车在各个车站上到、发或通过的时刻。

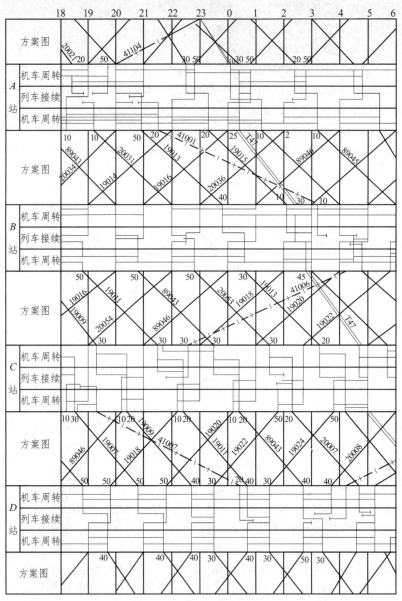

图 16.1　列车运行方案图

一、旅客列车运行图的编制

编制旅客列车运行图，首先需编制旅客列车运行方案（简称客车方案）。编制客车方案主要解决如下几个方面的问题。

236

1. 方便旅客旅行

在安排旅客列车运行线时，必须把方便旅客旅行作为一项基本要求。

（1）应规定适宜的旅客列车始发、终到和通过各主要站的时刻。对于运程适宜的大城市间开行的旅客列车，应尽可能按"夕发朝至"的要求安排列车始发和终到时刻。直通列车宜在下午或晚间开，但不宜过晚（迟于0点）；宜在白天到，但不宜过早（早于6~7点）。为了提高客运站的通过能力，保证客运站工作的均衡，在城市交通的配合下，直通列车应规定不早于7点开，不晚于0点到。根据上述要求，可以对直通列车规定出合理的发车时刻范围。以全程列车运行时间10 h为例，直通列车合理发车时刻范围如图16.2所示。

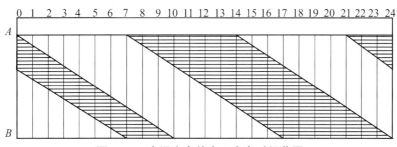

图16.2　直通客车的合理发车时间范围

直通列车通过沿途各大站的时刻亦应力求方便旅客，若不能完全满足此项要求时，应权衡轻重，尽可能予以照顾。

管内旅客列车以运送短途旅客为主，一般运行距离较短，故以白天运行为宜。在管内列车较多的区段不可能均在白天运行时，个别列车亦可夜间运行，但始发时刻不宜过晚，到达时刻不宜过早。

（2）使各方向各种列车的运行时刻相互衔接，缩短旅客中转换乘的等待时间。在几个方向会合的枢纽站，旅客通过中转换乘由一方向转往另一方向时，两方向列车运行时刻要适当衔接，以减少中转旅客的候车停留时间。如果同时满足多个方向旅客的要求确有困难时，则应照顾直通中转客流较大的方向。例如，图16.3表示由 E 到 D 及由 C 到 A 开行直通旅客列车，E 至 A 的中转客流较多，C 至 D 的中转客流较少，因此 C 到 A、E 到 D 的直通列车经过 B 站的时刻应照顾 E 至 A 方向中转旅客的方便。

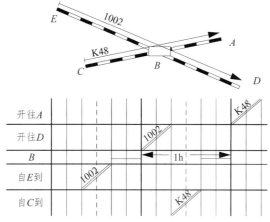

图16.3　直通旅客列车在枢纽站相互衔接图

237

管内旅客列车与直通旅客列车在运行时刻上亦应衔接配合，以便中小站出发的旅客由管内列车换乘直通列车，到达中小站的旅客由直通列车换乘管内列车。如管内列车数较多，则最好在直通列车前后各开一次管内列车，以利中小站旅客的换乘，其铺画方式如图 16.4 所示。

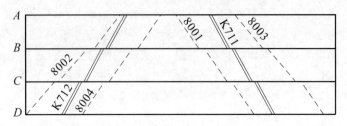

图 16.4　管内旅客列车与直通旅客列车运行时刻的配合示意图Ⅰ

　　当管内旅客列车数较少而某一方向（例如上行方向）直通列车换乘管内列车的客流占优势时，亦可只在直通列车的后面开行一次管内列车，为优势方向客流服务，如图 16.5 所示。

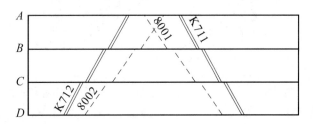

图 16.5　管内旅客列车与直通旅客列车运行时刻的配合示意图Ⅱ

　　（3）铁路旅客列车在时刻上与其他交通工具相互配合，对于方便旅客具有重要意义，在编制列车运行方案时亦应注意这方面问题。

2. 经济合理地使用机车车辆

　　直通与管内旅客列车的到发时刻除应力求便利旅客外，还应照顾旅客车列（又称车底）和客运机车的经济使用。

　　由图 16.6 及图 16.7 可以看出，若将去程列车的到发时刻与回程列车到发时刻结合起来考虑，并适当改变列车到发时刻，就有可能减少需要的车底数。

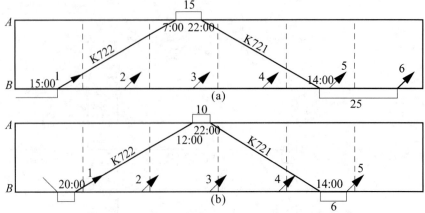

图 16.6　直通旅客列车车底周转与到发时刻关系

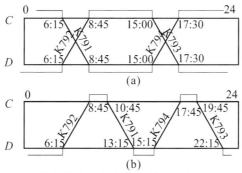

图 16.7　管内旅客列车车底周转与到发时刻关系图

旅客列车运行方案图上运行线的铺画方式对客运机车的运用也有很大影响。如图 16.8 所示，通过适当调整列车的到发时刻，即可使机车由四台减少至三台。因此，在编制客车方案图时，在考虑为旅客提供方便及减少车列需要数的同时，必须注意加速机车周转。由于在编制方案图时，直通列车先于管内列车铺画，所以列车运行与机车周转相互配合的问题，主要是在编制管内旅客列车运行方案时才有可能加以全面考虑。

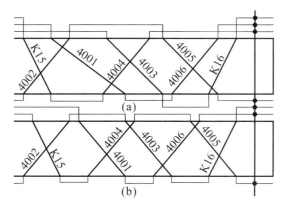

图 16.8　旅客列车运行方案与机车周转关系

3. 保证旅客列车运行与客运站技术作业过程的协调

由于旅客列车到发时刻的特殊要求，大客运站在一昼夜的某一段时间内往往出现列车密集到达或出发的情况。在编制列车运行方案时，列车密集到发的间隔时间应与车站技术作业过程相协调，否则将不能保证车站正常接发列车。

大型客运站一般按方向设置候车室，因此同方向旅客列车的始发间隔时间也应考虑旅客站舍的负担，以免造成站内拥堵。

4. 为货物列车运行创造良好条件

实践证明，在客车方案图上尽可能均衡地铺画旅客列车运行线，不仅有利于车站客运设备的有效利用，有利于保证旅客列车的良好运行秩序，还有利于货物列车均衡地运行，加速机车车辆周转。

在实际工作中，同时实现上述各项要求往往很困难，在编制客车方案时，应根据具体情况权衡利弊，合理安排。

旅客列车运行方案应按照先国际、后国内，先直通、后管内，先快车、后慢车的顺序进行编制。在铺画各种列车运行方案时，应注意区段内会车或越行地点的设备条件，考虑列车会让所需附加时分。附加时分随单线、复线及信、联、闭设备的条件而有所不同。一般来说，会车附加 10 ~ 12 min，待避越行附加 30 ~ 35 min，如图 16.9 所示。

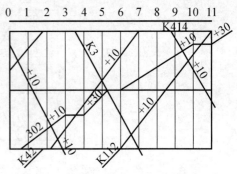

图 16.9　旅客列车会让额外增加时间图

根据旅客列车运行方案，按照上述各种列车的铺画顺序，可在二分格运行图上详细铺画　各种列车运行线，即所谓铺画详图。在编制列车运行详图时，除国际联运的旅客列车在国境站的接续时刻不得变更外，其他列车的运行时刻均可做少量必要的调整，以便创造更好的会让和运行条件，与货物列车运行取得较好的配合。

二、货物列车运行图的编制

为了保证各邻接区段、各相邻铁路局间列车运行的紧密衔接，以及列车运行图与列车编组计划、车站技术作业过程、机车周转图的相互协调，在旅客列车运行图编制以后，货物列车运行线的铺画也可分两步进行，即先编方案图，然后再根据方案图编制详图。但在运量大、区间通过能力比较紧张的单线区段，由于在编方案图时很难对限制区间给予准确的安排，所以一般不编方案图，而直接在二分格运行图上编制详图。

1. 货物列车运行方案

编制货物列车方案图时，各种货物列车在每一区段的旅行时间可按下列方法确定：

（1）对于摘挂列车，根据区段管内货物列车铺画方案规定。

（2）对于其他货物列车，在双线区段为各区间运行时分与列车在各中间站技术作业停站时分之和；单线区段为各区间运行时分与列车在各中间站平均停站时间之和。

同时，在编制货物列车运行方案图时，应注意解决如下几方面的问题。

（1）列车运行图与列车编组计划的配合。

为了使列车运行图与列车编组计划相配合，编制列车运行图时必须做到：

① 按照列车编组计划所规定的列车种类和列车数（并考虑适当波动），在运行图上铺画相应的货物列车运行线。

② 对有稳定车流保证的定期运行列车，应在运行图上定出固定运行线，从始发站到终点站使用统一的车次，这种列车通过沿途各技术站时要有良好的接续，如图 16.10 所示。

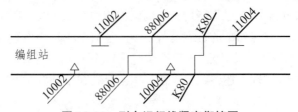

图 16.10　列车运行线紧密衔接图

③ 对没有稳定车流保证的技术直达列车和直通列车，在两编组站间使用直通列车车次。经过编组站时，相邻区段不同车次的运行线也要考虑适当的衔接（见图 16.10）。

④ 运行图上铺画的运行线应与车流密切结合。例如，装车地直达列车由始发站出发的时刻要结合有关厂矿、企业的生产和装车情况；空车直达列车的运行线要根据空车产生的规律，从始发站开始铺画，使运行线与车流最大限度地结合起来。

（2）列车运行图与车站技术作业过程的配合。

列车运行不均衡是导致货车在车站产生各种等待停留时间和浪费车站通过能力、改编能力的主要原因。因此，在编制运行图时应力求使各方向列车在技术站均衡到发，并使各方向改编列车和中转列车交错到开，为车站创造均衡而有节奏的工作条件。

由于受旅客列车铺画位置的影响，以及为保证邻局、邻区段货物列车有良好的运行条件，往往会造成货物列车运行线在运行图上不能均衡排列，而在一段时间内产生列车密集到开现象。在这种情况下，铺画运行图时应注意符合下列要求：

① 列车到达技术站和由技术站出发的间隔时间，应考虑车站的到发线数目及列车占用到发线的时间，以保证车站能不间断地接发列车。

② 到达技术站解体的列车，其间隔时间应与驼峰或牵出线的作业进度相适应，以减少列车待解停留时间。如图 16.11 所示，因解体列车到达间隔时间与车站技术作业过程相协调，而不致产生待解时间。如果解体列车到达间隔时间与车站技术作业过程不协调（见图 16.12），则可能产生大量待解时间。

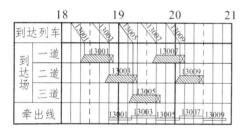

图 16.11 列车到达间隔与解体作业相协调图

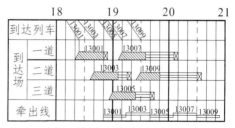

图 16.12 列车到达间隔与解体作业不相协调图

③ 由技术站编组出发的列车，其间隔时间应与编组场牵出线的编组作业进度相适应，以减少待发停留时间。在编制列车运行图时，对于组织始发直达列车的车站，应使空车列车到达与重车列车出发之间的间隔与该站各项作业时间相协调（见图 16.13），否则将延长货车停留时间或不能保证重车列车按规定时刻出发。

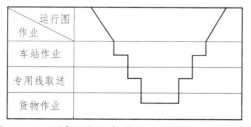

图 16.13 列车运行图与货运站作业过程相协调图

（3）列车运行图与机车周转的配合。

为了加速机车周转，保证机车在自外段停留时间符合规定的标准，不断改进机车运用指标，在编制列车运行图时，应考虑列车运行与机车周转有良好的配合。

为实现列车运行与机车周转相配合，一般采用根据规定行车量、机车运用方式和机车在自外段停留时间标准，并考虑机车乘务组连续工作时间等因素，顺序地将列车运行线和机车周转勾画在运行图上的方法。为了避免产生机车等候列车的额外停留时间，应使相对方向的列车配合地到达更换机车的技术站。其到达的间隔时间（$I_到$）应等于机车和列车技术作业时间标准的差值（见图 16.14），即

$$I_到 = t_机 - t_{作业} \qquad (16.1)$$

式中　$t_机$——机车技术作业时间标准，min；

　　　$t_{作业}$——中转列车在技术站的作业时间标准，min。

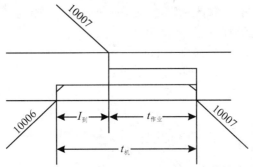

图 16.14　相对方向列车配合到达更换机车的技术站图

在编制运行图时必须考虑这个间隔时间，使列车和机车得到最好的配合。

在非平行运行图上，由于旅客列车运行线的铺画先于货物列车，因而货物列车运行线的分布不可能完全均衡。在编制列车运行图时，应尽可能按照上述要求的间隔时间，使列车和机车的额外停留时间达到最小。

货物列车运行方案的编制可有下列两种方法：

① 由方向的一端开始，顺序铺画货物列车运行线；

② 由方向中间的某一局间分界站向两端延伸铺画。

在个别区段，当通过能力利用率接近饱和时，运行图编制最好就由这一最繁忙的区段开始。

2."五定"班列的运输组织

开行"五定"班列（以下简称班列），发到站间的货流量必须满足在一定时间内可以开行一个班列的要求；发到站间列车牵引定数和换长要基本一致。班列的组织应从货运计划安排入手，将枢纽地区其他车站的货流向班列装车站集中，组流上线。但根据货流情况，也允许枢纽地区多站组织开行班列，即可以一站或多站组合开行一个班列，运行到枢纽附近编组站后，再用小运转挂运送至相关车站卸车。

班列运行线要求发到站间全程贯通，车次统一编号，班列途经的相关技术站紧密接续，直通速度在单、双线区段分别应达到 500 km/d 和 800 km/d。它由国铁集团运输统筹监督局组织有关部门，根据发到站间的货流量及有关要求，在运行图上铺画。根据班列运行图确定各站的班列发到时间和运到期限，并编制成班列时刻表向社会公布。

在日常工作中，"五定"班列应按固定时刻组织开车、按固定时刻组织运行、按固定时刻

组织分界口交接、按固定时刻组织到达。为此，各级调度应优先承认请求车、优先安排装车去向、优先配送空车、优先组织装车、优先组织取送车作业、优先组织列车放行。

3. 货物列车运行图的详图

根据货物列车运行方案图，可在二分格运行图上具体铺画各区段的货物列车运行线。在详细铺画列车运行图的过程中，对方案图所规定的运行线一般可做适当移动，但应尽可能不改变分界站的到发时刻。

在单线区段，如果通过能力有较大后备，则可优先铺画定期运行的快运货物列车和直达列车。在中间站交会时，应尽量使其他货物列车等会这些列车；在经过技术站时，应保证其紧密接续，以加速这些列车的运行。

对于摘挂列车，应先按区段管内货物列车铺画方案在图上铺画轮廓运行线，然后结合其他货物列车一起铺画。

在铺画详图时，应注意如下三个方面的问题。

（1）保证行车安全和旅客乘降安全。

① 遵守不准同时接发列车的有关规定；

② 保证车站间隔时间及列车追踪间隔时间符合各站所规定的标准；

③ 避免某方向列车在禁止停车的车站上停车；

④ 遵守规定的机车乘务组工作、休息的时间标准；

⑤ 列车在车站会车和越行时，同时停在车站上的列车数应与该站的到发线数相适应。

（2）有效地利用区间通过能力。

在单线区段，如果通过能力有较大富余时（利用率在70%以下），为保证机车的良好运用，货物列车运行线可以从机车折返站开始成对地铺画。如图16.15所示，这时应尽可能使列车到达折返站与由该机车牵引相反方向列车出发的间隔时间，等于机车在折返段所在站的作业时间标准。

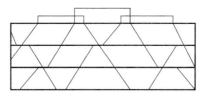

图16.15　机车从折返站开始铺画货物列车运行线方法示意图

当在运行图上铺画的列车对数达到区间通过能力利用率的80%时，为了有效地使用区间通过能力，该区段应从限制区间开始铺画货物列车运行线，即在运行图上铺完旅客列车运行线之后，从限制区间开始铺画规定数量的货物列车运行线，然后再从限制区间分别向其他区间顺序铺画，如图16.16所示。

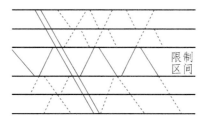

图16.16　从限制区间开始铺画运行线方法示意图

（3）提高货物列车旅行速度。

会车和越行次数及其停站时间是影响旅行速度的主要因素。因此，在铺画运行图时，必须尽量减少列车的会车和越行次数及其停站时间。

① 铺画在旅客列车之前的货物列车，尽可能使之通过各中间站，以避免在区段内被旅客列车越行。如图 16.17 所示，（a）为不合理的铺画方法，（b）为合理的铺画方法。

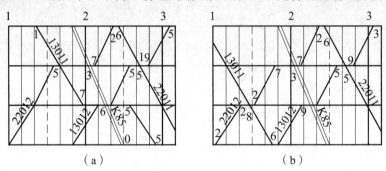

图 16.17　在旅客列车之前铺画货物列车方法示意图

② 当在区段内不能避免越行时，尽可能将越行地点规定在有技术作业的车站上，或者规定在两相邻区间运行时分最小的车站上。如图 16.18 所示，若 b 站为上行列车技术作业停车站，则列车在等待越行的同时可以进行技术作业，从而减少甚至取消了由于越行而产生的额外停留时间；又若 b 站两相邻区间的运行时分最小，则可使列车在 b 站的待避停留时间为最短。

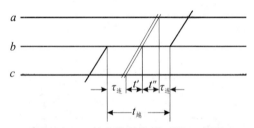

图 16.18　列车待避停留时间示意图

③ 在旅客列车之后铺画货物列车时，尽量使客货列车之间能够铺画交会的对向货物列车，以减少会车停站时间。如图 16.19 所示，（a）为不合理的铺画方法，（b）为合理的铺画方法。

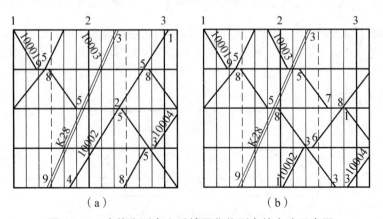

图 16.19　在旅客列车之后铺画货物列车的方法示意图

244

④ 在单双线区段，可从最困难的单线区间开始铺画列车运行线，并尽可能使列车的交会在双线区间内进行。

在运量很大的区段上，为确保列车运行图与车站作业相协调，在铺画运行图之后，应对区段站、编组站、主要客运站和货运站的咽喉道岔和到发线的占用情况进行图解检查。当某些车站的接发车条件不能满足运行图的要求时，需要适当修改运行图，或采取必要的技术组织措施，例如重新调整到发线的使用，以保证运行图的顺利实行。

第三节　运行图指标

一、列车运行图编制质量的检查

列车运行图全部编完后，必须对列车运行图编制质量进行全面检查。检查的主要内容有：

（1）列车运行图上铺画的客货列车数是否符合所规定的任务；

（2）列车运行线的铺画是否符合规定的各项时间标准，列车的会让是否合理，在中间站停车会让的列车数是否超过该站现有的到发线数；

（3）摘挂列车的铺画是否满足区段管内货物列车铺画方案的要求；

（4）机车乘务组连续工作时间和机车在自外段所在站的停留时间是否符合规定的时间标准；

（5）在列车运行图上预留的施工"空隙"是否满足施工需要；

（6）局间分界站的列车衔接是否合适，一昼夜内各阶段的列车到发密度是否大体均衡。

二、列车运行图指标

通过检查，确认运行图完全满足规定的要求后，还应计算列车运行图指标。列车运行图指标包括数量指标和质量指标，由各铁路局计算，报铁道部汇总。

1. 数量指标

（1）国境站和局间分界站相互交接的列车数。

（2）按列车性质分类的旅客列车及货物列车数。

（3）旅客列车及货物列车走行公里。

（4）各始发站发出的各种旅客列车数和货物列车数。

2. 质量指标

（1）旅客列车或货物列车的平均技术速度（$v_技$），计算公式为：

$$v_技 = \frac{\sum nl}{\sum nt_运} \quad (km/h) \tag{16.2}$$

式中　$\sum nl$——各区段旅客列车或货物列车走行公里的总和；

$\sum nt_运$——各区段旅客列车或货物列车运行时间总和，包括纯运行时分和起停车附加时分。

（2）旅客列车平均直通速度（$v_直^客$），计算公式为：

$$v_{\text{直}}^{\text{客}} = \frac{\sum nl_{\text{客}}}{\sum nt_{\text{全旅}}} \quad (\text{km/h}) \tag{16.3}$$

式中　$\sum nl_{\text{客}}$——旅客列车走行公里的总和；

$\qquad \sum nt_{\text{全旅}}$——旅客列车全程旅行时间的总和，包括纯运行时分、起停车附加时分和停站时间。

（3）货物列车平均旅行速度（$v_{\text{旅}}$）和速度系数（β），计算公式为：

$$v_{\text{旅}} = \frac{\sum nl_{\text{货}}}{\sum nt_{\text{旅}}} \quad (\text{km/h}) \tag{16.4}$$

$$\beta = \frac{v_{\text{旅}}}{v_{\text{技}}} \tag{16.5}$$

式中　$\sum nl_{\text{货}}$——各区段货物列车走行公里的总和；

$\qquad \sum nt_{\text{旅}}$——各区段货物列车旅行时间的总和，包括纯运行时分、起停车附加时分和中间站的停站时间。

（4）直通货物列车在技术站的平均接续时间（$T_{\text{接续}}$）。它是反映技术站相邻区段直通列车运行线相互衔接的质量指标，应分别就每一技术站、铁路局和全路进行计算，其计算公式为：

$$T_{\text{接续}} = \frac{\sum n_{\text{直}}t}{\sum n_{\text{直}}} \quad (\text{min}) \tag{16.6}$$

式中　$\sum n_{\text{直}}t$——直通、直达货物列车无改编通过技术站停留时间的总和；

$\qquad \sum n_{\text{直}}$——无改编通过技术站的直通、直达货物列车数。

（5）货物列车平均直达速度（$v_{\text{直}}^{\text{货}}$）。它是综合表示货物列车旅行速度高低和技术站接续时间长短的指标，其计算公式为：

$$v_{\text{直}}^{\text{货}} = \frac{\sum nl'_{\text{货}}}{\sum nt'_{\text{旅}} + \sum nt_{\text{技停}}} \quad (\text{km/h}) \tag{16.7}$$

式中　$\sum nl'_{\text{货}}$——整个方向货物列车走行公里的总和；

$\qquad \sum nt'_{\text{旅}}$——整个方向各区段货物列车旅行时间的总和，包括列车运行时间和在中间站的停站时间；

$\qquad \sum nt_{\text{技停}}$——所有直通、直达货物列车在该方向各技术站停留时间的总和。

（6）机车周转时间（$\theta_{\text{机}}$）和机车日车公里（$S_{\text{机}}$）。这是两项反映机车运用的主要质量指标，可分别按如下公式计算：

$$\theta_{\text{机}} = \frac{24M}{U_{\text{供应}}} \quad (\text{h}) \tag{16.8}$$

$$S_{\text{机}} = \frac{\sum nl_{\text{货}} + \sum MS_{\text{单}} + \sum MS_{\text{双}}}{M} \quad (\text{km/d}) \tag{16.9}$$

式中　M——一昼夜内使用机车台数（根据机车周转图确定）；

$U_{供应}$——一昼夜内向各区段供应的机车台次；

$\sum MS_{单}$、$\sum MS_{双}$——列车运行图规定的单机走行公里和双机牵引公里。

为了进一步评价新列车运行图的编制质量，除计算新列车运行图的各项指标外，还应与现行列车运行图进行比较，分析各项指标提高或降低的主要原因。

三、实行新图前的准备工作

列车运行图最后经铁道部批准后，由铁道部规定全路统一实行新图的日期。为了保证新图能够正确和顺利地实行，必须在实行新图之前做好下列准备工作：

（1）发布有关实行新图的命令，公布跨局新旧旅客列车运行的交替办法；

（2）印制并分发列车时刻表；

（3）各铁路局根据铁道部发布的有关命令和指示，拟定执行新图的技术组织措施和新旧客货列车运行的交替计划；

（4）组织有关人员学习新图，使每个有关职工了解、熟悉并掌握新图规定的要求；

（5）根据新图的规定，组织各站修订和编制《车站行车工作细则》；

（6）做好机车、客车和乘务人员的调配工作；

（7）有关局共同召开局分界站会议，共同拟定确保新图实施的措施。

本章小结

列车运行图是全路与运输有关各单位的综合工作计划。因此，在编制运行图过程中，要从全局出发，统筹兼顾，正确处理列车运行与技术站作业的关系，列车运行与机车交路的关系、运输与施工的关系、跨局列车与管内列车的关系、旅客列车与货物列车的关系等。要使编制出来的运行图既是先进的，又是可行的。运行图编制必须满足保证安全、经济合理等方面的要求。在编制过程中，一般按照先旅客列车后货物列车，先方案图后详图的顺序进行。

本章主要知识点回顾：

一、编制列车运行图的要求

（1）保证列车运行的安全；

（2）迅速、便利地运输旅客和货物；

（3）充分利用铁路通过能力，经济合理地运用机车车辆；

（4）确保列车运行图具有一定的弹性；

（5）列车运行图要与列车编组计划和车站技术作业过程相协调；

（6）保证各站、各区段间工作的协调和均衡；

（7）合理安排乘务人员的作息时间，保证不超过规定的工作时间标准。

二、运行图的编制

（1）编制列车运行图时，一般先铺画旅客列车运行线再铺画货物列车运行线；先编制方案图再编制详图。

（2）编制旅客列车方案图时，需处理好以下问题：方便旅客旅行，经济合理地使用机车车辆，保证旅客列车运行与客运站技术作业过程的协调。

（3）编制货物列车运行方案图时，应注意解决如下问题：列车运行图与列车编组计划的配合，列车运行图与车站技术作业过程的配合，列车运行图与机车周转的配合。

（4）在铺画货物列车运行图的详图时，应注意如下三个方面的问题：保证行车安全和旅客乘降安全，有效地利用区间通过能力，提高货物列车旅行速度。

三、运行图指标

（1）数量指标主要包括：客、货列车行车量和走行公里。

（2）质量指标主要包括：速度指标和机车运用指标。

思 考 题

1. 简述编制列车运行图的基本要求。
2. 简述列车运行图的编制程序。
3. 编制旅客列车方案图时主要应解决哪些问题？如何解决这些问题？
4. 编制货物列车运行方案图要解决哪几方面问题？如何解决这些问题？
5. 铺画货物列车运行图详图时，一般应注意解决哪些问题？如何解决这些问题？
6. 对列车运行图编制质量进行检查的主要内容有哪些？
7. 列车运行图指标包括哪些？都如何计算？
8. 实施新图之前需做好哪些准备工作？

第十七章　铁路运输能力的加强

【本章导读】

铁路作为国民经济的大动脉，应当具有较大的运输能力，以完成国家规定的运输任务和满足城乡经济的发展及人们旅行的需要。随着市场经济的发展和人民生活水平的提高，社会各方面对铁路运输的需求日益旺盛，客货运量呈上升趋势。但是，铁路运输能力却是相对稳定的，在运输设备（包括固定设备和活动设备）和行车组织方法一定的条件下，运输能力有其一定的限度。这样，当某条线路（或区段）的运输能力难以适应其运输需求时，就需要考虑运输能力加强的问题了。运输能力加强的途径有扩大路网长度、提高列车重量、增加行车密度三种，主要分为技术组织措施和技术改造措施两大类。

【学习目标】

（1）掌握运输能力适应性分析的方法；
（2）熟悉铁路运输能力加强的基本途径；
（3）掌握能力加强的技术组织措施；
（4）掌握能力加强的技术改造措施。

【重点及难点】

（1）铁路运输能力适应性分析；
（2）铁路运输能力加强的途径；
（3）铁路运输能力加强的典型措施。

第一节　运输能力加强的基本途径

一、运输能力适应性分析方法

我国铁路在处理客货运矛盾时，一般遵循客运优先的原则，即首先根据客运量及其他因素（如政治、地理条件等）确定旅客列车开行方案和行车量，然后在此基础上，安排货物列车的运行。这一点在前面介绍过的编制列车运行图的工作顺序及非平行运行图通过能力的计算方法中均能体现出来。我们这里讨论能力加强，也按照上面的思路，对客运将不做深入研究，而以研究货运能力为主。

加强运输能力，简称扩能，其目的在于缓和运输需求与运输供给之间的矛盾。那么，这种供求矛盾达到什么程度就该采取扩能措施呢？对此通常有三种分析方法。

1. 通过能力利用率法

以 $n_{普货}$，$n_客$，$n_{快货}$，$n_摘$ 表示某线路（区段）现行运行图中普通货物列车（指直达、直通、区段列车）、旅客列车、快运货物列车和摘挂列车行车量，则现有平行运行图通过能力利用率 $\gamma_通$ 为：

$$\gamma_通 = \frac{n_{普货} + \varepsilon_客 n_客 + \varepsilon_{快货} n_{快货} + \varepsilon_摘 n_摘}{N_平} \tag{17.1}$$

式中　$N_平$——平行运行图通过能力；

　　　$\varepsilon_客$，$\varepsilon_{快货}$，$\varepsilon_摘$——旅客列车、快运货物列车、摘挂列车的扣除系数。

一般说来，当 $\gamma_通$ 达到或接近 80%时，就应着手研究能力加强的各种方案和措施。这是最简单的方法，可用来粗略地估计扩能的必要性。

2. 通过能力比较法

此方法是：根据预测未来年份的需要货流量计算需要的货物列车行车量，同时考虑一定的能力储备，得出需要通过能力 $N_需$，然后与现有平图通过能力 $N_平$ 比较，如果 $N_平 < N_需$，说明现有能力不适应未来年份的需要，应早做准备，研究扩能方案。

设货运方向预测的全年需要货流量（不含以快运货物列车和摘挂列车输送的货流量）为 $G_需$，则该方向平均每日需要开行的普通货物列车行车量 $n_{普货}$ 为：

$$n_{普货} = \frac{G_需 K_波}{365 Q_总 \varphi} \text{（列）} \tag{17.2}$$

式中　$Q_总$——普通货物列车平均牵引总重；

　　　$K_波$——年度货流密度波动系数，一般取 1.1 ~ 1.2；

　　　φ——普通货物列车平均静载重系数，可由统计查定，计算公式为 $\varphi = Q_净 / Q_总$，这里的 $Q_净$ 是普通货物列车平均牵引货物净重，一般，φ 值可取 0.65 ~ 0.75。

记 $\gamma_备$ 为通过能力后备系数，则需要通过能力 $N_需$ 的计算公式如下：

$$N_需 = (n_{普货} + \varepsilon_客 n_客 + \varepsilon_摘挂 n_摘挂 + \varepsilon_{快货} n_{快货})(1 + \gamma_备) \tag{17.3}$$

关于上述计算方法，有以下几点说明：

（1）$G_需$ 不包括快运货物列车和摘挂列车输送的货流量。

（2）考虑 $K_波$ 的原因是：需要的普通货物列车行车量由年度最繁忙月份的日均货流量来确定。

（3）考虑后备系数是为了满足运输上的不时之需、日间不均衡、列车运行偏离及设备故障等不可预见的特殊情况。$\gamma_备$ 单线一般取 0.20，双线取 0.15。

（4）由于 $N_需$ 带有近似性，计算结果可以四舍五入取整。

计算出需要通过能力后，可将现有通过能力与需要通过能力表示在一张图上，称之为能力比较图，从中可以直观地看出区段内各区间现有通过能力的分布状况以及它们与需要通过能力的差距。

【例 17.1】 $A—B$ 单线区段现有平图通过能力 $N_平 = 38$ 对，各区间的通过能力见图 17.1。预测 5 年后该区段重车方向全年货流量 $G_需 = 1\,300$ 万 t，计划开行 8 对旅客列车，2 对摘挂列车，1 对快运货物列车，$\varepsilon_客 = 1.2$，$\varepsilon_摘挂 = 1.3$，$\varepsilon_{快货} = 1.2$。已知列车平均牵引总质量 $Q_总 = 2\,600$ t，$\varphi = 0.7$，$K_波 = 1.15$，按式（17.2）和（17.3）计算，得 $N_需 = 43$ 列。能力比较图如图 17.1 所示。

$$N_需 = 43$$

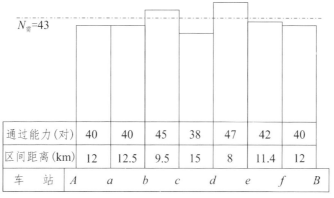

图 17.1 A—B区段能力比较图

由图可见，该区段除 *b—c*、*d—e* 两区间能力略有富余外，其他区间通过能力均不满足 5 年后需要，故宜早作研究，早定对策。

3. 输送能力比较法

输送能力不仅与固定设备有关，而且与活动设备的数量、人员数量等因素有关，因而是综合性很强的一项指标。输送能力比较法就是用现有输送能力与未来年份的需要输送能力（即预测的重车方向全年货流量）$G_需$ 比较，从而得出线路能力能否适应、应否加强的结论。事实上，输送能力比较法与通过能力比较法是互逆的。

线路现有输送能力（同样不包括快运货物列车和摘挂列车输送的货流量）用 $G_能$ 表示，货运方向平均每日能够开行的普通货物列车行车量为 $n_{货能}$，现有平图能力为 $N_平$，则由式（17.3）可反推出：

$$n_{货能} = \frac{N_平}{1+\gamma_备} - (\varepsilon_客 n_客 + \varepsilon_{摘挂} n_{摘挂} + \varepsilon_{快货} n_{快货}) \tag{17.4}$$

由式（17.2）可反推出：

$$G_能 = \frac{365 n_{货能} Q_总 \varphi}{K_波} \tag{17.5}$$

以例 17.1 为例，利用公式（17.4）和（17.5）可算得 $G_能 = 1\,055$ 万 t，小于 $G_需 = 1\,300$ 万 t，说明该区段现有通过能力不能适应 5 年后的需要，与例 17.1 的结论是一致的。

上述通过能力比较法和输送能力比较法分别从不同的角度来考察能力加强的必要性：前者着眼于行车量，后者着眼于货流量，即分别从通过能力和输送能力的不同侧面反映现有能力与需要能力的差距。应当说，两种方法都可以使用。一般说来，考察既有线是否需要进行技术改造及预计采取措施后所能实现的货流量多用输送能力比较法；而在新线设计时多用通过能力比较法。

【**例 17.2**】 某单线半自动闭塞区段限制区间 $T_周 = 30$ min，行车量 $n_客 = 15$ 对，$n_摘 = 2$ 对，$n_{快货} = 1$ 对，列车牵引总质量 $Q_总 = 3\,500$ t，平均载重系数 $\varphi = 0.8$，月间货运量波动系数 $K_波 = 1.2$。取 $\varepsilon_客 = 1.2$，$\varepsilon_摘 = 1.4$，$\varepsilon_{快货} = 1.2$，通过能力后备系数 $\gamma_备 = 0.2$，不考虑预留天窗时间，计算该区段非平图通过能力 $n_非$ 和货运方向一年内所能运送的货物吨数 $G_能$（不含摘挂和快货运送的货物吨数）。

解： 该区段平图通过能力为：

$$n = \frac{1440}{T_{周}} = \frac{1440}{30} = 48 \ （对）$$

货物列车能力为：

$$n_{货}^{非} = n - (n_{客}\varepsilon_{客} + n_{摘}\varepsilon_{摘} + n_{快货}\varepsilon_{快货}) + n_{摘} + n_{快货}$$
$$= 48 - (15 \times 1.2 + 2 \times 1.4 + 1 \times 1.2) + 2 + 1 = 48 - 22 + 3 = 29 \ （对）$$

非平图能力为：

$$n_{非} = n_{货}^{非} + n_{客} = 29 + 15 \ （对）$$

不含摘挂和快货一天能开行的货物列车数为：

$$n_{货}^{能} = \frac{n}{1 + \gamma_{备}} - n_{客}\varepsilon_{客} - n_{摘}\varepsilon_{摘} - n_{快货}\varepsilon_{快货}$$
$$= \frac{48}{1 + 0.2} - 15 \times 1.2 - 2 \times 1.4 - 1 \times 1.2 = 18 \ （对）$$

货运方向现有输送能力为：

$$G_{能} = \frac{365 n_{货}^{能} Q_{总} \varphi}{K_{波}} = \frac{365 \times 18 \times 3500 \times 0.8}{1.2} = 1533 \ （万\ t）$$

二、能力加强的途径与措施

（一）扩能途径

发展路网是提高运输能力的根本途径。就全路而言，一是发展快速客运路网，二是发展干线货运路网，在繁忙区域实行客货运输线的分离，真正实行人便于行，货畅其流。

就全路而言，加强铁路运输能力的途径概括起来有三条：

（1）扩大路网长度；

（2）提高列车重量；

（3）增加行车密度。

这三条途径简称为"长重密"。就既有线路（或区段）来说，无所谓扩大路网长度，所以既有线的扩能途径就是提高列车重量和增加行车密度。当然，把同时增加列车重量和行车密度视作单独的一条途径也是可以的。这一结论由线路货物输送能力的计算公式可直接推出。

（二）扩能措施分类

1. 以提高列车重量为主要目标的措施

（1）改革牵引动力，以内燃、电力取代蒸汽牵引。

（2）按需要采用牵引力较大的机车（或双机牵引）。

（3）在高坡地段采用补机（前补或后补）。

（4）在有条件的线路组织开行整列式或单元式重载列车；在能力接近饱和区段、季节性运量波动较大的区段或施工地段，组织开行部分组合列车。

（5）采用大型货车，改进车辆结构，提高车辆轴重，减少自重，降低单位阻力。

（6）延长车站到发线有效长。

（7）减缓线路限制坡度，加强线路上部建筑。

（8）其他临时性措施：利用动能闯坡，组织超轴列车等。

2. 以增加行车密度为主要目标的措施

（1）在区间很不均等的区段，增设会让站或线路所，缩小限制区间长度。

（2）铺设双线插入段，或部分区间修建双线，组织列车在区间不停车交会。

（3）对于繁忙干线，由单线直接过渡为双线，使通过能力大幅度提高。在客货运量都很大的特别繁忙区段（线路），增设第三线，或修建客运专线，实现客货分流。

（4）提高货物列车运行速度，减少列车区间运行时分，以压缩运行图周期，同时缩小客货列车速度差，以利于减小客车扣除系数。

（5）提高机车性能，缩短起停车附加时分。

（6）采用较先进的信联闭设备（如自动闭塞、调度集中等），缩小车站间隔时间。

（7）双线自动闭塞区段，调整闭塞分区长度，压缩追踪列车间隔时间。

（8）改善运行图的铺画方法，如部分客车运行线连发或追踪，摘挂列车减少停站次数，以减小扣除系数。

（9）采用特殊类型运行图，如单线不成对运行图，单线部分追踪运行图；在客运量较大的双线线路，适当降低旅客列车速度，或适当减轻货物列车重量以提高货物列车运行速度，变非平行运行图为平行或接近平行运行图，尽量减少客车越行货车所造成的能力扣除。

（10）其他临时性措施：按时间间隔开行列车（即开行续行列车），在双线区段（区间）组织反方向行车，组织列车编队运行，采用活动闭塞等。

上面按扩能的两个途径分别列举了一些措施，其中有的措施只需少量投资，甚至基本不需要投资，就使能力得到一定程度的提高，这类措施叫作技术组织措施；有的措施要对技术设备进行改造或新建，因而需要比较多的投资，这类措施称为技术改造措施。人们通常所说的"挖潜改造"便是对这两类措施的高度概括。毫无疑问，我们应当优先考虑采用技术组织措施，充分挖掘现有设备及运输组织工作中的潜力，但同时也应考虑到未来的发展，有计划地对现有设备进行技术改造和更新，以更好地满足运输需求。

在选择扩能措施时，应注意下面几点：

（1）必须以《铁路主要技术政策》为指导。《铁路主要技术政策》提出了铁路技术发展的总原则和总目标，就铁路技术的若干重大问题规定了政策方针和各种量的标准，是铁路技术发展的纲要文件，无论是新线建设还是旧线改造，都必须严格遵守。

（2）全面了解拟扩能的线路（区段）在路网中的地位和作用，掌握该地区的生产力发展趋势及客货流量增长情况，根据需要确定恰当的扩能方案，既要留有一定的余地，又要避免能力虚靡浪费。

（3）结合本线路（区段）的现有设备状况和技术特征，因地制宜地采取扩能措施。例如，补机适用于陡坡比较集中的区段，增设会让站适用于区段不均等的单线区段，不成对运行图适用于上下行货流量显著不均衡的区段等。

（4）要注意设备能力的协调配套。比如，牵引动力的改进，使列车重量提高了，相应地列车编成辆数增多，就要考虑车站站线是否需要延长；在单线区段装设自动闭塞，采用部分追踪运行图，要注意中间站到发线数是否适应等。如果对整个铁路方向采取能力加强措施，或者某项措施（如开行重载列车）涉及较长距离的线路，那就更要注意点线（技术站、大的装卸站与区间）能力协调，线线（一个区段与其相邻区段之间）能力协调，机务、供电设备与区间能力的协调，只有这样，才能实现最佳的整体效益。

（5）着眼于长远，统筹规划，有计划有步骤地分阶段加强，而且上一步措施为过渡到下一步打好基础，尽可能减少废弃工程，尽量节约投资。为此，可根据运量逐年增长的情况和采取措施后所能实现的输送能力绘制运量适应图。参见图 17.2，图中横坐标代表时间（年度），纵坐标代表货流量；向上倾斜的直线表示需要输送能力 $G_{需}$，反映运量逐年增长的情况，稍向下倾斜的线条表示现有输送能力 $G_{能}$ 和采取各种加强措施后所能实现的输送能力 $G'_{能}$。利用运量适应图，可以选择不同的能力加强方案（如图中标出了两个方案），还可看出从一种措施过渡到另一种措施的最后期限。至于哪个方案为佳，需要通过技术经济比较确定。

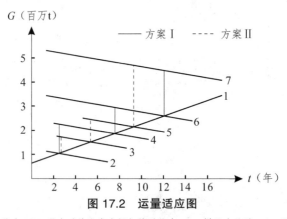

图 17.2　运量适应图

1—需要输送能力；2—现有（单线半自闭）输送能力；3—增设会让站；4—双线插入段；
5—单线自闭部分追踪；6—双线半自动闭塞；7—双线自闭电力牵引

（6）讲求经济效益和社会效益。在决定实施一项技术改造措施之前，应进行项目的经济评价，比较所需要的投入（基建投资费，设备购置费等）和所产生的收益（运营支出的节省，运输收入的增加等），看看究竟是否值得投资，投资以后多少年可以得到偿还。如果存在几种可行的方案，则选择一项经济效益最佳的扩能方案。

总之，加强铁路运输能力是一项系统工程，应当按照系统思想，统筹全局，着眼长远，追求整体优化，讲求综合效益，并采用定性与定量相结合的方法来进行权衡决策。

第二节　技术组织措施

一、利用动能闯坡

利用动能闯坡是提高列车重量的一种辅助措施。

货物列车牵引重量，是按机车在牵引区段内的最困难的上坡道上以计算速度作等速运行的条件进行计算的。用来计算牵引重量的上坡道的坡度称为计算坡度或限制坡度。

为了提高列车重量，在丘陵地区纵断面起伏较大的路线上，有时规定列车在进入计算坡道的区间不停车通过车站，以便列车在大于计算重量的条件下，利用动能闯过计算坡道而不致使列车速度降低到计算速度以下。

利用动能闯坡，在线路纵断面起伏较大的丘陵地区，可提高列车牵引重量（提高列车重量后，能否闯过计算坡道，需要根据牵引计算确定），但是，由于列车需要不停车通过若干禁止停车的车站，当行车量较大时，会给日常列车运行调整造成困难。同时，由于提高了列车重量，列车在区间的运行速度可能随之降低。因此，以行车量表示的通过能力可能会有减少。加上动能闯坡往往与施工慢行发生矛盾，所以这种方法只适宜作为提高列车重量的一种过渡措施或辅助措施。例如，在陡坡分散的线路上，在比较长的陡坡地段进行落坡或采用多机牵引，而在其他个别陡坡区间以动能闯坡作为辅助措施，以达到提高牵引重量的目的。又例如，在几处落坡地段需要分段分期落坡时，为了减少近期改线落坡的施工地段，而同时又要达到提高牵引重量的目的，采用动能闯坡作为过渡措施也是一种行之有效的方法。

二、采用补机及多机牵引

采用补机及多机牵引在机型一定的条件下，列车重量主要取决于限制坡度：限制坡度增大，列车重量降低，反之亦然。各区间的纵断面情况不一样，限制坡度有大有小，所以各区间的列车重量是不同的，但又不可能使列车在一个区段内频繁地变重，只能确定一个重量标准。这样，当陡长坡道集中于个别区间时，该区间的牵引重量将与其他区间差别很大，有可能影响到全区段牵引定数的提高。

图 17.3 是 $A—B$ 区段的区间吨公里图。由图可见，$c—d$ 区间的牵引重量为 2600 t，其余区间均在 4000 t 及其以上，相差很大。如果把 2600 t 作为 $A—B$ 区段的牵引定数，虽然各区间都能顺利通过，但机车牵引力浪费太大，显然是不经济的。如果在 $c—d$ 区间采用补机，那么该区间牵引重量可提高到 4800 t，而全区段的列车重量标准可规定为 4000 t，较之 2600 t 可使年输送能力提高 50% 以上。

因此，当全区段的牵引重量受限于个别区间时，使用补机是一个有效的措施，它不但可以提高区段牵引定数，从而提高输送能力，而且有利于整个方向（线路）统一重量标准。不过，由于补机的摘挂或折返，对通过能力也会产生不利的影响。

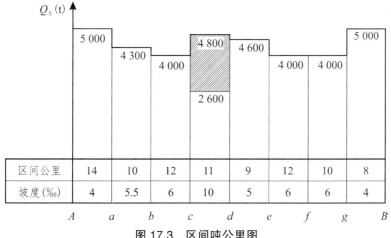

图 17.3　区间吨公里图

补机按所挂位置分为前补和后补两种形式（同时前后补的很少）。前补时，补机通常挂于本务机车前位，在补机区间端点站摘下，然后随相反方向列车返回（通常附挂于尾部）。这样，在补机区间（一个或几个区间）两端车站便产生了摘挂补机时间 $\tau_\text{补}$（图 17.4），一般，$\tau_\text{补} = 5 \sim 10\ \text{min}$，大于 $\tau_\text{会}$ 或 $\tau_\text{不}$。此外，列车在补机区间两端站的会车方式不能一停一通，只能是双停，又增加了起停车附加时分。这些变化将使区间运行图周期增大，使该区间通过能力降低。

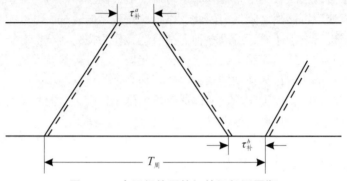

图 17.4　全区间使用补机的运行图周期

后补时，补机挂于列车尾部，可根据需要至前方站摘下，也可以不接风管，于途中提钩折返。补机中途折返的运行图周期如图 17.5 所示。其中（a）图表示补机返回本站时刻先于列车到达（或通过）前方站时刻，即

$$t_\text{推} + t_\text{返} < t_\text{运} + t_\text{起}(+t_\text{停}) \tag{17.6}$$

（b）图表示补机返回本站时刻后于列车到达（或通过）前方站时刻，即

$$t_\text{推} + t_\text{返} > t_\text{运} + t_\text{起}(+t_\text{停}) \tag{17.7}$$

式中　$t_\text{推}$、$t_\text{返}$——补机推送至摘机地点和自摘机地点返回站内所需时间（min）；

（$+t_\text{停}$）——列车在前方站停车则有停车附加时分 $t_\text{停}$，通过则无此项。

很明显，（a）图的情况，$T_\text{周}$ 不会受到影响，（b）图则可能使 $T_\text{周}$ 扩大。

如果陡坡地段比较分散，欲提高区段牵引定数，与其分散采用几台补机，不如实行全区段双机（或多机）牵引。这一措施不仅可以提高列车重量，还可利用富余的功率提高列车运行速度。

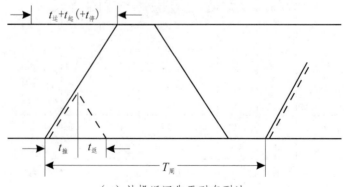

（a）补机返回先于列车到达

256

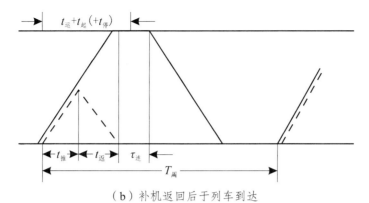

（b）补机返回后于列车到达

图 17.5　补机中途折返的运行图周期

三、开行重载列车

在有条件的线路开行重载列车，是扩大运输能力的重要举措。它所带来的显著的经济效益已被世界许多经济发达国家和发展中国家的运输实践所证实。

重载列车的运输组织形式大致可以归纳为三种：

（1）单元式重载列车——固定发、到站，固定运行线，固定机车车辆，运输单一品种货物，在装车地和卸车地之间往返循环运行，途中不进行改编、摘挂作业的列车。

（2）整列式重载列车——由大功率机车（单机或多机）牵引，机车挂于列车头部，作业组织方法与普通货物列车一样，列车重量和编组辆数有显著增加且达到重载列车条件。

（3）组合式重载列车——将几列普通货物列车首尾相接连在一起达到重载列车条件，机车分别挂于列车头部和中部，在运行图上占用一条运行线，运行到前方某站再分解的列车。

单元式重载列车于 20 世纪 50 年代后期起源于美国，后在南非、巴西、澳大利亚等国也得到推广应用，我国亦在 90 年代初期在大秦线上正式开行。这种列车的主要优点是：

（1）运输能力大——一列重载单元列车总重往往超过万吨，按载重 7000～10000 t 计算，列车年输送能力可达 250 万～360 万 t，一条单线重载铁路每天开行 20 列这样的列车，线路输送能力即达 5000 万～7000 万 t，相当于开行普通列车的双线能力。

（2）运输成本低——列车重量大，机车牵引力和车辆载重力利用程度高，列车周转快，机车车辆运用效率高，可减少机车车辆需要数，节省运营费用，降低运输成本。

（3）运输组织佳——重载单元列车的开行，需要产运销多方密切配合，需要对运输全过程做出统筹安排。列车按时刻表准时运行和到发，日常行车组织工作大为简化。

（4）社会效益好——加速货物送达，减少在途货物流动资金，节省存储费用，发、收货人可从中直接受益。

单元式重载列车虽然有许多优点，但它的开行条件却十分"苛刻"，除了对机车、车辆、线路、站场、信联闭和调度指挥系统等技术设备和装卸设备有很高的要求外，货流条件也很严格，即要求货源充足，品类单一，货主单一，发到站统一，便于整列装卸等。适合此条件的货物主要是煤炭、矿石、矿建、粮食等大宗散装货物，适合此条件的发、收货人主要是大型矿区、大型港口、大型电厂、大型冶金企业、大型仓储基地等。由于这些要求，单元式重载列车事实上已基本成为专用列车，单元重载铁路也差不多成为专用铁道。也正因为如此，此种重载列车的局限性较大，适用性不强，在我国不适合全路大范围组织开行。

组合式重载列车（即组合列车）源于20世纪60年代末的苏联，起初是作为线路施工封锁后快速疏散列车的一种临时措施，后来也用于提高运输能力。这种重载列车比较灵活，组合在一起的两列普通列车只要去向相同即可合并，到前方某技术站又可分开独立运行。我国在1985—1990年开行的重载列车主要是这种类型，曾为扩能做出过积极的贡献。这种列车的不足之处在于：

（1）在车站增加了列车的合并和分解等作业环节；

（2）由于列车长度比普货增加 1 倍，在双线自闭区段使追踪列车间隔增大，特别是当 $I > 10\,\text{min}$ 时，对通过能力影响较大；

（3）必须两倍延长部分中间站到发线有效长；

（4）在调度工作中有一些特殊要求，如双线尽量避免在途中待避其他列车；单线尽量避免两列组合列车在中间站交会；尽可能使组合列车在绿灯下运行，减少减速停车次数；对后续列车的放行要注意间隔；合理安排组合列车的机车交路和乘务制度等等。这些都增加了调度指挥的复杂性。

因此，组合列车一般只作为重载列车的辅助形式采用。

整列式重载列车也起源于苏联，过去被称为超重超长列车。这种列车对货流没有什么特殊要求，其行车组织方法也与普通货物列车基本相同。如在车流组织方面，既可以组织装车站至卸车站的始发直达列车，也可以组织技术站至技术站的技术直达列车；既可以组织方向上跨区段的长距离重载列车，也可以按区段组织，不强求方向上统一牵引重量。在列车运行组织方面，只要车站到发线有效长能与之适应，列车的会车和越行完全与普通列车一样处理，不存在对能力的扣除。在车站作业组织方面，到、解、编、发、取、送、机车换挂等作业均与普通列车相同。因此，整列式重载列车适用范围更广。

开行重载列车可以大幅度、大范围地提高列车重量，但它也对技术设备提出了更高的要求，主要有：

（1）以大功率电力或内燃机车作为牵引动力，当列车重量超过万吨时，多采用双机或多机牵引，机车分别配置，辅助机车通常配置在列车全长的 2/3 ~ 3/4 处，以减少列车纵向冲击力和防止断钩，用无线遥控（或微机遥控）系统解决同步操纵问题。

（2）采用载重量大、自重轻、强度高的大型四轴货车。为使重载列车具有良好的运行性能，装用新型空气制动装置，高强度车钩和大容量高性能缓冲器。

（3）延长车站到发线有效长至 1050 m 及以上（考虑节约投资，可隔站延伸）。

（4）强化重载轨道结构，采用 60 kg/m 以上的重型钢轨，铺设无缝线路，使用可动心轨道岔，轨道材质强韧化。

（5）扩大供电设备规模，如增加变电所数量，增大变压器容量等。

（6）采用计算机远程控制调度集中系统。

（7）对于单元式重载列车以及始发直达性质的整列式重载列车，建造高效、快速、适应整列装卸的装卸设施。

综上所述，开展重载运输实际上是一个系统工程，应当从运量、货流条件、设备改造、社会经济效益等多方面综合考虑。

四、单线区段采用不成对运行图

铁路普遍使用的是成对运行图，在上、下行行车量显著不均衡的区段（或线路），也可以采用不成对运行图。采用不成对运行图的实质是把行车量较小方向（简称"轻车方向"）的一部分通过能力供给行车量较大的方向（简称"重车方向"）使用，借以增加重车方向的列车密度，同时避免轻车方向的能力虚靡浪费。这是一项不需要投资却有一定效果的扩能措施。

采用不成对运行图扩能的核心问题是合理分配双方向的货物列车行车量。对此，通常有两种做法：一个是不管上、下行货流量的比例如何，首先保证满足轻车方向的需要通过能力，在此基础上，计算重车方向可能实现的最大行车量；另一个是根据货流不平衡程度分配双方向的货物列车行车量。值得注意的是它会增加列车交会停站时间。

五、临时措施

除上述技术组织措施外，还可使用一些临时措施，临时措施如下：

（1）开行续行列车——按时间间隔发车；

（2）在双线区段组织反方向行车——当上下行行车量不均衡时采用；

（3）采用活动闭塞——指派信号员显示信号，实现列车追踪运行；

（4）在双线区段采用成队运行——将前后列车间隔缩短到视界距离（200 m左右）；

（5）在单线区段组织钟摆式运行——在一昼夜的一段时间开行上行列车，另一段时间开行下行列车，实现追踪运行。

第三节　技术改造措施

一、增设会让站

增设会让站是单线区段常见的扩能措施之一，它的作用是缩短限制区间长度，减小限制区间运行图周期，使区段通过能力得到提高。这一措施适用于区间显著不均等、限制区间（或者还有个别困难区间）长度显著大于其他区间长度的区段。对这样的区段，增设1、2个会让站，原来的限制区间（困难区间）一分为二，不再成为限制因素，新的限制区间运行图周期相对较小，全区段能力将有一定的提高。

增设会让站可提高单线区段通过能力，但会让站并非越多越好。会让站设得越多，区间越小越趋于均等，使日常列车运行调整越困难，由此造成的通过能力损失也愈大。另外，随着行车密度的增加，列车交会次数增多，对于旅速的提高也是不利的。因此，当需要通过能力达到一定程度时，应考虑采用其他措施。

【例17.3】　某单线半自动闭塞区段采用内燃牵引，限制区间 $T_周 = 48$ min，无接触网检修天窗时间，预测五年后行车量 $n_客 = 10$ 对，$n_货 = 16$ 对，$n_摘 = 2$ 对，$n_快货 = 1$ 对，取 $\varepsilon_客 = 1.2$，$\varepsilon_摘 = 1.4$，$\varepsilon_快货 = 1.2$，问现有能力能否适应五年后的需要？为扩能，拟在限制区间增设会让站，采取这一措施后新的限制区间 $T_周 = 38$ 分。问这样做能否适应五年后的需要？

解： 该区段现有平图通过能力为：

$$n = \frac{1440}{48} = 30 \ (\text{对})$$

五年后需要通过能力：

$$n_{需} = (n_{货} + n_{客}\varepsilon_{客} + n_{摘}\varepsilon_{摘} + n_{快货}\varepsilon_{快货})(1+\gamma_{备})$$
$$= (16+10\times1.2+2\times1.4+1\times1.2)(1+0.2) = 38.4 \ (\text{对})$$

$$n < n_{需} = 38.4 \ (\text{对})$$

可见现有能力不能适应五年后运量增长的需要。

若在原限制区间修建会让站，将会产生新的限制区间，其运行图周期 $T_{周} = 38$（min）。

$$n' = \frac{1440}{T_{周}} = \frac{1440}{38} = 37.9 \ (\text{对})$$

采取这一措施后，平图能力为：

$$n' < n_{需} = 38.4 \ (\text{对})$$

可见仍不能满足五年后运量增长需要，还须采取其他辅助措施。

二、修建线路所

前面介绍的增设会让站的扩能措施对地形条件要求较高，在地形受限的情况下，可考虑修建线路所来加强通过能力。

线路所是没有配线的分界点，设有通过信号机（见图 17.6），放行通过列车之前必须与邻站办理行车闭塞手续。在衔接有分歧线路的区间，线路所通常设进、出站信号机，有自己的管辖地段（见图 17.7）。

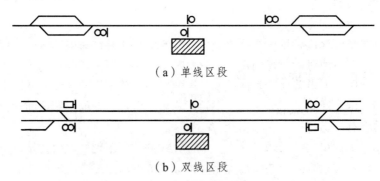

（a）单线区段

（b）双线区段

图 17.6　无管辖地段的线路所示意图

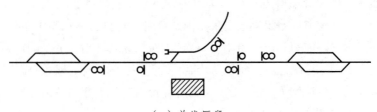

（a）单线区段

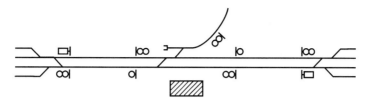

（b）双线区段

图 17.7　有管辖地段的线路所示意图

由于线路所除正线外未设配线，不能办理对向列车的交会作业，只能通过缩短限制区间（及个别困难区间）的长度来压缩连发运行的同向列车之间的时间间隔，因而它适用于下列情况：

（1）上、下行行车量显著不均衡的单线区段，在限制区间（困难区间）设置线路所，压缩连发列车占图时间；

（2）在采用后补机的单线区间设置线路所，减免补机折返对能力的影响；

（3）区间很不均等的双线非自动闭塞区段，在限制区间（困难区间）设置线路所，压缩限制区间运行图周期。

比较之下，上面第 3 种情况效果最好，就是说，修建线路所这一措施最适于用来提高双线非自闭区段的通过能力。

三、采用更完善的信联闭设备

改善信号、联锁、闭塞设备，是保证行车安全，提高区间和车站通过能力，改善运输工作指标的重要措施。

在单线区段，采用更完善的信、联、闭设备，可以缩短车站间隔时间，从而提高通过能力。

在双线区段，采用半自动闭塞设备，可以把通过能力提高到 70 对左右；而采用自动闭塞设备或调度集中，则可使通过能力提高到 144 对以上。由此可见，在双线区段采用自动闭塞或调度集中效果特别显著，它是加强双线通过能力的有效措施。目前，各国铁路都在向行车指挥自动化和列车运行自动化方向发展，调度集中设备日益完善，越来越显示出它的优越性。

四、降低限制坡度（落坡）

降低限制坡度可以减少坡道阻力，提高列车牵引重量，增加区间通过能力，并能收到以下经济效果：

（1）在单线区段，随着列车数的减少，列车交会次数也减少，从而提高旅行速度；

（2）减少机车、机车乘务组的需要数；

（3）减少燃料、能源消耗。

但是，在困难地段落坡，往往需要延长线路（即展线），甚至需要增设车站，并且除了土石方工程外，有时还需改建桥隧建筑物，投资较大。

落坡工程最复杂的问题还在于它必须在不中断行车的情况下进行，因此在单线区段落坡时应修建临时便线。所以，把降低限制坡度单纯作为一项加强通过能力的措施，在单线区段很少采用。在一般情况下，降低限制坡度通常结合修建双线进行（或把上坡地段作为下坡线，或修好第二线后维持单线行车，改建既有线）。

五、铺设双线插入段与修建双线

在限制区间及个别困难区间铺设双线插入段（简称"双插"），是单线区段提高通过能力的又一项常用措施。对于需要能力介于单线和双线之间但运量增长较慢的单线区段，还可采用双插作为过渡措施。由于这一措施既能缩短限制区间长度，又可组织对向列车在区间不停车会车，减免列车会让停站，所以它不仅于扩能有利，而且有利于提高列车旅速。铺了双插之后，限制区间发生转移，全区段通过能力将受新的限制区间制约。因此，在限制区间（及个别困难区间）与其余区间的运行图周期相差较大的区段，这一措施可以收到明显的扩能效果，特别是结合调度集中使用效果更好。反之，若各区间大体上均等，则采取这一措施的扩能效果不显著。

关于双插的铺设方式，比较普遍的是将车站站线向一端延伸至区间，设一个线路所，如图17.8所示。有的区间受地形条件限制，向一端延伸无法达到需要的长度，也可向两端延长站线，分设两个线路所（该站若无客货运作业，亦可封闭）。自区间两端站相向铺设两段双插的情况是很少见的。

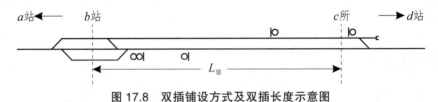

图 17.8　双插铺设方式及双插长度示意图

为了充分利用双插减少列车交会停站次数，应尽量组织实现双向列车不停车会车。因此，在地形允许的条件下，双插的长度（指自车站（或线路所）中心线至线路所中心线之间的距离），记作 $L_{插}$，参见图17.8。$L_{插}$ 不能太短，应考虑列车晚点 $2 \sim 3$ min 进入双插的可能，给运行调整留有一定余地。双插长度可用下式近似计算：

$$L_{插} = \frac{1000}{60} \left[\frac{1}{2} \left(\tau_{通}^{b} + \tau_{通}^{c} \right) + t_{晚} \right] \cdot \frac{1}{2} \left(v_{运}^{上} + v_{运}^{下} \right) \quad (\text{m}) \qquad (17.8)$$

式中　$\tau_{通}^{b}$、$\tau_{通}^{c}$——b, c 分界点的不同时通过间隔时间；

$t_{晚}$——列车晚点进入双插地段的时分，通常取 $2 \sim 3$ min；

$v_{运}^{上}$、$v_{运}^{下}$——上、下行列车在双插地段的平均运行速度（km/h）。

若取 $\tau_{通} = 4$ min，$v_{运} = 40 \sim 50$ km/h，则双插长度可确定为 $4 \sim 6$ km。对应图 17.8，含有一段双插的区间运行图周期见图 17.9。由于双插一般不会铺得太长，对向列车在 b 站和 c 所均通过，因而 a—b、b—c、c—d 三个区间实际上形成一个整体，a—b 和 c—d 两单线区间的运行图周期因 t_1 和 t_2 的必然联系而互相依赖、互相影响。因此在确定周期时，应当把三个区间联系起来通盘考虑，而不能孤立地分别计算。

称 a—d 这个包含有一段双插的线路为该双

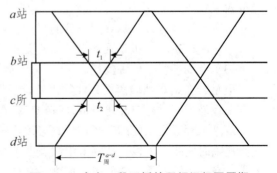

图 17.9　含有一段双插的区间运行图周期

插的"外包区间"，它是列车在双插两端分界点均不停车通过条件下运行图周期的计算单元。设 a—b 和 c—d 两单线区间的运行图周期分别为 $T_{周}^{a-b}$ 和 $T_{周}^{c-d}$：

$$T_{周}^{a-b} = t_{运上}^{a-b} + t_{运下}^{a-b} + \tau_{通}^{b} + \tau_{站}^{a} + \sum t_{起停} \qquad (17.9)$$

$$T_{周}^{c-d} = t_{运上}^{c-d} + t_{运下}^{c-d} + \tau_{通}^{c} + \tau_{站}^{d} + \sum t_{起停} \qquad (17.10)$$

则外包区间 a—d 的运行图周期 $T_{周}^{a-d}$ 的计算公式为：

$$T_{周}^{a-d} = \max \left\{ T_{周}^{a-b}, T_{周}^{c-d}, \frac{1}{2} T_{周单}^{a-d} \right\} \qquad (17.11)$$

式中，$T_{周单}^{a-d}$ 是将 a—d 作为一个大的单线区间考虑时的运行图周期，用下式计算：

$$T_{周单}^{a-d} = t_{运上}^{a-d} + t_{运下}^{a-d} + \tau_{站}^{a} + \tau_{站}^{d} + \sum t_{起停} \qquad (17.12)$$

当双插长度较长，对向列车在 b 站采取一停一通的方式会车时，仍按第十五章介绍的方法计算 a—b 单线区间运行图周期，c—d 区间则用式（17.10）计算。

与双插作用类似的一项措施是在部分区间修建双线。部分区间双线可以作为加强能力的一项措施，但更主要的是在运量增长较快的单线区段，为了推迟投资，作为全线双线的过渡步骤来使用。

以上所述是加强通过能力的基本方法和采取各种措施的基本条件。在具体情况下，决定采取哪些措施，以及各种措施的实施顺序，应根据国家技术政策以及当地条件、地形、运量增长速度等因素，综合考虑其技术经济效果，以保证在满足运输需要的前提下，最大限度地节省国家投资和改善运营工作指标。

本章小结

我国铁路在处理客货运矛盾时，一般遵循客运优先的原则，即首先根据客运量及其他因素（如政治、地理条件等）确定旅客列车开行方案和行车量，然后在此基础上安排货物列车的运行。运输能力的适应性可以采用能力利用率、通过能力、输送能力比较法进行比较分析。

能力比较图可以直观地反映现有通过能力 n 对需要通过能力 $n_{需}$ 的适应程度，从而据此确定适当的扩能措施。发展路网是提高运输能力的根本途径，提高列车重量和增加行车密度是既有线扩能的主要途径。扩能措施可分为技术组织措施和技术改造措施。加强铁路通过能力的措施很多，应以《铁路主要技术政策》为指导，以运输需求为根据，以既有线路设备为基础，综合考虑各种措施的适用条件，因地制宜，统筹规划，达到既满足运量增长的需要，又能节省国家投资的目的。

本章主要知识点回顾：

一、既有线扩能的基本途径

（1）提高列车重量——提高 $Q_{总}$ 和 φ；

（2）增加行车密度——增加 $n_{货}^{能}$；

（3）将提高列车重量和增加行车密度结合起来。

二、扩能措施

（1）技术组织措施：利用动能闯坡、采用补机及多机牵引、开行重载列车、单线区段采用不成对运行图和临时措施等。

（2）技术改造措施：增设会让站、修建线路所、采用更完善的信联闭设备、降低限制坡度（落坡）和修建双线（双插）。

思 考 题

1. 为什么要加强铁路运输能力？怎样分析运输供给与运输需求之间的适应关系？
2. 怎样计算通过能力利用率、需要通过能力、现有输送能力？
3. 加强铁路运输能力有哪些途径？
4. 以增加行车密度为主要目标的措施有哪些？
5. 如何提高路网整体运输能力？

本篇习题

一、单选题

1. （　　）是全路组织列车运行的基础。
   A. 列车编组计划 　　　　　　　B. 列车运行图
   C. 技术计划 　　　　　　　　　D. 运输方案

2. 在列车运行图上，水平线表示（　　）。
   A. 车站中心线 　　　　　　　　B. 车站进站信号机
   C. 车站出站信号机 　　　　　　D. 时间

3. 在列车运行图上，竖直线表示（　　）。
   A. 车站中心线 　　　　　　　　B. 车站进站信号机
   C. 车站出站信号机 　　　　　　D. 时间

4. 在列车运行图上，斜线称为（　　）。
   A. 列车运行线 　　　　　　　　B. 列车出发线
   C. 列车到达线 　　　　　　　　D. 列车通过线

5. 在追踪运行图上，同方向列车的运行以（　　）为间隔。
   A. 区段 　　　　　　　　　　　B. 站间区间
   C. 所间区间 　　　　　　　　　D. 闭塞分区

6. 在单线区段，自列车到达或通过车站时起，至由该站向这个区间发出另一对向列车时止的最小间隔时间，称为（　　）间隔时间。
   A. 不同时到达 　　　　　　　　B. 会车
   C. 连发 　　　　　　　　　　　D. 不同时通过

7. 在一端连接双线区间，另一端连接单线区间的车站上，特别需要查定（　　）间隔时间。
   A. 不同时到达 　　　　　　　　B. 不同时通过
   C. 不同时到发 　　　　　　　　D. 不同时发到

8. 在三显示自动闭塞区段，追踪列车之间的间隔通常需相隔（　　）个闭塞分区。
   A. 一 　　　　B. 二 　　　　C. 三 　　　　D. 四

9. 在一定的机车车辆类型和行车组织方法条件下，铁路区段固定设备一昼夜所能通过的普通货物列车的最大列数或对数称为（　　）。
   A. 通过能力 　　　　　　　　　B. 输送能力
   C. 运输能力 　　　　　　　　　D. 通行能力

10. 在一定时期内，为了适应国家建设和人民生活的需要，铁路区段所应具备的能力称为（　　）通过能力。
    A. 设计 　　　　B. 现有 　　　　C. 需要 　　　　D. 最终

11. 根据固定设备计算出来的通过能力中，能力最薄弱的设备限制了整个区段的能力，此能力即为该区段的（　　）通过能力。
    A. 现有 　　　　B. 设计 　　　　C. 需要 　　　　D. 最终

12. 全区段（　　）最大的区间称为该区段的限制区间。

A. $\sum t_{运}$　　　　B. $\sum t_{起停}$　　　　C. $T_{周}$　　　　D. 坡度

13. 列车在区间内运行，不包括中间站停站时间，但包括起停车附加时间在内的平均速度称为列车（　　）。

A. 旅行速度　　　　　　　　B. 技术速度

C. 运行速度　　　　　　　　D. 最高速度

14. 在双线区段，货物列车与旅客列车速差愈大，则货物列车旅行速度将（　　）。

A. 减小　　　　B. 增大　　　　C. 不变　　　　D. 不确定

15. 单线区段区间愈均等，运行图铺满程度愈高，摘挂列车扣除系数（　　）。

A. 愈大　　　　B. 愈小　　　　C. 不变　　　　D. 愈接近于 1

16. 铺画单线区段货物列车详图时，若通过能力利用率在 80% 以上时，应从（　　）开始铺画货物列车运行线。

A. 限制区间　　　B. 困难区间　　　C. 机车折返站　　　D. 列车始发站

17. 如果区段内陡坡区间比较集中，限制了列车重量的提高，那么（　　）是扩能的有效措施。

A. 开行组合列车　　　　　　B. 采用补机

C. 组织重载运输　　　　　　D. 增设会让站

18. 在单线区段，来自相对方向的两个列车在车站交会时，从某一方向的列车到达车站时起，至相对方向列车到达或通过该站时止的最小间隔时间，称为　（　　）

A. 不同时到达间隔时间　　　　B. 会车间隔时间

C. 连发间隔时间　　　　　　　D. 不同时通过间隔时间

二、多选题

1. 列车运行图规定了（　　）。

A. 各次列车占用区间的程序　　　　B. 列车在车站到、发、通过时刻

C. 列车在区间的运行时间　　　　　D. 列车在车站的停站时间

E. 机车交路、列车重量和长度

2. 运行图按时间刻度分为（　　）。

A. 小时格运行图　　　　　　　　B. 半小时格运行图

C. 十分格运行图　　　　　　　　D. 五分格运行图

E. 二分格运行图

3. 产生列车在中间站停站时间的原因有（　　）。

A. 进行必要的技术作业　　　　　B. 旅客乘降，行包装卸

C. 车辆摘挂，货物装卸　　　　　D. 列车交会或越行

E. 机车乘务组换班

4. 铁路机车的运用方式有（　　）。

A. 肩回交路　　　　　　　　　　B. 半循环交路

C. 循环交路　　　　　　　　　　D. 半环形交路

E. 环形交路

5. 车站间隔时间包括（　　　　）。

 A. 不同时到达间隔时间   B. 会车间隔时间

 C. 连发间隔时间   D. 不同时通过间隔时间

 E. 追踪间隔时间

6. 追踪列车间隔时间决定于（　　　　）。

 A. 相邻两车站之间的距离   B. 同方向列车间隔距离

 C. 列车运行速度   D. 机车交路方式

 E. 信联闭设备类型

7. 铁路区段通过能力按下列哪些固定设备计算（　　　　）？

 A. 车站   B. 区间

 C. 机务设备   D. 给水设备

 E. 供电设备

8. 对于单线铁路区间，列车运行线的铺画方案有下列哪几种（　　　　）？

 A. 上行列车不停车通过区间两端站

 B. 下行列车不停车通过区间两端站

 C. 上下行列车均不停车通过区间两端站

 D. 上下行列车不停车通过车站而进入区间

 E. 上下行列车不停车通过车站而开出区间

9. 影响扣除系数的因素主要有（　　　　）。

 A. 区间不均等程度

 B. 旅客列车运行速度、数量及其在图上的铺画位置

 C. 快运货物列车运行速度、数量及其在图上的铺画位置

 D. 摘挂列车在区段内的停站次数和停站时间

 E. 区段列车在区段内的停站次数和停站时间

10. 影响列车旅速系数的因素主要有（　　　　）。

 A. 客、货列车行车量   B. 货、客列车速度比

 C. 分界点分布密度   D. 车站间隔时间

 E. 机车折返时间

11. 区段管内货物列车的主要形式有（　　　　）。

 A. 区段列车   B. 摘挂列车

 C. 小运转列车   D. 重点摘挂列车

 E. 直通列车

12. 下列指标中，（　　　　）属于运行图质量指标。

 A. 客、货列车走行公里   B. 客、货列车行车量

 C. 客、货列车平均技术速度 D. 货物列车平均旅行速度

 E. 机车周转时间和机车日车公里

13. 加强铁路运输能力的主要途径有（　　　　）。

 A. 提高列车总重   B. 提高列车载重系数

 C. 增加行车密度   D. 增加机车台数

 E. 提高列车重量与增加行车密度同时进行

14. 下列加强能力的措施中，属于技术组织措施的是（   ）。
 A. 增设会让站 B. 采用补机
 C. 采用更完善的信联闭设备 D. 在单线区段采用特殊类型运行图
 E. 利用动能闯坡
15. 下列加强能力的措施中，（   ）属于技术改造措施。
 A. 增设会让站 B. 采用补机
 C. 采用更完善的信联闭设备 D. 在单线区段采用特殊类型运行图
 E. 修建双线
16. 我国铁路发展重载运输的模式有（   ）。
 A. 单元式重载列车 B. 客货混编式重载列车
 C. 整列式重载列车 D. 组合式重载列车
 E. 分组式重载列车

三、名词解释

1. 车站间隔时间 2. 不同时到达间隔时间 3. 会车间隔时间
4. 连发间隔时间 5. 追踪运行 6. 铁路通过能力
7. 需要通过能力 8. 设计通过能力 9. 现有通过能力
10. 运行图周期 11. 非平行运行图通过能力 12. 扣除系数
13. 货物列车旅行速度

四、简答题

1. 列车运行图的要素有哪些？
2. 机车在折返段所在站应办理的作业有哪些？
3. 铁路区段通过能力按照哪些固定设备进行计算？
4. 编制列车运行图应符合哪些要求？
5. 编制客车方案主要解决哪些问题？
6. 编制货物列车运行方案图时应注意哪些问题？
7. 铺画货物列车详图时要注意哪些问题？
8. 列车运行图编完后要对编制质量进行全面检查，检查的主要内容有哪些？
9. 加强铁路通过能力的途径有哪些？
10. 重载列车有哪几种形式？

五、计算题

1. 某单线半自动闭塞区段限制区间 $T_周 = 35\ \text{min}$，开行旅客列车 8 对，快运货物列车 1 对，摘挂列车 2 对，取 $\varepsilon_客 = 1.2$，$\varepsilon_{快货} = 1.2$，$\varepsilon_摘 = 1.4$，$T_{空隙} = 60\ \text{min}$，计算该区段平行运行图通过能力 n 和非平行运行图通过能力 $n_非$。

2. 某双线电化自闭区段追踪间隔时间 $I = 10\ \text{min}$，计划开行 30 对旅客列车，4 对摘挂列车，2 对快运货物列车，62 对普通货物列车。若取 $\varepsilon_客 = 2.0$，$\varepsilon_摘 = 2.5$，$\varepsilon_{快货} = 2.0$，问该区段接触网检修天窗时间 $t_{空隙}$ 最多可以预留多少分？

3. 某单线半自动闭塞区段限制区间 $T_{周} = 30\ \text{min}$，行车量 $n_{客} = 14$ 对，$n_{摘} = 3$ 对，货物列车牵引总质量 $Q_{总} = 3000\ \text{t}$，平均载重系数 $\varphi = 0.78$，月间货运量波动系数 $K_{波} = 1.2$。取 $\varepsilon_{客} = 1.2$，$\varepsilon_{摘} = 1.4$，通过能力后备系数 $\gamma_{备} = 0.2$，不考虑预留天窗时间。计算该区段货运方向一年内所能运送的货物吨数 $G_{能}$（不含摘挂列车运送的货物吨数）。

第四篇

铁路运输生产计划

第十八章　铁路运输生产货运计划

【本章导读】

本章讲述铁路运输生产货运计划的意义、基本任务及其内容。铁路运输生产货运计划是保证铁路日常运输组织工作的基础和主要依据，通过生产货运计划正确安排各种货运量，完成铁路年度运输任务，满足国民经济发展和市场需求。

【学习目标】

（1）掌握货物运输生产计划的意义；

（2）了解货运计划的基本任务；

（3）掌握货运计划的内容；

（4）掌握货运计划的编制要求；

（5）了解货运计划的执行与变更。

【重点及难点】

（1）货物运输生产计划的意义；

（2）货运计划的基本任务；

（3）货运计划的内容。

第一节　概　述

一、货物运输生产计划的意义

铁路货物运输计划按其编制期限不同分为长远计划、年度计划和月度计划。长远计划是较长时期的运量规划，通常为五年或十年，它根据国民经济发展的远景制订，表明相应时期内全路的运量规模和货物周转量等基本经济指标预期达到的目标，并作为铁路网发展规划和技术装备发展的依据。年度计划直接反映计划年度国民经济计划中铁路应完成的运输任务，包括当年的货物发送量、货物流向、货物平均运程、货物周转量和货运密度等经济指标，作为列车编组计划、列车运行图和分配各铁路局货物运输任务的依据。货物运输生产计划根据年度计划和托运人当时提出的具体运输要求编制，包括安排货源货流组织的铁路运输生产货运计划（简称货运计划）和安排货车等运输设备运用的铁路运输生产技术计划（简称技术计划），它既是年度计划在月间的具体安排，又是组织日常运输生产活动的依据。传统的铁路运输生产计划的编制周期为一个月，随着我国市场经济的发展以及电子计算机和通信技术的发展，必然会缩短铁路运输生产计划的编制周期。

二、货运计划的基本任务

铁路运输生产货运计划的基本任务是：根据党和国家的经济政策、运输政策和市场需求，在国家宏观调控和计划运输的原则指导下，密切产、供、运、销的关系，充分发挥铁路运输设备效能，正确安排各种货运量，完成铁路年度运输任务，最大限度地满足国民经济发展和市场需求。其具体任务为：

（1）落实货源，合理调配各部门各单位的货运量，充分满足国民经济各部门对运输的需要。

（2）在充分有效利用运输能力的基础上，合理调配各铁路局的货运量。

（3）最大限度地组织均衡运输、直达运输和成组装车，提高货物送达速度和运输效率。

（4）合理调配各种运输工具之间的货运量，组织水陆联运、公铁联运，协调铁路与短途运输工具之间的关系，综合利用国家各种运输工具。

三、货运计划的内容及编制要求

运输生产货运计划既是铁路日常运输组织工作的基础和主要依据，也是铁路与国民经济各部门和市场联系的桥梁和窗口。

铁路运输生产货运计划的主要内容有：

（1）全路分品类的发、到铁路局货运量计划；

（2）国际联运发、到铁路局集团公司货运量计划；

（3）主要港口水陆联运计划；

（4）外贸到港计划；

（5）通过限制区段货运量计划；

（6）国铁集团、铁路局集团公司下达的各类重点物资、重点厂矿、企业装车计划；

（7）零担、集装箱运输计划和直达列车、整列短途列车及成组装车计划；

（8）品类别货车静载重指标计划等。

为适应社会主义市场经济的发展及运输市场竞争的需求，促使铁路运输企业质量良好地完成运输生产任务，获得良好的经济效益，货运计划应按照实事求是、简化手续、方便货主、缩短周期、保证重点、均衡运输的原则进行编制，要能质量良好地完成各项运输任务的要求。具体的编制原则为：

（1）严格执行党和国家的经济政策和运输政策，对重点企业和重点物资以及纳入运输合同的要车申请给予优先和保证；

（2）最大限度地发挥运输能力，妥善安排各种货物运量，努力完成铁路运输任务；

（3）坚持铁道部、铁路局分工负责审批计划，执行运输任务总量控制和铁路紧张区段限制口通过重空车流限额的规定；

（4）方便货主、简化手续、缩短计划周期、适应市场需求，质量良好地为国民经济服务；

（5）便于组织运输生产，提高运输生产效率，促进社会资源合理配置和运输能力充分利用；

（6）有利于自身管理，便于统计、考核、分析和监督。

为了提高运输计划质量，在编制货运计划前首先进行货源调查，成立货源调查小组，实行以车站为基础的车站、路局二级负责制，划分经济吸引区，分片包干，调查研究物资的生产、收购、调运等情况，积极组织计划运输、合理运输、直达运输和均衡运输。

第二节　铁路运输生产货运计划的编制

一、市场经济条件下货流形成的特点

在社会主义市场经济体制下，原有的计划经济供求关系已被打破，新的供求关系正在逐渐形成；与此同时货源也发生了较大的变化，出现了管内货流不足的情况。这种情况的出现，并不是在市场经济条件下，货物流通对运输业依赖关系减弱的体现，而是市场经济的变化与运输多元化激烈竞争的反映。

交通运输是发展市场经济的前提。商品交换的产生和发展推动了市场的发展，而交通运输是各种生产要素的流通和商品交换的前提条件，是货畅其流、物尽其用和发展市场经济的基础设施。铁路运输是交通运输的重要组成部分，具有运力大、能耗小、成本低、质量好、污染轻、全天候等特点，在幅员辽阔的大陆国家，没有铁路运输适度超前发展，发展市场经济是不可能的。而社会主义市场经济体制的建立，又促进了国民经济的高速发展和对运输的需求。同时，企业扩大自主经营权后，对原材料、能源的购进和产品的投向具有了更大、更灵活的选择性，从而也对铁路运输的经济性、及时性、可靠性提出了新的要求。

正因为如此，以煤炭、矿石等为主的大宗货流仍是铁路运输中货流构成的主要成分，而价值高、时效性强的小批量物资则逐渐转移到航空和公路运输，铁路运输所占市场份额则在逐渐下降，对铁路运输生产和效益产生了不利的影响。为此，铁路运输企业必须加强货源的组织工作，变"坐商"为"行商"，深入厂矿企业组织货源。抓好全路主要装车站的工作，大力组织直达运输，提高直达列车比重和成组装车比重，加强煤炭、矿石等大宗稳定货源组织，开行"五定"（定点、定线、定车次、定时、定价）列车和快运货运列车，并将其纳入运输方案，使主要干线流线稳定。

与此同时，要确保重点急需物资运输，首先保证支农物资运输，对种子、化肥、农药、农机、农膜、柴油和农产品，要做到优先安排计划、优先配车、优先装运。对抢险救灾物资、军需物资、煤炭、国家要求抢运的物资、重点工程物资、冶炼物资等，也要重点安排。

为加强日常零散货源的组织，要根据运输能力，随时提报、随时受理、方便货主、为货主服务。

二、运量预测和运能分配

预测是运用已有的科学知识和手段，来探索客观事物在未来可能的发展趋势，并做出定性或定量的估计。运量预测是在运用科学方法，对影响运量的各种因素的变化，进行系统调查分析的基础上，掌握运量变化的规律，从而合理地进行运能分配，以完成月度运输生产任务，进而对铁路运输的发展进行合理规划。运量预测在运输生产管理组织中起着重要的作用。

1. 运量预测是铁路运输企业制定运输生产计划的重要依据

正确的运量预测，可以使运输企业领导人员对运输市场未来变化做到胸中有数，使运输生产计划的制定建立在科学的基础上，从而达到既能满足社会对铁路运输的需求，又能经济合理地使用机车、车辆，并获得较好的经济效益。否则就会使计划带有盲目性，造成不应有的损失。

2. 运量预测有助于运输企业领导对铁路运输发展规划进行正确的决策

通过对运输市场的运量预测，可以了解运量变化和需求的趋势，从而有助于对铁路运输的发展规划做出正确的战略决策，促进铁路运输的发展。

3. 运量预测有利于提高铁路运输企业在运输市场的竞争能力

目前，我国社会主义市场经济的发展，已使铁路运输企业面临激烈竞争的局面，铁路运输企业只有通过对运输市场进行运量预测，充分了解运输市场竞争发展的情况，才有可能采取针对性的措施，在竞争中争取主动，提高竞争能力，并及时做出正确的决策，保证铁路运输企业稳定地发展。

预测可分为长期预测、中期预测和短期预测。中长期预测为铁路发展规划和年度计划的制定提供依据，而短期预测，主要是为制定运输生产计划提供依据。

鉴于铁路运输企业的特性，即运能总量的有限性和非储备性，必须对所要承担的运输任务（运量）按国家规定的相应政策分轻重缓急、重点和一般、社会效益和经济效益进行分类预测。

1. 煤炭、矿石等大宗货物的预测

煤炭、矿石等大宗货物占我国铁路货运量的主要部分，属低值大批量货物，其运量变化主要受工业生产布局的影响，市场变化对其影响不大，因而运量比较稳定。可根据历年的运量情况及所签订的运输合同，采用时间预测法进行预测确定。

2. 水陆联运、国际联运、重点物资运量预测

水陆联运、国际联运、重点物资虽在铁路运输总运量中不占多数，但由于其所具有的特殊性、影响性及社会效益，在运输组织工作中占有非常重要的地位，应按历年的完成情况进行预测，并留有适当的后备系数。

3. 其他货物运量的预测

随着社会主义市场经济的发展，商品流通对市场的依存关系也越来越显著。因而，除大宗货物、水陆联运、重点物资等货物之外，在铁路运输货物总量中，还有一部分随市场变化其运量亦发生变化。这一类货物总量不大，波动却很大。但由于其具有高附加值，对运输的速度、送达时间，甚至运输工具都有较严格的要求，对运输支出有较强的承受能力。因而，也是各种运输企业所竞争的对象。此类货物往往不可能事先与铁路运输企业签订运输合同，而是随市场需求而提出。因此，要求铁路运输企业对此类货物进行严格分类，并按其历年的趋势，寻找变化规律，以对其当月的可能运量进行预测。

在每月的运输生产中，运量变化的同时，由于铁路自身的维修、改造等影响，运能也是变化的。因此，要求在对运量进行预测的基础上，根据铁路运输企业本月所具有的运输能力进行

运量分配，以达到既不浪费运能，又能完成运输任务。

当预测运量大于运能时，在保证重点物资、外贸物资等运量的基础上，运输企业应与大宗货物的货主协商，在不影响其正常生产的前提下，使其部分货物转至铁路运输的淡季，以达到运量与运能的基本平衡。当预测运量小于运能时，则应分析运量不足的原因，将一些非季节性的货物组织起来，提前运输。除加强营销、强化货源组织外，在政策上可采用相应的优惠，以鼓励货主利用铁路运输货物，从而使铁路运输既适合市场需求，又可优化运力资源的配置，达到综合平衡。

三、货运计划的编制

1. 要车计划的提报

托运人可根据自己的运输要求，随时向铁路计算机联网点提报任何时限的要车申请。大宗稳定货源可根据生产情况提出均衡的运量安排意见；政令限制物资可通过网络传输方式提报。要车计划表的一般格式见表18.1。

表18.1 _____年____月份提要车计划表

提表时间： 年 月 日

要求运输时间： 日至 日

合同（订单）号：

受理号码：

发站	名称_____ 略号_____
发货单位盖章	省/市/部名称_____ 代号_____
	发货单位名称_____ 代号_____
	地址_____ 电话_____

顺号	到局：代号：			收货单位			货 物				车种代号	车数	特征代号	换装港	终到港	备注
	到站	到站电报略号	专用线名称	省/市/部		名称	代号	品名		吨数						
				名称	代号			名称	代号							
1																
⋮																
9																

2. 要车申请的受理

铁路各计算机联网点应随时受理托运人提出的要车申请，货运计划人员及时核实要车申请的填报内容及货源情况，并将其传输到铁路局集团公司数据库。

3. 各局货运任务和运输生产技术指标的下达

国铁集团根据运输能力、同期实际和运输任务完成情况及各项客观因素，定时下达各局集团公司下一计划周期的货运任务和运输生产技术指标。

4. 运输生产货运计划指标的生成

（1）铁路局集团公司根据上级下达的任务和指标，应用计算机网络，采用人机对话方式，结合运输能力、装车实际及相关因素等核定货源。

（2）对国家指定的重点物资、合同运输、大宗稳定货源等，定时集中核定；对零散货源，由联网点随时受理上报。

（3）由铁路局集团公司核定的运量生成可装车货源数据库，通过网络上报和下达到各联网点并通知托运人。

（4）根据货源货流、车种、去向和分界口能力，收集处理有关信息，生成完整的货运计划各项指标。

5. 运输服务合同的签订

联网站根据上级批准同意的要车申请内容，根据车站作业能力，考虑各项客观因素后，与货主签订运输服务合同。

根据货运计划即可确定铁路运输量（简称运量）计划，其中主要有货物发送吨数、装车数、货物到达吨数、卸车数、货物周转量及货物平均运程等。

第三节　铁路运输生产货运计划的执行

一、货运计划的执行

货运计划批准后，表示货物运输合同即告成立，铁路和发货单位应共同维护其严肃性，履行运输合同，按计划完成运输任务。为此，铁路各级运输业务部门在日常工作中必须进一步组织和落实货源，以编制旬间装车计划的手段，组织发货单位按规定日期提出日要车计划，以便组流上线，保证货运计划的顺利执行。

1. 旬间装车计划

编制旬间装车计划的主要依据是批准的货运计划和日常计划，其内容有日历装车计划，货物品类、去向别装车计划，通过指定限制口发往主要钢厂、港口、国境站和主要卸车站的旬间装车计划，直达列车和成组装车计划等，并于每旬前两天下达到车站，车站立即通知发货单位，以便托运人提出下旬日要车计划。

2. 日要车计划

日要车计划是在旬间装车计划的基础上，根据发货单位提出的货物运单，由车站用"货运工作日况报告表"（见表18.2）汇总向铁路局集团公司提报的次日装车计划，经铁路局集团公司核减确认，于当日向车站下达次日请求装车命令（承认车），作为车站次日组织装车的依据。

二、运输计划变更和日常计划处理

经由铁路运输的货物，原则上都应纳入货运计划，并力争按计划承运货物。但在货运计划的执行过程中，由于主客观原因，变更运输计划的情况也在所难免。

1. 运输计划变更

所谓变更运输计划，是指货运计划已经批准，货主临时需要变更收货人、到站和货物品名。变更的新到站应和原到站顺路，不超出原到达局范围，不增加限制区段运量；变更的货物品名应是原单位经营的物资，并在同一品类范围内；发站原则上不得变更。发生计划变更时，托运单位要按规定提出变更运输计划要求书，运输计划只能变更一次，日常要车计划不办理变更。

表18.2　货运工作日况报告附表

年　　月　　日　　　　　　　　　　　　　运货五

调度区（所）　　　　站

站或日期 ＼ 项目	请求车									
	开始积压日期	运输计划号码	发货单位	到达		品名	品类	车数		
				局	站			包括车种计	其中	
									计划内	旬批准计划
1	2	3	4	5	6	7	8	9	10	11

承认车					六点修正	实际			全站请求车计				积压待运货物				记事
承认车数	其中前半日	命令		车辆来源		六点	十八点	其中计划内	品类		去向		品类		去向		
		号码	发令者						名称	车数	局别	车数	名称	车数	局别	车数	
12	13	14	15	16	17	18	19	20	21	22	23	24	25	26	27	28	

2. 日常计划的处理

托运人提出的日常计划，铁路随时受理、随时审批。对国际联运、水陆联运、外贸到港和通过重点困难区段的计划由铁道部审批或由部会同有关部门共同核批；铁道部审批权限以外的计划，由铁路局核批；对抢险、救灾、防疫、抗旱、防洪、抢收物资和积极需要立即装车的物资，车站可随时受理，但要及时逐级上报，按规定权限审批。

本章小结

铁路货物运输生产计划是根据国家的经济政策、运输政策和市场需求，在国家宏观调控和技术运输的原则指导下，发挥铁路运输设备效能，正确安排各种货运量，完成铁路年度运输任务，最大限度地满足国民经济发展和市场需求。

本章主要知识点回顾：

一、铁路货运计划概述

1. 分类：铁路货物运输计划按其编制期限分为长远计划、年度计划和月度计划。

2. 内容：铁路运输生产货运计划的内容有全路分品类的发、到铁路局货运量计划；国际联运发、到铁路局货运量计划；主要港口水陆联运计划；外贸到港计划；通过限制区段货运量计划；铁道部、铁路局下达的各类重点物资、重点厂矿、企业装车计划；零担、集装箱运输计划和直达计划、整列短途列车及成组装车计划；品类别货车静载重指标计划等。

3. 任务：铁路运输生产货运计划的基本任务是根据党和国家的经济政策、运输政策和市场需求，充分发挥铁路运输设备效能，最大限度地满足国民经济发展和市场需求。

二、铁路运输生产货运计划的编制

1. 运量预测：鉴于铁路运输企业运能总量的有限性和非储备性，必须对所要承担的运输任务（运量）按国家规定的相应政策分轻重缓急、重点和一般、社会效益和经济效益进行分类预测。

2. 编制：要车计划的提报；要车申请的受理；各局货运任务和运输产生技术指标的下达；运输生产货运计划指标的生成；运输服务合同的签订；信息反馈与分析考核。

三、铁路运输生产货运计划的执行

货运计划的执行是以编制旬间装车计划的手段，组织发货单位按规定日期提出日要车计划，保证货运计划的顺利执行。

思 考 题

1. 什么是铁路货物运输生产计划？其主要任务有哪些？主要包括哪些内容？
2. 铁路运输生产货运计划是如何编制的？
3. 铁路运输生产货运计划的主要指标有哪些？

第十九章　车辆运用数量指标计划

【本章导读】

铁路运输生产技术计划（简称技术计划）是为了完成月度货物运输生产货运计划而制定的机车车辆运用计划。技术计划包括：车辆运用数量指标计划、车辆运用质量指标计划、运用车保有量计划、机车运用计划。本章主要介绍技术计划中的车辆运用数量指标计划：讲述重空车使用指标计划以及各种车辆的使用指标；重车车流表的使用；空车调整原则及分界站交接空车数的确定。

【学习目标】

（1）掌握技术计划的意义；

（2）掌握重车车流表的意义、作用和内容；

（3）了解空车调整原因及方式；

（4）熟悉货车运用的数量指标及计算方法；

（5）掌握分界站交接货车的确定方法。

【重点及难点】

（1）货车工作量的计算；

（2）重车车流表的编制；

（3）空车调整计划的编制；

（4）分界站交接货车数的确定。

第一节　技术计划概述

铁路运输生产技术计划（简称技术计划）是为了完成月度货物运输生产货运计划而制定的机车车辆运用计划。

机车车辆的运用是运输生产活动中的重要内容，其活动是形成运输生产活动动态性质的重要因素，它使每一铁路局、站、段在不同的时刻有着不同的运输状态。为了对动态的运输生产过程进行控制，必须制定完善的运营指标体系。机车车辆运用指标是运营指标体系中的重要组成部分，它除了要制定出长远计划外，国铁集团、铁路局集团公司还必须制定出运输生产技术计划，作为日常运输生产管理的依据。

机车车辆是铁路运输的活动设备（运输动力和工具），它是决定铁路输送能力的重要因素。主要由活动设备所决定的输送能力与主要由固定设备所决定的通过能力的综合实现，才能形成铁路的运输能力。在一定的固定设备条件下，铁路所能实现的运输能力将取决于活动设备的类型、数量及其分布，主要反映在两个方面：为完成一定的运输任务，应拥有多少机车车辆；一定类型和数量的机车车辆能完成多少运输任务。前者主要在长远计划及年度计划中研究，而运输生产计划则要解决上述两个方面的问题。

为保证月度货运计划的实现，必须在现有的机车车辆类型和数量的条件下，编制合理运用机车车辆的指标计划（包括机车车辆的合理分配）即技术计划。而机车车辆的运用指标又与运输工作量有关指标相关联。因此，就运输生产活动来讲，机车车辆的运用指标是运输生产活动的主要数量和质量指标。

技术计划在确定运输工作量及机车车辆合理运用的有关指标时必然涉及区段通过能力的限制条件，因而正确确定车流径路、合理利用通过能力也是其任务之一。从这个意义上讲，运输生产技术指标计划也是技术设备的运用计划，是运输生产活动的综合性计划。

综上所述，技术计划的任务可以归纳为四点：

（1）以车辆运用数量指标、机车运用数量指标的形式确定一月的运输生产任务；

（2）为了完成月度货运计划，计算确定应当保有的机车车辆数量及其合理分配；

（3）确定货车运用质量指标计划和机车运用质量指标计划；

（4）根据月度运输任务及本局内的技术设备情况，规定合理的车流径路，充分利用各种固定设备的通过能力，取得最大的经济效益。

货车合理运用是运输生产指标计划所研究的主要问题。我国铁路货车，除少数为企业自备车（因其有专门的用途和一定的运输径路）外，大部分是全路通用（除不连通的铁路及轨距不同者外，全路几十万辆货车可以在各铁路局间运送货物），因而运用车，亦即铁路通用货车的合理分布及空车调整问题是十分重要而又复杂的问题。铁路局集团公司的运用车保有量有一定的限度，超过一定数量将会产生某些困难或浪费，并且会影响其他铁路局完成运输任务；而不足其需要量又不能完成本局规定的运输任务，因而铁路局集团公司必须经常保有一定种类和数量的运用车。对于随时间变化而不断变化的运用车的分布状态，为了保持其相对平衡，必须从以下几个方面进行控制：按层次分级（国铁集团、铁路局集团公司）控制运用车数；按状态（重、空）和去向（交出的重车和到本局卸的重车）控制运用车数；按主要车种（C、P、N、G、B等）控制运用车数。运用车的合理分布是组织均衡运输，合理利用铁路运输能力，全面完成和超额完成运输任务的重要保证。

本章下面将介绍技术计划中的车辆运用数量指标体系及各项指标的计算原理。

第二节　使用车计划和卸空车计划

一、使用车数和卸空车数

在计算使用车数和卸空车数时，主要有两种计算方法。

1. 按性质计算

在按性质计算使用车和卸空车数时，使用车属装车性质，卸空车数卸车性质。

使用车数用装车数与增加使用车数之和表示，即

$$u_{使} = u_{装} + \Delta u_{使} \quad （车） \tag{19.1}$$

式中　$u_{使}$——使用车数，即铁路装运货物实际使用的货车；

　　　$u_{装}$——装车数；

　　　$\Delta u_{使}$——增加使用车数（不按装车数统计的使用车数，即实际使用（占用）了车辆而不计入装车数）。

装车数为使用车数中的主要部分，增加使用车数仅占百分之几，因而使用车数指标又是反映装车数量多少的运输工作数量指标。

使用车数按去向和车种别确定，其中装车数根据批准的要车计划产生的装车货源数据库生成，增加使用车系参照车站实际统计资料确定。

卸空车数用卸车数与增加卸空车数之和表示，它可用下式表示：

$$u_{卸空} = u_{卸} + \Delta u_{卸空} \quad （车）\tag{19.2}$$

式中　$u_{卸空}$——卸空车数，即铁路卸下货物实际卸空的货车；

　　　$u_{卸}$——卸车数；

　　　$\Delta u_{卸空}$——增加卸空车数（不按卸车数统计的卸空车数，与增加使用车数相类似，主要因货物倒装及货物用具而产生）。

同样，卸空车数指标既是反映货车运用的数量指标，又是反映卸车任务多少的运输工作数量指标。

保证卸车任务的完成不仅可以加速货物送达，还可以避免重车积压，加速货车周转。重车卸后才可产生空车，因而卸车任务的完成又是完成排空任务和装车任务的重要条件。

关于增加使用车和增加卸空车的计算，在统计上是这样规定的：

1. 整装零担车

（1）在装车站装载中转货物超过全部货物重量一半的装车，按增加使用车计算；

（2）在终到站到达中转货物超过全部货物重量一半的卸车，按增加卸空车计算。

2. 集装箱车

（1）在装车站装载中转集装箱，其换算箱数超过全部换装箱数一半的装车，按增加使用车计算；

（2）在终到站到达中转集装箱，其换算箱数超过全部换装箱数一半的卸车，按增加卸空车计算。

3. 铁路货车用具

整车装运铁路货车用具（篷布、空集装箱及军用备品等）的装卸，按增加使用或增加卸空车计算。

4. 在新线、合资、地方铁路分界站（接轨站）对由新线、合资、地方铁路接入到达本站卸车的重车及本站装车交与新线、合资铁路、地方铁路的重车，各计算增加使用或增加卸空车一辆。

5. 倒装作业

运用重车在运送途中发生倒装作业（不包括装载整理）的计算：

（1）一车倒装两车时计算增加使用车一辆，两车倒装一车时计算增加卸空车一辆；

（2）当日卸车后不能当日装车时，当日计算增加卸空车一辆，再装车时可再计算增加使用车一辆；

（3）当日一车倒装一车时不计算增加使用和增加卸空车数。

从上述规定不难明白，增加使用车意味着实际上占用了车辆（或接入了重车）却不计入装车数，增加卸空车是指实际上卸空了车辆（或交出了重车）却不计入卸车数。这样做是为了与计算装卸车数的规定相一致，并避免重复计算，同时又能掌握车辆的实际使用状况。在编制技术计划时，增加使用车数和增加卸空车数均参照实际的统计资料确定。

2. 按去向和来源计算

使用车按其去向可分为自装自卸和自装交出两部分，即

$$u_{使} = u_{自装自卸} + u_{自装交出} \tag{19.3}$$

式中　$u_{自装自卸}$——自装自卸车数，指本局装车到达本局管内卸车的重车；

　　　$u_{自装交出}$——自装交出车数，指本局装车到达外局管内卸车的重车。

卸空车按其来源可分为自装自卸和接入自卸两部分，即

$$u_{卸空} = u_{自装自卸} + u_{接入自卸} \tag{19.4}$$

式中　$u_{接入自卸}$——接入自卸车数，指外局装车到达本局管内卸车的重车。

卸空车计划应按车种别和到站别编制，其中自装自卸部分可根据去向别使用车计划确定，接入自卸部分由外局提供的重车车流资料确定。

本章以 M 铁路局集团公司为例阐述技术计划的编制方法。设 M 铁路局集团公司所管辖线路如图 19.1 所示，分别在 A 站（N 局管辖）及 E 站（M 局管辖）与 N 局和 O 局分界。

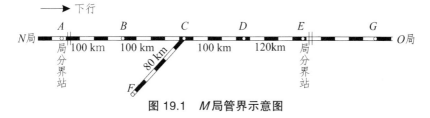

图 19.1　M 局管界示意图

根据货运计划批准的要车计划表，按发站、到站和车种汇总，然后计算出每支车流的日均车数，编制如表 19.1 及表 19.2 形式的车种别和去向别使用车计划。铁路局集团公司的使用车计划上报国铁集团。

铁道部集团公司对各局的使用车计划汇总后即产生了全路的重车流计划。各局间将自装交出资料进行交换，按到站和经由分界站通知有关的卸车局和通过局，以确定重车车流表的接入卸车和通过车流。表 19.3 及表 19.4 是 N 局和 O 局交给 M 局的车流资料。

二、重车车流表

重车车流表是表现众多的发到地点间车流交流量的较好形式，它的表格如棋盘表，所以也称为车流棋盘表，见表 19.4。表格列出所管辖的所有车站、区段和分界站名，并以同样的顺序排列，列出了车站之间的车流交流量。铁路局集团公司重车车流表根据使用车计划和外局交换的到达及通过重车车流资料编制。表 19.4 即是根据表 19.1 至表 19.3 编制的 M 局重车车流表，其中左上部为自装自卸车流，右上部自装交出车流，左下部为接入自卸车流，右下部为接运通过车流。重车车流表也可按车种别编制。

表 19.1 M 路局去向别、车种别使用车计划表

往\自	A—B	B	B—C	C	C—F	F	C—D	D	D—E	E	局计	N局	O局	外局计	总计
A—B	4C / 10C	8	4	4	4	12	4	10	2	4	66	10	4	14	80
B	2		2	4	2	6	12	16	6	6	56	20	8	28	84
B—C	8	8	2C / 6C	6	4	8	16	8	12	4	82	10	8	18	100
C	10	12	4		4	4	2	14	4	4	58	6	6	12	70
C—F	4	2	4	6	4P / 2C	8	12	10	6	8	66	4	4	8	74
F	12	8	10	6	8		8	20	4	8	84	10	10	20	104
C—D	16	12	12	8	2	10	4C / 8N	20	12	4	108	4	8	12	120
D	12	10	8	16	4	12	12		10	8	92	8	6	14	106
D—E	4	4	10	8	8	10	8	16		8	76	4	4	8	84
E	8	4	6	8	6	8	12	12	10		74	4	2	6	80
局计	90	68	68	66	48	82	94	126	66	54	762	80	60	140	902

注：① 表中每格左上角为棚车，左下角为敞车，右下角为罐车或保温车，中间数字为总数，即 $\boxed{\begin{smallmatrix}P & & C\\ & 总数 & \\ N & & G、B\end{smallmatrix}}$。

② 车流在同一区段内发时，对角线上方为下行车数，下方为上行车数，即 $\boxed{\begin{smallmatrix}下行\\上行\end{smallmatrix}}$。

282

表 19.2　N局交 M局重车计划表

经由 \ 车种 \ 到站	A—B	B	B—C	C	C—F	F	C—D	D	D—E	E	局计	O局	总计
A 分界站　P	4	8		4		6	2			6	30	10	40
C			2		4			8	6		20	30	50
N			2				6				8	20	28
G													
B				2							2	10	12
计	4	8	4	6	4	6	8	8	6	6	60	70	130

表 19.3　O局交 M局重车计划表

经由 \ 车种 \ 到站	A—B	B	B—C	C	C—F	F	C—D	D	D—E	E	局计	O局	总计
E 分界站　P	4	10		12		4		4			34	20	54
C			4	2			10				16	40	56
N			4					8		2	14	16	30
G					4						4	4	8
B									2		2		2
计	4	10	8	14	4	4	10	12	2	2	70	80	150

若以"局计"栏为横坐标和纵坐标，可以把重车车流表划分成 4 个象限（如图 19.2），恰好对应着铁路局的 4 种车流：自装交出车流、自装自卸车流、接入自卸车流、接运通过车流。这 4 种车流连同它们的和共组成 9 个重车流指标，即

$$u_{自装自卸} + u_{自装交出} = u_{使}$$
$$+ \qquad\quad + \qquad\quad +$$
$$u_{接入自卸} + u_{接运通过} = u_{接重}$$
$$\| \qquad\quad \| \qquad\quad \|$$
$$u_{卸空} \quad + \quad u_{交重} \quad = \quad u$$

自 \ 往		局计	交出计	总计
	Ⅱ		Ⅰ	
局计				
	Ⅲ		Ⅳ	
接入计				
总计				

图 19.2　4 个象限示意图

例中 M 局有关指标可从表 19.4 中查得。

$$u_{使} = u_{自装自卸} + u_{自装交出} = 762 + 140 = 902 \text{（车）}$$

$$u_{接重} = u_{接入自卸} + u_{接运通过} = 130 + 150 = 280 \text{（车）}$$

重车车流表是编制技术计划的基础资料，技术计划中的其他数量指标均可从该表中查算得出。

表 19.4 M 铁路局重车车流表

自 \ 往	A—B	B	B—C	C	C—F	F	C—D	D	D—E	E	局计	分界站		交出计	总计
												A	E		
A—B	4 / 10	8	4	4	4	12	4	10	2	4	66	10	4	14	80
B	2		2	4	2	6	12	16	6	6	56	20	8	28	84
B—C	8	8	2 / 6	6	4	8	16	8	12	4	82	10	8	18	100
C	10	12	4		4	4	2	14	4	4	58	6	6	12	70
C—F	4	2	4	6	4 / 2	8	12	10	6	8	66	4	4	8	74
F	12	8	10	6	8		8	20	4	8	84	10	10	20	104
C—D	16	12	12	8	2	10	4 / 8	20	12	4	108	4	8	12	120
D	12	10	8	16	4	12	12		10	8	92	8	6	14	106
D—E	4	4	10	8	8	10	8	16		8	76	4	4	8	84
E	8	4	6	8	6	12	8	12	10		74	4	2	6	80
局计	90	68	68	66	48	82	94	126	66	54	762	80	60	140	902
分界站 A	4	4	8	6	4	8	8	6	6	6	60		70	70	130
分界站 E	4	10	8	14	4	10	12	2	2	4	70	80		80	150
接入计	8	18	12	20	8	10	18	20	8	8	130	80	70	150	280
总 计	98	86	80	86	56	92	112	146	74	62	892	160	130	290	1182

三、货车工作量

所有货车运用车每昼夜完成的工作量可以用"t·km"或以"车"计算，在运输生产技术指标计划中，以货车周转时间分析货车运用效率时，其工作量以"车"为计算单位。

铁路货车运用工作的基本内容，就是将货车送往货物发送车站装车，然后将重车编入列车按规定径路运行，送至货物到达站卸车，卸后空车再送往装车，不断循环。每完成一次作业循环，铁路就算完成了一个工作量，该辆货车就算完成了一次周转。这样，货车工作量实质上就是在一定时期内全路、铁路局运用货车完成的货车周转次数，在数值上，可以用每昼夜新产生的重车数 u 来代表。

就全路而言，工作量是指全路的使用车数，即

$$u = u_{使} \tag{19.5}$$

而铁路局集团公司的工作量则应等于使用车数与接入重车数之和，即

$$u = u_{使} + u_{接重} = u_{自装自卸} + u_{自装交出} + u_{接入自卸} + u_{接运通过} = u_{卸空} + u_{交重} \tag{19.6}$$

式中　$u_{接重}$ ——各分界站接入重车总数；

　　　$u_{交重}$ ——各分界站交出重车总数。

由上式推算可见，工作量也可以用 $u_{卸空} + u_{交重}$ 计算。对于运输生产技术计划，两种计算方法所得结果相同；而在日间运输生产活动中，两种计算方法所得结果则往往是不一致的，一般采用 $u = u_{使} + u_{接重}$ 的公式计算工作量。

显然，全路的工作量不等于全路各铁路局集团公司工作量之和。

铁路上的运用货车，按工作状态分为重车和空车两大类，而重车按去向又可分为到达本局管内卸的管内工作车和到达外局卸的移交车两种，因而相应地有三种工作量。

管内工作车工作量 $u_{管内}$，按其含义就是卸空车数 $u_{卸空}$，即

$$u_{管内} = u_{卸空} = u_{自装自卸} + u_{接入自卸} \tag{19.7}$$

移交车工作量 $u_{移交}$，等于各分界站交出重车之和，即

$$u_{移交} = u_{交重} = u_{自装交出} + u_{接运通过} \tag{19.8}$$

可见，管内工作车工作量与移交车工作量之和就是工作量 u，有时为了区别空车工作量起见，也把它叫作重车工作量。

空车工作量 $u_{空}$，对全路来说，等于重车工作量 u，对于路局来说，等于使用车数 $u_{使}$ 与分界站交出空车数 $u_{交空}$ 之和，即

$$u_{空} = u_{使} + u_{交空} \tag{19.9}$$

容易看出，（19.9）式是用每天消失的空车数来代表空车工作量的。

第三节　空车调整计划

每个车站、铁路局集团公司每日按车种别的装车数和卸车数一般不是相等的。为了保证不间断地按日均衡地完成装车任务，必须按车种别将卸车数大于装车数的地区所产生的多余空车运送到装车数大于卸车数的地区，这种空车的调配工作称为空车调整。向其他单位（铁路局集团公司、车站）移交空车的数量可由下式确定：

$$u_{交空} = u_{接空} + u_{卸空} - u_{使} \quad （车） \qquad （19.10）$$

由于我国铁路货车是全路通用，没有固定的配属站，且空车走行公里为非生产走行，不产生运输产品，因而空车调整存在着合理化即优化的问题。一般应以空车走行公里最少为主要优化目标。为此，必须遵循一定的调整原则，通过采用空车调整图和科学的优化方法制定空车调整方案。空车调整的主要原则有：

（1）除特殊要求外，必须消灭同种空车在同一径路上的对流；

（2）空车由卸车地至装车地，一般应经由最短径路；

（3）在环状线路上，应根据空车走行公里最少的原则，制定空车调整方案；

（4）在保证货物和行车安全的条件下，可采取车种代用，以减少空车走行公里。

此外，在进行空车调整时，尚应考虑其他因素的限制，如：

（1）为保证重点物资、大宗货物（如煤炭）的装车需要，往往采取硬性调整措施，指定某些站必须向某站输送一定车种和数量的空车。

（2）当车流的最短径路为通过能力紧张的区段时，车流可经由特定径路输送。

空车调整计划通常可利用空车调整图编制，对于网状线路可利用解线性规划问题的表上作业法等算法求解空车分配的最优方案。国铁集团根据各铁路局集团公司的使用车计划和卸空车计划，计算各局车种别装卸差，并通过编制全路空车调整图来确定各局间分界站车种别空车交接车数（见图 19.3）。铁路局集团公司根据使用车计划、卸空车计划和国铁集团下达的局间分界站空车调整任务编制铁路局集团公司空车调整。图 19.4 即为 M 局空车调整图。

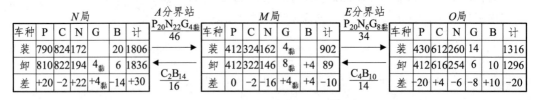

图 19.2　铁路局空车调整图

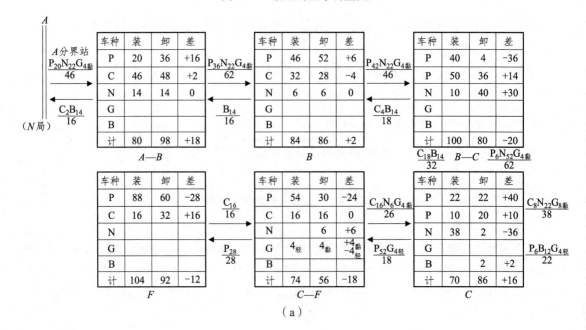

（a）

286

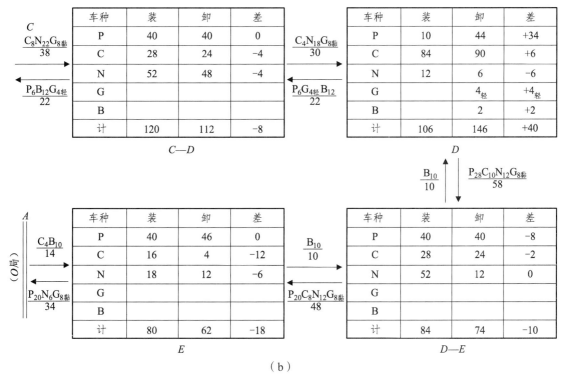

图 19.3　*M*局空车调整图

第四节　分界站货车出入计划和货物列车数计划

分界站交接货车数不仅是反映铁路局运输任务量的指标之一，而且在日常运输生产中，由于分界站交接车数往往不相等，因此，它又是形成运用车保有量变化的原因。为保证均衡地完成运输生产任务，合理分配各方向的通过车流量，有效地利用铁路通过能力，必须确定分界站交接货车数及列车数。

分界站交接货车数根据重车车流表和空车调整图的车流资料确定，并分别列出交出、接入重车数和车种别空车数、重空车合计车数。

货物列车数包括分界站别和区段别列车数，是编制机车运用计划，确定机车供应台次、运用机车台数、机车乘务组数、机车平均牵引总重和机车日产量等指标的依据。

区段别的列车数根据区段重空车流量、机车牵引定数和列车计长，并参照实际的列车平均编成辆数确定。

根据重空车流量，可按下式计算直通（区段）列车和摘挂列车数：

$$n = \frac{u_重}{m_重} + \frac{u_空}{m_空} \quad （列）\tag{19.11}$$

式中　n——货物列车数；

$u_重$——上行（或下行）重车流量；

$u_空$——上行（或下行）空车流量；

$m_重$——重列车编成辆数；

$m_空$——空列车编成辆数；

当空车流量较小，该区段空车不单独开行空车列车时，则应按空重混编条件计算列车数，即按下列公式计算：

$$n = \frac{u_重 + u_空}{m_混} \ （车）$$ （19.12）

式中 $m_混$——空重混编列车的平均编成辆数。

对于摘挂列车，应按摘、挂车数 $N_摘$、$N_挂$ 中的的较大者来确定其行车量 $n_摘$，即

$$n_摘 = \frac{\max\{N_摘, N_挂\}}{m_混}$$ （19.13）

表 19.5 为 M 铁路局的分界站货车交接计划，表 19.6 为 M 铁路局区段别列车数计划。

表 19.5　分界站货车交接计划表

出入车 分界站	交出									接入								
	列数	合计	重车	空车						列数	合计	重车	空车					
				计	P	C	N	G	B				计	P	C	N	G	B
M 局	12	340	290	50	20	2	6	8	14	12	340	280	60	20	4	22	4	10
A	6	176	160	16		2			14	6	176	130	46	20		22	4	
E	6	164	130	34	20		6	8		6	164	150	14		4			10

表 19.6　区段列车数计算表

方向 行车量 区段	上行								下行							
	车流				列车编成	列数			车流				列车编成	列数		
	通过		摘挂			通过	摘挂	合计	通过		摘挂			通过	摘挂	合计
	重	空	重	空					重	空	重	空				
A—B	150	14	−90 +20	+2	50	4	2	6	126	46	−8 +60	+16	50	4	2	6
B—C	252	18	−68 +32	−14	50	6	2	8	218	32	−12 +68	−36 +30	50	5	2	7
C—F	96	16	−12 +64	+10	40	3	2	5	84	28	−44 +10	−28	40	3	2	5
C—D	290	22	−46 +72	0	50	6	2	8	276	30	−66 +48	−8	50	6	2	8
D—E	214	10	−12 +72	0	50	5	2	7	176	48	−62 +12	−10	50	5	2	7

288

本章小结

铁路运输生产技术计划（简称技术计划）是为了完成月度货物运输生产货运计划而制定的机车车辆运用计划。本章讲述铁路运输生产技术计划中的车辆运用数量指标计划，重车车流表中包含使用车数、卸空车数、货车工作量等各种重车运用指标。分界站交接货车数根据重车车流表和空车调整图进行确定。

本章主要知识点回顾：

1. 技术计划：为完成月度货物运输生产货运计划而制定的机车车辆运用计划。

2. 使用车数：铁路装运货物实际使用的货车，记作 $u_{使}$。

（1）按性质计算：$u_{使} = u_{装} + \Delta u_{使}$

（2）按去向计算：$u_{使} = u_{自装自卸} + u_{自装交出}$

3. 卸空车数：铁路卸下货物实际卸空的货车。

（1）按性质计算：$u_{卸空} = u_{装} + \Delta u_{卸空}$

（2）按来源计算：$u_{卸空} = u_{自装自卸} + u_{接入自卸}$

4. 货车工作量：实质上就是在一定时期内，全路、铁路局运用货车完成的货车周转次数。

5. 重车车流表：重车车流表是表现众多发到地点间车流交流量的较好形式，其表格如棋盘表，所以也称为车流棋盘表。重车车流表中包含使用车数、卸空车数、货车工作量等各种车辆使用指标。

6. 空车调整的原则：

（1）除特殊要求外，必须消灭同种空车在同一径路上的对流；

（2）空车由卸车地至装车地，一般应经由最短径路；

（3）在环状线路上，应根据空车走行公里最少的原则，制定空车调整方案；

（4）在保证货物和行车安全的条件下，可采取车种代用，以减少空车走行公里。

7. 分界站交接货车数和货物列车数

（1）分界站交接货车数：反映铁路局运输任务量的指标之一，一般根据重车车流表和空车调整图的车流资料确定，并分别列出交出、接入重车数和车种别空车数、重空车合计车数。

（2）货物列车数：包括分界站别和区段别列车数，是编制机车运用计划，确定机车供应台次、运用机车台数、机车乘务组数、机车平均牵引总重和机车日产量等指标的依据。

思 考 题

1. 什么是技术计划？其主要任务有哪些？

2. 技术计划的内容有哪些？

3. 什么是工作量？如何计算？

4. 各类运用车的工作量是如何计算的？

5. 为何要编制空车调整计划？其编制的主要依据和原则是什么？

6. 编制分界站货车出入计划的目的和依据是什么？如何编制？

第二十章　车辆运用质量指标计划和运用车保有量计划

【本章导读】

车辆是铁路运输的动力和工具，是决定铁路输送能力的重要因素。本章从时间角度分析货车的运用效率，讲述货车周转时间的两种计算方法及各项因素的确定方法，阐述各种货车周转时间及其内在联系，并介绍管内工作车、移交重车和空车三种运用车保有量的计算方法。

【学习目标】

（1）掌握货车周转时间和货车日公里概念；

（2）掌握货车周转时间的计算方法及其因素组成；

（3）掌握运用车保有量计算方法。

【重点及难点】

（1）货车周转时间及计算方法；

（2）货车周转时间组成因素及其含义。

第一节　货车周转时间

货车运用效率可以从时间和载重力两个方面进行分析。从时间上考核货车运用效率的指标为货车周转时间和货车日车公里等；从载重力利用方面考核货车运用效率的指标有货车平均静载重、货车平均动载重和货车载重力利用率等（在《铁路货运组织》中介绍）；此外，还有货车日产量这一项综合反映货车运用效率的指标。

一、货车周转时间的计算方法

货车周转时间是指货车从第一次装车完了时起，至下一次装车完了时止所平均消耗的时间，货车周转时间以"d"为单位计算，记作θ。一辆货车每完成一次周转，在其周转过程中就完成了一个工作量，所以货车周转时间也可定义为货车每完成一个工作量平均消耗的时间。对全路来说，货车的每一次周转都包含了上述作业循环的全过程，而对铁路局而言，货车在局管内不一定完成一个完整的周转过程，则铁路局的货车周转时间带有假定性质，因此以货车每完成一个工作量在铁路局管内所平均消耗的时间来表述更为恰当。上述三个关于货车周转时间的定义实质上是一样的。

由于货车装车完成即出现重车状态，因此货车从第一次出现重车状态时起，至下一次出现重车状态时止的过程即为货车周转过程。既然货车完成一次周转，就产生一个重车，即完成一个工作量，可见工作量与周转次数在这里是等价的。

货车周转时间只对运用车计算，对非运用车不计算。

货车周转时间一般采用车辆相关法和时间相关法两种方法计算。

1. 车辆相关法

假设全路每天装车 12 万辆，货车周转时间为 3.5 d，为了保证每天完成 12 万辆的装车任务，则共需运用车数为 $12 \times 3.5 = 42$ 万辆。由此可见，运用车数 N、工作量 u 及货车周转时间 θ 三者之间的关系可以用下式表示：

$$N = u\theta \ （车 \cdot d）\tag{20.1}$$

按上式推导，货车周转时间为：

$$\theta = N/u \ （d）\tag{20.2}$$

式（20.2）即为货车周转时间的车辆相关法的计算公式。

对于全路而言：

$$\theta = N/u_{使} \ （d）\tag{20.3}$$

对于铁路局而言：

$$\theta = N/(u_{使} + u_{接重}) \ （d）\tag{20.4}$$

利用车辆相关法计算货车周转时间极为简便。国铁集团、铁路局集团公司在统计日、旬、月、年完成的货车周转时间时，都采用这种计算方法。在日常统计中为简便起见，对式中运用车数 N 采用一日终了（18:00）时的运用车数。但 18:00 的运用车数不能代表全日所消耗的车辆日，因而这样计算的结果将不够精确。对于较长期来说，可以计算 N 统计量的均值，因此，计算结果比较精确。这种计算方法的另一个缺点是无法按货车周转过程的各项因素进行计算，不便于分析原因和拟订改进措施。此外，在编制运输生产计划时，先确定货车周转时间指标，然后确定所需的运用车数，因而在编制运输生产计划和定期分析工作中采用时间相关法计算货车周转时间。

2. 时间相关法

如图 20.1 所示，货车完成一次周转所消耗的时间可以分为以下三个部分：

（1）各区段的旅行时间 $T_{旅}$（h）；

（2）在各技术站进行中转作业的停留时间 $T_{技}$（h）；

（3）在货物装卸站的停留时间 $T_{货}$（h）。

这三部分时间均以小时为计算单位，把三部分加总，再换算成天数，就是货车周转时间，具体过程如图 20.1 所示。

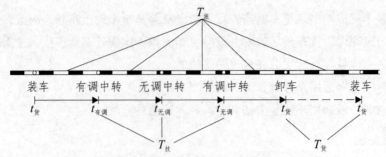

图 20.1 货车周转过程图（图中第 4 个 t 处改成：有调）

因此，货车周转时间可用下式表示：

$$\theta = \frac{1}{24}(T_旅 + T_技 + T_货) = \frac{1}{24}\left(\frac{l}{V_旅} + \frac{l}{L_技}t_中 + K_管 t_货\right)（d）\quad（20.5）$$

式中 l——货车全周转距离，简称"全周距"，为货车平均一次周转所走行的距离，km，其计
算公式为：

$$l = \frac{\sum NS}{u} = \frac{\sum NS_重 + NS_空}{u} = l_重 + l_空 = l_重(1+\alpha)（km）\quad（20.6）$$

其中，$\sum NS$ 为货车总走行公里；$\sum NS_重$ 为重车走行公里；$\sum NS_空$ 为空车走行公里；$l_重$ 为货
车重周距，km；$l_空$ 为货车空周距，km；α 为空车走行率，是空车走行公里与重车走行公里之比。

$L_技$——货车平均中转距离，简称"中距"，表示货车平均走行多少公里中转一次，km，
其计算公式为：

$$L_技 = \sum NS / \sum N_技 （km）\quad（20.7）$$

其中，$\sum N_技$ 为各技术站发出的中转车总数，或称总中转次数。

$K_管$——管内装卸率，表示货车每完成一个工作量平均完成的货物作业次数，用总货物作
业次数除以工作量表示：

$$K_管 = (u_使 + u_{卸空})/u \quad（20.8）$$

$V_旅$——货车平均旅行速度，简称"货车旅速"，km/h；

$t_中$——货车在技术站的平均中转时间，简称"中时"，h；

$t_货$——货车一次货物作业平均停留时间，简称"停时"，h。

由公式可见，对全路来讲 $u = u_使 = u_{卸空}$，所以 $K_管 = 2$；对铁路局集团公司而言，$K_管$ 的值变
动于 0~2。由于接运通过车流在管内没有装卸作业，接入卸车车流在管内只有卸车作业，自装
交出车流在管内只有装车作业，因而铁路局集团公司的 $K_管$ 一般小于 2，通过车流量比重越大则
$K_管$ 越小。

用时间相关法计算货车周转时间，也可将其作业分为四个组成部分，即把第二项的中转作
业停留时间分为有调中转停留时间和无调中转停留时间，也还可以再将第一项的旅行时间分为

292

区间运行时间和中间站停留时间两部分，则货车周转时间就形成五项因素。货车周转时间的四项式计算公式和五项式计算公式，可以更详细地分析各项作业时间的比重及完成情况。用时间相关法计算货车周转时间，可分别对其各作业环节进行计算、分析，以便考核其各组成部分的完成情况，找出薄弱环节，提出改进措施。

3. 两种计算方法的比较（见表 20.1）

表 20.1　两种计算法对比

车辆相关法	时间相关法
① 计算简单。	① 计算比较复杂。
② 若以 18 点的运用车作为全天消耗的车辆日数，则当运输均衡性不好时，结果欠准确。	② 结果比较精确。
③ 不便于分析周时延长或缩短的原因。	③ 便于分析，有利于考核货车运用效率，找出薄弱环节，拟定改进措施，提高效率。
④ 适用：日常统计，编制技术计划时计算运用车保有量	④ 适用：定期分析，专题分析，编制技术计划时规定货车运用质量指标

二、管内工作车、移交车和空车周转时间

铁路局的运用车需按管内工作车、移交重车和空车三部分控制和考核。因而，需相应地计算管内工作车周转时间、移交车周转时间和空车周转时间。

1. 管内工作车周转时间

管内工作车周转时间是指在管内卸车的重车，自管内装车完了或从其他铁路局接入重车时起，至卸车完了时止所消耗的时间，可按下式计算：

$$\theta_{管内} = \frac{1}{24}\left[\frac{l_{管内}}{V_{旅}} + \frac{l_{管内}}{L_{技}}t_{中} + K'_{管}t_{货}(1-\gamma)\right] \qquad (20.9)$$

式中　$l_{管内}$——管内工作车周距，计算公式为：

$$l_{管内} = (\sum NS_{自装自卸} + \sum NS_{接入自卸})/u_{卸空} \quad (km) \qquad (20.10)$$

其中，$NS_{自装自卸}$为管内自装自卸车重车公里；$NS_{接入自卸}$为从他局接入自卸车重车公里；$u_{卸空}$为管内工作车工作量。

$K'_{管}$——管内工作车的管内装卸率，计算公式为：

$$K'_{管} = (u_{自装自卸} + u_{卸空})/u_{卸空} \qquad (20.11)$$

γ——空态系数，表示货车在一次货物作业停留时间内空状态时间所占的比重。

空状态是指装车时，自空车到达车站时起，至装车完了时止；卸车时，自重车卸完时起至空车从车站发出时止；双重作业时，自卸车完了时起，至装车完了时止。

由于发往管内各中间站的管内工作车大多由摘挂列车或小运转列车输送，在编组站解体、集结、编组的时间较长，所以管内工作车的旅行速度较低，中转时间较长。若与货车周转时间中的同样指标相差较大时，应单独计算管内旅行时间和中转停留时间指标。

管内工作车周转时间也可用车辆相关法计算，即

$$\theta_{管内} = N_{管内} / u_{卸空} \quad (\text{d}) \tag{20.12}$$

式中　$N_{管内}$——管内工作车车数。

2. 移交车周转时间

移交车周转时间是指交给其他铁路局集团公司的重车自装车完了或从他局接入重车时起，至移交给他局时止所消耗的时间，可按下式计算：

$$\theta_{移交} = \frac{1}{24}\left[\frac{l_{移交}}{V_{旅}} + \frac{l_{移交}}{L_{技}}t_{中} + K''_{管}t_{中}(1-\gamma)\right] \quad (\text{d}) \tag{20.13}$$

式中　$l_{移交}$——移交车周距，计算公式为：

$$l_{移交} = \left(\sum NS_{自装交出} + \sum NS_{接运通过}\right) / u_{移交} \quad (\text{km}) \tag{20.14}$$

其中，$NS_{自装交出}$、$NS_{接运通过}$ 为自装交出和接运通过的移交车走行公里；

$K''_{管}$——移交车管内装卸率，计算公式为：

$$K''_{管} = \frac{u_{自装交出}}{u_{移交}} = \frac{u_{自装交出}}{u_{交重}} \tag{20.15}$$

移交车的 $t_{中}$ 可能较小，$v_{旅}$ 较高。

移交车周转时间也可以用车辆相关法计算，其计算公式为：

$$\theta_{移交} = \frac{N_{移交}}{u_{移交}} (\text{d}) \tag{20.16}$$

式中　$N_{移交}$——移交车车数。

对于以上三种周转时间计算公式中的 $v_{旅}$、$t_{中}$、$t_{货}$ 及 $L_{技}$，由于目前没有专门分别统计，难以按各种周转时间选取适当数值。因而，一般采用计算货车周转时间的相同指标数值。

3. 空车周转时间

空车周转时间是指自重车卸空或空车由邻局接入时起，到装车完了或将空车交给邻局时止所消耗的时间，即以空车状态在局管内延续的时间，它可按下式计算：

$$\theta_{空} = \frac{1}{24}\left(\frac{l'_{空}}{V_{旅}} + \frac{l'_{空}}{L_{技}}t_{中} + K'''_{管}t_{货}\gamma\right) \quad (\text{d}) \tag{20.17}$$

式中　$l'_{空}$——空车周距（与空周距有别），计算公式为：

$$l'_{空} = \sum NS_{空} / u_{空} = \sum NS_{空} / (u_{使} + u_{交空}) \quad (\text{km}) \tag{20.18}$$

其中，$K'''_{管}$——空车管内装卸率，计算公式为：

$$K'''_{管} = (u_{使} + u_{卸空}) / u_{空} \tag{20.19}$$

可见，空车周转时间是依据空车工作量计算的周转时间，而非货车周转时间中的空车部分。

空车周转时间也可用车辆相关法计算，其计算公式为：

$$\theta_{空} = N_{空} / u_{空} \quad （d） \qquad （20.20）$$

式中　$N_{空}$——空车保有量。

空车的 $V_{旅}$ 和 $t_{中}$ 随各铁路局的具体情况而不同。在装车局，若到达直达空车列车较多，则 $V_{旅}$ 较高，$t_{中}$ 也较小；在卸车局，若卸车地点分散，卸后空车多随摘挂列车或小运转列车送到技术站集结，则 $V_{旅}$ 可能较低，$t_{中}$ 较大。

4. 各种货车周转时间之间的内在联系

（1）国铁集团、各铁路局集团公司货车周转时间之间的内在联系。若用 N_i（$i=1, 2, \cdots, n$）、θ_i（$i=1, 2, \cdots, n$）和 u_i（$i=1, 2, \cdots, n$）分别表示铁路局集团公司运用车数、货车周转时间和工作量，则国铁集团货车周转时间与铁路局集团公司货车周转时间之间的内在联系根据车辆相关法计算公式可推导如下：

$$\theta_{部} = N_{部} / u_{部} = \sum N_i / u_{部} = \sum u_i \theta_i / u_{部} \qquad （20.21）$$

若令 $\rho u_i = u_i / u_{部}$ 为局别工作量比数，则上式也可以写为：

$$\theta_{部} = \sum \rho u_i \cdot \theta_i \quad （d） \qquad （20.22）$$

由此可见，全路货车周转时间指标不仅与局别货车周转时间指标直接相关，而且还与局别工作量比数相关。

（2）铁路局集团公司货车周转时间与三种工作车周转时间之间的内在联系根据车辆相关法计算公式可推导如下：

$$\theta = \frac{N}{u} = \frac{1}{u}(u_{管内}\theta_{管内} + u_{移交}\theta_{移交} + u_{空}\theta_{空})$$

$$= \frac{u_{管内}}{u}\theta_{管内} + \frac{u_{移交}}{u}\theta_{移交} + \frac{u_{空}}{u}\theta_{空} \qquad （20.23）$$

若令 $\rho u_{管内} = u_{管内}/u$，$\rho u_{移交} = u_{移交}/u$，$\rho u_{空} = u_{空}/u$ 分别为管内工作车工作量比数、移交车工作量比数和空车工作量比数，则上式也可以写为：

$$\theta = \rho u_{管内} \cdot \theta_{管内} + \rho u_{移交} \cdot \theta_{移交} + \rho u_{空} \cdot \theta_{空} \quad （d） \qquad （20.24）$$

由此可见，铁路局集团公司货车周转时间不仅与管内工作车周转时间、移交车周转时间和空车周转时间直接相关，而且还与三种工作车的工作量比数相关。

三、货车周转时间各项因素的确定

从用时间相关法计算货车周转时间的公式中，可以看到有一系列因素影响着货车周转时间的大小，其中 $l_{重}$（$l_{管内}$、$l_{移交}$、$l'_{空}$），α，$t_{中}$，$t_{货}$，$K_{普}$（$K'_{普}$、$K''_{普}$、$K'''_{普}$）等因素与 θ（$\theta_{管内}$、$\theta_{移交}$、$\theta_{空}$）成正比关系，$V_{旅}$、$L_{技}$ 等因素与 θ 成反比关系。周转距离、中转距离及管内装卸率等因素主要取决于生产力布局、技术站分布、货流、车流及其结构，属于客观因素；而中时、停时和旅速的大小与运输组织工作的质量和水平密切相关，为工作质量指标，属于主观因素。

1. 车辆走行公里及货车周转距离

（1）重车走行公里，为运用货车在重状态下所走行的公里数。在数值上，它等于不同走行公里重车数与相应的走行公里数乘积之和。重车公里的计算可采用以下方法：

① 按实际里程计算。根据重车车流表，从每支车流的装车站或接入站到卸车站或交出站，按实际里程计算其车辆公里，然后按自装自卸、接入卸车、自装交出及接运通过几部分分别汇总，对交出重车还应分别按各分界站汇总。各部分车辆公里加总即为重车公里。

② 按区段距离折半计算。为了简化计算，将在区段内产生和消失的车流，即到达区段内卸的、区段内装出的及区段内自装自卸的车流，按该区段距离的一半计算，对通过全区段的车流，则仍按全区段实际里程计算。其汇总方法与前同。

（2）空车走行公里，为运用货车在空状态下所走行的公里数。在数值上，它等于不同走行公里空车数与相应的走行公里数乘积之和。根据空车调整图查定空车流，把到发于区段内各中间站的空车流按区段里程的一半计算，通过区段的空车流按全区段里程计算，将各区段加总即得铁路局的空车公里数。

（3）运用车走行公里，为运用车在重状态和空状态下所走行的公里数。在数值上，它等于重车走行公里与空车走行公里之和。

（4）空车走行率，为运用车走行公里中空车走行公里与重车走行公里的比值。

（5）管内工作车走行公里，为管内工作车在铁路局管内所走行的公里数，它等于自装自卸重车走行公里与接入自卸重车走行公里之和。

（6）移交车走行公里，为移交车在铁路局管内所走行的公里数，它等于自装交出重车走行公里与接运通过重车走行公里之和。

表 20.2 所列为采用"区段距离折半计算"方法计算所得的 M 铁路局各种车辆走行公里，据此可求得 M 铁路局各种货车周转时间及空车走行率如下：

$$l_{重} = \frac{\sum NS_{重}}{u} = 234\ 640/(902+280) = 198.5\ （km）$$

$$\alpha = \sum NS_{空} / \sum NS_{重} = 34\ 100/234\ 640 = 0.145$$

$$l_{移交} = \frac{\sum NS_{移交}}{u_{移交}} = 92\ 360/290 = 318.5\ （km）$$

$$l = l_{重}(1+\alpha) = 198.5 \times (1+0.145) = 227.3\ （km）$$

$$l_{管内} = \frac{\sum NS_{管内}}{u_{卸空}} = 142\ 280/892 = 159.5\ （km）$$

$$l'_{空} = \frac{\sum NS_{空}}{u_{空}} = 34\ 100/(902+50) = 35.8\ （km）$$

表 20.2　M 铁路局重、空车走行公里计算表

区段	区段公里	车辆行程	重车走行公里 管内工作车 车流	车公里	移交车 A分界站 车流	车公里	E分界站 车流	车公里	计	合计	空车走行公里 车流	车公里	总计
A—B	100	半段	150	7500	10	500	4	200	700	8200	18	900	9100
A—B	100	全段	56	5600	150	15000	70	7000	22000	27600	60	6000	22600
B—C	100	半段	154	7700	10	500	8	400	900	8600	80	4000	12600
B—C	100	全段	268	26800	120	12000	82	8200	20200	47000	50	5000	52000
C—F	80	半段	116	4640	4	160	4	160	320	4960	38	1520	6480
C—F	80	全段	160	12800	10	800	10	800	1600	14400	44	3520	17920
C—D	100	半段	208	10400	4	200	8	400	600	11000	8	400	11400
C—D	100	全段	360	36000	96	9600	110	11000	20600	56600	52	5200	61800
D—E	120	半段	150	9000	4	240	4	240	480	9480	10	600	10080
D—E	120	全段	182	21840	84	10080	124	14880	24960	46800	58	6960	53760
路局计			142280		—	49080	—	43280	92360	234640	—	34100	268740

空车走行率应尽量压缩。减少空车走行率的途径是合理规划生产布局，制订合理的空车调整方案，增加双重作业次数，组织车种代用，以及提高重车方向的车辆载重力等。

2. 货车旅行速度 $V_{旅}$

$$V_{旅} = \frac{\sum NS}{\sum NT_{旅}} \tag{20.25}$$

式中　$\sum NT_{旅}$——货车总旅行时间，指运用货车旅行车辆小时的总和。

如果 $\sum NT_{旅}$ 的统计计算有困难，也可以用货物列车平均旅行速度近似地代替货车旅速。

3. 技术站出发的中转车数 $\sum N_{技}$ 和货车平均中转距离 $L_{技}$

各技术站出发的中转车数 $\sum N_{技}$ 包括无调中转车数和有调中转车数。中转重车可由重车车流表查出，中转空车 $N_{技}^{空}$ 则可根据铁路局集团公司空车调整图按下式计算确定：

$$N_{技}^{空} = N_{到空} - N_{补空} \quad （车） \tag{20.26}$$

式中　$N_{到空}$——各方向到达技术站空车数；

$N_{补空}$——该站需补充的空车数。

例如，由空车调整图（如图 19.3 所示）可得技术站 B 下行到达空车 62 辆，上行到达空车 18 辆，B 站需补充空车（敞车）4 辆，因而 B 站中转空车数为：

$$N_{技B}^{空} = (62+18) - 4 = 76 \quad （车）$$

M局各技术站中转重、空车数见表 20.3。

表 20.3　M局中转车数表

技术站	重　车	空　车	计
B	374	76	450
C	708	74	782
D	460	34	494
E	276	44	320
计	1818	228	2046

货车平均中转距离根据货车走行公里（见表 20.2）和中转车数求得，即对于 M局而言：

$$L_{技} = 268\ 740 / 2\ 048 = 131.22\ (\text{km})$$

4. 货车在技术站的平均周转时间 $t_{中}$

$$t_{中} = \frac{\sum Nt_{中}}{\sum N_{技}} = \frac{\sum Nt_{有} + \sum Nt_{无}}{\sum N_{有} + \sum N_{无}} \tag{20.27}$$

式中　$\sum Nt_{中}$、$\sum Nt_{有}$、$\sum Nt_{无}$——各技术站中转车、有调中转车、无调中转车停留时间的总和；

$\sum N_{有}$、$\sum N_{无}$——各技术站发出的有调中转车、无调中转车总数。

5. 各种管内装卸率及空态系数

管内装卸率可根据重车车流表的车流资料及工作量指标确定，即
管内装卸率：

$$K_{管} = (u_{使} + u_{卸空}) / u = (902 + 892) / (902 + 280) = 1.52$$

管内工作车装卸率：

$$K'_{管} = (u_{自装自卸} + u_{卸空}) / u_{卸空} = (762 + 892) / 892 = 1.85$$

移交车管内装卸率：

$$K''_{管} = u_{自装交出} / u_{移交} = 140 / 290 = 0.48$$

空车管内装卸率：

$$K'''_{管} = (u_{使} + u_{卸空}) / (u_{使} + u_{交空}) = (902 + 892) / (902 + 50) = 1.88$$

空态系数 γ 应根据实际情况进行查定。目前各铁路局一般都采用经验数据 0.3 ~ 0.5。

6. 货车一次货物作业平均停留时间 $t_{货}$

$$t_{货} = \frac{\sum Nt_{货}}{\sum N_{货}} = \frac{\sum Nt_{货}}{u_{使} + u_{卸空}} \tag{20.28}$$

式中　$\sum Nt_{货}$——各装卸站货物作业车停留时间的总和；

　　　　$\sum N_{货}$——各装卸站货物作业次数的总和，等于（严格地说，应为近似等于）全部使用车数与卸空车数之和。

【例20.1】　由下表20.4资料计算路局的货车周转时间θ。

表20.4　货车周转时间计算表

$u_{使}$/车	$u_{卸空}$/车	$u_{接重}$/车	$\sum NS_{重}$/车公里	α	$V_{旅}$/（km/h）	$\sum N_{技}$/车	$t_{中}$/h	$t_{货}$/h
6225	5475	3150	4020000	0.45	30.0	5300	6.2	11

$$u = u_{使} + u_{接重} = 6225 + 3150 = 9375（车）$$

$$l_{重} = \frac{\sum NS_{重}}{u} = \frac{4020000}{9375} = 428.8（km）$$

$$l = l_{重}(1+\alpha) = 428.8 \times (1+0.45) = 621.8（km）$$

$$L_{技} = \frac{\sum NS}{\sum N_{技}} = \frac{\sum NS_{重}(1+\alpha)}{\sum N_{技}} = \frac{4020000 \times (1+0.45)}{53000} = 110（km）$$

$$K_{管} = \frac{u_{使} + u_{卸空}}{u} = \frac{6225 + 5475}{9375} = 1.248$$

$$\theta = \frac{1}{24}\left(\frac{L}{V_{旅}} + \frac{L}{L_{技}}t_{中} + K_{管}t_{货}\right) = \frac{1}{24}\left(\frac{621.8}{30} + \frac{621.8}{110} \times 6.2 + 1.248 \times 11\right) = 2.9（d）$$

加速货车周转，用同样多的车辆可以完成较多的运输任务，或者说完成同样多的运输任务所需的车辆数较少，这样既可以减少投资、节约运营支出，又可加速货物送达和流动资金周转，因而对于扩大运送能力、提高运输质量、增强铁路竞争力具有十分重要的意义，所以货车周转时间是反映货车运用效率的一项非常重要的质量指标。

在制定技术计划时，必须正确确定周转时间的各项因素，寻求一切加速车辆周转的可能性，以充分挖掘运输潜能，提高运输效率和经济效益。

第二节　货车日车公里和货车日产量

一、货车日车公里

货车日车公里$S_{车}$是指每一运用车每日平均的走行公里数。货车日车公里可以根据货车周转时间和全周距计算，计算公式为：

$$S_{车} = l/\theta（km/d \cdot 车） \tag{20.29}$$

也可根据货车总走行公里和运用车数计算，计算公式为：

$$S_{车} = \frac{\sum NS}{N}（km/d \cdot 车） \tag{20.30}$$

货车日车公里是表示货车运用效率的另一个重要指标。在空车走行率一定的条件下，货车日车公里越高，表示货车运用成绩越好，为完成同样运输任务所需要的货车数越少。

货车周转时间与货车日车公里均与客观因素中的全周距指标有关。当全周距变动较大时，周转时间和日车公里两项指标的反应是不一致的。哪个指标受客观因素影响小，能更好地反映车辆运用效率呢？现分析两项指标与全周距的关系：

$$\theta = al + b \tag{20.31}$$

$$S_{车} = l/(al + b) \tag{20.32}$$

式中，a 表示 $v_{旅}$、$L_{技}$ 和 $t_{中}$ 中各项指标的综合系数，b 代表 $t_{货}$。可见，$S_{车} = f_1(l)$ 为线性关系，$\theta = f_1(l)$ 呈双曲线关系。当 l 值较大时，$S_{车}$ 值较稳定，当 l 值较小时，θ 受其影响较小。在运输组织工作中常常同时用此两项指标来反映货车运用质量。但由于货车周转时间 θ 与运用车 N 之间有较简明的关系，因而常以货车周转时间作为反映货车运用质量的主要指标。

二、货车日产量

货车日产量 $W_{车}$ 是指平均每一运用货车在一昼夜内生产的货物吨公里数，它可按下式计算：

$$W_{车} = P_{动}^{运} \cdot S_{车} \quad (\text{t} \cdot \text{km/d} \cdot \text{车}) \tag{20.33}$$

第三节　运用车保有量计划

为了完成规定的运输任务，需规定各铁路局集团公司应保有一定的运用车数，称其为运用车保有量。运用车保有量的标准数 N 根据工作量 u 和货车周转时间 θ 确定，即

$$N = u\theta \quad (\text{车或车辆日}) \tag{20.34}$$

式（20.30）是计算运用车保有量的基本公式。全路运用车分为重车和空车。铁路局集团公司的运用车分为管内工作车、移交重车和空车三部分。三种运用车保有量可分别按下列公式确定。

管内工作车保有量：

$$N_{管内} = u_{卸空} \cdot \theta_{管内} \quad (\text{车}) \tag{20.35}$$

移交重车或称移交车保有量：

$$N_{移交} = u_{移交} \cdot \theta_{移交} \quad (\text{车}) \tag{20.36}$$

空车保有量：

$$N_{空} = u_{空} \cdot \theta_{空} \quad (\text{车}) \tag{20.37}$$

铁路局集团公司运用车保有量等于上述三部分运用车数之和，即

$$N = N_{管内} + N_{移交} + N_{空} \quad (\text{车}) \tag{20.38}$$

对移交重车可以对全局总的移交重车保有量进行计算，也可再分别按各分界站计算其移交车保有量，即

$$N^i_{移交} = u^i_{移交} \cdot \theta^i_{移交} \quad （车）\tag{20.39}$$

此外，铁路局集团公司尚需按车种别规定运用车保有量，以便按车种进行控制，其计算原理同上。设 M 局的各种货车周转时间如表 20.5 所示，局各种工作量汇总于表 20.6，则 M 局的各种运用车保有量计划见表 20.7。

表 20.5　货车周转时间汇总表　　　　　　单位：天

θ	$\theta_{管内}$	$\theta_{移交}$	$\theta_{空}$
1.62	1.30	0.99	0.49

表 20.6　工作量汇总表　　　　　　单位：车

u	$u_{管内}$	$u_{移交}$	$u_{空}$
1182	892	290	952

表 20.7　运用车保有量计划表　　　　　　单位：车

N	$N_{管内}$	$N_{移交}$	$N_{空}$
1915	1160	288	467

本章小结

车辆是铁路运输的动力和工具，是决定铁路输送能力的重要因素。货车运用效率可以从时间和载重力两方面进行分析。从时间上考核货车运用效率的指标为货车周转时间和货车日车公里等。

本章主要知识点回顾：

一、货车周转时间的定义

定义 1：货车从第一次装车完了时起，至下一次装车完了时止，所平均消耗的时间。

定义 2：货车每完成一次周转所平均消耗的时间。

定义 3：货车每完成一个工作量所平均消耗的时间。

二、货车周转时间的计算

（1）车辆相关法。

货车周转时间为：$\theta = N/u$（d）

全路货车周转时间为：$\theta = N/u_{使}$（d）

铁路局货车周转时间为：$\theta = N/(u_{使} + u_{接重})$（d）

（2）时间相关法。

货车完成一次周转所消耗的时间可以分为以下三个部分：

① 在各区段的旅行时间 $T_{旅}$（h）；

② 在各技术站进行中转作业的停留时间 $T_技$（h）；

③ 在货物装卸站的停留时间 $T_货$（h）。

货车周转时间可用下式表示：

$$\theta = \frac{1}{24}(T_旅 + T_技 + T_货) = \frac{1}{24}\left(\frac{l}{V_旅} + \frac{l}{L_技}t_中 + K_管 t_货\right) \text{（d）}$$

（3）货车周转时间的因素包括全周距 l、货车旅速 $V_旅$、中距 $L_技$、中时 $t_中$、管内装卸率 $K_管$、停时 $t_货$。

（4）管内工作车周转时间：在管内卸车的重车，自管内装车完了或从他铁路局接入重车时起，至卸车完了时止所消耗的时间。

（5）空车周转时间：自重车卸空或空车由邻局接入时起，到装车完了或将空车交给邻局时止所消耗的时间。

（6）移交车周转时间：交给其他铁路局集团公司的重车自装车完了或从他局接入重车时起，至移交给他局时止所消耗的时间。

三、运用车保有量计划

（1）运用车保有量是指为了完成规定的运输任务，需规定各铁路局集团公司应保有一定的运用车数。

（2）全路运用车分为重车和空车；铁路局的运用车分为管内工作车、移交重车和空车三部分，铁路局运用车保有量等于上述三部分运用车数之和。

思 考 题

1. 什么是货车周转时间？两种计算方法各有何优缺点？各在什么情况下采用？

2. 全路周转时间与铁路局周转时间在含义上有何不同？各铁路局周转时间与全路周转时间有何关系？

3. 简述时间相关法计算货车周转时间的各项因素的含义及计算方法。

4. 全路、铁路局的管内装卸率有何不同？

5. 空周距与空车周距有何区别？

6. 运用车及其保有量的含义是什么？铁路局的运用车按运用情况可分为几类？

7. 各类运用车周转时间的含义是什么？为何要计算各类运用车的周转时间？

8. 影响空车走行率的因素有哪些？如何减少空车走行率？

9. 为何说货车周转时间是一个重要的综合性质量指标？

10. 压缩货车周转时间的主要途径有哪些？

第二十一章　机车运用计划

【本章导读】

机车是铁路运输的基本动力，列车运行与车站的调车作业都需要机车的参与，机车的运用计划是铁路运输工作组织的重要组成部分。在货物运输生产计划中，需要根据各局的运输工作量，分配机车的运用台数，规定机车运用数量指标和质量指标。

【学习目标】

（1）掌握机车运用数量指标和质量指标的含义；

（2）掌握机车运用数量指标和质量指标的计算方法。

【重点及难点】

（1）机车管理的分类；

（2）机车走行公里的分类；

（3）机车全周转时间、机车需要系数、机车日车公里、机车台数之间的关系。

第一节　机车管理的分类

机车是铁路运输的基本动力，线路上的列车运行、车站内外的调车作业都要由机车来完成，因此，机车运用计划是铁路运输组织工作的一个重要组成部分。在运输生产计划中，应根据各局的运输工作量分配机车运用台数，规定机车运用数量指标和质量指标，以便考核和分析机车运用成绩，不断提高机车运用效率。

机车的运用方式与货车不同，货车是在全路范围内通用，机车则配属于各铁路局集团公司所管辖的机务段，并在固定的区段内牵引列车，或在固定的站段担当调车作业或其他工作。

铁路局集团公司、机务段的配属机车是根据铁道部的配属命令，由指定的机务段负责管理和使用。配属给各局（段）的机车，应涂有该局（段）的标志，并登入该局（段）的资产台账内。

按配属关系可将机车分为配属机车和非配属机车，配属机车按支配使用关系可分为支配机车和非支配机车，支配机车按工作状况又可分为运行机车和非运行机车。机车管理的详细分类如图 21.1 所示。

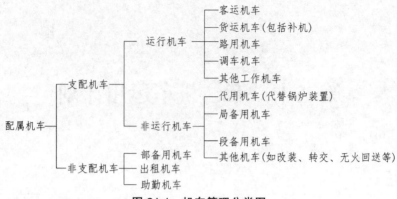

图 21.1　机车管理分类图

各铁路局集团公司（段）对配属机车中的支配机车有权支配，而对非支配机车则无权支配。

第二节　机车运用数量指标

反映机车运用效率的数量指标有机车走行公里、机车牵引总重吨公里和机车供应台次等三项。

1. 机车走行公里

机车走行公里 $\sum MS$ 是指机车运行的公里数。每一台机车运行 1 公里即为 1 机车公里。

由于机车所担当的工作种别不同，机车走行公里又可分为本务机车走行公里和辅助机车走行公里；按机车运行中是否产生实际走行公里又可分为沿线走行公里和换算走行公里。各种机车走行公里的分类及其关系如图 21.2 所示。

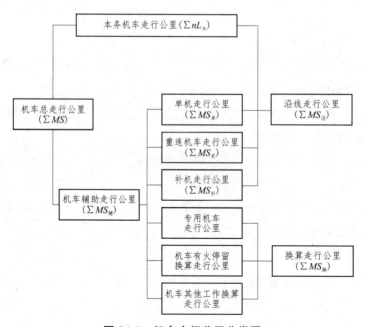

图 21.2　机车走行公里分类图

机车总走行公里为：

$$\sum MS = \sum nl_本 + \sum MS_单 + \sum MS_双 + \sum MS_补 + \sum MS_换 \tag{21.1}$$

本务机车走行公里为

$$\sum nl_本 = n_1 L_1 + n_1 L_2 + \cdots n_n L_n \tag{21.2}$$

沿线走行公里为

$$\sum MS_沿 = \sum nl_本 + \sum MS_单 + \sum MS_双 + \sum MS_补 \tag{21.3}$$

换算走行公里是指机车处于某种状态并不产生走行公里（如蒸汽机车的有火停留），或产生的走行公里无法计算（如调车机车进行调车工作），只能按机车小时换算为机车走行公里。

机车走行公里是铁路局和机务段用以确定机车需要台数和机车检修计划的依据，也是分析机车运用情况和考核机车乘务组工作的必要资料。但是，用机车走行公里指标来衡量机车工作量具有一定的局限性，因为它只包含了机车走行距离的因素，而未反映机车牵引重量的因素。显然，一台牵引列车的机车和一台单机，虽然产生同样数量的机车走行公里，但它们所产生的工作效果却是不同的。因此，在计算机车走行公里的同时，还要计算机车牵引总重吨公里，简称总重吨公里。

2. 总重吨公里

总重吨公里 $\sum QS_总$ 表示机车牵引货物列车所完成的工作量，其值等于机车牵引总重和它的走行公里的乘积之和，其中在统计日常完成的工作量时，机车牵引总重包括列车重量和单机附加的重量。

$$\sum QS_总 = Q_1 S_1 + Q_2 S_2 + Q_3 S_3 + \cdots + Q_n S_n \text{（t·km）} \tag{21.4}$$

3. 机车供应台次

机车供应台次表示一昼夜内全部机车在担当的牵引区段内的总周转次数，记作 $u_供应$。

机车在牵引区段每往返一次，作为供应一台次；实行循环运转制的机车，每经过机务段所在站一次，即为供应一台次，在一昼夜内如只有往程或返程时，作为 0.5 台次；实行肩回运转制的机车，每周转一次即完成牵引一对列车的任务，亦即供应一台次。故每一区段的机车供应台次可按下式计算：

$$u_供应 = n + n_双 \text{（台次）} \tag{21.5}$$

式中　n——列车对数；

　　$n_双$——双机牵引的列车对数。

第三节　机车运用质量指标

反映机车运用效率的质量指标包括机车全周转时间、机车需要系数、机车日车公里、列车平均总重和货运机车日产量等。其中机车全周转时间、机车需要系数、机车日车公里三者是从时间方面考核机车运用效率；列车平均总重是从载重利用方面考核机车运用效率；而货运机车日产量则是考核机车运用质量的综合指标。

1. 机车全周转时间

机车全周转时间 $\theta_{机}$ 是从时间上反映机车运用效率的指标，它是指机车作业完了返回基本段经过闸楼时起，至下一次作业完了返回基本段经过闸楼时止的全部时间。它包括机车牵引列车在区段旅行总时间、机车在本段停留时间、机车在本段所在站停留时间、机车在折返段停留时间以及机车在折返段所在站停留时间，即

$$\theta_{机} = \frac{L_{机}}{v_{旅}^{机}} + t_{本段} + t_{本站} + t_{折段} + t_{折站} \quad (\text{h}) \tag{21.6}$$

式中　$L_{机}$——机车平均周转距离（km）；

　　　$v_{旅}^{机}$——机车平均旅行速度（km/h）；

　　　$t_{本段}$、$t_{折段}$——机车在本段和折返段的平均停留时间（h）；

　　　$t_{本站}$、$t_{折站}$——机车在本段所在站和折返段所在站的平均停留时间（h）。

2. 机车需要系数

机车需要系数 $K_{需}$ 是指在一个牵引区段内，每担当一对列车的牵引任务平均需要的机车台数，即平均一对列车所需要的运用机车台数。由于一台机车每周转一次即完成一对列车的牵引任务，故将以"小时"为单位的全周转时间化为以"天"为单位的全周转时间，即为平均每完成一对列车的牵引任务所需要的机车台数，即

$$K_{需} = \theta_{机} / 24 \quad (\text{台/对}) \tag{21.7}$$

各区段的机车需要台数可按下式计算：

$$M_{货} = (n + n_{双})\theta_{机} / 24 = u_{供应} K_{需} \quad (\text{台}) \tag{21.8}$$

3. 机车日车公里

机车日车公里 $S_{机}$ 是指全路、铁路局或机务段平均每台货运机车一天走行的公里数，其值可按下列公式计算：

$$S_{机} = (\sum MS_{沿} - \sum MS_{补}) / M_{货} \quad (\text{km/d}) \tag{21.9}$$

或

$$S_{机} = 2L \times 24 / \theta_{机} = 2L / K_{需} \quad (\text{km/d}) \tag{21.10}$$

机车日车公里反映每台货运机车平均每天完成的工作量。提高机车日车公里，可以减少机车需要台数，即可用较少的机车完成规定的运输任务。

【例 21.1】　现有 B 机务段机车采用肩回运转制，机车交路如图 21.3 所示。已知 AB 段距离 200 km，BC 段距离 180 km，资料见表 21.1，列车对数为 20 对，双机牵引的列车对数为 8 对，求 B 机务段的机车平均全周转时间、机车需要系数、机车需要台数和机车日公里数值。

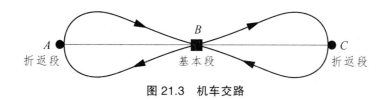

图 21.3　机车交路

表 21.1　已知资料

牵引区段	货物列车对数	机车平均旅速	机车在本段及本段所在站平均停留时间	机车在折返段及折返段所在站平均停留时间
A—B	24	32 km/h	2.8 h	2.2 h
A—C	20	30 km/h	3.0 h	2.4 h

解：

$$\theta_{机} = \frac{24 \times \left(\dfrac{2 \times 200}{32} + 2.8 + 2.2 \right) + 20 \times \left(\dfrac{2 \times 180}{30} + 3.0 + 2.4 \right)}{24 + 20}$$

$$= \frac{420 + 348}{44} = 17.5 \, (\text{h})$$

$$K_{需} = \frac{17.5}{24} = 0.73 \, , \quad u_{供应} = 20 + 8 = 28 \, (\text{对})$$

$$M_{货} = u_{供应} K_{需} = 28 \times 0.73 = 20.4 \, (\text{台})$$

由于计算数值应满足正整数要求，所以向上取整，机车需要台数为 21 台。

$$S_{机} = 2 \times (200 + 180) \times 24 / 17.5 = 1042.3 \, (\text{km})$$

4. 列车平均总重

列车平均总重 $Q_{总}$ 是指全路、铁路局或机务段平均每台本务机车牵引列车的总质量（包括货物质量和车辆自重），即

$$Q_{总} = \sum QS_{总} / \sum nL_{本} \, (\text{t/列}) \tag{21.11}$$

列车平均总重反映了机车牵引力的利用程度，它直接影响到列车次数、机车需要台数、机车乘务组需要数以及其他有关支出的大小，是衡量机车运用效率的一个重要指标。

5. 货运机车日产量

机车日产量 $W_{机}$ 是平均每台货运机车每日生产的总重吨公里数，即

$$W_{机} = \frac{\sum QS_{总}}{M_{货}} = \frac{Q_{总} S_{机}}{1 + \beta_{辅}} \, (\text{t.km/d}) \tag{21.12}$$

$$\beta_{辅} = \left(\sum MS_{双} + \sum MS_{单} \right) / \sum nL_{本} \tag{21.13}$$

式中　$\beta_{辅}$——单机和重联机车走行率。

由公式可以看出，$W_{机}$ 综合反映了列车平均总重、机车日车公里和单机走行三个方面的关系，是考核机车运用质量的一个综合指标。只要降低单机走行率，提高机车日车公里和列车平均总重，就能提高机车日产量指标。

【例 21.2】 某机务段某日本务机车走行公里为 1000 机车公里，机车牵引平均总重为 200 万吨公里，货运机车台日数为 35 台日，求该机务段当日列车平均总重、货运机车日产量。

解： $Q_{总} = \dfrac{\sum QS_{总}}{\sum nL_{本}} = \dfrac{200 \times 10^4}{1000} = 2000$（吨/列）

$$W_{机} = \frac{\sum QS_{总}}{M_{货}} = \frac{200 \times 10^4}{35} = 57142.9 \ (\text{t.km/d})$$

本章小结

机车是铁路运输的基本动力，线路上的列车运行、车站内外的调车作业都要由机车来完成，因此，机车运用计划是铁路运输组织工作的一个重要组成部分。在运输生产计划中，根据各局的运输工作量，分配机车运用台数，规定机车运用数量指标和质量指标，以便考核和分析机车运用成绩，提高机车运用效率。

本章主要知识点回顾：

1. 按配属关系可将机车分为配属机车和非配属机车，配属机车按支配使用关系可分为支配机车和非支配机车，支配机车按工作状况又可分为运行机车和非运行机车。

2. 反映机车运用效率的数量指标有机车走行公里、机车牵引总重吨公里和机车供应台次。

3. 反映机车运用效率的质量指标包括机车全周转时间、机车需要系数、机车日车公里、列车平均总重和货运机车日产量等。

4. 货运机车日产量综合反映列车平均总重、机车日车公里和单机走行三个方面的关系，是考核机车运用质量的一个综合指标。

思 考 题

1. 机车与车辆运用方式有何不同？怎样进行分类管理？
2. 简述机车运用数量和质量指标的含义及其计算方法。
3. 为何说机车日产量是一个综合性指标？怎样提高机车日产量？

第二十二章　运输方案

【本章导读】

运输方案是我国铁路职工在运输组织工作上为保证完成运输生产计划的综合部署进行的一个创造。由于编制日班计划很难对货运工作、列车工作、机车工作等进行周密安排，以至影响运输效率。为了提高运输效率，保证完成和超额完成国家运输任务，除了编制运输生产计划外，每月、每旬还要编制运输方案，作为编制日班计划的依据。

【学习目标】

（1）理解运输方案的作用，任务；

（2）了解运输方案的内容。

【重点及难点】

（1）运输方案的作用；

（2）运输方案的编制原则。

第一节　概　述

一、运输方案的作用

运输方案是保证完成运输生产计划的综合部署，是我国铁路职工在运输组织工作上的一个创造。

列车编组计划和列车运行图都是年度的基础性质的技术文件，它们指导着全年运输组织中的车流组织和列车运行工作。传统的月编运输生产计划周期太长，但为了体现运输生产计划的运输生产指导意义，其编制周期也不可能太短，一般应不少于 10 d。运输生产计划规定了其计划期内铁路运输工作的数量及质量指标要求。然而，铁路究竟如何按照列车编组计划、列车运行图的规定和运输生产计划的要求来组织日常的运输生产活动呢？在没有运输方案的条件下，是通过编制和执行日班计划来实现的。但是，由于编制日班计划的时间很短促，很难细致地对货运工作、列车工作、机车工作等进行周密安排，以至影响运输效率，甚至影响运输任务的完成。因此为了提高运输效率，保证完成和超额完成国家运输任务，除了编制运输生产计划外，每月、每旬还要编制运输方案，作为编制日班计划的依据。

运输方案应根据运输生产计划规定的任务，按照列车编组计划、列车运行图的规定，考虑到装卸站的装卸能力和短途运输能力，企业部门的生产规律，根据当月（旬）的具体情况，对月、旬的货运工作、列车工作、机车工作和施工等进行统筹安排。通过运输方案的综合安排，使货流组织与车流组织、车流组织与列车运行、列车运行与机车运用互相紧密结合，使铁路内部和铁路运输与企业生产互相协调、密切配合，挖掘运输潜力，提高运输效率，从而使铁路运输更好地为工农业生产、国防建设和人民生活需要服务，更好地满足国民经济发展对铁路运输的需要。运输方案的主要作用为：

（1）通过运输方案，使运能和运量相互协调，保证运输生产计划的完成，全面完成运输任务；

（2）通过运输方案有效地组织全路内外相关部门的紧密协作，提高运输效率和效益；

（3）通过运输方案找出运输生产中的主要矛盾和薄弱环节，预防可能发生的困难。

二、运输方案的编制原则和依据

运输方案一般包括货运工作方案、列车工作方案、机车工作方案三个基本组成部分。

根据具体需要，运输方案还可以包括枢纽工作方案和施工方案等。编制枢纽工作方案的目的在于使区段工作和枢纽工作协调配合；而编制施工及路料运输方案的目的则在于使运输工作与路内有关部门的维修、改建工作配合，尽量减免施工对运输工作的影响，而又使必要的维修、改建工作有顺利进行的条件。编好施工方案的关键则在于运输和工电有关部门的协作。

编制运输方案时，国铁集团主要要编好跨局方案，铁路局集团公司要进行具体安排，根据各局运输方案，各主要装卸站和技术站也应按照本站作业的特点编制相应的车站方案。

编制运输方案时必须坚持如下原则：

（1）坚决贯彻、执行党和国家的运输方针和政策，保证完成国家规定的运输任务；

（2）局部服从整体，认真落实上级运输方案的安排，保证上级运输方案的实现；

（3）明确目标，针对运输工作中的主要矛盾和薄弱环节，加强货流和车流组织，安排好列车、机车工作，保证运输工作的总体优化；

（4）坚持全局观念，组织运输过程各个环节的协调配合；

（5）树立营销观念，为广大货主服务，在完成运输任务的同时提高运输效益。

编制运输方案的主要依据为：

（1）货物运输生产计划、旬计划；

（2）货物列车编组计划，列车运行图和站段技术作业过程；

（3）有关区段通过能力，主要站通过能力及改编能力、装卸能力；

（4）各铁路局间相互交换的重点车站装车资料；

（5）前一时期运输方案执行情况的分析；

（6）吸引地区主要物资部门的生产、供应、销售情况及其对运输的要求；

（7）铁路与其他交通工具的衔接协作，联合运输的开展情况和短途运输能力等。

第二节　运输方案的编制

一、货运工作方案的任务、主要内容和编制方法

货运工作方案是运输方案的基础。它的主要任务在于全面组织自装车流，梳好货流辫子，

尽量组织各种直达列车和成组装车，使运输生产计划和列车编组计划紧密结合起来，同时，还要摸清到重情况，安排主要站的卸车工作。货运工作方案的质量直接关系到列车工作方案和机车工作方案的质量。因此，正确编制货运工作方案是整个运输方案的关键。

货运工作方案主要包括装车和卸车两方面方案，其内容如下：

（1）始发、阶梯直达列车计划及日历装车安排；

（2）固定车底循环列车、整列出车的短途列车计划及日历装车安排；

（3）成组装车的日历安排；

（4）零星车流的日历装车安排；

（5）主要卸车站的卸车安排。

铁路局集团公司在编制装车方案时，应根据列车编组计划的要求，或高于列车编组计划的要求，对运输生产计划的货流进行分析，然后按照"先直达、后成组、再零星"的顺序，全面组织自装车流。应当最大限度地组织始发、阶梯直达列车和不通过编组站的短途列车（整列出车），在条件许可的情况下，可以采用固定车底循环列车，不能组织直达列车时，应组织五辆以上同一到站的成组装车，或按前方编组站编组计划的要求，组织通过编组站的成组装车；不能组织成组装车的零星车流，也应尽可能集中装车。

在编制各种直达列车或不通过编组站的短途列车计划时，应当考虑装卸站的装卸能力和仓储设备容量，特别是要为到站和收货单位着想，避免由于组织直达列车，造成卸车、搬运、储存等困难，造成货物运送间隔时间过长，影响生产和消费的需要。为此，对于纳入直达运输方案的货流，在确定日历装车安排时，一般可采取大用户按旬均衡发送，小用户定旬发送的方式。在多站、多矿配开直达列车时，各站、各矿的配装辆数要适当，各日、各旬装车要尽量均衡。

在编制装车方案时，还应大力提倡和组织超编组计划的高质量直达列车。凡超过编组计划规定，并符合下列条件之一的列车为高质量直达列车：

（1）车船衔接，路、矿、厂、港直出直入，整列装卸的直达列车；

（2）同一卸车地点或按到站货区货位编组的直达列车；

（3）在始发站组织或技术站编组，超过编组计划规定并符合前方一个编组站编组计划的远程直达列车。

超编组计划高质量直达列车的组织形式，要不断创新，不断发展。各铁路局要在编制编组计划之后，拟订组织超编组计划高质量直达列车的规划和具体编组方法，发给有关站段，通过运输方案加以组织实现，以丰富编组计划的内容。在编制装车方案时，对于组织超编组计划规定的到达编组站解体的直达列车和通过编组站不进行改编作业的成组装车，其车流必须符合前方编组站编组计划的要求，否则在中途仍需改编，达不到预期的效果。

编制卸车方案对于保证日常运输工作的正常进行有着重大意义。到达铁路局卸车的车流是由两部分组成的，一是由外局接入自卸的重车，二是本局自装自卸的重车。将批准的装车信息按各主要卸车站进行汇总即可得到卸车方案，从而可预先掌握各主要卸车站到达货物的品类和数量。在了解各主要卸车站卸车工作量变化的情况下，就可以事先有计划地做好卸车组织工作和搬运的安排，必要时还可以主动与发站联系，提出切实可行的建议，以免重车积压、货场堵塞。

二、列车工作方案的主要任务、内容和编制方法

列车工作方案是运输方案的集中体现，其主要任务在于以最有利的形式把车流组织成列车

流，指定配送空车和挂运重车的运行线（组流上线），使货运工作方案和列车运行图紧密结合起来，经济合理地安排机车的运用和检修。

列车工作方案是运输方案的集中体现，它是根据货物运输生产计划、货运工作方案和列车运行图的规定进行编制的，其主要内容为：

（1）选定分号（方案）运行图和核心车次；

（2）将卸空车流组织成列车流，合理安排定车次、定车种、定辆数的排空列车和配空列车；

（3）对各种车流进行挂线安排，特别是对"五定"班列的安排。

每月在编制列车工作方案时，首先应根据技术计划规定的各个区段的行车量，并考虑日常波动，选定分号运行图或方案运行图。当没有编制分号运行图而需从基本运行图中抽掉列车运行线时，必须考虑：

（1）抽掉的车次为非定期车次；

（2）流线结合。例如到达装车站的空车列车运行线应与装车站始发的重车列车运行线相配合，有车流交换的两个列车运行线在衔接站要互相配合，直达列车从装车站出发和到达卸车站的时间应与企业生产相配合等；

（3）阶段均衡。均衡安排列车运行线包括到达同一卸车站同一品类货物的列车应均衡到达，同一装车站装运同一品类货物的直达列车应均衡安排出发，编组站的列车尽可能做到改编列车和无调中转列车均衡到发，一天各阶段列车运行要基本均衡等；

（4）保证机车交路经济合理；

（5）符合施工需要的时间要求。

空车是装车的保证。为了实现货运工作方案和满足排空的需要，列车工作方案应对空车流进行合理组织。管内空车流的组织应贯彻"一卸、二排、三装"的原则，并根据列车编组计划的规定进行。为了保证排空和组织装运直达列车，保证厂矿重点物资的及时运送，首先应根据技术计划规定的排空任务，考虑接空局的要求，确定在卸车站和空车集结站按车种的整列排空列数，其次要按照货运工作方案中组织直达列车和短途列车的安排，组织整列配空列数。

把各种车流分别安排到每条运行线上挂运（简称车流挂线），是编制列车工作方案的重点任务。车流挂线主要是指货运工作方案中组织的始发、阶梯直达列车、固定车底的循环列车、其他短途列车以及空车直达列车的车流挂线。对于零星车流，则应当指定直通、区段和摘挂列车的车次挂运，并在运行图中考虑其甩挂时间。

对各种列车安排运行线时，可以根据车流量的大小决定单独使用或共用一条运行线。当某一到站的列车基本上能够每天开行一列时，可以固定一条运行线单独使用；当某一到站的列车不能保证每天开行一列时，可以和有相同径路的其他列车共用一条车运行线，交叉使用。

在选定运行线时应当考虑以下要求：

（1）凡是运行图中的定期车次，列车工作方案都应加以保证。

（2）各种车流挂线应当互相配合。例如，到达装车站的空车列车运行线应与装车站出发的重车列车运行线相配合，有车流交换的两个列车运行线在衔接站要互相配合，直达列车从装车站出发和到达卸车站的时间应与企业生产相配合等。

（3）保证运输均衡。例如，每天由各个方案到同一卸车站同一品类货物的列车运行线应当均衡安排，以便有时间腾空货位，保证及时卸车；同一装车站每天装运同一品类货物的直达列车，应当均衡安排出发列车运行线，以便保证有足够的时间集结货物；向外局排空列车运行线应当均衡安排；到达编组站的列车也应尽可能做到改编列车和无改编列车均衡安排；一天各阶段列车运行要基本均衡等。

（4）编组站自编列车运行线与装车地直达列车运行线要各得其所。编组站自编列车运行线的选定是比较复杂的问题，它决定于各方向到达车流的稳定程度。在有条件的情况下，编组站改编车流也可以做到部分车流挂线。在这种情况下，编组站车流挂线的运行线一般不应选做装车地直达列车的运行线。

车流挂线，可以保证装卸站和编组工作的稳定和均衡，使铁路与厂矿企业协调配合，加速物资运送和机车车辆周转，因此应当通过货流和车流的组织不断扩大车流挂线的比重。

三、机车工作方案的主要任务、内容和编制方法

机车工作方案的主要任务是根据列车工作方案和机车运用方式合理安排机车交路，把机车的运用和检修结合起来，保证实现列车工作方案，提高机车质量和运用效率，全面完成运输任务。

机车工作方案的主要内容包括：

（1）机车周转图和检修计划；

（2）记号式机车交路图。记号式机车交路图是指在机车周转图中，机车交路的部分或全部列车由固定号码的机车担当。

根据列车工作方案选定的分号运行图或方案运行图，合理安排机车交路，编制机车周转图。当发现某些管内列车运行线选定不合适而对机车运用不利时，应由机务部门与运输部门共同研究解决。

为了保证提供质量良好的机车，在编制机车周转图时，必须考虑机车的洗（定）检和中检，在图上定出机车中检、洗（定）检入库运行线和检修后牵引的列车运行线。采用记号式机车交路，可以保证机车运用检修工作的稳定，同时也给机车乘务组创造了稳定的工作条件。但选为记号式机车交路的运行线必须是有稳定车流保证的运行线。

编制记号机车周转图时，不能使记号机车交路过于紧张，以免列车稍有晚点就打乱记号机车交路。选定记号机车运行线时还应考虑中、洗检机车回段运行线，避免记号机车因中、洗检而打乱方案。

运输方案编制之后，必须严肃认真地贯彻执行，加强调度指挥和车站基础工作，建立必要的考核分析制度，使运输方案在运输组织工作中发挥应有的作用。

四、运输方案的执行、分析与考核

运输方案编制后，必须严肃认真地贯彻执行，严格按运输方案的部署和安排来组织运输生产。在执行的过程中，应加强对运输方案的考核和分析，不断提高运输方案的质量和组织水平。

车站进行考核分析的主要指标有：

（1）日历装车兑现率和旬装车兑现率；

（2）直达列车及成组装车比重；

（3）装车挂线兑现率；

（4）装车挂线比重；

（5）空车挂线比重；

（6）编组站列车方案兑现率；

（7）小运转列车方案兑现率等。

铁路局除了汇总各站上报的以上指标外，还应专门考核以下指标：

（1）跨局列车方案兑现率；

（2）跨局特快货运班列、"五定"班列和车组挂线兑现率等。

本章小结

运输方案是保证完成运输生产计划的综合部署，是我国铁路职工在运输组织工作上的创造，是为了提高运输效率、保证完成国家运输任务而制定的每月、每旬的运输计划，也是编制日班计划的依据。

本章主要知识点回顾：

1. 运输方案应根据运输生产计划规定的任务，按照列车编组计划、列车运行图的规定，考虑到装卸站的装卸能力和短途运输能力，企业部门的生产规律，根据当月（旬）的具体情况，对月、旬的货运工作、列车工作、机车工作和施工等进行统筹安排。

2. 货运工作方案是运输方案的基础，它的主要任务在于全面组织自装车流，以最有利的形式把车流组织成列车流，指定配送空车和挂运重车的运行线，使货运工作方案和列车运行图紧密结合起来，经济合理地安排机车的运用和检修。

思 考 题

1. 运输方案的作用和意义是什么？
2. 简述运输方案的分类、主要内容及任务。

本篇习题

一、单项选择题

1. 技术计划是为完成月度货物运输计划而制定的（　　　）。
   A. 车流调整流计划　　　　　　　　B. 机车车辆运用计划
   C. 列车运行计划　　　　　　　　　D. 列车编组计划

2. 工作量定义为全路、铁路局每昼夜新产生的（　　　）。
   A. 装车数　　　　B. 卸车数　　　　C. 空车数　　　　D. 重车数

3. 就全路而言，工作量即为全路的（　　　）。
   A. 装车数　　　　B. 卸车数　　　　C. 使用车数　　　　D. 运用车数

4. 铁路局的工作量等于（　　　）。
   A. 使用车数　　　　　　　　　　　B. 卸空车数
   C. 接入重车数　　　　　　　　　　D. 使用车数与接入重车数之和

5. 铁路局使用车计划等于（　　　）。
   A. $u_{自装自卸} + u_{接入自卸}$
   C. $u_{接入自卸} + u_{接运通过}$
   B. $u_{自装自卸} + u_{自装交出}$
   D. $u_{自装自卸} + u_{接运通过}$

6. 在铁路局管内卸车的重车称为（　　　）。
   A. 管内工作车　　　　　　　　　　B. 移交车
   C. 空车　　　　　　　　　　　　　D. 运用车

7. 空车管内装卸率等于（　　　）。
   A. $(u_{交空} + u_{卸空})/u_{使}$
   C. $(u_{使} + u_{卸空})/u_{空}$
   B. $(u_{使} + u_{卸空})/u_{使}$
   D. $(u_{交空} + u_{卸空})/u_{空}$

8. 为了完成规定的运输任务，铁道部需规定各铁路局应保有一定的运用车数，称之为（　　　）。
   A. 管内工作车保有量　　　　　　　B. 移交车保有量
   C. 运用车保有量　　　　　　　　　D. 空车保有量

二、多项选择题

1. 铁路局使用车数等于（　　　）.
   A. $u_{装} + \Delta u_{使}$
   C. $u_{自装自卸} + u_{自装交出}$
   E. $u_{自装自卸} + u_{接运通过}$
   B. $u_{装} + u_{卸空}$
   D. $u_{自装自卸} + u_{接入自卸}$

2. 下列车辆中，属于非运用车的是（　　　）。
   A. 检修车　　　　　　　　　　　　B. 保温车
   C. 备用车　　　　　　　　　　　　D. 禁溜车
   E. 路用车

3. 用时间相关法计算货车周转时间，其主要因素有（   ）。

    A. 中时   B. 中距

    C. 管内装卸率   D. 旅速

    E. 停时

4. 用时间相关法计算货车周转时间时，属于主观因素的有（   ）。

    A. 重周距   B. 中时

    C. 停时   D. 管内装卸率

    E. 旅速

5. 由于运用车尚需按状态和去向控制，铁路局将运用车分为（   ）。

    A. 管内工作车   B. 移交重车

    C. 移交空车   D. 空车

    E. 接入重车

6. 铁路局工作量可表示为（   ）。

    A. $u_{使} + u_{接重}$ B. $u_{自装自卸} + u_{自装交出} + u_{接入自卸} + u_{接运通过}$

    C. $u_{使} + u_{接入自卸} + u_{接运通过}$ D. $u_{卸空} + u_{交重}$

    E. $u_{自装自卸} + u_{自装交出} + u_{接重}$

三、名词解释题

1. 工作量
2. 管内工作车
3. 移交车
4. 管内装卸率
5. 货车日产量
6. 货车周转时间
7. 运用车
8. 运用车保有量
9. 机车全周转时间
10. 机车日车公里

四、判断分析题

1. 空车周转时间是依据货车周转时间中的空车部分，即空车工作量来计算的。
2. 全路的工作量等于全路各铁路局集团公司工作量之和。
3. 空周距就是空车周距。
4. 全路的管内装卸率的值在 0~2 范围内变动。
5. 铁路局集团公司运用车保有量等于所属各车务段保有量之和。

五、简答题

1. 铁路运输工作技术计划的作用是什么？包括哪些内容？

2. 叙述运用车保有量、工作量、货车周转时间三者之间的关系。

3. 货车周转时间的各项因素中，哪些属于主观因素？哪些属于客观因素？

4. 简述车辆相关法、时间相关法各自的优缺点。

六、综合计算题

1. 由下表资料计算路局的工作量 u，全周距 l，中距 $L_技$，管内装卸率 $K_管$，货车周时 θ，货车日车公里 $S_车$，运用车保有量 N。

使用车数 $u_使$/列	6300	重车公里 $\sum NS_重$	420 万	接重车数 $u_{接重}$/列	3200
卸空车数 $u_{卸空}$/列	5500	空车走行率 a	0.35	中转车数 $\sum N_技$/列	56000
货车平均旅速 $V_旅$ /（km/h）	32.0	中时 $t_中$/h	5.6	停时 $t_货$/h	12.0

2. 某铁路局管辖甲、乙两个统计区。由下表资料计算甲、乙两统计区及铁路局的九个指标：

$u_{自装自卸}$，$u_{自装交出}$，$u_{接入自装}$，$u_{接运通过}$，$u_使$，$u_{卸空}$，$u_{接重}$，$u_{交重}$，u。

自 ＼ 往	甲	乙	分界口		总计
			A	E	
甲	420	450	200	180	1250
乙	600	330	230	160	1320
分界口　A	210	250	—	350	810
分界口　E	240	150	300	—	690
总计	1470	1180	730	690	4070

第五篇

铁路运输调度工作

第二十三章 概　述

【本章导读】

　　本章主要讲解铁路运输调度工作的作用、基本任务，铁路运输调度系统的指挥机构及调度系统的岗位设置。最后详细介绍铁路运输各级调度机构的具体任务和职责，使大家对我国铁路运输调度的概况有一个基本的了解。

【学习目标】

（1）理解铁路运输调度工作的作用；

（2）领会铁路运输调度工作的基本任务；

（3）掌握我国铁路运输三级调度指挥机构的设置；

（4）领会铁路局集团公司调度中心的调度组织机构系统；

（5）了解铁路运输调度系统的岗位设置及工作职责；

（6）了解铁路运输各级调度机构的具体任务和职责。

【重点及难点】

（1）调度指挥工作的作用和基本任务；

（2）铁路局集团公司调度中心组织体系。

第一节　铁路运输调度工作的作用

　　月度货物运输生产计划所规定的运输生产任务及有关技术指标是按每月的日平均数制定的，而运输生产过程由于受各种因素的影响，每日的运输状态均不相同，经常偏离规定标准。为使运输生产控制在正常状态，必须经常分析运输生产指标完成情况，进行车流分布预测，并且根据具体的运输工作条件，调整车辆分布及列车运行，并通过制定日、班计划贯彻运输调整措施，以预防或消除运输生产过程可能或已经发生的困难，保证车流正常分布，经济合理地使用运输设备，完成或超额完成运输生产计划。这一过程称为铁路运输调度。

与一般企业的生产调度相同，铁路运输调度的作用就是组织执行铁路客货运输日常生产计划。铁路运输调度以客货运生产计划为依据，客货运生产计划要通过运输调度来实现。铁路运输生产环节多，协作关系复杂，生产连续性强，情况变化快，某一局部发生故障，或某措施没有按期实现，往往会波及整个系统运行。因此，加强运输调度工作，对于及时了解、掌握生产进度，研究分析影响生产的各种因素，根据不同情况采取相应对策，使差距缩小或恢复正常是非常重要的。

第二节　铁路运输调度的机构设置

一、铁路运输调度系统指挥机构

我国铁路调度指挥实行分级管理、集中统一指挥的原则。通过设置三级调度机构进行统一指挥，国铁集团设调度部，铁路局集团公司设调度所（总调度室、调度中心），技术站设调度室，根据分级管理、逐级负责、统一指挥的原则，分别掌管全国铁路、铁路局和车站的日常运输组织指挥工作。

各级运输调度指挥部门同时接受运输管理部门的工作指导和上级调度指挥部门的指挥。我国三级调度指挥机构设置如图 23.1 所示。

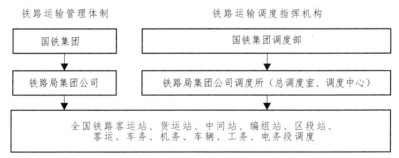

图 23.1　全路调度指挥机构示意图

国铁集团设值班处长、调度员；铁路局设值班主任（必要时可设值班副主任）、主任调度员、调度员；技术站设值班站长（值班主任）、车站调度员（设调度室的技术站应设室主任、副主任）。

国铁集团值班处长、铁路局值班主任、车站值班站长（值班主任）分别领导一班工作。在组织日常运输工作中，下级调度必须服从上级调度的指挥；铁道部、铁路局、技术站各工种调度及有关人员分别由值班处长、值班主任、值班站长统一组织指挥。

铁路局集团公司调度统一指挥协调车站和各单位完成班工作任务，车站值班站长统一指挥技术站运输工作，车站调度员统一指挥完成阶段计划任务。

二、铁路运输调度系统的岗位设置

为了对复杂的运输生产活动进行全面的指挥和监督，在各级调度机构中又必须实行合理分工的管理原则，将整个运输生产活动按业务性质划分为若干部分，设置不同职名的调度员分别管理一定的工作，从而对铁路运输生产进行直接指挥。

铁路运输调度指挥工作的核心部门是铁路局调度指挥中心，在调度所一般设有：

（1）列车调度员，又称行车调度员，负责管辖区段内所有与列车运行有关的工作。

（2）计划调度员，负责编制和调整管辖区域的列车工作计划，协助值班主任组织实现日班计划；

（3）机车调度员，负责机车运用的调度工作；

（4）客运调度员，负责旅客计划运输及客车的运用工作；

（5）货运调度员，负责管辖区段内装卸作业及管内重车的输送工作；

此外，根据各铁路地区的具体货流和设备情况还可以设施工调度员、篷布调度员、零担货物调度员、罐车调度员、车辆检修调度员、特种运输调度员、预确报调度员、军事运输调度员、电力牵引区段的电力调度员等岗位，分别对线路及场站施工、铁路篷布、零担货物、车辆、特种货物运输、车流推算、军事运输、铁路运输通电等工作进行日常管理工作。

值班主任负责领导全班各工种调度员实现运输工作日计划，协调各工种调度员的工作。规模较大的路局往往划定不同的调度区，设调度区主任，负责本调度区的调度工作，并相应地配备有关工种的调度人员，形成分级、分工管理的铁路运输调度工作系统。

铁路局集团公司调度中心的调度组织机构系统如图 23.2 所示。

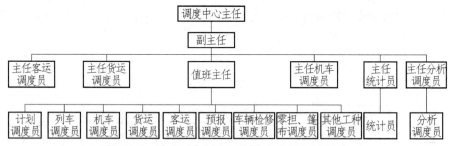

图 23.2　铁路局集团公司调度中心组织系统图

根据管辖范围和工作量各调度岗位按区域分别设岗。计划调度员和货调、机调一般按枢纽或管辖区域设置；行车调度员由于工作较为繁重，一般按区段设置（除枢纽单独设置外，一般情况下是每区段设置一名调度员）；其他调度岗位一般按区域，如工作量相对较小，也可以不分别设置。

调度指挥中心一般还设有统计室和分析室负责日常的统计和分析工作。近年来随着运输组织自动化水平的提高和列车调度指挥系统（TDCS）的应用，统计工作基本已由计算机完成。

国铁集团调度处的岗位设置大致与铁路局调度所对应。

技术站的调度工作范围较小，一般仅设车站调度员及助理调度员岗位；中间站调度工作一般由车站值班员完成。

第三节　铁路运输调度指挥工作的任务

铁路运输是一个复杂的大系统，这一庞大的系统具有线长、点多、工种多、分工细、连续性强的特点。为使各环节协调配合，铁路运输生产必须实行集中领导、统一指挥、逐级负责的原则。凡与运输有关的部门、各工种都必须在运输调度的统一指挥下进行日常生产活动。

铁路运输调度工作的基本任务是：

（1）认真执行国家运输政策，完成规定的客货运输任务；

（2）正确编制和执行运输工作日常计划，合理组织日常运输生产；

（3）根据运输市场的变化，科学的组织客流、货流和车流，组织均衡运输，提高运输效率，完成各项技术指标；

（4）组织按图行车，实现编组计划和列车运行图的要求，经济合理的使用机车、车辆和运输设备，挖掘运输潜力；

（5）组织运输有关部门紧密配合，协同动作，加强与路外单位的协作。

各级调度机构的具体任务和职责是：

（1）国铁集团调度负责全国铁路日常运输指挥工作，其具体任务和职责为：

① 负责全路日常客运、货运和车流组织工作。掌握全路货流、车流组织，合理使用机车车辆，充分利用通过能力及运输设备，编制运输工作日常计划并组织各局完成。

② 负责全路车流和篷布的调整，平衡各铁路局货车保有量，掌握部分备用货车和篷布的备用和解除。

③ 检查和处理局间分界站列车和车辆的交接工作，组织各局按计划均衡地完成交接任务；及时处理铁路局间分界站出现的问题，保证全路局间分界口的畅通。

④ 重点掌握全国主要厂矿、企业、港口和车站的装卸车及"五定"班列、跨局始发直达列车的开行，组织各局按计划均衡地完成装卸车任务。

⑤ 掌握全路客流和国际旅客列车及重点跨局直通旅客列车的运行，组织各局有计划地、均衡地输送旅客，处理跨局旅客列车的加开、停运、变更径路、客车甩挂及客车调拨。

⑥ 检查各局运输工作日计划完成情况，定时收取各局调度工作报告，掌握专列、军运、跨局定期货物列车的运行和篷布的运用，及时处理各局临时发生的问题。

⑦ 维护调度纪律，检查各局调度执行命令和规章制度情况。

⑧ 组织各局保证列车按列车运行图正点运行，检查和收取各局安全生产情况；遇中断行车时，指示有关列车和机车运用办法，必要时调用跨局救援列车。

⑨ 负责收取各局日常运输统计报告及全路日常运输工作完成情况分析。

⑩ 及时总结、推广先进工作经验。

（2）铁路局调度中心负责局管内铁路日常运输指挥工作，其具体任务和职责为：

① 负责局管内货流、车流组织，合理使用机车车辆，充分利用通过能力及运输设备，编制运输工作日常计划并组织各站段完成。

② 负责局管内的车流调整，按阶段均衡地完成部下达的车流调整计划；组织列车在分界站均衡交接，及时向邻局做出正确的列车预报，保证分界站畅通。

③ 重点掌握局管内主要厂矿、企业、港口和车站的装卸车，组织各站段按计划均衡地完成装卸车任务。

④ 负责铁路局管内客运、军运、邮政专列、行包专列，"五定"班列、重载列车、挂有装载超限货物车辆的列车和重点列车运行、掌握直达列车、成组装车和排空列车的开行及重点货物、集装箱、自备车运输情况。

⑤ 负责铁路局管内专用货车的调整，军运备品和集装箱的回送，篷布以及备用货车的运用和备用、解除。

⑥ 掌握局管内客流、旅客列车运行情况，具体负责旅客列车的临时加开、客车甩挂，组织各站按计划均衡地运送旅客。

⑦ 组织车站按列车编组计划和列车运行图编发列车，掌握列车到发和运行情况，保证正点行车。

⑧ 检查各站段运输工作日计划执行情况，处理区间内装卸，办理区间和线路临时封锁或开通，及时正确地上报有关工作报告，并向邻局预报。

⑨ 维护调度纪律，检查各站段调度执行命令和规章制度情况。

⑩ 组织站段安全生产、保证运输通畅、收取安全生产情况；遇中断行车时，及时指示列车运行办法，采取有效措施迅速恢复行车，并向上级主管部门报告。

⑪ 负责收取各站段日常运输统计报告及日常运输工作完成情况分析。

⑫ 及时总结、推广先进工作经验。

（3）车站调度室负责技术站日常运输指挥工作，其具体任务和职责为：

① 掌握货源、货流、车流，组织实现车站的班计划和阶段计划；

② 经济合理地运用车站技术设备和能力，掌握调机运用，完成解编任务，提高调车作业效率，加速机车车辆周转；

③ 及时收集到达列车预、确报，掌握车流变化，正确推算现车和指标，按阶段向路局调度汇报车流和车站作业情况；

④ 加强组织客运、军运、行包专列、"五定"班列、重载列车和重点货物列车的开行；

⑤ 按计划均衡地完成装卸车任务，组织货物作业车、检修车和专用车的及时取送；

⑥ 保证安全生产，事故时积极组织救援，减小对行车的影响；

⑦ 维护调度纪律，认真执行调度命令、上级指示和规章制度；

⑧ 分析考核车站日常作业计划的兑现情况和日常运输生产完成情况。

为完全发挥调度作用和提高调度组织指挥水平，必须建立严密的工作制度，坚持政治和业务学习，建立健全岗位责任制，固定班次并加强交接班碰头会、分析会和班中碰头会，制定严格的安全生产制度和分析制度。要求调度员定期深入基层站段调查研究，以达到了解现场人员业务水平、技术能力和设备情况、掌握作业特点和运输规律、了解和解决运输生产中存在问题的目的。

铁路运输调度是铁路运输日常管理和组织指挥的核心。为了有效进行运输生产指挥，必须及时掌握运输生产过程中的各种有关信息，为此，建立一套完善的以电子计算机为工具的调度管理信息系统是非常必要的。目前，我国铁路研制开发和实施的列车调度指挥系统（TDCS），实现了货运工作日班计划、列车工作日班计划、机车工作日班计划、列车运行三小时调整计划等的编制与完成情况的统计，并实现计算机网上信息收集与传送，从而大大减轻了调度指挥人员的劳动强度，提高了运输生产效率。随着我国铁路运输管理信息系统的逐步建成，我国铁路调度工作水平和运输组织管理水平必将得到显著提高，运输质量也必将进一步改善。

322

本章小结

本章首先简要介绍了铁路运输调度的意义及基本的工作任务。第二节详细介绍了我国铁路运输三级调度指挥机构的设置，以及铁路局调度中心的调度组织机构系统。为了对复杂的运输生产活动进行全面的指挥和监督，在调度所一般设有列车、计划、机车、客运、货运调度员等。最后一节详细介绍了铁道部调度、铁路局调度中心及车站调度室的具体任务和职责。

本章主要知识点回顾：

1. 我国三级调度指挥机构设置

国铁集团设调度部，设调度所，技术站设调度室。

2. 我国铁路调度指挥原则

分级管理、逐级负责、统一指挥的原则。

3. 铁路运输调度系统的岗位设置

一般设有列车调度员、计划调度员、机车调度员、客运调度员、货运调度员。

4. 铁路运输调度的基本任务

合理组织运输生产，保证或超额完成运输生产任务及各项技术指标；同时，必须使车辆分布和车流的构成经常处于技术计划规定的正常范围之内。在铁路日常调度工作中，车流调度和列车调度是整个调度工作的核心。

思 考 题

1. 简述铁路运输日常调度工作的作用、基本任务。
2. 简述我国铁路三级调度指挥机构的组织结构。
3. 简述铁路局集团公司调度指挥中心的组织机构。
4. 铁路局集团公司内设置哪些调度岗位？
5. 简述铁路运输调度的主要职责。

第二十四章　车流预测与车流调整

【本章导读】

本章主要讲解车流预测和车流调整的方法。车流预测是进行车流调整的重要条件。由于对车流预测的期限有不同的需求，车流预测按时间分为远期车流预测（推算）和近期车流预测（推算）。车流调整是日常调度工作的重点，按照调整对象详细介绍重车调整、空车调整和备用车调整的方法。

【学习目标】

（1）理解车流预测的意义；

（2）了解近、远期车流推算的方法；

（3）领会车流调整的意义、作用和措施；

（5）掌握重车调整、空车调整、备用车调整的方法。

【重点及难点】

（1）近、远期车流推算的方法；

（2）车流调整的日常措施；

（3）重车调整及空车调整的方法。

第一节　车流预测

车流预测是进行车流调整的重要条件。只有准确预测车流的分布，掌握车流的动态和车流规律，加强指挥的预见性，才能采取有效的运输调整，特别是车流调整措施。目前我国铁路的车流预测是根据装车统计和车流统计进行的。在制定运输工作日常计划（旬计划和日班计划）中，对于车流预测的期限有不同的需求，因此车流预测按日期有远期车流预测（推算）和近期车流预测（推算）两种。

远期车流推算使用远期车流推算表，根据车流运行期限预测未来 3～7 d 到达局管内的车流。近期车流推算根据邻居的待发重车资料、本局的待发及装车资料，一般可预测未来 1～2 d 通过本局的车流及分界站移交重车数，其车流推算方式有所不同。

一、远期车流推算

远期推算到达铁路局集团公司的管内工作车，一般按照各局装车数和运行期限使用表 24.1 所示的格式进行推算。

表 24.1 外局装到本局及本局装车远期车流推算表

发局 运行期限 月计划 日期	A	B	C	D	E	F	G	…	计	局自装自卸计划 ×站	×线	…	计	合计	局自装交出计划 ×× ×口	×× ×口	…	计
	4	4	3	2	1	2	3											
1																		
2																		
3																		
4																		
5	50																	
⋮																		
⋮																		
计																		

全路调度指挥中心每日早 6:00 前将全路昨日各铁路局的方向别装车数通知各到局调度所，局调度所车流调整人员根据上述资料及本局装到本局管内卸的车数及通过各分界站装到外局的车数填入车流推算表，以推算远期车流。车流填记及推算方法是按照各装车局到本局的接入分界站的运行期限，分别将有关车数填入不同的日期栏内。例如，A 局装到该局的车辆，其运行期限为 5 d，若 A 局某月 1 日装到该局的车数为 50 辆，则应在 A 局名下对应 5 日的栏内填记 50，其他各局 1 日装到该局的车数也根据运行期限填入相应栏内。逐日填记，即可预计今后某日接入管内工作车的车数。

由各局到达某局的车流运送期限可按下列公式计算：

$$T = \frac{1}{24}\left(\frac{L_{全程}}{V_{旅}} + \sum t_{中}\right)(\mathrm{d}) \tag{24.1}$$

式中 T——某局装到某局车流的一般运送期限，d；

$L_{全程}$——由装车局的装车集中点至到达局接入分界站的距离，km；

$V_{旅}$——货物列车平均旅行速度，km/h；

$\sum t_{中}$——沿途各技术站的中转时间之和，h。

若能取得通过重车流资料时，也可用类似方法推算远期接入的通过重车流。

必须指出，上述推算方法所采用的运行期限是以装车集中地为起点计算的，即对不同装车地点的各支车流均按同一个确定的数值计算。事实上，由于装车地点的不同以及途中运行受各种因素的影响，同一装车局到本局经某一分界站的车流，其运行期限往往不一致，并且装车时刻的不同也将影响车流到达本局的期限。因此，进一步改进车流预测方法，提高预测工作水平，对提高铁路运输组织工作质量具有重要的意义。

二、近期车流推算

近期车流推算是根据有关邻局互相交换的待发重车资料、本局的待发重车和预计装往外局的重车推算，以预计分界站能交出重车数。具体方法是：根据有关邻局互相交换的待发重车数中，预计接入需经某一分界站交出的重车数，加上本局向某一分界站交出的待发重车数及本局当日预计向某一分界站装车的重车数，减去当日预计可向某分界站交出的重车数，即可推算出当日 18:00 需经某一分界站交出的待发重车数。将此数除以该分界站的移交车周转时间，得出预计次日某分界站应移交的重车数。

第二节 车流调整

车流调整是调度工作的一项重要内容。铁路运营日常管理必须保证运输工作的均衡性和节奏性，同时必须预见到困难；当困难一旦发生，要能迅速地恢复到正常状态（计划状态）。车流结构及车辆分布偏离标准是进行日常调整的主要原因，天灾、事故是影响运输生产保持正常状态的偶然性因素。车流结构发生较大变化时，将造成有些线路或车站的能力紧张甚至可能形成堵塞，有些线路则形成能力虚糜。车辆分布不正常，会引起某些地区车辆不足，完不成运输任务，或者运用车数增大，车辆积压，甚至可能造成堵塞。

车流调整的目的是保持各铁路局运用车的正常分析；保持各线车流的相对稳定与均衡，以便能够经济合理地使用机车车辆，充分利用线路通过能力；预防可能发生的困难，保证货物运输任务的完成。

车流调整工作必须实行高度集中、统一调整的原则。国铁集团调度部、铁路局集团公司调度中心应指定专人负责车流调整工作，研究掌握货流、车流变化规律及有关技术设备的使用效能，认真推算车流，有预见、有计划地进行车流调整。

车流调整应遵循优先确保大客户、路企直通、战略装卸车点的运输需求原则。限制装车时应减少零散装车点的装车，组织集中装车时，应优先增加大客户、路企直通、战略装卸车点的装车。

车流的日常调整措施主要有：按到站和货物品类调整装车；改变部分车流运行径路；组织重空车辆向某局加速运送；制定额外的空车调整任务以及调整备用车辆等。

按照调整的对象不同调整方法可分为重车调整、空车调整及备用车调整。车流调整一般通过调度日班计划组织实现，必要时可下达零时紧急调整计划。

一、重车调整

重车调整是车流调整工作的重点，这是因为在运用车中重车占很大比重，重车的流向和数量，即重车流的结构决定着各区段的行车量，决定着空车流的结构，决定着车站的卸车任务。因此，重车调整是整个车流调整工作的基础。

重车调整措施有去向别装车调整，限制装车和停止装车，集中装车，以及变更车流运行径路等。在日常运输工作中，应根据车流预测资料，运用车分布情况，各方向、各区段的列车运行情况，主要技术站、枢纽、卸车地区的作业情况，卸车站的卸车能力和搬运能力等因素，来确定调整措施。

1. 去向别装车调整

为了使车流分布合理，防止车流积压和堵塞，必须采取按方向别的装车调整，它是重车调整中的一项根本方法。

对装车方向的控制，首先是对自装交出和自装自卸两部分车流的控制。在正常情况下，应保证按计划完成对外局的装车。对于通过困难区段的车流和到达卸车能力紧张车站的车流，要进行相应的调整。

去向别装车调整主要是通过运输生产计划来具体安排的。全路调度指挥中心根据各局报来的装车计划，可以计算到达各局卸车、通过各分界站及困难区段的车流数量，同时根据卸车能力、区段通过能力和计划期应当考虑的特殊情况（如施工影响、临客增加和车辆积压等等情况），对装车方向和数量进行必要的平衡和调整。

在日常运输组织工作中，各局必须按照上级批准的运输生产计划方向别装车标准组织装车（特别是向外局的装车）。但由于种种原因，如因管内工作不正常，影响装车计划的实现时，或因效率提高可以超额完成装车计划时，则应对管内自装自卸车数加以调整，保证向外局装车保持计划规定的方向别装车标准。在遇有发往外局的货源货流发生变化，不能实现计划的方向别装车任务时，则应逐级上报，以便上级调度采取相应的调整措施。当铁路局接入某方向的重车不足或增多时，必须采取增加或减少向该方向装车的办法进行调整，以保证完成移交重车标准，从而促进各方向列车工作的均衡和通过能力的合理使用。

2. 限制装车或停止装车

限制装车或停止装车是规定在某一时期内，向某一方向、某一到站或某一收货单位发送某些品类货物的装车数量限制在一定数量之内或停止装车。这种调整方法一般来说不利于均衡运输，也不利于工农业生产。因此，它只是在发生非正常情况时采取的一种非正常措施。

限装或停装在遇到以下特殊情况时采用：

（1）装车数超过区段通过能力或编组站作业能力时；

（2）装车数超过卸车地卸车能力时；

（3）因自然灾害、事故、线路封闭中断行车时；

（4）因其他原因发生车辆积压或堵塞时

采用限装、停装的调整措施时，限装、停装的期限及限制装车的数量应根据能力及积压车流的情况决定。为了使这种调整措施产生应有的效果，尽量减少其不利影响，在采取这种措施时可先停止或限制近距离装车局的装车。在恢复正常装车时，应先恢复远距离装车局的装车，并且不应当对到达限装或停装地点的货物办理转票和变更到站手续，以免加重困难。

3. 集中装车

集中装车就是有组织地增加某一去向的装车，使之超过计划所规定的日均装车数。除了为组织装车地直达列车需要集中装车，并需在运输生产计划中进行日历安排外，在日常运输生产中，下列情况也需采用这种措施：

（1）连日装往某铁路局的重车不足月计划标准，或在停装、限装之后，原来停、限装方向的通过能力，卸车站或收货单位有条件承担补装时，可以采取集中装车的措施；采取这种措施时，仍应注意均衡安排，避免过分集中。

（2）某方向移交重车不足时，应向该方向集中装车，以保证完成交出重车标准及该方向工作的均衡。

（3）向管内工作车和空车不足的铁路局集中装车，以补充其运用车保有量。

（4）因港口或厂矿企业的某些需要，有时必须采取集中装车的办法，以满足其特殊要求。

实行集中装车调整措施时，必须遵守国家的运输政策，保证重点物资的及时运送，同时对一般物资也要根据具体情况妥善安排。

装车调整在旬间是通过旬装车计划、在日间是通过审批日要车计划（运货五）来实现的。

4. 变更车流运行径路

为了加速车流输送，降低运输成本，铁道部对各种车流规定了正常的运行径路，包括最短径路和特定径路。在日常运输工作中，正常径路因全面进行技术改造而通过能力不足，或因灾害和重大事故中断行车，或因车流增加以致通过能力不能负担时，须经铁道部批准后，方可变更车流运行径路。

采用变更车流运行径路的措施时，应当注意下列条件：

（1）由于中断行车造成车流积压时，应事先将预计中断时间与变更径路需要额外增加的时间进行比较，当变更径路有利时，才可以考虑采用这种措施；

（2）采用变更运行径路措施之前，必须检查变更径路的区段通过能力和机车供应情况，在能力可以负担的情况下方可实施；

（3）确定采用变更径路的措施时，必须规定变更径路的期间、经由线路、每日绕道的列车数和车数、重车去向、空车车种以及有关的列车编组计划，以调度命令公布实行。

二、空车调整

空车调整是为了合理分布运用车和保证装车需要而进行的车流调整方法。空车调整对全路车辆分布有重大影响，且往往是为了他局装车的需要。因此，各级调度必须从整体利益出发，严肃排空纪律，坚决完成上级规定的排空任务。空车调整包括正常调整、综合调整和紧急调整。

1. 正常调整

根据运输生产计划所规定的空车调整任务，安排日常空车调整计划，这是平时经常采用的空车调整方法。采用这种方法时，铁路局可利用通过空车供本局装车（编组计划指定开行的空车直达列车除外），而以本局卸后空车代替，即对通过空车可以在本局管内自行调整运用，在分界站仍按规定的车种与空车数移交给邻局。

2. 综合调整

这是综合考虑重空车流的调整方法。例如，在货源发生变化，超过计划增加了空车方向的装车时，即可减少交出空车数；反之，如减少了空车方向的装车时，就要相应增加交出空车数。实行这种制度，在一定条件下可以保证更合理地分配运用车数，减少空车走行公里。

综合调整需在日计划中安排，并且须经上级调度的批准才能实行。因为它涉及去向别装车和空车运用的变动，必须综合考虑接空局的空车需要量、沿线通过能力以及机车的运用情况。综合调整的重、空车数经日计划确定后，各局不得再用临时增加重车来代替空车。

3. 紧急调整

紧急调整是由于特殊紧急需要或为加速车辆合理分布而采取的非常措施。

接到紧急空车调整任务的铁路局，必须严格按规定的车种、车数排出空车，即使因此而影响本局装车或造成运用车保有量不足，也应优先完成这项排空任务。

采用这种调整方法时，通常应将空车编成直达列车，行经沿途各通过局时不得用来装车。这样可能造成不合理的空车对流，因此只在特殊情况下采用。

以上各种空车调整方法都是保证全路车流合理分布的重要手段。空车是装车的保证，重车是空车的来源，两者只有按照计划紧密地结合起来，才能收到预期的效果。因此，任何一个排空局，都必须保证实现空车调整任务。

特种空车（包括罐车、保温车、家畜车、风动石碴车、散装水泥车、落下孔车、凹型车和标记载重超过 60 t 的平车及六轴以上的货车）的调整方法，应按铁道部指定的方向、到站回送，其中有配属站者，应向配属站回送。

三、备用车调整

备用车是为了保证完成临时紧急运输任务和适应日常运输变化的需要而储备的技术状态良好的货车。因此，备用车必须按规定办法严格管理，不能随意动用。备用车分为一般备用车、特种车辆备用车和国境站、港口站备用车。

一般备用车和特种车辆备用车是保证季节性运输或紧急运输等需要而储备的货车。它的数量等于每月编制运输生产计划后，扣除运用车、国境站、港口站备用车和其他非运用车外剩余的车辆数。因此，编制运输生产计划后，还要制定车种别的备用车分布计划。

一般备用车和特种车辆备用车应放在指定的备用车基地。选择备用车基地时应考虑：不影响列车运行与车站作业；邻近于编组站、区段站或大装车站；邻近有车辆段或车辆检修所等。一般备用车和特种车辆备用车统一由铁道部管理，列入或解除备用须经铁道部调度命令批准。

港口站、国境站备用车是为了防止空车不能及时配足，以致影响上述车站的装车和换装而储备的货车。港口站、国境站备用车数每月由铁道部确定，备用车应停放在指定的国境站、港口站。国境站、港口站备用车的列入备用或解除，应根据铁道部计划以局调度命令批准。备用车的列入备用或解除办法应按《铁路运输调度工作规则》的规定办理。

1. 备用、解除的规定

（1）特殊备用车须备满 48 h，军用备用车、专用货车备用车和港口、国境站备用车须备满 24 h，才能解除备用。因紧急任务需要解除备用车时，须国铁集团调度命令批准，可不受时间限制；

（2）备用车状况需经备用基地检车员检查。备用前，经基地检车员检查证实车辆技术状态良好方可列备；解除前，经基地检车员检查证实车辆技术状态良好方可解备转变为运用车，经检查发现技术状态不良的备用车，应填写"车辆检修通知单"扣修。

2. 备用车的管理

（1）铁路局、备用车所在站和基地检车员，均须分别建立备用车登记簿，按备用日期、时分命令号码、地点、车种、辆数、车号、吨位等内容顺序进行登记；

（2）国铁集团、铁路局集团公司调度分别建立备用车命令簿，单独规定备用车命令号码。

本章小结

车流预测是进行车流调整的重要条件。车流预测包括远期车流推算和近期车流推算两部分内容。车流调整按照调整对象分为重车调整、空车调整和备用车调整。重车调整是车流调整工作的重点，重车调整措施有去向别装车调整，限制装车或停止装车，集中装车，以及变更车流运行径路等。空车调整的方法分为正常调整、综合调整和紧急调整。

本章主要知识点回顾：

一、车流预测的依据

目前我国铁路的车流预测是根据装车统计和车流统计进行的。

二、车流调整

（1）车流调整的目的：为了保持各铁路局运用车的正常分布；保持各线路车流的相对稳定与均衡，以便能够经济合理的使用机车车辆，充分利用线路通过能力；预防可能发生的运输困难，保证货物运输任务的完成。

（2）车流调整的措施：按到站和货物品类调整装车；改变部分车流运行径路；组织重空车辆向某局加速运送；制定额外的空车调整任务以及调整备用车辆等。

（3）重车调整措施：去向别装车调整，限制装车或停止装车，集中装车，以及变更车流运行径路。

（4）空车调整的方法：正常调整、综合调整和紧急调整。

思 考 题

1. 简述车流预测的作用和车流预测原理。
2. 简述日常运输工作中进行车流调整的目的和意义。
3. 车流调整为什么以重车调整为重点？
4. 简述重车调整的方法和使用条件。
5. 简述空车调整的方法和使用条件。
6. 简述备用车的种类及用途。

第二十五章　调度日（班）计划

【本章导读】

本章第一节介绍运输工作日常计划的构成，详细介绍旬计划和工作日班计划的内容。第二节重点介绍日计划的编制，首先以实例详述路局日间轮廓计划的编制过程，之后依次介绍了列车工作计划、货运工作计划和机车工作计划的编制原理和方法，最后介绍日计划的审批修订及注意事项。

【学习目标】

（1）掌握运输工作日常计划的构成；
（2）理解旬计划及工作日班计划的意义和作用；
（3）领会日间轮廓计划的编制过程及内容；
（4）了解列车、货运、机车工作计划的内容及编制；
（5）了解日计划审批修正的注意事项。

【重点及难点】

（1）日间轮廓计划的编制过程；
（2）列车、货运、机车工作计划的内容及编制方法。

第一节　运输工作日常计划的构成

由于日常铁路运输工作中运输情况不断变化，每日的装车数量和车流量与所规定的任务也不可能完全相同，因此，为了均衡地完成月度货物运输计划、技术计划，实现列车编组计划、列车运行图及运输方案，必须根据每旬、每日的具体情况，编制运输工作日常计划。

运输工作日常计划包括旬计划、日班计划和车站作业计划。全路、铁路局要分别制定旬计划和日计划，铁路局集团公司还要编制班计划。"实货制"全面实施后，货物运输计划与技术计划周期缩短，可与旬计划合并编制。

一、旬计划

旬计划的内容基本上与月度货物运输计划和技术计划相同，它不重新规定机车车辆运用指标及运用车保有量计划，而是根据货源、货流、车流变化及运用车的分布情况制定的旬间调整计划。

1. 全路旬计划

国铁集团调度中心根据各铁路局集团公司每旬开始前 3 d 上报的货运量资料，编制全路旬间装车去向表（见表 25.1）。然后根据月度技术计划、当前运输工作情况及预计计划旬开始前全路车辆的分布情况，指定车流调整措施，确定各局方向别装车计划、通过限制口使用车数及卸车计划，计算各局装卸差，确定局间分界站空车调整任务，确定分界站移交重车数及列车数。此外，还规定了直达列车列数、车数，篷布运用计划及重点工作要求等。旬计划经国铁集团运输部主任批准后，于旬计划开始前 3 d 下达各铁路局集团公司。

表 25.1　旬间装车去向表

____年____月____旬

发局	计划	装车	使用车	到　局							计
	月										
	旬										
	月										
	旬										
	月										
	旬										

2. 铁路局旬计划

（1）装、卸车数；

（2）按品类、去向别的装车数，去向及通过限制口的使用车数；

（3）日历装车计划、直达列车和成组装车计划；

（4）各区段和各分界站列车对数，选定分号运行图及施工方案；

（5）分界站交接重车数、车种别排空车数；

（6）各区段机车运用台数；

（7）篷布运用计划；

（8）重点工作要求。

车站、车务段应于每旬开始前 5 d 的 18:00 前将旬装车安排报局运输处，局运输处（货计科）据此编制旬装车去向表，确定装车计划与预批数字，计划旬开始前 3 d 的 12:00 前报国铁集团，铁路局集团公司于当日 18:00 接到国铁集团下达的旬计划任务后，即可编制局旬计划，局旬计划应于计划旬开始前 2 d 的 15:00 前下达站段。

二、运输工作日班计划

运输工作日班计划是运输生产的作业组织计划。其目的是为了保证均衡地完成月或旬货物运输生产计划。日计划的前半日计划为第一班计划，早 6:00 的修正计划为第二班计划。日计划的编制，全路由调度指挥中心调度处长负责，铁路局由调度中心主任负责。局装车、卸车、列车编发和交接等工作均依据日计划进行，因此它应包括货运工作计划、列车工作计划和机车工作计划。

为了均衡完成运输生产任务，合理调整运用车，预防运输生产过程发生困难，国铁集团调度部调度指挥中心在每日早 9:00 前应向铁路局集团公司下达轮廓计划任务，铁路局集团公司再确定日间轮廓计划任务。按照局轮廓计划，在每日 14:00 即着手收集编制日班计划的资料，由调度中心主任主持，其他有关调度员如计划调度员、主任货运调度员、主任机车调度员等参加编制。在编制日计划过程中，调度中心主任负责编制次日全局的卸车数、装车数和各分界站移交的重空车数与列车数的轮廓计划，确定次日计划指标；主任货运调度员负责编制详细的货运工作计划，计划调度员负责编制列车工作计划，主任机车调度员和机车调度员负责编制机车工作计划。各项详细的计划应保证日间轮廓计划的实现。局日间轮廓计划经局长批准后，于 17:30 前下达站段。

第二节　运输工作日计划的编制

在编制调度日（班）计划，应遵循以下编制原则：

（1）认真贯彻国家的运输政策，保证重点运输的原则；

（2）坚持一卸、二排、三装的运输组织原则；

（3）严格按列车编组计划编车，按列车运行图行车，按运输方案组织运输，按《站细》组织作业，最大限度地组织直达、成组运输的原则；

（4）经济合理地使用机车车辆和其他运输设备，提高运输效率和效益的原则；

（5）组织均衡运输的原则。

一、日间轮廓计划的编制

日计划的任务不仅要保证完成月、旬计划规定的运输生产任务指标，而且为了保证运输生产的连续性和均衡性，必须使运输状态保持正常。因此，在制订日计划时，必须考虑三个方面的问题，即月、旬计划规定的数量指标和质量指标（周转时间）；保证次日 18:00 运用车保持或接近正常标准，为下一个日计划打下良好基础；根据实际情况推算能完成的运输任务量，即推算各种有效车（如管内工作车有效车、移交重车有效车等）。前两个因素是确定应完成运输任务量的依据，后一个因素则是可行性分析，确定能完成的运输任务量。

日间轮廓计划是对日间计划任务量提出控制数，它的主要内容包括：卸车数；装车数和通过限制口的装车数；分界站交接列车数、重车数和车种别排空车数等。全路、铁路局制定轮廓计划的方法基本相同，现以铁路局轮廓计划的编制为例说明编制方法。

铁路局日间轮廓计划的编制，除了要根据月、旬计划及铁道部下达的轮廓计划外，尚需掌握货源、货流的变化情况，分界站接入列车及重空车辆的预确报以及计划日开始前（当日 18:00）运用车分布情况和机车分布情况。当日 18:00 运用车情况需根据有关资料推算得出。

1. 预计当日 18:00 各种运用车保有量

计划日开始前各种运用车保有量不仅是反映运输状态并据以确定调整措施的资料，而且是确定计划日运输任务的依据。因此，在编制日计划前应预计当日 18:00 各种运用车保有量。

预计当日 18:00 管内工作车保有量 $N_{管内}^{当日}$ 为：

$$N_{管内}^{当日} = N_{管内}^{昨日} + u_{接入自卸}^{当日} + u_{自装自卸}^{当日} - u_{卸}^{当日} \qquad (25.1)$$

式中　$N_{管内}^{昨日}$——昨日 18:00 管内工作车保有量；

　　　$u_{接入自卸}^{当日}$——当日 15:00 预计全日接入自卸的接重车数；

　　　$u_{自装自卸}^{当日}$——当日 12:00 预计全日自装自卸的装车数；

　　　$u_{卸}^{当日}$——当日 12:00 预计全日卸车数。

预计当日 18:00 空车保有量 $N_{空}^{当日}$ 为：

$$N_{空}^{当日} = N_{空}^{昨日} + u_{接空}^{当日} + u_{解备}^{当日} + u_{卸}^{当日} - u_{交空}^{当日} - u_{列备}^{当日} - u_{装}^{当日} \qquad (25.2)$$

式中　$N_{空}^{当日}$——昨日 18:00 空车保有量；

　　　$u_{接空}^{当日}$——当日 15:00 预计全日接入空车数；

　　　$u_{解备}^{当日}$——当日计划解除备用车数；

　　　$u_{交空}^{当日}$——当日 15:00 预计全日排空车数；

　　　$u_{列备}^{当日}$——当日计划列入备用车数；

　　　$u_{装}^{当日}$——当日 12:00 预计全日装车数。

预计当日 18:00 移交车保有量 $N_{移交}^{当日}$ 为：

$$N_{移交}^{当日} = N_{移交}^{昨日} + u_{自装交出}^{当日} + u_{接入通过}^{当日} - u_{交重}^{当日} \qquad (25.3)$$

式中　$N_{移交}^{当日}$——昨日 18:00 移交车保有量；

　　　$u_{自装交出}^{当日}$——当日 12:00 预计全日装出的自装交出车数；

　　　$u_{接入通过}^{当日}$——当日 15:00 预计全日接入的通过重车数；

　　　$u_{交重}^{当日}$——当日 15:00 预计全日交出的重车数。

预计当日 18:00 总运用车保有量 $N_{当日}$ 为：

$$N_{当日} = N_{昨日} + \Delta u_{出入差}^{当日} + u_{解备}^{当日} - u_{列备}^{当日} \qquad (25.4)$$

式中　$N_{当日}$——昨日 18:00 总运用车保有量；

　　　$\Delta u_{出入差}^{当日}$——当日 15:00 预计全日接入交出重空车总数之差额。

当日 18:00 总运用车保有量 $N_{当日}$ 也应符合以下计算公式：

$$N_{当日} = u_{管内}^{当日} + u_{移交}^{当日} - u_{空}^{当日} \qquad (25.5)$$

推算出当日 18:00 即计划日开始时各种运用车保有量以后，铁路局应根据车流预测资料及铁道部轮廓计划，确定次日车流调整措施，并通过确定次日卸车任务、装车任务及各分界站重空车交接任务等轮廓计划加以实施；推算各种运用车保有量之后，将其与技术计划标准进行比较，以便发现问题，采取措施。调整的办法不外乎从车流来源和车流去向两个方面加以控制。如管内工作车积压，则应加强卸车及少装管内卸的重车；如移交车保有量超过标准，则应少装超标方向的重车和加速移交重车的运送；空车保有量不足时，则应加强卸车和减少装车等。由于卸车是产生空车的来源，有了卸车任务才可确定排空和装车任务，因此，日间轮廓计划应先从确定卸车计划开始。

2. 推算次日应卸车数，确定次日卸车计划

确定应卸车数，目前是以运输生产计划规定的管内工作车周转时间值进行控制，即按下式计算次日应卸车数：

$$u_{卸}^{次日} = \frac{N_{管内}^{当日}}{\theta_{管内}} \qquad (25.6)$$

式中　$\theta_{管内}$——运输生产计划规定的管内工作车周转时间。

必须指出，用上式计算应卸车数，是按当日 18:00 管内工作车保有量的瞬时值确定的，不能反映次日管内工作车的变化情况。因为当日管内工作车保有量的增减，并不决定次日自装管内重车及接入管内重车与它成比例增减。例如某局运输生产计划规定每日接入自卸和自装自卸的车辆总数 $u_{自装自卸} + u_{接入自卸} = u_{卸} = 500$ 车，管内工作车周转时间 $\theta_{管内} = 0.5\ d$，管内工作车保有量标准 $N_{管内} = 250$ 车。如果该日推算的管内工作车保有量超过标准达到 500 车，而预计次日接入自卸和自装自卸的车数反而减少到 400 车。那么，按上式计算次日应卸车数则为：

$$u_{卸}^{次日} = 500/0.5 = 1000\ （车）$$

显然这个任务是不可能完成的。

为了能反映由于次日自装自卸和接入自卸车流的变动对应卸车数的影响，使确定次日卸车任务能比较符合次日车流的实际情况，应卸车数需根据当日管内工作车保有量、预计次日接入车流和装车调整情况，以及在保证完成管内工作车周转时间的前提下确定。由于

$$N_{管内}^{次日} = N_{管内}^{当日} + u_{接入自卸}^{次日} + u_{自装自卸}^{次日} - u_{卸}^{次日}$$

所以次日应卸车数应为：

$$u_{卸}^{次日} = \frac{N_{管内}^{当日} + N_{管内}^{次日}}{2\theta_{管内}} = \frac{2N_{管内}^{当日} + u_{接入自卸}^{次日} + u_{自装自卸}^{次日} - u_{卸}^{次日}}{2\theta_{管内}}$$

经整理后得：

$$u_{卸}^{次日} = \frac{2N_{管内}^{当日} + u_{接入自卸}^{次日} + u_{自装自卸}^{次日}}{1 + 2\theta_{管内}} \qquad (25.7)$$

在制定卸车计划时，除了应根据计算的应卸车数外，还应考虑主要卸车站的卸车能力。当主要卸车站车流积压时，卸车计划应相应规定少些。

3. 确定排空及装车计划

制定排空计划和装车计划时，必须按照"一卸、二排、三装"的原则，首先按照上级下达的排空任务安排各分界站的排空计划，并在保证次日空车保有量基本符合运输生产计划规定标

准的情况下，确定装车计划，即调整装车计划使式（25.8）推算的次日空车保有量基本符合计划标准，以保证后一日运输工作的均衡。

$$N_{空}^{次日} = N_{空}^{当日} + u_{接空}^{次日} + u_{解备}^{次日} + u_{卸}^{次日} - u_{交空}^{次日} - u_{列备}^{次日} - u_{装}^{次日} \qquad （25.8）$$

式中　$u_{接空}^{次日}$——次日接入空车数；

　　　$u_{解备}^{次日}$——次日解除备用车数；

　　　$u_{列备}^{次日}$——次日列入备用车数。

当局规定的某分界站的排空任务主要是接运通过的空车时，该分界站某车种的排空计划就需要根据次日有效空车来确定。

4. 确定次日移交重车数及列车数

各分界站次日移交重车计划可按下式计算：

$$u_{交重}^{次日} = N_{移交}^{有效} + u_{自装交出}^{有效} + u_{接入通过}^{有效} \qquad （25.9）$$

式中　$N_{移交}^{有效}$——预计当日 18:00 结存移交重车中在次日能交出的有效重车数；

　　　$u_{自装交出}^{有效}$——次日自装能交出的有效重车数；

　　　$u_{接入通过}^{有效}$——次日接入能交出的有效重车数。

分界站交出重空车轮廓计划的确定除按上式推算外，尚需考虑机车能力及通过能力。

有效车可采用有效过渡点法和概率计算法确定。所谓有效过渡点，是指某支车流在何时以前完成始端作业即可保证在计划日 18:00 前完成该项任务，则该时间即为有效过渡点。对于自装交出重车的有效车，可按其能挂运的车次确定，见表 25.2，即为 M 局自装交出重车有效车的界限。

表 25.2　自装移交有效车流表

去 由	A	E
$A—B$	能由 40002 次及其以前车次挂走者	无效
B	能由 30004 次及其以前车次挂走者	无效
$B—C$	能由 41022 次挂走者	无效
C	能由 10004 次挂走者	无效
$C—F$	无效	无效
F	无效	无效
$C—D$	无效	无效
D	无效	能由 34003 次及其以前车次挂走者
$D—E$	无效	能由 41041 次挂走者
E	无效	能由 35007 次及其以前车次挂走者

可见，对于有效过渡点的确定，必须根据列车编组计划、列车运行图、车站技术作业过程时间标准及运输方案确定，并且需对不同的接入、交出分界站，不同的装、卸车站分别确定。

在尚未能取得完整资料的情况下，特别是在制定日间轮廓计划时，有时需利用概率计算法确定有效车，并按下式计算：

$$u_{A-E}^{有效} = u_{A-E} \cdot p_{A-E} \qquad (25.10)$$

式中　$u_{A-E}^{有效}$——由 A 分界站接入向 E 分界站交出的有效车；

　　　u_{A-E}——由 A 分界站接入向 E 分界站交出的日计划规定的接入车数；

　　　p_{A-E}——由 A 分界站接入向 E 分界站交出的有效车的概率。

对于昨日结存的某种运用车的有效车亦可采用概率计算法。

5. 计算日计划指标

日计划指标包括装车数、卸车数、排空车数、工作量、货车周转时间及机车日车公里等。

计划日的货车周转时间，可用车辆相关法计算。因此，需首先推算次日 18:00 的运用车保有量。次日运用车保有量 $N_{次日}$ 可按下式推算：

$$N_{次日} = N_{当日} + \Delta u_{出入差}^{次日} + u_{解备}^{次日} - u_{列备}^{次日} \qquad (25.11)$$

式中　$N_{当日}$——当日 18:00 运用车保有量；

　　　$\Delta u_{出入差}^{次日}$——次日各分界站交接车数差；

　　　$u_{解备}^{次日}$——次日计划解除备用车数；

　　　$u_{列备}^{次日}$——次日计划列入备用车数。

次日计划工作量 $u_{次日}$ 为：

$$u_{次日} = u_{使}^{次日} + u_{接重}^{次日} \qquad (25.12)$$

式中　$u_{使}^{次日}$——次日使用车数；

　　　$u_{接重}^{次日}$——次日接入重车数。

预计次日货车周转时间 $\theta_{次日}$ 为：

$$\theta_{次日} = \frac{N_{次日}}{u_{次日}} \qquad (25.13)$$

为减少利用运用车保有量的瞬时值所带来的不准确性，货车周转时间也可用下式预计：

$$\theta_{次日} = \frac{N_{当日} + N_{次日}}{2u_{次日}} \qquad (25.14)$$

在编制日间轮廓计划的同时，各有关调度员需编制各项详细计划，详细计划必须按照日间轮廓计划的控制数制定。详细计划主要有：站别的装车、卸车计划（以上系货运工作计划），区段管内重车、空车输送计划，编组站、区段站列车到发计划，分界站交接车计划（以上属于列车工作计划）及机车工作计划。

【例 25.1】 编制 M 局日计划图。

1. 资料

（1）M 局列车编组计划。

① 本局编组列车种类（见表 25.3）。

表 25.3　M 局编组列车种类

发站	到站	列车种类	编组内容	发站	到站	列车种类	编组内容
B	A	摘挂	①B—A②A 及其以远	C	D	摘挂	①C—D②D 及其以远
B	A	区段	A 及其以远	C	D	区段	D 及其以远
B	C	摘挂	B—C	D	C	摘挂	D—C
B	C	区段	C 及其以远	D	C	区段	C 及其以远
F	C	摘挂	F—C	D	E	摘挂	D—E
F	C	区段	A 及其以远	D	E	区段	E 及其以远
C	B	摘挂	C—B	D	G	直通	G 及其以远
C	B	区段	B 及其以远	E	D	摘挂	E—D
C	A	直通	A 及其以远	E	D	区段	D 及其以远
C	F	摘挂	C—F	E	G	摘挂	E—G
C	F	区段	F	E	G	区段	G 及其以远

注：G 站为 O 局与 E 站邻接技术站。

② 本局接入列车种类（见表 25.4）。

表 25.4　M 局接入列车种类

发站	到站	列车种类	编组内容
A	B	摘挂	A—B
A	B	区段	B 及其以远
A	C	直通	C 及其以远
G	E	摘挂	①G—E②E 及其以远
G	E	区段	E 及其以远
G	D	直通	D 及其以远

（2）M 局列车运行图（见图 25.1）。

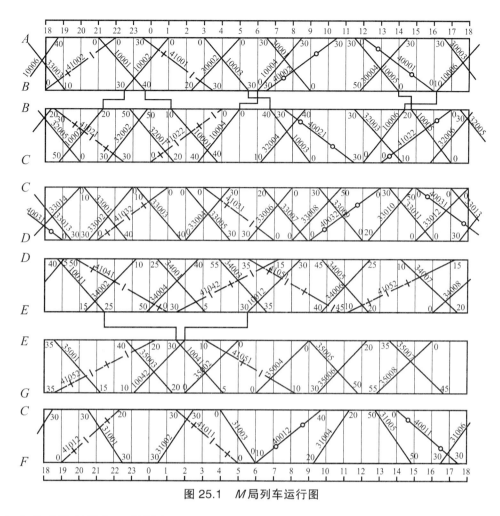

图 25.1　*M* 局列车运行图

（3）技术计划规定 *M* 局管内 $\theta_{管内}$ = 1.62 d。

（4）*M* 局 11 月 10 日 18:00 运用车保有量资料见表 25.5。

表 25.5　昨日运用车

项目 计划实际	合计	其 中				
		空车	管内 工作车	移交车		
				计	*A*	*E*
月计划	1916	468	1160	288	160	128
实际	1954	460	1178	316	172	144
差	+ 38	− 8	+ 18	+ 28	+ 12	+ 16

（5）*M* 局 11 月 11 日 12:00 预计全日装卸计划完成情况见表 25.6、表 25.7。

（6）*M* 局 11 月 11 日 12:00 预计分界站全日交接情况见表 25.8。

（7）国铁集团下达的次日轮廓计划见表 25.9 及表 25.10。

339

表 25.6　当日装车

项目 \ 去向	总计	本局	外局		
			N	O	计
日计划	898	768	76	54	130
6 时完成	502	416	54	32	86
预计全日	910	770	80	60	140
18 时实际					

表 25.7　当日卸车

地点 \ 项目	日计划	12　时		
		已卸	待卸	预计全日
局计	908	650		902

表 25.8　当日分界站出入车

A					E				
入			出		入			出	
管内	移交	空车	重车	空车	管内	移交	空车	重车	空车
68	68	60	160	26	72	82	20	133	34

表 25.9　铁道部下达次日装卸车轮廓计划

装　车　去　向				卸车
本局	A	E	计	
760	80	60	900	890

表 25.10　局下达分界站次日交接轮廓计划

分界站 \ 接交	接	交
A	150/20	170/0
E	170/18	165/30

注：① 分子为重车，分母为空车。
　　② A 分界站接入的管内工作车预计比计划多 54 车，即次日预计到达 114 车；E 分界站接入的管内工作车预计比计划多 14 车，即次日预计到达 84 车。

（8）次日（12:00）分界站列车接入计划见表 25.11、表 25.12（编制日计划时已知 6:00 以前的编组内容）。

（9）根据货运计划，次日自装移交有效车数见表 25.13。

（10）由于机车供应台数不足，各区段开行列车数最多不得超过运行图规定的对数。

（11）各方向列车平均编成辆数为 A—B、B—C、C—D、D—E 区段 46～50 辆，C—F 区段 40 辆。

表 25.11　11月12日 *E* 分界站列车交接计划（下行）

车次	时间	总车数	重车数	A—B	B	B—C	C	C—F	F	C—D	D	D—E	E	计	E以远	空车数
10001	21:00	50	46				4	2	6	8	2	7	5	34	12	4
41001	23:30	10	10	4	4	2								10		
10003	3:00	50	40					2	10	7	7			26	14	10
6:00 计		110	96											70	26	14
10005	11:30	50	44					4	4	16	6	4		34	10	6
40001	12:00	10	10	2	6	2								10		
全日计		170	150											114	36	20

表 25.12　11月12日 *E* 分界站列车交接计划（上行）

车次	时间	总车数	重车数	A—B	B	B—C	C	C—F	F	C—D	D	D—E	E	计	A及其以远	空车数
41052	0:20	4	4									2	2	4		
10042	2:00	46	46							8	8			16	30	
35002	5:00	46	46	4	10	8	4							26	20	
6:00 计		96	96											46	50	
35004	9:00	46	38				6	4	6	2	8			26	12	8
35008	16:00	46	36				6			4			2	12	24	10
全日计		188	170											84	86	18

表 25.13　自装移交有效车

分　界　站	装　车　数	交出有效车数
A	80	26
E	60	12

2.　计划编制

编制结果见表 25.14。

表 25.14　M 局日间计划

预计当日运用车

项目	值
月计划	1916
实际	1954
出入差	+17
其中 A	+10
E	+7
备用	0
解除	0
结存	1971
差	+55

预计当日管重

项目	月计划	实际
月计划存	—	—
昨日存	1160	1178
接入计	130	140
其中 A	60	68
E	70	72
自装	762	770
卸车	892	902
结存	1160	1186
差		+26

预计当日空车

项目	月计划	实际
月计划存	—	—
昨日存	468	462
接入 A	46	60
E	20	18
交出 A	14	26
E	34	34
装车	902	910
卸车	892	902
备用	0	0
解除	0	0
结存	468	472
差		+4

预计次日空车

项目	预计次日空车
月计划存	—
昨日存	472
接入 A	20
E	18
交出 A	0
E	30
装车	900
卸车	890
备用	0
解除	0
结存	470

（次日）分界站出入计划

接交\分界站	接入 列数	接入 总车数	接入 重车/空车	交出 列数	交出 总车数	交出 重车/空车	差 重车/空车
A	5	170	150/20	5	170	170/0	170/0
E	5	188	170/18	5	195	165/30	165/30
计	10	358	320/38	10	365	335/30	335/30

计划指标

项目	月计划	日计划
当日运用车	1916	1971
出入差		−7
解除		0
备用		0
次日运用车	1916	1964
接重	280	320
装车	902	900
工作量	1182	1220
卸车	892	890
周转时间	1.62	1.61

预计当日移交车保有量

项目\去向	计划	昨存	接入 A	接入 C	装	交	结存
A	160	172	—	82	80	160	174
E	128	144	68	—	60	133	139
计	288	316	68	82	140	293	313

预计次日移交车

自装\有效	接入有效 A	接入有效 C	交出有效	交出	交出 重车/空车
80 / 26	—	0	200	200	170/0
60 / 12	0	0	151	151	165/30
140 / 38	0	—	351	351	335/30

局轮廓计划

接入（重/空）	交出（重/空）
150/20	170/0
170/18	165/30
320/38	335/30

记事：

342

二、列车工作计划的编制

我国铁路规定，除摘挂列车、小运转列车和某些特定情况外，列车必须达到规定的重量或长度标准才允许开行。由于局管内每日产生的出发车流去向和数量及各站的装卸任务都有变化，需预留施工天窗的情况不同，以及自然灾害、事故等众多因素的影响，管内有列车编组任务的车站不能简单地按列车运行图规定的车次编开列车，而需要根据具体的车流情况，在列车工作计划中选定次日使用的列车运行线、确定区段管内车流的输送安排。

根据局管内行车量的大小，可以将其管辖范围划分为几个内部作业联系比较紧密而相互间作业相对独立的部分，每个部分为一个计划台，设立一名计划调度员负责列车工作计划的编制工作。

列车工作计划主要确定次日管内有列车编组任务的车站编开的列车车次、始发和终到时刻以及各区段中间站车流的输送方法，内容包括：

（1）列车到、发及运行计划，包括列车车次、发站、到站、发到时分、编组内容、始发列车车辆来源、小运转列车运行计划、机车交路及机车型号。

（2）分界站列车交接计划，包括列车车次、到开时分、各列车中去向别重车数（到本局管内的重车分到站）和车种别空车数。

（3）管内工作车输送计划、各站配空挂运计划和摘挂列车的装卸、甩挂作业计划。

（4）专用货车的使用、调整计划。

（5）施工封锁计划。

1. 编组站列车工作计划的编制

编组站列车工作计划是利用编组站列车工作计划表（运调 11 甲，见图 25.2）进行编制的。该图表与车站技术作业表类似，但其主要目的是推算车流，制定列车开行计划。

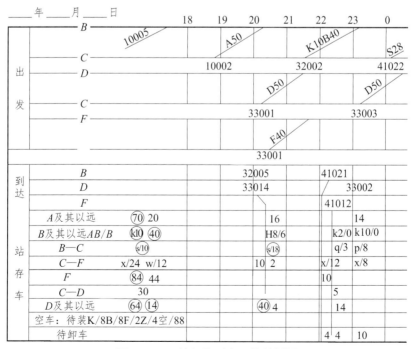

图 25.2　C 编组站列车工作计划图

343

（1）推算车流。

每日 14:00 开始，计划调度员即着手收集预报资料，推算车流。编组站的车流包括中转的重车、空车及车站作业车，这些车流来自以下三方面：

① 当日 18:00 结存车，即当日 18:00 编组站的运用车。这是根据车站 15:00 的现在车，加上 15:00 到 18:00 预计到达的车数，减去预计 15:00 至 18:00 编组出发列车的车数。

② 当日 18:00 在局管内途中的车流。这是当日 18:00 已在局管内各区段运行的列车中，但于 18:00 以后方可到达该编组站的车流。这些资料可由各有关调度员提供。

③ 次日由分界站接入或由局管内其他车站编组到达该编组站的车流。

（2）选定列车运行线。

列车工作计划必须规定全日开行列车的车次及其编组内容，而日间所开行的列车数可能与列车运行图方案（某一分号运行图）的行车量不同，为保证日间列车运行组织的优化，在选定车次时，必须注意：列车按一日四个阶段基本均衡；日计划列车对数小于或大于选定的列车运行图方案时，选定列车车次，应首先保证核心车次的开行，按阶段均衡地安排停运、加开列车车次，或选用与日计划列车对数相适应的分号运行图；列车工作计划要确保排空列车的开行，为使排空任务均衡地实现，第一班计划排空车数必须达到全日计划的 45%以上；分界站列车对数的波动应有一定限制。铁道部指定的限制口，未经铁道部批准不得向上波动；对于行车量较小的区段（如图定货物列车在 8 对及其以下者），始发的列车无适当车次使用时，可制订临时定点列车，但其旅行时间不得超过本区段内同种列车最长的旅行时间，等等。

列车工作计划中的各种具体问题均应按《铁路运输调度工作规则》的规定确定。

（3）确定分界站交接车计划，进行列车预报。

根据所确定的出发列车计划即可确定分界站交出车计划，并向邻局预报列车的车次及编组内容。分界站交接车计划亦应汇总于规定的报表。分界站交出车计划不仅是该局日计划的结果，而且其中一部分又是邻局编制日计划的资料，因此，列车预报应及时向计算机网传送，以满足邻局编制日计划的需要。

2. 区段管内车辆输送计划的编制

区段管内车辆输送计划是完成装卸车任务的保证。区段管内重车和空车是以整列输送或以沿零摘挂列车、小运转列车输送，应根据列车编组计划和运输方案的规定，利用"技术站及区段管内日（班）列车工作计划表"（运调 11 乙，见图 25.3）编制。

管内重空车输送计划是根据预计各站当日 18:00（早 6:00）的结存车数（包括待发重车、空车及待卸车），技术站的列车工作计划，邻局列车到达预确报及各车站次日装车任务，按照列车运行图及运输方案的规定，确定各站的配空及各种列车在区段内的甩挂作业计划。

按照输送计划可以确定各站每班的装卸计划。以图 25.3 中 $A—B$ 区段的 k 站为例，到达该站的重车，第一阶段为 16 车，第三阶段为 4 车，18:00 没有待卸车，因此第一班可以卸车 20 辆。根据次日装车计划及空车来源，第一班可以装车 16 辆（h/10，D/6）。

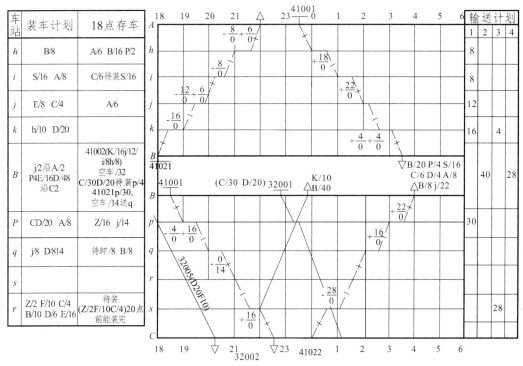

图 25.3 区段管内车辆输送计划图

三、货运工作计划的编制

货运工作计划规定管内各站次日卸车和装车任务，包括：

（1）各站卸车数（到站整列货物要有品名、收货人）。

（2）各站按发货单位、品名、到站别（包括限制区段、主要厂矿、港口、口岸站）的装车数。

（3）"五定"班列、重点直达列车、集装箱直达列车、企业自备车直达列车和成组装车的列数、组数及辆数。

（4）装卸劳力、机械调配计划。

（5）篷布运用计划。

货运工作计划规定次日自卸空车流的车种、数量及地点的分布和自装重车流的去向、数量，为列车工作计划编制提供自装卸车流的资料，是路局日（班）计划的基础。

1. 站别装车计划的编制

站别装车计划的编制，包括审批各站的日要车计划，汇总并编制品类、去向别装车计划，制定直达列车和成组装车计划及推算自装交出和自装自卸的有效车等。

（1）审批日要车计划。

为了编制全局站别的装车计划，局管内各站应分别在每日 10:00 前通过计算机网向路局提报次日的要车计划。日要车计划要有货源的保证，其货流应为符合旬间日历装车计划的货物；未完成日历装车计划而需要补装的计划内的货物；紧急运输的货物，以及特殊情况下经铁路总公司批准的计划外货物。

345

主任货运调度员先根据局日间轮廓计划的要求，并按如下原则，利用屏幕审批各站上报的日要车计划：

① 贯彻运输政策，首先保证重点物资的装车；

② 按旬计划规定的日历装车计划审批日要车计划，未纳入日历装车计划的货物，应根据货物性质和缓急情况，按规定予以处理；

③ 执行铁路局调度中心关于装车调整的指示，严格遵守限制装车的规定，保证按去向平衡装车；

④ 对管内大的卸车站要掌握装卸搬运劳力的组织情况及货场货位腾空情况，根据卸车情况调整装车，以免造成车辆积压；

⑤ 尽可能地组织直达列车和成组装车。

（2）汇总装车计划，编制品类别、去向别的装车计划表。

对已批准的日要车计划，按站别、调度台别及全局进行汇总，由计算机生成打印去向别、品类别的装车计划表（运货3），并确定直达列车和成组装车计划，然后下达车站。

（3）确定自装有效车数。

为了给调度中心主任提供编制日间轮廓计划时确定卸车计划及移交车计划的推算资料，在编制装车计划时，应确定次日自装交出有效车数及自装自卸有效车数。

在最后汇总确定全局的日间装车计划时，应特别注意检查去向别装车是否符合旬计划或上级调度布置的装车调整任务。不论日间装车计划多于或少于旬计划，向他局的装车数都须按旬计划的规定或局日间轮廓计划所规定的装车调整计划进行安排，多于或不足的部分应在管内进行调整。

2. 站别卸车计划的编制

局日间计划除了确定总的应卸车数和卸车计划之外，尚需按站别制定详细的卸车计划。详细的卸车计划是按管内工作车有效车确定的。按有效车确定卸车计划，可按下式计算：

$$N_{卸}^{次日} = N_{当日管内}^{有效} + u_{接入自卸}^{有效} + u_{自装自卸}^{有效} \quad （车） \tag{25.15}$$

式中　　$N_{卸}^{次日}$——某站次日卸车计划；

$N_{当日管内}^{有效}$——当日 18:00 管内工作车到某站卸车的有效车数；

$u_{接入自卸}^{有效}$——次日接入到某站卸车的有效车数；

$u_{自装自卸}^{有效}$——次日自装到某站卸车的有效车数。

当日 18:00 局管内工作车或者是在局管内的车站上待发或待卸，或者是在途中运行的列车内。当日 18:00 在各站的管内工作车根据各调度台三小时调整计划推算的待卸及待发车资料确定；当日 18:00 在列车中的管内工作车根据列车确报确定。这些结存的管内工作车中的有效车可按概率计算法计算，若管内工作车周转时间小于 1，则除了特殊原因不能卸下者外，一般均可于次日内卸完。

次日接入自卸有效车可根据有效过渡点确定。有效过渡点是根据列车编组计划、列车运行图和车站技术作业时间标准分别按每一分界站及卸车站确定的。例 25.1 中 *A*—*B* 区段、*B* 站及

B—C 区段的卸车时间标准为 3 h，其他地点的卸车时间标准为 2.5 h；各站的到、解、编、发各项作业各需 0.5 h，取送及时。从 A 分界站接入到达 M 局管内各站卸车的有效过渡点见表 25.15。

表 25.15　接入自卸有效车流

由\至	A—B	B	B—C	C	C—F	F	C—D	D	D—E	E
A	40001 次前接入	30001 次前接入	41001 次前接入	10003 次前接入	10003 次前接入	10003 次前接入	10003 次前接入部分	无效	无效	无效

这样，根据列车预报，就可确定次日由 A 分界站接入到达管内各站能卸的车数。

根据同样道理，也可确定由 E 分界站接入到达管内各站能卸的车数。

次日自装自卸有效车是根据次日装车计划、列车编组计划、运行图、运输方案及车站技术作业时间标准确定的。如同上例，A—B 区段各站装到 M 局管内各站卸车的有效车可按表 25.16 查定。

表 25.16　接入自卸有效车流

由\至	A—B	B	B—C	C	C—F	F	C—D	D	D—E	E
A	可由 40002 或 40001 次挂走	可由 40001 次挂走	可由 40001 次挂走	可由 40001 次挂走	无效	无效	无效	无效	无效	无效

同样可确定其他各站的自装自卸有效车。

若运输方案确定了管内各站配空挂重车次，则根据批准的次日各站装车计划及有效车的界限，即可确定次日自装自卸的车数。

将以上三项能卸车数由计算机生成管内工作车去向表（运货 4），按站别加总，即可得出局站别的卸车计划。

四、机车工作计划的编制

货运工作计划决定了次日管内自装、卸车流的流向和流量，加上分界站次日接入车流的预、确报，就可以为编制列车工作计划提供完整的车流资料。列车工作计划确定各区段开行的列车车次，编制完毕后，需要解决的就是牵引动力。

机车工作计划由机车调度员编制，具体规定管内各机务段机车运用和检修安排，包括：

（1）各区段机车周转图；

（2）机车沿线走行公里、机车运用台数、机车日车公里；

（3）机车大、中、辅（小）、临修、回送计划及提出机车工作的重点要求。

次日各区段计划开行的列车车次经列车工作计划确定后，机车调度员可根据机车在自外段的时间标准及乘务员的作息时间绘制机车周转图。在机车周转图中，要严格按照机车在基本段和折返段所在站停留时间标准和机车乘务员的劳动实践标准安排机车交路，不能编制反交路计划，对于紧交路应制定保证实现的作业组织措施，并应减少单机走行。对需要大、架修和洗（定）修的机车，在周转图上注明回送车次。

编制机车周转图时，如发现机车运用有浪费情况，应当与计划调度员共同研究，适当调整车次，以提高机车的运用效率。

根据机车周转图即可决定机车运用台数计划、机车沿线走行公里及机车日车公里等指标。

五、日计划的审批和修正

日计划编制后，局主管运输工作的领导必须亲自审批，并应重点注意如下几点：

（1）主要品类及去向别装车是否符合旬计划或上级调度布置的日间调整任务；

（2）卸车计划是否达到应卸车标准，局间管内重车的移交是否正常、及时；

（3）排空数量是否符合要求，排空列车及重点配空列车的车流有无保证；

（4）编组站出发列车是否均衡，车流有无积压，机车运用是否经济合理；

（5）主要技术指标（货车周转时间，机车日车公里，运用车保有量）能否达到月度技术计划标准，等等。

局日计划经批准后报国铁集团，并下达站、段。但是 18:00（下午 6:00）至 21:00（下午 9:00）的列车工作计划应提前于 16:00（下午 4:00）前下达有关车站，以便保证各阶段间工作的衔接。

局日计划分两班执行，前半个日计划就是第一班计划。后半个日计划应根据前半日计划执行情况于每日早 6:00 前进行部分调整，作为第二班计划，以便更好地实现日计划任务。

后半日计划的修正工作，由调度中心主任或值班主任负责，计划调度员、货运调度员和机车调度员参加。

本章小结

本章详细介绍了运输工作日常计划包括旬计划和日班计划。第二节为本章重难点，详细介绍了运输工作日计划的编制。首先重点介绍了日间轮廓计划的编制步骤，并以实例详述编制路局日计划图的过程。之后简述了列车工作计划的内容，又详细介绍编组站列车工作计划、区段管内车辆输送计划的编制过程。然后介绍了货运工作计划的内容及站别装卸车计划的编制和机车工作计划的内容。日计划编制后，需要局主管运输工作领导的亲自审批。

本章主要知识点回顾：

一、运输工作日常计划

包括旬计划、日班计划和车站作业计划。

二、日间轮廓计划的编制过程

（1）预计当日 18:00 各种运用车保有量；

（2）推算次日应卸车数，确定次日卸车计划；

（3）确定排空及装车计划；

（4）确定次日移交重车数及列车数；

（5）计算日计划指标。

三、列车工作计划

1. 列车工作计划内容

列车到、发及运行计划；分界站列车交接计划；管内工作车输送计划、各站配空挂运计划和摘挂列车的装卸、甩挂作业计划；专用货车的使用、调整计划；施工封锁计划。

2. 编组站列车工作计划的编制过程

推算车流、选定列车运行线、确定分界站交接车计划，进行列车预报。

四、货车工作计划的编制

1. 货车工作计划内容

货运工作计划规定管内各站次日卸车和装车任务，包括：各站卸车数（到站整列货物要有品名、收货人）；各站按发货单位、品名、到站别（包括限制区段、主要厂矿、港口、口岸站）的装车数；"五定"班列、重点直达列车、集装箱直达列车、企业自备车直达列车和成组装车的列数、组数及辆数；装卸劳动力、机械调配计划；篷布运用计划。

2. 站别装车计划的编制

审批日要车计划；汇总装车计划，编制品类别、去向别的装车计划表；确定自装有效车数。

五、机车工作计划编制内容

各区段机车周转图；机车沿线走行公里、机车运用台数、机车日车公里指标计划；机车大、中、辅（小）、临修、回送计划及提出机车工作的重点要求。

思 考 题

1. 简述货物运输日常工作计划的构成。
2. 简述路局日间轮廓计划的内容和编制程序。
3. 简述列车工作计划的内容及编制过程。
4. 简述站别装卸车的编制过程。
5. 简述机车工作计划的内容。
6. 简述日计划审批的注意事项。

第二十六章　列车运行调整

【本章导读】

本章第一节从列车运行调整的必要性、调整的目标、原则、主要内容和基本方法几个方面详细介绍列车运行调整工作。第二节介绍行车指挥自动化的主要内容，简述了列车调度指挥系统（DTCS）的组成和功能，以及新一代调度集中系统——分散自律调度集中系统的原理、结构功能及主要特点。

【学习目标】

（1）了解列车运行调整的必要性；

（2）掌握列车运行调整的目标、原则、主要内容及基本方法；

（3）了解行车调度指挥自动化的内容及系统介绍；

（4）了解 TDCS 系统的组成及功能；

（5）了解分散自律调度集中系统的原理、结构功能及主要特点。

【重点及难点】

（1）列车运行调整的目标；

（2）对晚点列车常用的调整方法。

第一节　列车运行调整

一、列车运行调整的意义

在实际工作中，列车运行偏离图定时刻的现象是经常发生的。由于出发车流不足、编组延误、列车晚点从邻区段到达，客车车底检修和整备时间不足，机车整备时间不足、出库不及时等原因都可能造成列车出发晚点；由于列车途中运缓，旅客超员、行包装卸量增加使列车作业停站时间延长，受其他列车影响，机车临时故障等原因，则可能造成列车运行晚点；由于运量增加，需加开在图定运行线的空当中运行的临时定点列车，要保证这些列车以较大的旅行速度运行，又不对其他列车产生太大的影响等，在以上情况下，都需要制定列车运行调整计划。

列车运行调整的目的在于安全地实现本调度区段列车工作计划规定的车流输送任务，使晚点列车尽可能恢复正点，最大限度地减少晚点和早点列车对其他列车正点到达的影响，保证按图行车的良好运行秩序，提高货物列车的旅行速度。

列车调度员通过运行调整计划，计划与指挥本区段内列车的运行，及时向车站下达发车计划和会让、越行计划；向主要站段和相邻调度台进行列车到达预确报；促使行车人员密切配合、协调动作，保证实现调整计划，质量良好地完成日班计划规定的任务。

列车运行调整时的列车等级及顺序按照《调规》相关规定执行，一般按照先客后货、先跨局后管内的顺序进行，但对于开往事故现场的救援列车应优先办理；专运和特殊指定的列车按指定的等级运行。

二、资料的收集及调整计划的编制

由于铁路线路行车量一般较大，列车调度员通过编制 3 或 4 小时的列车运行调整计划来实现列车运行的正确组织。列车调度员在编制 3 或 4 小时列车运行调整计划前，应认真缜密地进行调查研究，通过各种联系方法与邻台（所）及有关站段互通情报，收集第一手资料。尤其是接班后第一个列车运行调整计划，交接班后容易产生脱节现象，造成不良后果。为保持计划的连续性，防止问题的发生，一方面要求列车调度员应从整体的观点出发，编制最后一个调整计划时认真负责、考虑周密、下达齐全，关键问题一定要布置清楚，打好交接班基础；另一方面要求接班调度员提前详细了解情况，接班后尽量按上一班的计划进行调整，必要时也尽量部分进行调整，避免全盘否定。

列车调度员收集的主要资料有：

（1）区段各站现在车分布情况（空车分车种，重车分去向）、装卸车进度和到发线占用情况；

（2）邻所（台）及本区段客、货列车实际运行情况；

（3）编组站、区段站的到发线运用及待发列车准备情况；

（4）摘挂列车编组内容及前方站作业情况；

（5）区间卸车及施工情况；

（6）机车整备、机车交路及调车机车、小运转机车换班作业情况；

（7）其他有关情况及领导指示。

在编制列车运行调整计划时，一定要从全局的角度出发，认真贯彻国家运输政策和运输调整原则，既要保证重点，又要做好全面安排。对晚点列车按下列要求做出调整计划：

（1）保证安全前提下，用最大的旅行速度运行，尽快使晚点列车恢复正点运行，做到"接晚不增晚，晚点赶正点"；

（2）确定合理的会让站和越行站；

（3）最大限度地使用区间通过能力；

（4）保证必要的车站间隔时间及区间运行时分。

编制调整计划时，一般应优先保证旅客列车正点，由邻区段接入的时间顺序铺画；对直达、直通列车应尽量加速放行；安排技术站向区间发出超过图定列车对数的列车时要格外注意不使列车超过一定限度；安排摘挂列车运行计划时，在保证车辆甩挂条件下，尽量插档子运行；同时，应注意本区段始发直达列车的车流接续情况和机车交路，保证良好的运行秩序。

编制调整计划，一般采取"满表铺线、分段细铺"的方法。"满表铺线"就是一次铺画 6 h 以上的计划，"分段细铺"就是按 3 或 4 h 为一个阶段，在"满表铺线"基础上根据列车运行的变化情况详细地编制列车运行调整计划，这样可以使阶段和阶段衔接紧密，也容易发现矛盾，找出关键，保证列车按图行车。

三、下达计划的内容及组织实现

列车调度员在编制完成后，应在计划开始前 1h 下达有关站段。下达的主要内容有：

（1）技术站列车到发车次、时刻、机车型号、编组内容及辆数；

（2）中间站会让、越行计划及相关注意事项；

（3）重点列车、超限列车及限速列车运行注意事项；

（4）摘挂列车甩挂作业计划；

（5）途中卸车及施工计划；

（6）调车机车、小运转机车运用和重型轨道车运行计划；

（7）中间站始发列车的车流来源、运转车长、出发时刻及机车的安排；

（8）其他事项，如上级指示、重点工作等。

计划执行过程中列车调度员要随时掌握列车运行情况，特别是关键列车（如在旅客列车前运行的货物列车等）和困难车站，要及时收"点"，填画实绩图，监督列车的运行，以便发现问题，及时采取调整措施，保证列车按计划运行。

四、列车运行调整的基本方法

组织列车正点运行有组织列车始发正点和组织列车运行正点两方面工作。组织始发正点是列车运行正点的基础，而列车运行正点为始发正点提供车流、机车等先决条件，二者互为条件、互相促进、相辅相成。对晚点列车常用的调整方法有：

（1）根据机车技术状态、司机技术水平、列车重量、线路允许速度及气候条件，组织列车加速运行，压缩区间运行时间，使晚点列车恢复正点或使列车赶到指定车站会让。

（2）变更列车会让地点和会车方式，以减少列车早点、晚点、停运或加开对其他列车运行的影响。

（3）在双线区段，为了避免列车运行晚点，可以根据具体情况，组织反方向行车；在双线区段组织反方向行车，也是组织区间卸车或线路施工时所采用的主要运行调整方法。

（4）当列车密度大而区段能力又较紧张时，对小运转列车或编成辆数较少而在前方各站又无作业的列车，组织其与相邻列车合并运行。为减少单机占用运行线，也可组织单机附挂或单机重联。

（5）根据各站具体作业条件及列车的作业情况，组织车站快速作业，压缩列车停站时间。

（6）根据各中间站现在车情况及摘挂列车编组内容，确定摘挂列车甩挂计划及不摘车作业计划，规定列车在各中间站的作业时间。为了预防摘挂列车晚点，可利用单机或其他机车协助摘挂列车作业；组织其他列车加速运行，使晚点的摘挂列车恢复正点运行；利用列车在站待避或等待装卸的停站时间，为前方站挑选车组，以节省前方站的调车作业时间；组织同时到站会车的两列摘挂列车互换作业，缩短列车停站时间。

（7）为了适应组织区间装卸及线路施工而腾出一定运行间隙的需要，可组织列车早点运行、组织中间站快速作业、变更会让地点和会车方式、合并列车运行、组织反向行车等方法进行列车运行调整。

第二节　行车调度指挥自动化

一、概　述

为了进一步增加区段通过能力，改善行车调度指挥人员的劳动条件，提高列车运行指挥的质量，必须使行车指挥完全实现自动化。行车指挥自动化主要包括如下内容：

（1）自动编制列车运行调整计划，调整列车运行；

（2）自动控制车站的接发车进路；

（3）自动记录实绩列车运行图。

采用电子计算机和调度集中设备即可达到上述目的。

首先，行车指挥自动化设备可以根据列车实际运行的信息和列车运行图的要求，按照预先编制的程序，自动地在规定的时间间隔内，提前编制几小时的列车运行调整计划方案。电子计算机提供的调整方案，用图形显示器显示出来后，列车调度员可以用光笔直接在图上修改。根据修正的方案经计算机进行调整后，如果调度员认为可行，则可给予执行命令，计算机即据此自动控制车站接发列车的进路。

此外，自动化系统还要不断地每隔 1～2 min 检查一次全部列车在区段内运行的情况，当列车位置同调整方案不符时，计算机即可根据列车在前方几个车站会让的可能方案，确定最合理地放行列车的方案，提供列车调度员批准。

办理接发车进路是根据列车运行调整计划和对列车的追踪由计算机分析比较后通过调度集中装置来控制的。

在计算机发出控制进路的命令以前，机器要担负起进路检查的任务，在办理进路以后，机器也要检查进路是否正确。必要时，进路的控制可以改由调度员操纵。

列车运行的实绩信息由调度集中送入计算机后，计算机即控制记录仪绘制出实绩运行图，并同时自动记入磁带，作为统计分析的原始资料。

应用电子计算技术实现行车指挥自动化，实质上是利用电子计算机辅助调度员工作，虽然可以代替调度员大量的繁杂劳动和一部分思维活动，但是调度人员的作用仍然是不可忽视的，其必须集中精力组织按图行车，并处理自动化系统所不能处理的问题。因此不断提高调度人员的业务水平和指挥技能，仍然是实现自动化后所不可忽视的重要问题。

行车指挥自动化是我国铁路现代化的重要组成部分，它的实施必将使我国铁路的行车组织工作提高到一个新的水平。

二、列车调度指挥系统

目前，我国采用的列车调度指挥系统（Train operation Dispatching Command System，TDCS）是实现铁路行车指挥自动化的重要手段。列车调度指挥系统是实现铁路各级运输调度对列车运行实行透明指挥、实时调整、集中控制的现代化信息系统，是铁路运输调度指挥的基础设施，是铁路运输生产重要技术装备。TDCS 由国铁集团、铁路局集团公司 TDCS 中心局域网及车站基层网组成，是一个覆盖全路的现代化铁路运输调度指挥和控制系统。TDCS 利用信息技术、网络技术、控制技术等现代科学技术手段取代了传统落后的行车指挥手段，采用并结合了先进的通信、信号、计算机网络、数据传输、多媒体技术等现代信息技术，在保证网络安全的前提下，与相关系统紧密结合、互联互通、信息共享，实现了铁路运输组织的科学化、现代化，增加运能，提高效率，减轻了调度人员的劳动强度，改善了调度指挥的工作环境。

1. TDCS 的组成

我国铁路调度指挥管理是以行车调度为核心，以站、段为基础，实行国铁集团和铁路局集团公司两级调度指挥管理的体制。TDCS 分为 3 层网络体系结构（见图 26.1 所示）。

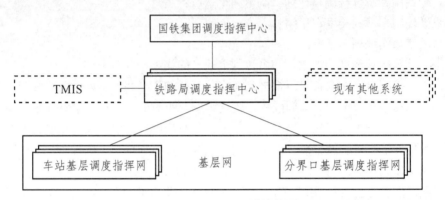

图 26.1　TDCS 系统结构图

国铁集团调度指挥中心 TDCS 处于最高层，是核心部分，是现代化铁路运输调度指挥系统的心脏，能获得各铁路局分界口、重要铁路枢纽、主要干线等的运输状况和 TDCS 基层网等实时信息。国铁集团调度指挥中心 TDCS 是为了适应铁路运输发展需要而建立的，它是全路运输生产的总枢纽，是综合通信、信号、计算机、网络、多媒体、运输组织等多门学科技术的系统工程。它极大地改善了国铁集团调度人员的工作条件，提高了行车指挥的技术水平，并且为国铁集团领导的决策提供真实可靠的信息，实现调度指挥工作的现代化管理模式。

铁路局集团公司调度指挥中心 TDCS 处于第二层，在铁路局集团公司所在地建有铁路局调度指挥中心局域网。铁路局集团公司调度指挥中心通过专用通道、数据网链路、路由器与国铁集团、相邻路局调度指挥中心远程连接，进行信息交换。TDCS 不仅是一个管理层，同时也是直接调度指挥行车的指挥层，不仅要完成基层网信息的汇总、处理和标准化，给铁路局集团公司各级调度提供监视，还要按要求将基层信息通过专用通道、数据网链路传送到上层国铁集团调度指挥中心。铁路局集团公司调度指挥中心 TDCS 具有列车调度指挥功能，其功能不仅是指挥和管理中心，同时也是行车控制中心，对于部分区段和车站，铁路局集团公司控制中心还可在 TDCS 的基础上发展调度集中，实现对列车进路的自动控制。

最下层是 TDCS 的基层网，主要包括车站行车调度指挥系统，由车站计算机网络设备、车站分机采集及控制设备、车站值班员终端三部分组成。

2. TDCS 的功能

（1）国铁集团 TDCS 的功能。

国铁集团 TDCS 具备调度实时信息宏观显示、调度实时监视、技术资料查询、显示、报表统计、系统维护及管理、用户培训等功能。国铁集团 TDCS 的功能如图 26.2 所示。

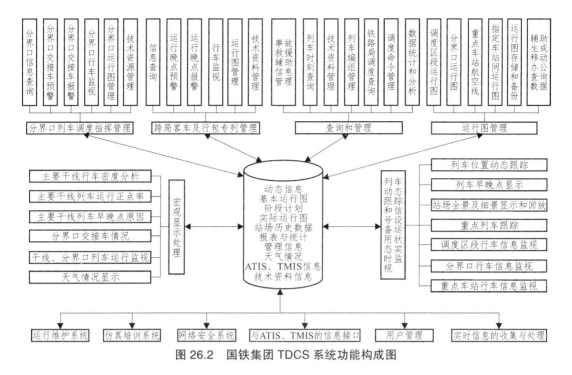

图 26.2 国铁集团 TDCS 系统功能构成图

（2）铁路局集团公司调度指挥中心 TDCS 的功能。

铁路局集团公司调度指挥中心直接指挥行车，实时掌握铁路局集团公司调度区段的组成车站、各分界口、各编组站、各枢纽的列车运行情况、信息设备显示状态，并进行宏观显示，完成阶段计划的调整及调度命令的生成和下达等功能，进行信息汇总、处理，向国铁集团及相邻铁路局 TDCS 提供行车信息。铁路局集团公司 TDCS 可以利用显示器或大屏幕所显示的干线宏观图、区段宏观图对现场进行监视，对重点列车进行跟踪，进行列车运行正点率统计和列车运行密度统计分析。同时，在铁路局集团公司调度指挥中心提供 TDCS 与 TMIS 的接口，实现两系统间信息的共享。

铁路局集团公司 TDCS 实现以下功能：列车车次自动跟踪和无线车次自动校核；调度区段各自动闭塞分区、各车站技术设备运用情况和技术作业过程的实时监控；调度命令、日班计划自动下达；列车运行自动采点；列车实绩运行图自动生成；列车运行方案实时调整、下达；分界口透明显示和统计分析；列车早晚点自动计算与部分运输指标自动统计；站场实际状况、列车运行实际状况再现；仿真培训功能及完善的帮助系统。

（3）基层网 TDCS 的功能。

信息采集是基层网 TDCS 最基本的功能，通过安装在每个站的车站分机，系统采集得到现场的动态信息，同时通过传输设备将信息及时发送到铁路局 TDCS 中心。

基层网 TDCS 的主要功能包括：

（1）列车运行及信号设备状态信息的自动采集与传输；

（2）无线车次号自动校核；

（3）相邻车站信号设备运用状态及列车运行信息显示；

（4）行车日志自动生成；

（5）调度日班计划、列车运行调整计划、调度命令自动接收。

TDCS 可以明确判断列车的行踪，获得列车几秒钟内的位置，并连续跟踪显示，大大提高了调度工作效率，十分有利于保证行车安全。

三、分散自律调度集中系统

分散自律调度集中系统（Centralized Traffic Control，(CTC)）是由传统类型发展而成的新一代调度集中系统，它综合了计算机技术、网络通信技术和现代控制技术，采用智能化分散自律设计原则，以列车运行调整计划控制为中心，兼顾列车与调车作业的高度自动化的调度指挥系统。

分散自律调度集中系统在列车调度指挥系统基础上构建，由铁路局集团公司、车站两级构成。调度集中区段，车站应设集中联锁，区间应设自动闭塞或自动站间闭塞。

分散自律调度集中除实现列车调度指挥系统的全部功能外，还实现列车编组信息管理、调车作业管理、综合维修管理、列/调车进路人工和计划自动选排、分散自律控制等功能。将同一调度区段内、同一联锁控制范围内所有车站（车场、线路所）的信号、联锁、闭塞设备纳入控制范围。调度集中区段的两端站、编组站、区段站，以及调车作业较多、有去往区间岔线列车或中途返回补机的中间站，可不列入调度集中操纵，但出站信号机均应受调度集中控制。

1. 系统的工作原理

与传统的调度指挥方法不同，CTC 采用先进的计算机通信技术，通过计算机网络完成调度计划和调度命令的下达，由车站自律机按照调度计划进行自律执行，并由相应的外围设备采集铁路沿线的各种实时信息再传送到调度集中的中央服务器，实现列车跟踪、监督报警、运行图自动绘制等功能。系统具有一定的智能性，能够自动生成调度计划并依据计划自动选择适当的进路，控制相应的联锁设备动作。在列车运行调整计划的基础上，解决列车作业与调车作业在时间与空间上的冲突，实现列车和调车作业的统一控制。

分散自律调度集中有分散自律控制模式和非常站控模式两种。分散自律控制的基本模式是用列车运行调整计划自动控制列车运行进路，同时在分散自律条件下调度中心具备人工办理列车、调车进路，车站具备人工办理调车进路的功能；非常站控模式是指当调度集中设备故障、发生危及行车安全的情况或设备天窗维修、施工需要时，脱离系统控制转为车站传统控制模式。在分散自律控制模式下，车站联锁控制台不起作用；在非常站控模式下，系统的车务终端不起作用。

调度中心每个分散自律调度集中调度区段一般设列车调度员、助理调度员、综合维修调度员。列车调度员是主要的行车指挥人员，助理调度员和综合维修调度员均受列车调度员指挥。

2. 系统的结构及功能

分散自律调度集中系统由调度中心系统、车站系统和网络传输系统三部分构成。

（1）调度中心系统。

调度控制中心主要由数据库服务器、调度集中服务器（双机热备）、通信前置服务器、大屏显示系统、行调工作站、助理调度员工作站、综合维修工作站、调度集中维护工作站、网管工作站、打印设备、远程维护接入 TMIS 接口计算机以及局域网等设备组成。

调度中心系统的主要功能包括：

① 实时监控管辖范围内列车运行状态，制定、调整和下达列车阶段计划，查阅实际运行图，下达调度命令以及与相邻区段列车调度员交换信息。

② 编制、调整无人值守车站的调车作业计划以及领导调车工作；根据阶段计划和调度员的口头指令进行车站的调车进路的排列。

③ 提供直接遥控车站进路和其他信号设备的按钮操作界面。

④ 掌握线路实际运营情况，组织生产和运输指挥。

⑤ 提供站场和实际运行图显示，辅助计划调度完成日班计划的生成和下达。

⑥ 为调度中心各级行车指挥人员提供系统岗位技术培训。

（2）车站系统。

车站系统的主要设备包括车站自律机、车务终端、综合维修终端、电务维护终端、网络设备、电源设备、防雷设备、联锁系统接口设备和无线系统接口设备等。其中，车站自律机是分散自律调度集中的关键设备。车站系统的主要功能包括：

① 接收存储调度中心的列车运行计划、调车作业计划等，并自动按计划进行进路排列，驱动联锁系统执行；

② 接收调度中心和本地值班员（信号员）的直接控制操作指令，经检查确认无冲突后驱动联锁系统执行；

③ 确认进路的完整性和信号的正确性，并能对不正常情况进行处理；

④ 向调度中心发送设备表示信息；

⑤ 列车及调车作业的跟踪；

⑥ 接收邻站的实际和计划运行图；

⑦ 接收调度中心和本站值班员的进路人工干预，并调整内部处理流程；

⑧ 采集数据处理形成信号设备的图形表示信息；

⑨ 列车车次跟踪显示处理，对车次号进行安全级管理；

⑩ 形成本站的自动报点信息。

（3）网络传输系统。

车站基层广域网采用双环、迂回的高速专用宽带数字通道连接调度中心局域网和各车站局域网，网络通信协议采用通用的 TCP/IP 协议。

3. 系统的主要特点

（1）智能化。

实现列车运行计划自动调整，实绩运行图自动描绘，调度命令多媒体下达（可根据列车运行计划执行情况自动向有关列车发送信息），事件自动记录。

（2）分散自律。

实现以日班计划图、列车运行调整计划（阶段计划）为主轴和框架，将阶段调整计划下传到各个车站的分散自律机中自主执行。系统没有中心控制权与车站控制权之分，只有指令不同来源之分，通过列车运行阶段调整计划进行来自多处指令的自律，科学合理地解决中心控制与车站控制（含调车作业）的矛盾。每一个分散自律机都具有以列车运行阶段计划为核心的智能自律机制，接收列车运行调整计划并自动执行计划。列车运行调整计划的制订与调整由调度中心完成，计划的执行由沿线车站分机自主判断完成。

（3）可实现车站无人值守。

在无线通信系统、车次号校核子系统、无线调度命令传送系统、列车编组顺序电子信息的基础上，增加自动预告系统，可以在中间站实现行车、调车作业控制无人化。

（4）可靠性高。

系统采用双套冗余配置，广域网采用迂回、环状、冗余设计，并通过设置网管工作站、电务维护工作站，实时监控网络上每一节点的状态和系统的运行状况，同时采用远程维护服务器用于远程紧急技术支持、异地远程修复及其他技术支持。

本章小结

列车运行调整的目的在于安全地实现本调度区段列车工作计划规定的车流输送任务，使晚点列车尽可能恢复正点，最大限度地减少晚点和早点列车对其他列车正点到达的影响，保证按图行车的良好运行秩序，提高货物列车的旅行速度。我国采用的列车调度指挥系统（TDCS）是实现铁路行车指挥自动化的重要手段。分散自律调度集中系统（CTC）是由传统类型发展而成的新一代调度集中系统。

本章主要知识点回顾：

一、列车运行调整的目的

在于安全地实现本调度区段列车工作计划规定的车流输送任务，使晚点列车尽可能恢复正点，最大限度地减少晚点和早点列车对其他列车正点到达的影响，保证按图行车的良好运行秩序，提高货物列车的旅行速度。

二、对晚点列车进行运行调整的要求

在保证安全的前提下，用最大的旅行速度运行，尽快使晚点列车恢复正点运行，做到"接晚不增晚，晚点赶正点"；确定合理的会让站和越行站；最大限度地使用区间通过能力；保证必要的车站间隔时间及区间运行时分。

三、常用的列车运行调整方法

（1）组织列车加速运行，压缩区间运行时间，使晚点列车恢复正点或使列车赶到指定车站会让；

（2）变更列车会让地点和会车方式，以减少列车早点、晚点、停运或加开对其他列车运行的影响；

（3）在复线区段，为了避免列车运行晚点，可组织反向行车；

（4）组织与相邻列车合并运行；

（5）组织车站快速作业，压缩列车停站时间；

（6）确定列车甩挂计划及不摘车作业计划，规定列车在各中间站的作业时间。

（7）组织列车早点运行。

四、行车指挥自动化

（1）内容：自动编制列车运行调整计划，调整列车运行；自动控制车站的接发车进路；自动记录实绩列车运行图；

（2）列车调度指挥系统：列车调度指挥系统是实现铁路各级运输调度对列车运行实行透明指挥、实时调整、集中控制的现代化信息系统，是铁路运输调度指挥的基础设施，是铁路运输生产重要技术装备；

（3）分散自律调度集中系统：

分散自律调度集中系统是由传统类型发展而成的新一代调度集中系统。它综合了计算机技术、网络通信技术和现代控制技术，采用智能化分散自律设计原则，以列车运行调整计划控制为中心，是兼顾列车与调车作业的高度自动化调度指挥系统。

思 考 题

1. 为什么要进行列车运行调整？

2. 在进行列车运行调整时，所需要遵循的原则是什么？

3. 对晚点列车调整时应满足什么要求？

4. 列车调度员下达计划的主要内容有哪些？

5. 对晚点列车常用的调整方法有哪些？

6. 简述列车调度指挥系统的结构组成。

7. 简述分散自律调度集中系统的结构及功能。

第二十七章　日常统计与分析

【本章导读】

本章首先介绍运输工作日常统计的分类，以及日常分析、定期分析、专题分析的概念。第二节详细介绍铁路货物运输日常统计的主要内容。第三节重点介绍货物运输工作分析的内容，其中包括装车分析、卸车分析、分界站交接车分析、列车运行图完成情况分析、运用车保有量、机车运用质量指标分析、货车周转时间完成情况分析。

【学习目标】

（1）了解铁路运输统计的分类；

（2）掌握日常分析、定期分析、专题分析的概念；

（3）掌握装车分析的主要内容；

（4）掌握分界站车辆和列车交接分析的主要内容；

（5）了解铁路局运用车和各种运用车保有量分析，以及运用车保有量与工作量、货车周转时间的关系；

（6）了解机车运用质量指标分析和货车周转时间完成情况分析。

【重点及难点】

（1）铁路货物运输日常统计的主要内容；

（2）货物运输工作分析的内容；

（3）均衡装车的定义。

第一节　概　　述

铁路运输统计根据报告方式及其作用的不同可分为两类。一类是为了及时地给领导机关和主管运输生产部门提供了解和掌握日常运输生产进度和指标完成情况，为组织和指挥运输生产提供依据的"业务统计"。它由各基层单位统计室在每日 18:00 向铁路局集团公司报告，铁路局集团公司在规定时间内进行汇总后，向上级统计部门和有关领导报告。另一类则是通过对原始单据的摘录、整理、汇总而定期编制的月、季、年度的统计报表，在铁路运输统计中习惯称为"精密统计"。精密统计的主要用途是为领导机关和主管业务部门编制与检查月、季、年度铁路工作计划，评定工作成绩，制定运输政策，核算生产财务结果和进行清算拨款等提供依据，它主要由统计中心来完成。铁路运输日常统计属于业务统计。

运输工作分析可分为日常分析（日、班分析）、定期分析（月、旬分析）和专题分析。日常分析是国铁集团、局调度机构于日班工作终了时，对日班计划执行情况所做的分析，它能及时查明计划完成情况及未完成的原因，从而可以及时采取措施，解决工作中出现的问题。定期分析是国铁集团、局按月、旬对运输工作生产计划完成情况进行的分析，它能比较深入地对计划指标的完成情况及影响指标的因素进行分析，从而能较全面地发现问题，采取对策。根据需要，定期分析还可以对某一问题做专门的较为深入的分析，即所谓专题分析。

第二节　货物运输工作日常统计

在铁路货物运输生产日常管理中，除了实时收集列车运行有关的生产活动信息及按阶段（3或4h）收集现在车信息外，每日18:00还要对全日运输生产活动的情况进行全面的统计。

铁路货物运输日常统计的主要内容有：

1. 分界站货车出入统计

分界站货车出入统计是反映铁路局间、营业线与新线、地方铁路间和国内与国外铁路间的列车、货车出入数的资料。作为平衡铁路局集团公司货车现有数和检查列车、货车交接计划完成情况的依据（运报一）。

2. 现在车统计

现在车统计反映车站、铁路局管内每日18:00当时的货车现有数、分类情况及重车去向，据以编制运输工作日计划和调整运用车保有量。它包括现在车分类统计（运报二），及现在重车去向统计（运报三）。

3. 货车停留时间统计

货车停留时间统计反映运用车办理货物作业和中转停留时间的完成情况。铁路局集团公司的货车停留时间，则根据车站的号码制货车停留时间和非号码制货车停留时间的统计资料及装卸车统计报表，按一次货物作业平均停留时间、无调中转、有调中转及平均中转停留时间，对铁路局管内各站的数据进行加权平均得出（运报四）。

4. 货车运用成绩统计

货车运用成绩统计反映货车周转时间及与其有关的各项数量指标和质量指标的完成情况（运报五）。

对于日间货车周转时间完成实绩的统计，在人工进行统计时采用车辆相关法，即按公式 $\theta = N_{18:00}^{当日} / u$ 进行计算。式中分子 $N_{18:00}^{当日}$ 为当日18:00运用车数的统计数，这样以当日18:00运用车数的瞬时值代表全日所使用的运用车数的做法显然是不准确的。由于这一统计方法上的缺陷，造成了局间抢十八点交车的现象。

为使统计更加准确，可采用"车辆日"计算法对货车周转时间进行统计计算。所谓"车辆日"计算法，即利用货车周转时间的车辆相关法计算公式时，其分子"运用车数"按全天消耗的"车辆日"进行统计，以准确地反映全日的运用车数。全日所消耗的车辆日的统计办法可仿照车站货车停留时间的非号码制统计的原理，按铁路局集团公司各分界站货车出入及运用车转入、转出资料，统计全局一昼夜消耗的"车小时"，然后按式（27.1）计算出局一昼夜消耗的"车辆日"，即运用车数：

$$N = \frac{\sum Nt}{24} \ (\text{车} \cdot \text{d}) \tag{27.1}$$

式中 $\sum Nt$ ——铁路局管内一昼夜所消耗的车辆小时，可按下式计算：

$$\sum Nt = 24N_{昨存} + \sum_{j=1}^{K}\sum_{i=1}^{N_j} m_{ij}t_{ij} - \sum_{j=1}^{K}\sum_{i=1}^{N_j} m'_{ij}t'_{ij} + \sum_{j=1}^{F}\sum_{i=1}^{M_j} m_{ij}t_{ij} - \sum_{j=1}^{F}\sum_{i=1}^{M_j} m'_{ij}t'_{ij} \tag{27.2}$$

其中 $N_{昨存}$ ——昨日 18:00 结存的运用车数；

　　t_{ij}，t'_{ij} ——接入（或转入）、交出（或转出）的换算时间，换算时间是指自列车到达分界
　　　　　　　　　站（或转入）、列车由分界站交出（或转出）时起至日末 18:00 止的时间，h；

　　m_{ij}，m'_{ij} ——分界站到达、出发的列车编成辆数，或转入、转出的一批车组内的车辆数；

　　K——分界站数目；

　　N_j——分界站一昼夜到、发的列车列数；

　　F——所有转入、转出车的地点数；

　　M_j——各地点的转入、转出批数。

式（27.2）中后两项表示运用车与非运用车之转入、转出产生的车小时，包括备用车、检修车、企业租用车、自备车、新出厂车和淘汰车等的转入及转出。

利用这种方法可简便而精确地计算一昼夜消耗的"车辆日"，即全日所使用的运用车数，并按公式计算货车周转时间。这比用 18:00 运用车瞬时值计算某一日所完成的货车周转时间更为精确。

5. 货物列车正点统计

货物列车正点情况是反映货物列车按列车运行图行车质量和日班计划的执行情况。货物列车正点率是考核运输组织工作的综合指标之一。为反映列车运行图执行情况，货物列车正点统计按货物列车出发正点和货物列车运行正点两项内容统计。货物列车出发正点率统计见第一篇，货物列车运行正点率可按如下公式计算：

$$\gamma_{运} = \frac{n_{运}^{正点}}{n_{运}} \times 100\% \tag{27.3}$$

式中 $n_{运}^{正点}$ ——正点运行的货物列车数；

　　$n_{运}$ ——总运行货物列车数。

列车运行正点统计是为了考核列车在途中的运行时间及按运行图行车的情况。对于列车正点、晚点出发并按出发运行线时刻正点、早点到达或晚点不超过规定旅行时间到达时，对于列车早点超过 15 min 出发，不超过该列车规定旅行时间 15 min 到达时，均为运行正点。对于临时定点列车、限速列车、保留列车，一般按日（班）计划统计其运行正晚点情况。

货物列车正晚点的统计，不仅包括统计正点率指标，而且也要统计晚点原因，并填记于"运报六"。

为了反映货运量及装卸完成情况，尚需进行装卸车统计，其统计方法见第一篇。

铁路运输日常统计必须准确、及时地反映运输生产活动实绩，以便正确分析，及时解决问题。

第三节　运输工作分析

运输工作分析是根据统计资料对运输生产活动所进行的分析，可据以总结经验，改进工作，提高运输组织管理水平，不断挖掘运输潜力。

货物运输工作分析的内容一般包括装车分析、卸车分析、分界站交接车分析、列车运行图完成情况分析、运用车保有量、货车周转时间分析、机车运用质量指标分析及安全情况分析。

运输工作分析应综合采用各种科学的分析方法，以提高分析工作水平。采用分层法和调查表法，可对统计数据进行分类整理，并进行粗略的原因分析。为了分析影响因素的主次，可利用排列图法（或称 ABC 分类法），采用因果分析图法，可对影响生产的多种错综复杂的原因进行清晰的图解分析。对装卸车完成情况、列车运行晚点原因以及安全情况等，均可采用因果分析图法进行。对于一些指标的统计量的数据处理，可利用直方图法找出其平均值和标准偏差，并据以确定生产活动中某种量的控制范围。对运用车保有量、货车周转时间、列车运行时分等，应用这种方法确定其允许偏差量，作为控制生产活动的依据是十分必要的。对于具有相关关系的两种及其以上的数据，可以利用散点图法进行相关分析，如货车周转时间及其有关因素之间的关系分析可用此法。对于由多种主客观因素构成一定函数关系的指标，对其各种因素的影响可采用固定因素分析法，如对货车周转时间的分项分析即采用此法。

分析工作必须加强调查研究，收集积累资料，综合采用各种科学的分析方法，不断提高分析质量，使之成为改进运输生产管理的重要基础。

一、装车分析和卸车分析

装车计划是国家运输计划的主要内容，完成装车计划是铁路完成国家运输计划最直接的体现。同时，装车又是整个铁路运输过程的开始，装车计划完成情况将直接影响运输过程其他环节（如重车输送、交接和卸车等）的进行。因此，在日常分析和定期分析中，均应分析装车计划的完成情况，其分析的内容主要有：装车数完成情况；品类别装车计划完成情况；去向别装车计划完成情况；均衡装车情况；始发、阶梯直达列车及成组装车计划完成情况。

为了考察装车计划完成情况（包括装车数、品类别、去向别装车计划及直达、成组装车计划），首先应将实际完成数与计划数加以比较，确定完成装车计划的百分数。此外，还应对主要装车站装车计划完成情况进行分析。

国家运输计划是按货物品类分别规定的，所以在分析总装车计划完成的同时，还应按货物品类分析装车计划的完成情况。尤其当主要品类未完成装车计划时，应进一步分析原因，制定改进措施。

按去向别组织装车，是保证列车运行秩序正常和全路车流相对稳定的重要手段。按去向别组织装车是指按计划向管内和外局组织装车。当向管内装车不足标准时，将影响管内卸车计划的完成，甚至造成管内运用车保有量不足。当向外局未按去向别组织装车时，除将影响各方向列车运行正常秩序外，也必将影响其他局装卸车计划的完成，甚至造成全路车流的混乱。因此，在进行分析时必须分析去向别装车完成情况。

均衡装车是指一昼夜内各阶段、一旬内各日、一月内各旬均衡地组织装车，它是提高运输效率、改善铁路通过能力和车站作业能力利用的重要途径。所以，分析时应注意均衡作业的情况，查明造成不均衡装车的原因，以便采取措施，提高运输工作的均衡性。

按运输方案和日计划的安排组织直达列车和成组装车，是改善车流组织、加速车辆周转的有效措施。不断提高直达列车和成组装车比重是铁路车流组织的方向，也是衡量各局运输工作组织水平的重要标准。因此，在日常作业组织中，对于已纳入计划的直达列车和成组装车，应按计划保证优先配送空车。如果总装车数已完成，而直达列车和成组装车计划未完成，仍应认为装车计划完成得不好，或组织装车工作的质量不高，应进一步查明其原因，并拟订相应的改进措施。

做好卸车工作是完成装车和排空计划的重要保证。因此，在日常分析和定期分析中，均应进行卸车分析，以查明卸车计划的完成情况，总结组织卸车工作的经验，找出未完成计划的原因，以便据以制定相应的措施，提高运输组织水平。

为了考察卸车计划完成情况（包括主要站、主要收货单位）和装车分析一样，首先应将实际完成数与计划数加以比较，确定完成卸车计划的百分数。此外，为进一步总结完成计划的经验，查明未完成计划的原因，还应分别就管内自装自卸车数及接入自卸车数计划完成情况、管内工作车保有量及车站 18:00 待卸车情况、管内重车输送计划完成情况进行分析。

二、分界站车辆和列车交接分析

按计划规定的标准完成分界站车辆和列车交接任务，是合理分配各铁路局的运用车，保证完成运输生产计划的重要条件。任何一个分界站的车辆和列车交接任务完成不好，都将给有关铁路局的工作带来不良影响。因此，及时地考核和分析分界站车辆和列车交接标准的完成情况，解决分界站车辆和列车交接工作中存在的问题，是一项十分重要的工作。

分界站车辆和列车交接分析的内容主要有：分界站车辆和列车交接标准的完成情况；车辆和列车交接的均衡性；车种别排空任务的完成情况。

和装卸车分析一样，分界站车辆和列车交接分析也应首先从数量上进行考核，按分界口计算重、空车辆交接任务完成的百分数。

分界站移交重车包括接运通过和自装交出两部分，交出空车包括接运通过和本局排出两部分。车辆和列车接入情况，除与邻局交车有关外，也与本局接车有关，因此应分别对它们做进一步分析。

为保证各局间运输的均衡和协调，分界站车辆和列车交接，不仅要求总数量完成，而且要求在时间上均衡，所以还应对分界站车辆和列车交接的均衡性进行分析。

在分析排空任务完成情况时，除需按分界站别分析完成车数及时间上的均衡性外，还应按接车种别进行分析，判明车种别排空任务完成情况。对于规定编组空车直达列车的编组站、区段站和货物站，还应分析空车直达列车编组计划的完成情况。

三、列车运行图完成情况分析

列车运行图是铁路行车组织工作的基础。列车正常运行是整个运输组织工作的关键。因此，列车运行图完成情况是反映运输工作质量的重要内容。

列车运行图完成情况分析的主要内容有：列车出发和运行正晚点情况；旅行速度完成情况；行车安全情况。

列车出发和运行正晚点情况的考核指标为列车出发正点率和列车运行正点率，并按旅客列车和货物列车分别统计。

旅行速度是列车运行图的主要质量指标。对旅行速度完成情况的分析，应对旅行速度、技术速度、速度系数几项指标同时进行，以查明影响旅行速度的两部分因素（技术速度和中间站停站时间）的完成情况。

行车安全情况的日常分析主要可根据调度员填写的"行车事故概况"登记表进行，应查明事故原因和责任者，并及时做出处理。对于重大、大事故一般应在进行深入调查后做出专门的事故分析。

四、运用车保有量分析

各铁路局集团公司保有一定数量的运用车，是完成装卸车任务和分界站移交车任务的保证。运用车的合理分布，是保证完成全路运输生产任务和保持运输状态正常的重要因素。运用车保有量分析，除对运用车总数进行分析外，尚需按单位、去向、车种别进行分析。

（1）铁路局集团公司运用车保有量的分析。

运用车的合理分布应按层次进行控制，国铁集团对各铁路局运用车数进行控制，铁路局集团公司应对管内各调度区的运用车数进行管理，使其能经常保持在正常范围。如表 27.1 所示例中，某铁路局集团公司运用车超过 250 辆，主要是由于 G 区运用车保有量增加所致。

表 27.1　局运用车保有量分析表

比　　较	铁路局集团公司	其中		
		H 区	G 区	J 区
计　划	5000	1898	2336	766
实　际	5250	1890	2590	770
差	＋250	－8	＋254	＋4

（2）各种运用车保有量的分析。

对运用车保有量须按重车运用车和空车运用车保有量进行掌握，重车应按去向即管内工作车运用车及移交车运用车分别掌握，空车当有条件时应按车种别掌握。因此，对运用车保有量的分析，也须按管内工作车、移交车和空车保有量分别加以分析。如表 27.2 所示例中，该局运用车保有量虽增加 250 车，但其中管内工作车和由 A 分界站交出的移交车却还不足标准数，超过标准数的主要是 B、C 分界站的移交车。因此，解决问题主要应从加速向从 C 分界站移交车辆入手，并应采取措施增加管内工作车保有量，以保证管内装卸任务的完成。

表 27.2　各种运用车保有量分析表

项　目		标准	实际	差
运用车		5000	5250	＋250
管内工作车		2500	2400	－100
空　车		1000	1000	
移交车		1500	1850	＋350
其中	A 分界站	500	450	－50
	B 分界站	400	550	＋150
	C 分界站	600	850	＋250

（3）运用车保有量与工作量、货车周转时间的关系分析。

运用车保有量 N 与工作量 u 和货车周转时间 θ 有密切的关系。因此，当运用车保有量有变化时，应按公式 $N = u\theta$，用固定因素法加以分析，即首先按实际完成的工作量和计划的货车周转时间，计算出换算运用车数 $N_{换算}$：

$$N_{换算} = u_{实际}\theta_{计划} \quad (车) \tag{27.4}$$

式中　$u_{实际}$——实际完成的工作量；

$\theta_{计划}$——计划周转时间。

也可用下式计算换算运用车数：

$$N_{换算} = u_{实际}\theta_{换算} \tag{27.5}$$

式中　$\theta_{换算}$——换算周转时间。

换算运用车数表明由于工作量变化所应保有的运用车数，然后将此数与实际运用车进行比较。

五、机车运用质量指标分析

为了完成铁路运输任务，机务段、铁路局必须保有一定的运用机车台数。需要的运用机车台数与机车运用质量指标之间的关系如下式所示：

$$M_{货} = U_{供应}K_{需} = U_{供应}\theta_{机}/24 \quad (台) \tag{27.6}$$

式中　$U_{供应}$——机车供应台次；

$\theta_{机}$——机车周转时间，h。

由此可见，在一定的运用机车台数 M 的条件下，如无法达到规定的机车周转时间 $\theta_{机}$，则 $K_{需}$ 必然加大，$U_{供应}$ 必须相应减少，从而影响运输任务的完成。因此，对机车运用质量的分析，是铁路运输分析工作中的一项重要内容。

机车运用质量指标主要有机车周转时间、机车日车公里、机车日产量。在日常分析时，一般只分析机车日车公里完成情况；在定期分析时，同时分析机车周转时间和机车日产量。

一日内完成的机车日车公里数 $S_{机}$ 可按下式计算：

$$S_{机} = \sum MS/M \quad (km/d) \tag{27.7}$$

式中　$\sum MS$——一日内完成的机车公里数（包括单机公里），可根据实绩机车周转图确定。

将实际完成数与计划标准数进行比较，则可确定机车日车公里的完成情况。从机车周转图和列车运行图中查明机车在折返地点的非生产停留时间和在运行途中的延误，可以概略地说明未完成机车日车公里标准的原因。

在日常分析中，还应特别注意机车乘务组工作时间的情况，因为这往往也是造成机车在折返地点产生非生产停留的原因。

在定期分析中，除把机车周转时间完成情况与计划标准进行比较外，还应作分项分析。机车周转时间的分项计算公式为：

$$\theta_{机} = \frac{2L}{\beta v_{技}} + t_{基}^{段} + t_{基}^{站} + t_{折}^{段} + t_{折}^{站} \quad (h)$$ （27.8）

式中　L——牵引区段长度，km；

　　　$t_{基}^{段}$、$t_{基}^{站}$——机车在基本段、基本段所在站停留时间，h；

　　　$t_{折}^{段}$、$t_{折}^{站}$——机车在折返段、折返段所在站停留时间，h；

　　　β——旅行速度系数。

按照上式逐项进行分析，可以查明机车周转时间未完成是由哪些因素造成的，以及每项因素对周转时间的影响程度，从而可以针对原因采取改进措施。

为查明机车运用的质量，除了分析机车在时间上利用情况的指标外，还应综合研究机车在时间与牵引力利用方面的指标。

综合反映机车利用情况的指标主要为机车日产量 $W_{机}$，其计算式为：

$$W_{机} = Q_{总} S_{机} (1 + \beta_{辅}) \quad (t \cdot km/d)$$ （27.9）

式中　$Q_{总}$——列车总重，t；

　　　$\beta_{辅}$——单机和重联机车走行率。

由上式可以看出，列车总重、机车日车公里的减少，单机走行率的增加，均将给机车日产量指标造成不良的影响。因此，分析时应注意查明发出欠轴列车的原因，以及为什么产生不必要的单机走行，以便改进工作，不断提高机车运用效率。

六、货车周转时间完成情况分析

货车周转时间是从时间利用上衡量货车运用效率的主要指标。它既能综合反映运输生产的工作质量，又直接影响运输产品质量指标——货物送达速度。因此，经常分析货车周转时间完成情况，并提出改进措施是十分重要的。

在对货车周转时间进行日常分析时，为简便迅速地进行分析，可采用车辆相关法。在分析时，除对总的货车周转时间进行分析外，还应对管内工作车、移交重车和空车周转时间按同样的方法进行分析，以便发现货车周转时间变化的原因。如表 27.3 示例中，某局总的货车周转时间较计划标准压缩了 0.02 d，总的来说当日运输工作情况是好的。但如进一步分析即可看出，这一成绩主要是由于注意了空车的运用，空车周转时间显著降低所达到的。而管内工作车的输送和卸车组织却还有缺点，以致卸车标准没有完成，管内工作车周转时间有所延长，管内工作车保有量超过了标准。

表 27.3　某局货车周转时间分析资料表

运用车分类	N			u			θ		
	标准	实际	差	标准	实际	差	标准	实际	差
运用车	6710	6696	−14	6100	6200	+100	1.10	1.08	−0.02
空车	1080	740	−340	3600	3700	+100	0.30	0.20	−0.10
管内工作车	3070	3156	+86	2900	2700	−200	1.06	1.17	+0.11
移交车	2560	2800	+240	3200	3500	+300	0.80	0.80	—

在对货车周转时间进行定期分析时，应按货车周转时间的各项因素进行。表27.4为某局货车周转时间完成情况资料。该局货车周转时间缩短0.1 d，装车、卸车、接运重车及工作量均超额完成任务。但该局的旅行速度、中转时间、一次货物作业停留时间却均未完成计划，其货车周转时间的缩短主要是由于货车全周距由313 km缩短为267 km的缘故。由此可见，对于由客观因素和主观因素多项指标构成的综合指标，其完成情况的分析应采用固定因素法，即将该项综合指标中有关客观因素按实际完成情况，对其主观因素按计划要求标准，依此求出综合指标的换算标准后将实际完成指标与换算指标对照，分析运输生产工作质量。这样可以剔除由于客观条件变化对指标的影响。

表27.4 货车周转时间完成资料表

指标	全周距	旅行速度	中转距离	中转时间	一次货物作业时间	管内装卸率	装车数	卸车数	接运重车数	工作量	运用车保有量	货车周转时间
计划	313	25	100	3.0	9.0	0.23	300	350	2500	2800	2800	1.0
实际	267	24	100	3.1	10.0	0.22	330	360	2900	3230	2907	0.9

换算的货车周转时间表示客观因素按实际需要，而三项主观因素按计划完成时，应能达到的货车周转时间。利用换算周转时间进行分析的方法见表27.5。

表27.5 货车周转时间分析表

分 项		计算公式	时 数			实绩比计 划	实绩比换 算
			计划	实绩	换算		
在列车中		$T_{旅}=\dfrac{l}{v_{旅}}$	$\dfrac{313}{25}=12.54$	$\dfrac{267}{24}=11.12$	$\dfrac{267}{25}=10.68$	−1.42	+0.44
在技术站		$T_{技}=\dfrac{l}{L_{技}}t_{中}$	$\dfrac{313}{100}×3=9.39$	$\dfrac{267}{100}×3.1=8.28$	$\dfrac{267}{100}×3=8.01$	−1.11	+0.27
在卸车站		$T_{货}=K_{管}t_{中}$	$0.23×9=2.07$	$0.22×10=2.2$	$0.22×9=1.98$	+0.13	+0.22
合计	时数		24	21.6	20.67	−2.4	+0.93
	天数		1.0	0.9	0.86	−0.1	+0.04

由表27.5可见，换算的货车周转时间标准应为0.86 d，比实际少0.04 d，这就说明该局由于没有能按计划完成旅行速度、中转时间及一次货物作业时间，实际上使货车周转时间延长了0.04 d。利用这一原理也可分析某单一因素对货车周转时间的影响。

本章小结

铁路运输工作日常统计属于业务统计，运输工作分析分为日常分析、定期分析和专题分析三种。铁路货物运输日常统计的主要内容包括：分界站货车出入统计、现在车统计、货车停留时间统计、货车运用成绩统计和货物列车正点统计。货物运输工作分析的内容一般包括装车分析、卸车分析、分界站交接车分析、列车运行图完成情况分析、运用车保有量、货车周转时间分析、机车运用质量指标分析及安全情况分析。

本章主要知识点回顾：

一、基本概念

（1）日常分析：是国铁集团、局调度机构于日班工作终了时，对日班计划执行情况所做的分析，它能及时查明计划完成情况及未完成的原因，从而可以及时采取措施，解决工作中出现的问题。

（2）定期分析：是国铁集团、局按月、旬对运输工作生产计划完成情况进行的分析，它能比较深入地对计划指标的完成情况及影响指标的因素进行分析，从而能较全面地发现问题，采取对策。

（3）专题分析：根据需要，定期分析还可以对某一问题做专门的较为深入的分析，即所谓专题分析。

（4）均衡装车：是指一昼夜内各阶段、一旬内各日、一月内各旬均衡地组织装车，它是提高运输效率、改善铁路通过能力和车站作业能力利用的重要途径。

二、铁路货物运输日常统计的主要内容

分界站货车出入统计；现在车统计；货车停留时间统计；货车运用成绩统计；货物列车正点统计。

三、货物运输工作分析

（1）货物运输工作分析的内容一般包括：装车分析、卸车分析、分界站交接车分析、列车运行图完成情况分析、运用车保有量、货车周转时间分析、机车运用质量指标分析及安全情况分析。

（2）装车分析的主要内容：装车数完成情况；品类别装车计划完成情况；去向别装车计划完成情况；均衡装车情况；始发、阶梯直达列车及成组装车计划完成情况。

（3）分界站车辆和列车交接分析的主要内容：分界站车辆和列车交接标准的完成情况；车辆和列车交接的均衡性；车种别排空任务的完成情况。

（4）列车运行图完成情况分析的主要内容：列车出发和运行正晚点情况；旅行速度完成情况；行车安全情况。

（5）机车运用质量指标分析：机车周转时间、机车日车公里、机车日产量。

思 考 题

1. 简述运输工作日常货运统计的作用、内容和统计方法。
2. 简述运输货运工作分析的内容和方法。
3. 简述货物运输工作分析的意义。

本篇习题

一、单项选择题

1. 在各个调度工种中，（　　　）处于核心地位。
   A. 货运调度 　　　　B. 机车调度 　　　　C. 计划调度 　　　　D. 列车调度
2. 我国调度指挥设（　　　）级调度机构。
   A. 二 　　　　　　　B. 三 　　　　　　　C. 四 　　　　　　　D. 五

二、多项选择题

1. 在日常运输工作中，车流调整的重车调整方法有（　　　）。
   A. 去向别装车调整 　　　　　　　　　B. 限制装车或停止装车
   C. 集中装车 　　　　　　　　　　　　D. 增加接重
   E. 变更车流运行径路
2. 在日常调整工作中，根据调整对象，车流调整的方法有（　　　）调整。
   A. 重车 　　　　　　　　　　　　　　B. 空车
   C. 非运用车 　　　　　　　　　　　　D. 备用车
   E. 装车
3. 在铁路局调度所一般设有（　　　）。
   A. 列车调度员 　　　　　　　　　　　B. 机车调度员
   C. 计划调度员 　　　　　　　　　　　D. 客运调度员
   E. 货运调度员

三、名词解释题

1. 空车调整
2. 分散自律调度集中系统

四、简答题

1. 简述我国调度指挥机构的设置。
2. 简述铁路运输调度的主要职责。
3. 简述车流预测的作用和车流预测原理。
4. 简述重车调整的方法和使用条件。
5. 简述列车工作计划的内容及编制过程。
6. 为什么要进行列车运行调整？
7. 简述列车调度指挥系统的结构组成。
8. 简述运输货运工作分析的内容和方法。

综合练习

一、区段站日计划图编制

（一）编制资料

1. D 站线路平面图

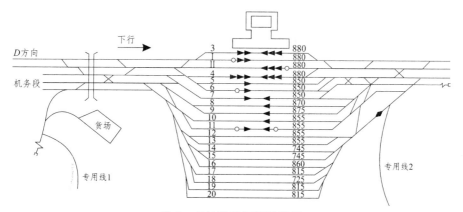

图 1　D 站线路平面示意图

2. D 站的邻接区段技术特征

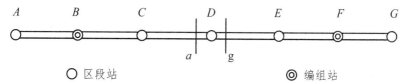

○ 区段站　　　　　　　◎ 编组站

图 2　D 站邻接区段示意图

表 1　D 站的邻接区段技术特征

区段	正线数目	闭塞方式	牵引机车类型		邻接区间运转时分				列车编成			
			客	货	客		货		重		空	
					下行	上行	下行	上行	下行	上行	下行	上行
C—D	2	自动闭塞	SS3	SS3	10	11	11	12	45	45	55	55
D—E	2	自动闭塞	SS3	SS3	9	10	10	11	45	45	55	55

注：① 韶山型机车长度为 24 m。

　　② 列车起停附加时分：$t_{起}^{货} = 2\ \text{min}$，$t_{停}^{货} = 1\ \text{min}$；$t_{起}^{客} = 2\ \text{min}$，$t_{停}^{客} = 1\ \text{min}$。

3. 旅客列车运行时刻表

表 2　旅客列车运行时刻表

车次	自何方向	到达时刻	车次	到何方向	出发时刻
6507	C	19:15	6507	E	19:20
T11		21:30	T11		21:33
4427		23:30	4427		23:55
4431		3:10	4431		3:15
2167		4:52	2167		4:57
4467		6:35	4467		6:40
4429		8:42	4429		8:50
2147		10:38	2147		10:45
2165		13:02	2165		13:05
4423		16:00	4423		16:05
2159		17:52	2159		17:55
2166	E	18:10	2166	C	18:17
4430		19:30	4430		19:35
4424		22:30	4424		22:35
2160		1:40	2160		1:45
T12		5:30	T12		5:33
4432		8:45	4432		8:55
6508		10:48	6508		10:53
2168		13:20	2168		13:25
4428		14:20	4428		14:25
4458		15:30	4458		15:35
2148		17:08	2148		17:11

4. 货物列车到达时刻表及编组内容

表 3　E 方向列车到达时刻及编组内容

到达时间	车次	车辆到达							列车种类
		B	C	D—C	空车	货场	1 专	2 专	
18:25	21102	23	13	5			4		直通
19:10	11002	45							技术直达
20:40	11004	45							技术直达
22:15	32002	21	17	2		5		4	区段
23:10	11006	45							技术直达

372

到达时间	车次	车辆到达							列车种类
		B	C	D—C	空车	货场	1专	2专	
0:30	86802	45							始发直达
1:20	11008	45							技术直达
2:00	21104	25	14			2			直通
3:35	11010	45							技术直达
4:10	21106	7	30	7		1			直通
7:00	11012	45							技术直达
7:40	21108	33	10	2					直通
9:30	11014	45							技术直达
10:25	21110	21	17			5			直通
11:50	86804	45							始发直达
14:00	32004	25	12				3	5	区段
15:35	11016	45							技术直达
16:25	43002	17	11	9				2	沿零摘挂
16:45	11018	45							技术直达

表4　C方向列车到达时刻及编组内容

到达时间	车次	车辆到达							列车种类
		F	E	D—C	空车	货场	1专	2专	
19:30	21501	19	14	5		2		5	直通
19:50	86801	45							始发直达
22:00	11001	45							技术直达
22:50	32501	19	17	9					区段
1:00	21503	25	10	5			5		直通
1:40	86803	45							始发直达
3:35	21505	25	11					9	直通
4:30	32503		5		38			12	区段
6:30	21507	26	16	3					直通
6:50	11003	45							技术直达
8:25	11005	45							技术直达
10:20	21509	30	13	2					直通
11:10	43051	2	7			4	3		沿零摘挂
12:00	32505	13	10	7	25				区段
12:45	87101				55				空直达
14:40	11007	45							技术直达
15:30	21511	18	19	8					直通
16:20	11009	45							技术直达
17:30	32507	15	11			12	7		区段

5. 货物列车出发时刻表

表5 货物列车出发时刻表

发往方向	出发时刻	车次	发往方向	出发时刻	车次
E	18:50		*C*	19:45	
	20:25			20:15	
	21:20			21:15	
	21:50			21:40	
	23:35			23:45	
	0:45			0:15	
	2:15			0:40	
	2:50			1:10	
	4:20			1:55	
	5:40			3:50	
	7:25			4:10	
	8:10			6:05	
	9:00			6:20	43052
	9:35			6:55	
	10:10			7:35	
	11:30	43001		9:40	
	12:10			10:05	
	13:25			12:25	
	14:10			14:00	
	15:15			15:10	
	15:45			15:50	
	16:30			16:25	
	16:55			16:40	
	17:20			17:35	

6. *D* 站的装卸工作任务

表6 *D* 站装卸工作量表

货场 作业地点	装车及去向						卸车
	B	*C*	*C—D*	*D—E*	*E*	*F*	
货场	5	5	2	1	14	17	31
第一专用线		6	1	1	33	3	22
第二专用线	3		1	1		56	37

374

7. *D* 站的列车编组计划

表7　*D* 站列车编组计划

方向	列车到达站	列车种类	编组内容	车次范围
C	*B*	直通	*B* 及其以远	20001～29998
	C	区段	*C* 及其以远	30001～39998
	C—*D*	沿途摘挂	按站顺序编成组	40001～49998
E	*F*	直通	*F* 及其以远	20001～39998
	E	区段	*E* 及其以远	30001～39998
	D—*E*	沿途摘挂	按站顺序编成组	40001～49998

8. *D* 站的各项单项作业时间标准

（1）解体调车作业时间标准。

表8　解体作业时间标准

列车种类	空钩		牵出		推送		溜放	
	钩数	钩分	钩数	钩分	钩数	钩分	钩数	钩分
区段直通	1	2.0	1	6.0	2	5.0	7	1.0
沿途摘挂	1	2.0	1	6.0	1	5.0	7	1.0

（2）编组调车时间标准。

表9　编组作业时间标准

列车种类	挂车		推送		溜放		转线		空钩	
	钩数	钩分	钩数	钩分	钩数	钩分	钩数	钩分	钩数	钩分
区段直通	2	5.0	2	4.0	4	1.0	1	6.0	1	2.0
沿途摘挂	4	5.0	2	3	10	1.0	1	6.0	1	2.0

（3）取送调车时间标准。

表10　取送调车作业时间标准

作业地点	送车					取车			
	挑选车组	送车走行	捣车	对货位	回程走行	去程走行	收集车辆	回程走行	分解车辆
货场	6	9	4	4	7	7	4	9	4
第1专用线	6	13	5	4	10	10	4	13	3
第2专用线	6	10	5	4	8	8	4	10	3

（4）其他作业时间标准。

表 11　其他作业时间标准

作业项目	时间标准
到达技术检查	30 min
始发技术检查	20 min
货运检查及整理	15 min
车号员核对现车	10 min
票据交接	10 min
列尾作业	15 min
准备发车与发车	8 min（与检查平行作业 3 min）
准备解体	10 min
挂机车及试风	4 min
调机技检、整备	1.5 h（一次 1 h，一次 0.5 h）
调车组交接班	0.5 h
调车组吃饭	0.5 h/班
装车工作	2.5 h
卸车工作	2 h
调机等待	2.5 h/每日
调机其他调车作业（整场、临时甩车等）	2 h/每日
占用咽喉道岔	5 min
调移时间	10 min
整场时间	10 min

（二）编制要求

1. 确定车站工作量
2. 确定车站线路的使用方法
3. 计算各种调车作业时间标准
4. 确定调车机车台数及分工
5. 编制车站技术作业过程
6. 编制车站日计划图
7. 确定车站工作指标

二、列车运行图编制

（一）编制资料

1. M—N 区段基本情况

区段线路及车站邻接关系如图 3 所示，基本技术特征见表 12，区段各站信、联、闭设备类型为色灯信号、集中电气连锁、半自动闭塞。该区段为电化区段，d 站和 e 站之间"‖"为电分相点所在地，表示 M—d（含 d）与 N—d（不含 d）分别属于两个供电区段，可以分别进行停电作业。

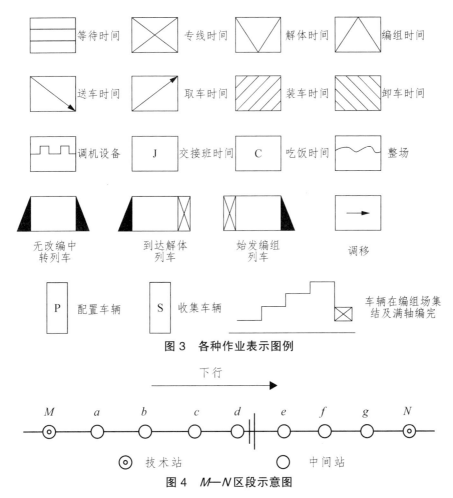

图 3　各种作业表示图例

下行

图 4　M—N 区段示意图

⊙　技术站　　○　中间站

表 12　M—N 区段技术特征

正线数目	闭塞方式	牵引机车类型		货物列车牵引定数		货物列车计算长度	
		客	货	上行	下行	上行	下行
1	半自动	韶山 3	韶山 3	3200 t	3200 t	60.0	60.0

2. 主要时间标准

（1）区间运行时分（见表 13）。

表 13　区段距离及运行时分

站名		M	a	b	c	d	e	f	g	N
到发线数		10	3	3	2	4	3	2	3	6
旅客列车	上行	9	14	14	15	14	15	10		10
	下行	8	12	12	15	13	14	9		10
货物列车	上行	11	17	18	18	18	19	12		12
	下行	10	15	14	16	16	18	11		12
区间距离		10.2	15.5	16.1	17.7	18.4	15.9	11.4		12.3

377

（2）车站间隔时间及列车起停附加时分。

① $\tau_{\text{不}} = 4$ min、$\tau_{\text{会}} = 2$ min、$\tau_{\text{连}} = 4$ min（第一种类型）、$\tau_{\text{连}} = 2$（第二种类型）；

② 旅客列车：$t_{\text{起}} = 1$、$t_{\text{停}} = 1$；货物列车：$t_{\text{起}} = 2$、$t_{\text{停}} = 1$。

（3）中间技术站作业时分：d 站为下行货物列车技术作业需要停车站，每次停留时间 $t_{\text{技}} = 10$ min。

（4）机车在机务段和折返段所在站停留时间标准。机车交路为肩回制，M 为基本段，N 为折返段。机车在 M 站停留时间标准为 110 min，在 N 为 70 min。旅客列车、摘挂列车单独交路。

（5）其他作业时间标准：

① 摘挂列车在中间站的作业时间为 25～30 min；

② 机车乘务组的连续工作时间为 12 h，其中出乘及退勤 2 h；

③ 车站装车或卸车一次货物作业停留时间标准为 2 h，双重货物作业车停留时间标准为 4 h；

④ 各区间在 8:00—18:00 之间，预留接触网检修"天窗"不少于 90 min；

⑤ $\varepsilon_{\text{客}} = 1.3$、$\varepsilon_{\text{摘}} = 2.0$、$\gamma_{\text{备}} = 0.2$。

3. 客货列车行车量、旅客列车到发时刻及中间站装卸作业情况

（1）行车量。

旅客列车：T63/T64 特快旅客列车一对、1511/1512 次直通旅客快车一对、1517/1518 管内旅客列车一对；

货物列车：直达列车 3 对、直通列车 9 对、区段列车 4 对、摘挂列车 1 对。

（2）旅客列车到发时刻及停站时间。

T63 在 M 站 21:22 出发，T64 在 N 站 23:11 出发，这两列车在区段各中间站均不停车；

1511 次由 M 站 9:31 出发，1512 次由 N 站 15:39 出发，在 d 站停车 5 min，其他中间站均通过；

1517 次由 M 站 17:05 出发，1518 次由 N 站 6:16 出发，在 d 站停留 5 min，其他中间站各停留 2 min。

（3）各站装卸情况。

表 14　M—N 区段各中间站卸车数

至 由	货物品名	卸车站							计
		a	b	c	d	e	f	g	
M	石油	—	2	1	1	2	4	1	11
	其他	1	1	1	10	4	3	2	22
N	煤	1	2	1	4	1	2	1	12
	其他	—	1	2	5	2	2	1	13
计		2	6	5	20	9	11	5	58

表 15　M—N区段各中间站装车数

由 \ 至	货物品名	装车去向		
		M	N	计
a	矿建	2		4
a	其他	1	1	4
b	粮食	4		8
b	其他	2	2	8
c	矿建	1		6
c	其他	4	1	6
d	粮食	9		13
d	其他	1	3	13
e	粮食	2		7
e	其他	3	2	7
f	其他	4	4	8
g	其他	2	2	4
合　计		35	15	50

（4）排空方向：罐车向上行方向排空，其他车种卸车后利用装车。不足空车由M站提供。

（二）编制要求

1. 计算区间通过能力
2. 制定区段管内货物列车工作组织方案
3. 编制列车运行图
4. 编制机车周转图

三、技术计划编制

（一）编制资料

1. M铁路局线路图

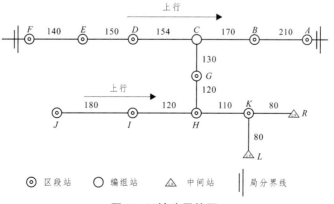

图5　M铁路局简图

2. M铁路局重车车流表

表 16　M 铁路局重车车流表

自\至	A—B	B	B—C	C	C—G	G	G—H	C—D	D	D—E	E	E—F	F	H	H—I	I	I—J	J	H—K	K	K—R	R	K—L	L	局计 L	分界站 A	分界站 F	支出计	总计
A—B	5	4	3	1	1	1	1	2	2					2	2			1				4	1	2	2	48	2		
B	9		1	1		1	1	1	1	1				4		3	1	2								23	1		
B—C	3	7			2	2	2	5	2					4	2	4	1	1	1	2		4	1	1	1	12	11		
C		1	1		1	1		1	1				3		3	1	2			1						4	1		
C—G	4	4	3	3		3	5		4	3			1	5	2	4	4	4	6	20		7	4	5	5	19	4		
G	1	2	1	1			3		3	1			5	2	2	3	1		1					10	4	5		
G—H	1	1			7								9											18	7		
C—D	3	4	5	1	1		2		2	3				3	1	1	8	5	3		1		1		1	5	4		
D		1	1	1		2	1	1		3	3					1	1	1		1						2	3		
D—E																										2			
E	3	2	1		1	1	2	1	3	2	3		3	2	2	3	3	5	2	3	2	1		3	3	2	3		
E—F										1		1						1									1		
F	1		1	1		1	1		1					38	1	1	7	2	1			1	8	1	1	29	6		
H	3	1			4	2	2							2	1	1	15	2	2	3	3	1		2	1	14			
H—I	2	5	1	3		1					1		2	4	6	4	2	2	2			2		5	1	5			
I		1	2	2			4		1		3		1	2	2		2	2	1	2				2	5	40	11		
I—J	3	1	4	1		1	3	2		2			2	1	5	5	1	1	1	3		1		2	2	14	3		
J	3	2	4	4		1	2		3	2			1	1	2	2	5	1	3			1	3	7	21	10		
H—K	2		1	1		1			2				1	3	1				3	2	1				3	1		
K	1	2	1	1		3	1	2		1			1	4	1	2	5	5	8	2	1	1	9	2	43	38		
K—R		1	1	1		2	2		1				1	2	1	1	5	3	4		4	1		46	10	3	1		
R	3	2	8		3	1	9			1				11	1	1	1	3	3	1	1	185	1	10	54	13		
K—L	1	3	6	2	2	1	10	3			2		5		20	1	12	5	12	2	3	11	2	34		54	13		
L																													
局计	13	39	12	6	3	3	65	3	3	5		2		27	20	20	11	9	2	2	2	185	2	12		50	40		
分界站 A	6	5	1	1	2	1	10		1	1	2		5	5	1	1	12	5	12		3	11		34					
F																													
接入计																													
总计																													

380

3. 有关作业时间标准

（1）货物列车旅行速度 $V_旅$ = 28 km/h

（2）每次货物作业平均停留时间 $t_货$ = 18 h

（3）技术站货车平均中转停留时间 $t_中$ = 4.86 h

（4）空费系数 γ = 0.4

4. 货物列车编成辆数

重车列车 50 辆，空车列车 65 辆，摘挂列车 60 辆。

5. 货物列车机车在基本段及折返段所在站停留时间标准

表 17　机车在站停留时间标准

基本段		折返段	
所在站	停留时间	所在站	停留时间/h
B	1.7	A	1.5
		C	1.6
C	1.8	D	1.7
		G	1.6
E	2.0	F	1.9
	1.8	D	1.6
H	1.7	G	1.6
		K	1.5
I	1.8	H	1.7
		J	1.6
K	2.0	L	1.6
		R	1.6

（二）编制要求

1. 计算铁路局重车车流表

（1）计算重车车流表各小计栏及合计栏。

（2）计算 $u_{接运通过}$、$u_{接入自卸}$、$u_{自装交出}$、$u_{自装自卸}$、$u_{接重}$、$u_{交重}$、$u_{卸空}$、$u_{使}$、u。

2. 编制使用车去向计划表及外局交 M 局重车计划表

3. 编制空车调整图

4. 编制铁路局重空车流图

5. 计算各技术站中转重空车数

6. 计算铁路局重空车走行公里

7. 编制分界站货车出入计划表和各区段货物列车列数计划表

8. 计算车辆运用指标：工作量 u、周转时间 θ、运用车 N、货车全周转距离 $L_全$、空车走行率 α、货车平均中转距离 $L_技$、管内装卸率 $K_管$、货车日车公里 $S_车$

9. 计算机车运用指标

381

模拟自测题

自测题 A

一、单项选择题（1×10分）

1. 在车流分析时，"无调比"这一指标指的是无调中转车数与（　　）车数之比。

　　A. 有调中转　　　　B. 车站货物作业　　C. 接入总　　　　　D. 发出总

2. 车站办理行李和包裹的承运、装卸、中转、交付统称为（　　）。

　　A. 客运作业　　　　B. 货运作业　　　　C. 行车技术作业　　D. 中转作业

3. 编制车站班计划的核心工作是（　　）。

　　A. 确定到达列车编组内容　　　　　　B. 确定出发列车编组内容和车流来源

　　C. 确定装、卸、排计划　　　　　　　D. 计算班工作指标

4. 任何单支远程车流在沿途任一技术站的无改编通过车小时节省都大于或等于该车流开行直达列车到达站的集结车小时消耗，则该单支车流满足了单独开行直达列车到达站的（　　）。

　　A. 必要条件　　　B. 充分条件　　　C. 绝对条件　　　D. 充要条件

5. 在技术站编组，通过一个及一个以上区段站不进行改编作业的列车是（　　）。

　　A. 区段列车　　　B. 摘挂列车　　　C. 直通列车　　　D. 技术直达列车

6. 不同时到达间隔时间由两部分组成，一部分是车站办理必要的作业所需时间，另一部分是列车通过（　　）所需要的时间。

　　A. 站间距离　　　　　　　　　　　B. 制动距离

　　C. 进站距离　　　　　　　　　　　D. 进站信号机至车站中心线的距离

7. 连发间隔时间有两种类型，它们的主要区别在于（　　）。

　　A. 第一列车是否在前方站通过　　B. 第二列车是否在前方站通过

　　C. 第一列车是否在后方站通过　　D. 第二列车是否在后方站通过

8. 铁路枢纽按工作性质可以分为通过枢纽、地方枢纽和（　　）枢纽。

　　A. 大型　　　　　B. 通过兼地方　　C. 十字型枢纽　　D. 混合

9. 空车管内装卸率等于（　　）

　　A. $(u_{交空} + u_{卸空})/u_{使}$　　　　　　　　B. $(u_{使} + u_{卸空})/u_{使}$

　　C. $(u_{使} + u_{卸空})/u_{空}$　　　　　　　　D. $(u_{交空} + u_{卸空})/u_{空}$

10. 技术计划是为完成月度货物运输计划而制定的（　　）。

　　A. 车流调整计划　　　　　　　　　B. 机车车辆运用计划

　　C. 列车运行计划　　　　　　　　　D. 列车编组计划

二、多项选择题（2×5分）

11. 车站的生产活动包括客运作业，货运作业和行车技术作业，其中行车技术作业是指（　　）

  A. 办理列车接发作业　　　　　　B. 列车的到达作业和出发作业

  C. 列车的解体和编组作业　　　　D. 货物的装车和卸车作业

  E. 车辆的摘挂和取送作业

12. 驼峰解体调车的作业程序一般为（　　）

  A. 挂车　　　　　　　　　　　　B. 推峰

  C. 溜放　　　　　　　　　　　　D. 整理

  E. 整备

13. 货物列车编组计划的任务是（　　）。

  A. 最大限度地组织装车地直达运输　　B. 最大限度地减少车辆改编作业次数

  C. 合理分配各技术站的解编任务　　　D. 合理组织区段管内的车流输送

  E. 合理组织枢纽地区的车流输送

14. 列车运行图规定了（　　）。

  A. 各次列车占用区间的程序　　　B. 列车在车站到、发、通过时刻

  C. 列车在区间的运行时间　　　　D. 列车在车站的停站时间

  E. 机车交路、列车重量和长度

15. 铁路局使用车数等于（　　）。

  A. $U_{装} + \Delta U_{使}$　　　　　　　　　　B. $U_{装} + U_{卸空}$

  C. $U_{自装自卸} + U_{自装交出}$　　　　　　D. $U_{自装自卸} + U_{接入自卸}$

  E. $U_{自装自卸} + U_{接运通过}$

三、名词解释题（3×5分）

16. 车列集结过程

17. 最短车流径路

18. 不同时到达间隔时间

19. 限制区间

20. 机车全周转时间

四、判断分析题（3×4分）

21. 由于一个列车到达站货车集结时间 $T_{集}$ 的大小与该列到达站参加集结的车流量 N 无关，所以，一个技术站所消耗的总的货车集结时间也与其开行的直达列车到达站数无关。

                    （　　）

22. 每辆货车无改编通过技术站的节省为 $t_{节} = t_{有} - t_{无}$。　　　　　　　　　（　　）

23. 单线非自动闭塞区段旅客列车扣除系数等于一对旅客列车占用限制区间的时间与一对货物列车占用限制区间的时间之比。　　　　　　　　　　　　　　　　　（　　）

24. 空车周转时间是依据货车周转时间中的空车部分，即空车工作量来计算的周转时间。

                    （　　）

五、简答题（5×6分）

25. 技术站办理的货物列车和货车有哪些种类？并简述有调中转车的技术作业过程。

26. 按车流集结过程与按调车场集结过程有何不同？

27. 组织装车地直达运输有哪些意义？

28. 影响列车旅行速度系数的因素有哪些？

29. 简述加强铁路区间通过能力的措施和途径。

30. 简述货车周转时间按时间相关法计算时各项组成因素的含义。

六、计算题（8×2分）

31. 确定直达列车多点装卸时的最佳取送顺序。

作业地点	编号	车数	取送时间/min	货物作业时间/min
A	1	12	30	90
B	2	15	20	120
C	3	23	10	150

32. 根据给定的单线半自动闭塞区间 $a—b$ 的相关资料，画出各种类型的成对平行运行图周期示意图，并计算相应的区间通过能力。

区间运行时间：上行 20 min，下行 18 min。起停车附加时分：$t_{起} = 2 \text{ min}$；$t_{停} = 1 \text{ min}$。

车站间隔时间：$\tau_{不} = 5 \text{ min}$，$\tau_{会} = 3 \text{ min}$，$\tau_{连} = 5 \text{ min}$（后方站通过），$\tau_{连} = 2 \text{ min}$（后方站停车）。

七、综合解答题（7分）

33. 试论述货物运输计划、货物列车编组计划、列车运行图、运输生产技术计划、运输方案的内涵及其相互之间的关系。

自测题 B

一、单项选择题（1×10 分）

1. 除列车在站到、发、通过及在区间运行外，凡机车车辆所进行的一切有目的的移动统称为（　　　）。

    A. 接发列车　　　　　B. 调车　　　　　　C. 位移　　　　　　D. 溜放作业

2. 所谓欠轴是指（　　　）。

    A. 列车重量未达到牵引定数的要求

    B. 列车长度未达到列车换长标准的要求

    C. 列车重量未达到牵引定数，同时列车长度未达到列车换长标准的要求

    D. 列车重量未达到牵引定数的要求，但列车长度达到列车换长标准的要求

3. 从组成某一到达站出发列车的第一组货车进入调车场之时起，至组成该列车的最后一组货车进入调车场之时止，是调车场的（　　　）。

    A. 货车集结过程　　　　　　　　　B. 车列集结过程

    C. 车列集结期间　　　　　　　　　D. 车列集结时间

4. 将车流合理地组织成列车流，这是（　　　）所要解决的核心问题。

    A. 货运组织　　　　B. 车流组织　　　　C. 列流组织　　　　D. 运输方案

5. 一支远程车流或多支合并远程车流在沿途技术站无改编通过所获得的车小时节省大于或等于该车流开行直达列车到达站在始发站的集结车小时消耗，则满足了（　　　）。

    A. 必要条件　　　　B. 充要条件　　　　C. 充分条件　　　　D. 绝对条件

6. 在单线区段，自某一方向的列车到达车站时起至相对方向列车到达或通过该站时止的最小间隔时间称为（　　　）间隔时间。

    A. 不同时到达　　　B. 会车　　　　　　C. 连发　　　　　　D. 不同时通过

7. 限制区间是指区段内（　　　）的区间

    A. $\sum t_{运}$ 最大　　　B. $T_{周}$ 最大　　　　C. 坡度最大　　　　D. 距离最大

8. 在枢纽内各站间开行的列车称为（　　　）列车。

    A. 区段　　　　　　B. 摘挂　　　　　　C. 区段小运转　　　D. 枢纽小运转

9. 为了合理分布空车和保证装车需要进行的车流调整，称为（　　　）调整。

    A. 重车　　　　　　B. 空车　　　　　　C. 备用车　　　　　D. 方向别装车

10. 车站出入车数之和称为车站的（　　　）。

    A. 改编车数　　　　B. 办理车数　　　　C. 有调车数　　　　D. 无调车数

二、多项选择题（2×5 分）

11. 下列命题中，不正确的是（　　　）。

    A. 各省省会所在站都是特等站

    B. 车站班计划应当由站长或主管运输的副站长编制

    C. 摘挂列车和小运转列车都必须满轴开行

    D. 编制班计划时，应优先将编挂机会较少的车流编入列车

    E. 无调中转车一定随无改编中转列车到达车站

12. 车站阶段计划主要解决的问题是（　　　）。
   A. 确定出发列车编组内容和车流来源
   B. 安排调车机车运用计划
   C. 确定装车计划和空车来源
   D. 确定卸车计划
   E. 安排到发线运用计划

13. 影响车流径路的主要因素有（　　　）。
   A. 运输距离
   B. 运输时间
   C. 运输费用
   D. 各技术站的能力及其利用程度
   E. 各区段的能力及其利用程度

14. 下列各项中，属于运行图要素的是（　　　）。
   A. 列车区间运行时分
   B. 列车在中间站的停站时间
   C. 机车在自、外段所在站停留时间标准
   D. 机车在自、外段检修时间标准
   E. 列车在技术站、客运站、货运站的技术作业时间标准

15. 在日常运输工作中，车流调整的重车调整方法有（　　　）。
   A. 方向别装车调整
   B. 限制装车或停止装车
   C. 密集装车
   D. 增加接重
   E. 变更车流运行径路

三、名词解释题（3×5分）

16. 车辆接续时间
17. 技术直达列车
18. 运行图周期
19. 扣除系数
20. 货车周转时间

四、判断分析题（3×4分）

21. 一个列车到达站一昼夜货车集结车小时消耗，决定于货车集结参数、车列编成辆数和参加集结的车流量数。（　　　）

22. 列车的技术速度越高，其旅行速度也越高。（　　　）

23. 区间越均等，运行图铺满程度越高，摘挂列车扣除系数越小。（　　　）

24. 全路的工作量等于全路各铁路局工作量之和。（　　　）

五、简答题（5×6分）

25. 简述编组站各子系统相互协调的条件和原理。
26. 按车流集结过程与按调车场集结过程有何不同？
27. 组织装车地直达运输有哪些意义？
28. 影响扣除系数的因素有哪些？
29. 铁路区段通过能力的大小与哪些因素相关？最终通过能力如何取值？
30. 为什么要进行车流调整？根据调整对象不同，车流调整方法有哪几种？

31. 某站若按编组规定应编五个到达站的列车（$m = 45$，$c = 10$），全天该站往各方向编组列车的总车流是 1000 车。求：

（1）该站一昼夜总的集结车小时；

（2）所编每个到达站每一昼夜的集结车小时；

（3）全站平均每一辆车的集结时间；

32. 如果单线区段通过能力受 a—b 和 b—c 区间的限制，双方向列车均在 b 站停车进行技术作业，作业时间 $t_{站} = 10$ min。相关资料如下：区间运行时间：a—b 区间上行 16 min，下行 17 min；b—c 区间上行 22 min，下行 21 min。车站间隔时间：a、b、c 站 $\tau_{会} = 1$ min；b 站不允许双方向同时接车，$\tau_{不} = 4$ min。起停车附加时分：$t_{起} = 2$ min；$t_{停} = 1$ min。试确定两区间会车方案，并计算区段最大通过能力。

七、综合解答题（7分）

33. 试画图并简述铁路货物运输生产的全过程。

自测题 C

一、单项选择题（1×10分）

1. 在单线区段，自某一方向的列车到达车站时起至相对方向列车到达或通过该站时止的最小间隔时间称为（　　　）间隔时间。
    A. 不同时到达　　　　B. 会车　　　　　　C. 连发　　　　　　D. 不同时通过

2. 在一端连接双线区间，另一端连接单线区间的车站上，需要查定（　　　）间隔时间。
    A. 不同时到达　　B. 不同时通过　　C. 不同时到发　　D. 不同时发到

3. 全区段（　　　）最大的区间称为该区段的困难区间。
    A. $T_周$　　　　　　B. $\sum t_运$　　　　　C. $\sum t_{起停}$　　　　D. $\sum \tau_站$

4. 非平行运行图通过能力是指，在（　　　）数量及其铺画位置既定的条件下，区段一昼夜所能通过的货物列车和旅客列车对数（或列数）。
    A. 旅客列车　　　　　　　　　　　B. 五定班列
    C. 快运货物列车　　　　　　　　　D. 摘挂列车

5. 在双线区段，货物列车与旅客列车速差增大，货物列车旅行速度将（　　　）。
    A. 增大　　　　　　B. 减小　　　　　　C. 不变　　　　　　D. 不确定

6. 用增设会让站扩能只适用于（　　　）的区段。
    A. 区间很不均等　　　　　　　　　B. 区间很均等
    C. 陡坡很集中　　　　　　　　　　D. 陡坡很分散

7. 空车管内装卸率等于（　　　）。
    A. $(u_{交空} + u_{卸空})/u_使$　　　　　　B. $(u_使 + u_{卸空})/u_使$
    C. $(u_使 + u_{卸空})/u_空$　　　　　　D. $(u_{交空} + u_{卸空})/u_空$

8. 技术计划是为完成月度货物运输计划而制定的（　　　）。
    A. 车流调整流计划　　　　　　　　B. 机车车辆运用计划
    C. 列车运行计划　　　　　　　　　D. 列车编组计划

9. 按工作性质来说，我国大多数铁路枢纽属于（　　　）枢纽。
    A. 通过枢纽　　　　　　　　　　　B. 通过兼地方
    C. 地方枢纽　　　　　　　　　　　D. 混合

10. 铁路区段的现有固定设备，现行的行车组织方法和现行的运输组织水平的条件下可能达到的能力称为（　　　）。
    A. 设计通过能力　　　　　　　　　B. 需要通过能力
    C. 最终通过能力　　　　　　　　　D. 现有通过能力

二、多项选择题（2×5分）

11. 列车运行图规定了（　　　）。
    A. 各次列车占用区间的程序　　　　B. 列车在车站到、发、通过时刻
    C. 列车在区间的运行时间　　　　　D. 列车在车站的停站时间
    E. 机车交路、列车重量和长度

12. 影响列车旅速系数的因素主要有（　　　　）。

　　A. 客、货列车行车量　　　　　　　B. 货、客列车速度比

　　C. 分界点分布密度　　　　　　　　D. 车站间隔时间

　　E. 机车折返时间

13. 下列加强能力的措施中，（　　　　）可起到提高列车重量的作用。

　　A. 采用大型货车　　　　　　　　　B. 采用大功率机车

　　C. 采用先进的信联闭设备　　　　　D. 修建线路所

　　E. 利用动能闯坡

14. 在日常运输工作中，车流调整的重车调整方法有（　　　　）。

　　A. 方向别装车调整　　　　　　　　B. 限制装车或停止装车

　　C. 密集装车　　　　　　　　　　　D. 增加接重

　　E. 变更车流运行径路

15. 铁路局、分局工作量可表示为（　　　　）。

　　A. $U_{使} + U_{接重}$

　　B. $U_{自装自卸} + U_{自装交出} + U_{接入自卸} + U_{接运通过}$

　　C. $U_{使} + UU_{接入自卸} + U_{接运通过}$

　　D. $U_{卸空} + U_{交重}$

　　E. $U_{自装自卸} + U_{自装交出} + U_{接重}$

三、名词解释题（3×5分）

16. 限制区间

17. 扣除系数

18. 货车周转时间

19. 追踪列车间隔时间

20. 机车日车公里

四、判断分析题（4×5分）

21. 全路的工作量等于全路各铁路局工作量之和。　　　　　　　　　　　　（　　　　）

22. 铁路局的工作量等于其管内工作车工作量、移交车工作量及空车工作量之和。

　　　　　　　　　　　　　　　　　　　　　　　　　　　　　　　　（　　　　）

23. 空车周转时间是依据货车周转时间中的空车部分，也就是空车工作量来计算的周转时间。　　　　　　　　　　　　　　　　　　　　　　　　　　　　　　　　（　　　　）

24. 区间越均等，运行图铺满程度越高，摘挂列车扣除系数越小。　　　　（　　　　）

25. 双线半自动闭塞区段的区间通过能力与区间大小（指区间运行时分长短）无关。

　　　　　　　　　　　　　　　　　　　　　　　　　　　　　　　　（　　　　）

五、简答题（5×5分）

26. 为什么要进行车流调整？根据调整对象，车流调整方法有哪几种？

27. 简述空车调整的主要原则。

28. 运行图要素有哪些？

29. 编制货物列车方案时应注意解决哪几个问题？

30. 铁路区段通过能力的大小与哪些因素相关？最终通过能力如何取值？

六、计算题（2×10分）

31. 单线半自动区段 $A—B$，各站 $t_{起}=2$ min、$t_{停}=1$ min；$\tau_{不}=4$ min，$\tau_{会}=2$ min；各区间列车运行时分为：

	$A—a$	$a—b$	$b—c$	$c—d$	$d—e$	$e—f$	$f—B$
上行	12	15	16	21	19	18	14
下行	14	17	19	20	17	18	13

（1）若拟在 $c—d$ 区间修建会让站，试确定该区段通过能力提高多少？

（2）如果需要通过能力为 35 对，试问要在哪些区间修建会让站？

32. 已知：$u_{使}=6300$；$\sum NS_{重}=420$ 万；$u_{卸空}=5500$；$a=0.35$；$\sum N_{技}=56000$；$t_{中}=5.6$（h）；$v_{旅}=32.0$（km/h）；$t_{货}=12.0$（h）；$u_{接重}=3200$。计算路局的工作量 u，全周距 l，中距 $L_{技}$，管内装卸率 $K_{管}$，货车周时 θ，货车日车公里 $S_{车}$，运用车保有量 N。

自测题 D

一、单项选择题（1×10分）

1. 某区段的列车运行图为追踪运行图，该区段不可能是（　　）区段。
　　A. 双线　　　　　　B. 单线　　　　　　C. 自动闭塞　　　　D. 半自动闭塞

2. 连发间隔时间有两种类型，它们的主要区别在于（　　）。
　　A. 第一列车是否在前方站通过　　　　B. 第二列车是否在前方站通过
　　C. 第一列车是否在后方站通过　　　　D. 第二列车是否在后方站通过

3. 预计新线建成或既有线技术改造完成以后，区段固定设备所能达到的能力称为（　　）通过能力。
　　A. 设计　　　　　　B. 现有　　　　　　C. 需要　　　　　　D. 最终

4. 在单线不成对运行图中，（　　）之比称为不成对系数。
　　A. 行车量较小方向列车数与行车量较大方向列车数
　　B. 行车量较大方向列车数与行车量较小方向列车数
　　C. 行车量较小方向列车数与总列车数
　　D. 行车量较大方向列车数与总列车数

5. 列车在区段内运行，不包括中间站停站时间，但包括起停车附加时间在内的平均速度称为列车（　　）。
　　A. 旅行速度　　　B. 技术速度　　　C. 运行速度　　　D. 最高速度

6. 在运量适应图上，方案线向下倾斜的原因是（　　）可能随时间增加。
　　A. 通过能力后备系数　　　　　　B. 列车平均载重系数
　　C. 月间货运量波动系数　　　　　D. 旅客列车和快运货物列车行车量

7. 铁路局的工作量等于（　　）。
　　A. 使用车数　　　　　　　　　B. 卸空车数
　　C. 接入空车数　　　　　　　　D. 使用车数与接入重车数之和

8. 为了合理分布空车和保证装车需要进行的车流调整，称为（　　）调整。
　　A. 重车　　　　　　B. 空车　　　　　　C. 备用车　　　　　D. 方向别装车

9. 按工作性质来说，我国大多数铁路枢纽属于（　　）枢纽。
　　A. 通过枢纽　　　B. 通过兼地方　　　C. 地方枢纽　　　D. 混合

10. 在单线或双线区段，以列车到达或通过前方邻接车站时起，至由车站向该区间再发出另一同方向列车时止的最小间隔时间，称为（　　）。
　　A. 会车间隔时间　　　　　　　　B. 不同时到达间隔时间
　　C. 连发间隔时间　　　　　　　　D. 不同时通过间隔时间

二、多项选择题（2×5分）

11. 产生列车在中间站停站时间的原因有（　　）
　　A. 进行必要的技术作业　　　　　B. 旅客乘降，行包装卸
　　C. 车辆摘挂，货物装卸　　　　　D. 列车交会或越行
　　E. 机车乘务组吃饭

12. 影响摘挂列车铺画形式的因素有（　　　　）

    A. 区段管内列车的形式　　　　　　B. 摘挂列车的数量

    C. 区段管内顺向车流量　　　　　　D. 区段管内逆向车流量

    E. 机车乘务员允许一次连续劳动时间长度

13. 下列加强能力的措施中，（　　　　）可起到增加行车密度的作用。

    A. 增设会让站　　　　　　　　　　B. 采用补机

    C. 采用先进的信联闭设备　　　　　D. 修建双线插入段

    E. 用电力机车取代蒸汽机车

14. 铁路局使用车数等于（　　　　）

    A. $U_{装} + \Delta U_{使}$　　　　　　　　　　　　　B. $U_{装} + U_{卸空}$

    C. $U_{自装自卸} + U_{自装交出}$　　　　　　　　D. $U_{自装自卸} + U_{接入自卸}$

    E. $U_{自装自卸} + U_{接运通过}$

15. 铁路局日计划的内容包括（　　　　）

    A. 货运工作计划　　　　　　　　　B. 列车工作计划

    C. 机车工作计划　　　　　　　　　D. 车辆检修工作计划

    E. 日计划指标

三、名词解释题（3×5分）

16. 旅行速度

17. 扣除系数

18. 机车全周转时间

19. 循环运转交路

20. 通过能力

四、判断分析题（3×5分）

21. 单线非自动闭塞区段旅客列车扣除系数等于一对旅客列车占用限制区间的时间与一对货物列车占用限制区间的时间之比。　　　　　　　　　　　　　　　　　　（　　）

22. 双线半自动闭塞区段的区间通过能力与区间大小（指区间运行时分长短）无关。

    　　　　　　　　　　　　　　　　　　　　　　　　　　　　　　　　　（　　）

23. 平图通过能力越大的区段，其年度输送能力也越大。　　　　　　　　　　（　　）

24. 列车的技术速度越高，其旅行速度也越高。　　　　　　　　　　　　　　（　　）

25. 区间愈均等，运行图铺满程度越高，摘挂列车扣除系数越小。　　　　　　（　　）

五、简答题（4×5分）

26. 加强铁路通过能力的途径有哪些？

27. 技术计划的内容包括哪些？

28. 编制客车方案主要解决哪几个问题？

29. 影响扣除系数的因素主要有哪些？

30. 简述货车周转时间按时间相关法计算时各项组成因素的含义。

六、计算题（3×10分）

31. 利用调车表编制调车作业计划。待编车列停于 8 道，顺序为：$b_4d_1c_1a_3e_2d_1c_4f_3d_2a_1e_4b_2f_1c_1$；调机在右端，只能利用 8、9、10、11 道作业，车列编成后转往出发场 2 道。编成后车组排列顺序为 fedcba。

32. 某铁路局管辖甲、乙两个区段。由下表资料计算甲、乙两区段及铁路局的九个指标：$u_{自装自卸}$，$u_{自装交出}$，$u_{接入自卸}$，$u_{接运通过}$，$u_{使}$，$u_{卸空}$，$u_{接重}$，$u_{交重}$，u。

往\自		甲	乙	分界口 A	分界口 E	总计
甲		420	450	200	180	1250
乙		600	330	230	160	1320
分界口	A	210	250	—	350	810
	E	240	150	300	—	690
总计		1470	1180	730	690	4070

33. 单线半自动区段 $A—B$，各站 $t_{起}$ = 2 min、$t_{停}$ = 1 min；$\tau_{不}$ = 4 min，$\tau_{会}$ = 2 min；该区段开行旅客列车 12 对，$\varepsilon_{客}$ = 1.1；开行摘挂列车 2 对，$\varepsilon_{摘}$ = 1.5；各区间列车运行时分见下表。若该区段 $c—d$ 区间采用复线插入段，试确定该区段非平行运行图货物列车通过能力提高的数量。

	$A—a$	$a—b$	$b—c$	$c—d$	$d—e$	$e—f$	$f—g$	$g—h$	$h—B$
上行	13	15	17	23	18	17	16	17	14
下行	15	18	18	22	16	17	20	16	18

自测题 A 答案

一、单项选择题

C A B C C D D B C B

二、多项选择题

11. ABCE   12. ABCD   13. ABCDE   14. ABCDE   15. AE

三、名词解释题

16. 车列集结过程：从组成某一到达站出发列车的第一组货车进入调车场时起，至组成该车列的最后一组货车进入调车场时止的过程。

17. 最短车流径路：铁路线路构成闭合的环状网络时，环上任意发到站间存在的多条径路中运输距离最短，或运输期限最短，或运输费用最经济的一条径路。

18. 不同时到达间隔时间：在单线区段，来自相对方向的两列列车在车站交会时，从某一方向的列车到达车站时起，至相对方向列车到达或通过该车站时止的最小间隔时间。

19. 限制区间：在整个区段里，运行图周期最大的区间也就是通过能力最小的区间，称为限制区间。

20. 机车全周转时间：指机车每周转一次所消耗的时间（非运用时间除外），它包括纯运转时间，在中间站停留时间，本段和折返段停留时间以及本段和折返段所在站停留时间。

四、判断分析题

21. 由于一个列车到达站货车集结时间 $T_集$ 的大小与该列到达站参加集结的车流量 N 无关，所以，一个技术站所消耗的总的货车集结时间 **也（只）** 与其开行的直达列车到达站数 **无（有）** 关。（×）

22. 每辆货车无改编通过技术站的节省为 $t_节 = t_有 - t_无 - t_集 + r$ （×）

23. 单线非自动闭塞区段旅客列车 **（基本）** 扣除系数等于一对旅客列车占用限制区间的时间与一对货物列车占用限制区间的时间之比。（×）

24. 空车周转时间 **（不）** 是依据货车周转时间中的空车部分，**即（而是）** 空车工作量来计算的周转时间。（×）

五、简答题

25. 答：货物列车：无改编中转列车、部分改编中转列车、到达解体列车、自编始发列车。货车：无调中转车、有调中转车、货物作业车。过程：到达作业、解体作业、集结作业、编组作业、出发作业。

26. 答：① 计算的起始时间不同；② 作用不同。

27. 答：① 货物运输直达化是衡量铁路运输组织水平的重要标志之一；② 货物运输直达化是大宗货物运输的一种最合理、最基本的形式；③ 货物运输直达化是铁路拓展市场、加强货运营销工作的重要保证；④ 货物运输直达化也是铁路当前挖潜提效的重要途径之一。

28. 答：区间分布：各种列车的数量；各种列车的速度；各种列车在车站的停车时间；各种列车的运行图铺画结构；区段长度；区间正线数目；列车行车方式；区段的行车闭塞类型。

29. 答：① 提高列车平均牵引总重量及平均载重系数；② 增加行车密度，即增加行车量；③ 同时增加列车重量和行车量。

30. 答：$\theta = \dfrac{1}{24}(T_{旅} + T_{技} + T_{货}) = \dfrac{1}{24}\left(\dfrac{l}{V_{旅}} + \dfrac{l}{L_{技}}t_{中} + K_{管}t_{货}\right)$

$T_{旅}$——一次周转旅行时间；

$T_{技}$——各技术站中转作业停留时间；

$T_{货}$——在货物装卸站的停留时间；

l——货车全周距；

$L_{技}$——货车平均中转距离；

$K_{管}$——管内装卸率；

$V_{旅}$——货车平均旅行速度；

$t_{中}$——货车在技术站平均中转时间；

$t_{货}$——货车一次货物作业平均停留时间。

主观因素：$V_{旅}$、$t_{中}$、$t_{货}$；客观因素：l、$L_{技}$、$K_{管}$。

六、计算题

31. 略。

32. 提示：确定四种基本周期情况下的能力。

七、综合解答题（略）

自测题 B 答案

一、单项选择题

B   C   B   B   A   A   B   D   B   B

二、多项选择题

11. ACE   12. ABE   13. ABCDE   14. ABCE   15. ABCE

三、名词解释题

16. 车辆接续时间：各种车辆从其参加集结（按车流集结）时起，至由车站发出时止，需要的一个间隔时间。

17. 技术直达列车：在技术站编组，通过一个及其以上编组站不进行改编作业的列车。

18. 运行图周期：在平行运行图上，同一区间内同方向列车的运行速度都是相同的，并且上下行方向列车在同一车站上都采用相同的交会方式。任何一个区间的列车运行线，总是以同样的铺画方式一组一组的反复排列的。一组列车占用区间的时间，成为运行图周期。

19. 扣除系数：是指因铺画一对或一列旅客列车、快运货物列车或摘挂列车，须从平行运行图上扣除的货物列车对数或列数。

20. 货车周转时间：指货车从第一次装车完了时起，至下一次装车完了时止，所平均消耗的时间。

四、判断分析题

21. 一个列车到达站一昼夜货车集结车小时消耗，决定于货车集结参数，车列编成辆数*和参加集结的车流量数*。（×）

22. 列车的*技术*速度*（系数）*越高，其旅行速度也越高。（×）

23. 区间越均等，运行图铺满程度越高，摘挂列车扣除系数越*小（大）*。（×）

24. 全路的工作量*（不）*等于全路各铁路局工作量之和。（×）

五、简答题

25. 答：① 到解系统基本协调条件：$n_{到解} < n_{能检}$；$n_{到解} < n_{能解}$；② 编组系统基本协调条件：$n_{集} < n_{能编}$；③ 出发系统基本协调条件：$n_{发} < n_{能检}^{发}$；$n_{发} < n_{能发}$。

26. 答：① 计算的起始时间不同；② 作用不同。

27. 答：① 货物运输直达化是衡量铁路运输组织水平的重要标志之一；② 货物运输直达化是大宗货物运输的一种最合理、最基本的形式；③ 货物运输直达化是铁路拓展市场、加强货运营销工作的重要保证；④ 货物运输直达化也是铁路当前挖潜提效的重要途径之一。

28. 答：区间不均等程度；各种列车的数量；各种列车的速度；各种列车在车站的停车时间；各种列车在运行图中的铺画结构；区间正线数目；列车行车方式；区段的行车闭塞类型。

29. 答：① 机车车辆类型 ② 行车组织方法 ③ 铁路区段各种固定设备。区段通过能力按照区间、车站、机务段设备和整备设备、给水设备、电气化铁路供电设备进行计算，其中能力最薄弱的设备限制了整个区段的能力，为该区段的最终通过能力。

30. 答：① 保证运输工作的均衡性和节奏性；② 迅速恢复到运输的正常状态。重车调整、空车调整、自备车调整、守车调整。

六、计算题

31. $5 \times 45 \times 10 = 2250$；$45 \times 10 = 450$；$2250/1000 = 2.25$

32. $t_1 = t_2 = t_3 = 5$ min，$T_周 = 54$ min；$n = 26.5$ 对

七、综合解答题（略）

自测题 C 答案

一、单项选择题

A B B A B A C B B D

二、多项选择题

11. ABCDE   12. ABCD   13. ABE   14. ABCE   15. ABCDE

三、名词解释题

16. 限制区间：在整个区段里，运行图周期最大的区间也就是通过能力最小的区间。

17. 扣除系数：是指因铺画一对或一列旅客列车、快运货物列车或摘挂列车，须从平行运行图上扣除的货物列车对数或列数。

18. 货车周转时间：指货车从第一次装车完了时起，至下一次装车完了时止，所平均消耗的时间。

19. 追踪列车间隔时间：在自动闭塞区段，一个站间区间内同方向可有两列或以上列车，以闭塞分区间隔运行，称为追踪运行。追踪运行列车之间的最小间隔时间称为追踪列车间隔时间。

20. 机车日车公里：指全路，铁路局或机务段平均每台货运机车一天走行的公里数。

四、判断分析题

21. 全路的工作量（*不*）等于全路各铁路局工作量之和。（×）

22. 铁路局的（*运用车保有量*）*工作量*等于其管内工作车（*保有量*）*工作量*、移交车（*保有量*）*工作量*及空车（*保有量*）*工作量*之和。（×）

23. 空车周转时间（*不*）是依据货车周转时间中的空车部分，*也就*（*而*）是空车工作量来计算的周转时间。（×）

24. 区间越均等，运行图铺满程度越高，摘挂列车扣除系数越*小*（*大*）。（×）

25. 双线*半*自动闭塞区段的区间通过能力与区间大小（指区间运行时分长短）无关。（×）

五、简答题

26. 答：① 保证运输工作的均衡性和节奏性；② 迅速恢复到运输的正常状态。重车调整、空车调整、自备车调整、守车调整。

27. ① 除特殊要求外，必须消灭同种空车在同一径路上的对流；② 空车由卸车地至装车地，一般应经由最短径路；③ 在环状线路上，应根据空车走行公里最少的原则，制定空车调整方案；④ 在保证货物和行车安全的条件下，可采取车种代用，以减少空车走行公里。

28. ① 列车区间运行时分；② 列车在中间站停站时间；③ 机车在基本段和折返段所在站停留时间标准；④ 列车在技术站和客货运站的技术作业时间标准；⑤ 车站间隔时间；⑥ 追踪列车间隔时间。

29. 答：① 列车运行图与列车编组计划的配合；② 列车运行图与车站技术作业过程的配合；③ 列车运行图与机车周转的配合。

30. 答：① 机车车辆类型；② 行车组织方法；③ 铁路区段各种固定设备。区段通过能力按照区间、车站、机务段设备和整备设备、给水设备、电气化铁路供电设备进行计算，其中能力最薄弱的设备限制了整个区段的能力，为该区段的最终通过能力。

六、计算题

31.（1）3 对；（2）$b—c$，$c—d$，$d—e$，$e—f$。

32. $u = 9500$（车）；$\theta = 2.77$（d）；$l = 596.84$（km）；$S_{车} = 215.47$（km/d）；$N = 26315$（车）；$K_{管} = 1.242$；$L_{技} = 101.25$（km）。

自测题 D 答案

一、单项选择题

D   D   A   A   B   D   D   B   B   C

二、多项选择题

11. ABCD   12. ABCDE   13. ACDE   14. AC   15. ABC

三、名词解释题

16. 旅行速度：指列车在区段内运行，包括中间站停站时间及起停车附加时间在内的平均速度。

17. 扣除系数：是指因铺画一对或一列旅客列车、快运货物列车或摘挂列车，须从平行运行图上扣除的货物列车对数或列数。

18. 机车全周转时间：指机车每周转一次所消耗的时间（非运用时间除外），它包括纯运转时间，在中间站停留时间，本段和折返段停留时间以及本段和折返段所在站停留时间。

19. 循环运转交路：机车担当与基本段相邻两个区段的列车牵引任务，除需进折返段整备及因中间技术检查需入基本段外，每次折回基本段所在站，都在车站上进行整备作业的交路形式。

20. 通过能力：在采用一定类型的机车车辆，和一定的行车组织方法条件下，铁路区段的各种固定设备，在单位时间内（通常指一昼夜）所能通过的最多列车数或对数。

四、判断分析题

21. 单线非自动闭塞区段旅客列车*（基本）*扣除系数等于一对旅客列车占用限制区间的时间与一对货物列车占用限制区间的时间之比。（×）

22. 双线*半*自动闭塞区段的区间通过能力与区间大小（指区间运行时分长短）无关。（×）

23. 平图通过能力越大的区段，其年度输送能力*（不一定）*也越大。（×）

24. 列车的*技术*速度*（系数）*越高，其旅行速度也越高。（×）

25. 区间越均等，运行图铺满程度越高，摘挂列车扣除系数越*小（大）*。（×）

五、简答题

26. 答：① 提高列车平均牵引总重量及平均载重系数；② 增加行车密度，即增加行车量；③ 同时增加列车重量和行车量。

27. 答：装卸车计划；分界口车种别空车调整计划；分界口货物列车数计划；货车运用指标计划；机车运用指标计划。

28. 答：① 方便旅客旅行；② 经济合理的使用机车车辆；③ 保证旅客列车运行与客运站技术作业过程的协调；④ 为货物列车运行创造良好的条件。

29. 略。

30. 答：$\theta = \dfrac{1}{24}(T_{旅} + T_{技} + T_{货}) = \dfrac{1}{24}\left(\dfrac{l}{V_{旅}} + \dfrac{l}{L_{技}}t_{中} + K_{管}t_{货}\right)$

$T_{旅}$——一次周转旅行时间；

$T_{技}$——各技术站中转作业停留时间；

$T_{货}$——在货物装卸站的停留时间；

l——货车全周距；

$L_{技}$——货车平均中转距离；

$K_{管}$——管内装卸率；

$V_{旅}$——货车平均旅行速度；

$t_{中}$——货车在技术站平均中转时间；

$t_{货}$——货车一次货物作业平均停留时间。

主观因素：$V_{旅}$、$t_{中}$、$t_{货}$；客观因素：l、$L_{技}$、$K_{管}$。

六、计算题

31. 略

32. 略

32. 5 对。

参考文献

[1] 彭其渊，王慈光. 铁路行车组织[M]. 北京：中国铁道出版社，2007.

[2] 胡思继. 铁路行车组织[M]. 北京：中国铁道出版社，1998.

[3] 宋建业，谢金宝. 铁路行车组织基础[M]. 北京：中国铁道出版社，2005.

[4] 郑时德，吴汉琳. 铁路行车组织[M]. 北京：中国铁道出版社，1988.

[5] 吴汉琳，季令. 铁路行车组织[M]. 成都：西南交通大学出版社，1993.

[6] 杨浩，何世伟. 铁路运输组织学[M]. 北京：中国铁道出版社，2001.

[7] 罗国雄. 铁路货运组织[M]. 北京：中国铁道出版社，1988.

[8] 郑松富. 电气化铁路行车组织[M]. 北京：中国铁道出版社，2005.

[9] 赵矿英，冯俊杰. 铁路行车组织与管理[M]. 北京：中国铁道出版社，2004.

[10] 中华人民共和国铁道部. 铁路主要技术政策[M]. 北京：中国铁道出版社，2004.

[11] 宋建业. 铁路调车作业计划[M]. 北京：中国铁道出版社，2000.

[12] 胡思继. 列车运行组织及通过能力理论[M]. 北京：中国铁道出版社，1993.

[13] 孔庆铃，刘其斌. 铁路运输能力计算与加强[M]. 北京：中国铁道出版社，1999.

[14] 叶怀珍. 旅客运输组织[M]. 成都：西南交通大学出版社，2000.

[15] 刘其斌，马桂贞. 铁路车站及枢纽[M]. 北京：中国铁道出版社，1997.